예수는 신인神人인가

Translated from the English Language edition of A Case for the Divinity of Jesus: Examining the Earliest Evidence, by Dean L. Overman, originally published by Rowman & Littlefield Publishers, an imprint of The Rowman & Littlefield Publishing Group, Inc., Lanham, MD, USA. Copyright ⓒ2009. Translated into and published in the Korean language by arrangement with Rowman & Littlefield Publishing Group, Inc. All rights reserved.

No part of this book may be reproduced or transmitted in any form or by any means electronic or mechanical including photocopying, reprinting, or on any information storage or retrieval system, without permission in writing from Rowman & Littlefield Publishing Group.

Korean language edition ⓒ 2017 by Jongmunhwasa

Korean translation rights arranged with Rowman & Littlefield Publishing Group through EntersKorea Co., Ltd., Seoul, Korea.

이 책의 한국어판 저작권은 (주)엔터스코리아를 통한 저작권자와의 독점 계약으로 종문화사가 소유합니다. 저작권법에 의하여 한국 내에서 보호를 받는 저작물이므로 무단전재와 무단복제를 금합니다.

옮긴이 주는 본문의 경우※로, 각주의 경우 *로 표기하였음.

예수는 신인神人인가

딘 오버맨 지음 / 곽인철 옮김

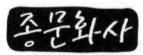

감사의 말

   이 책은 많은 사람들의 도움과 배려가 있었기에 탄생할 수 있었다. 긴 시간동안 나의 사고(思考)에 지대한 영향을 끼친 사람들이 너무 많아 여기에 이름을 모두 적을 수가 없다. 아래에 열거하는 사람들은 이 글에 기여한 수많은 특별한 친구들과 동료들의 일부이다. 허드 바루흐, 네이선, 엘리자베스, 라이프, 헤이던, 헨릭 바우만, 제임스 캐논, 라나 코치너, 크레이그 에반스, 비르예르 에르핫손, 크레이그 힐, 제임스 휴스턴, 리처드 롱게네커, 일레인 맥거러, 하트 오버맨, 존 폴킹혼, 조지 스미스, 쥬디 스미스, 사라 스탠턴 그리고 윌러비 윌링 2세.

   내 가족은 여러 학문 분야에 걸쳐 지대한 기여를 하였으며, 이 책을 쓸 수 있도록 참을성 있게 독려해주었다. 그러나 무엇보다 나는 이 책의 대상인 유일한 그 분에게 무한하고 변함없는 사랑과 진리와 희생에 대해 감사를 표하고 싶다.

서 문

이 책은 독일의 신약학자이자 아람어권 예수 전승의 연구 분야에서 20세기 최고 전문가로 널리 인정받는 예레미아스(Joachim Jeremias) 교수의 지도 아래 1965년부터 프린스턴대학에서 진행했던 연구를 토대로 한다. 예레미아스 교수는 여러 분야에 걸쳐 폭넓은 교양을 갖춘 우수하고 겸손한 사람이었다. 예레미아스와 불트만(Rudolf Bultmann)은 지난 세기 신약학의 두 거장들이었으나, 그들은 전통·정통 기독교의 진위에 대해 서로 반대되는 관점을 취했다. 나는 처음엔 불트만을 연구했지만 법에 대한 연구와 실행 및 교육에 필요한 법의학적 기법들을 배우고 나서 불트만이 몇 가지 변호의 여지가 없는 철학적 가정들을 취하고 있었던 반면, 예레미아스야말로 가장 오래된 아람어 전승들에 대한 세심한 연구를 통해 1세기의 유대교와 나사렛 예수에 대하여 더 강력한 논증을 세웠다는 점을 확신하게 되었다.

이 책에서 나는 예레미아스의 연구의 중요성을 밝히고 그의 논증을 지지하는 한편, 그가 이룩한 업적을 한층 더 확장시키는 유럽의 몇 가지 믿음직하고 새로운 연구들을 소개하여 그의 작업을 갱신할 수 있기를 희망한다. 나는 예레미아스의 연구에 더해 신약보다 앞서 존재했던 구전들에 관하여 영국과 스칸디나비아 그리고 독일 학자들이 최근 진행한 훌륭한 연구들을 소개하였다. 1세기 유대의 교육제도가 역사적 사실들과 어록들을 전수하는 데에 있어서 신뢰할 수 있는 방식이었다는 점은 입증되었다. 나는 어떻게 우리가 이 전수 방식을 초기교회의 예배의식들의 전수 과정과 가장 오래된 기독교 문서들 속에서 확인할 수 있는지 설명하였다.

이 책은 신조(信條)와 고백, 찬송과 예배의식적 문구 등 초기교회의 예배 양식들에 대한 자세한 논의에서 시작한다. 이러한 예배의식적 문구들은 우리 수중의 가장 오래된 기독교 문서들보다 시기상 앞서며, 이 문서들에서 알아볼 수 있는 방식으로 인용되었다. 이 문구들은 실제 일어난 사건들과 거의 동시대로 연대를 추정할 수 있다. 나는 가장 오래된 예배의식적 문구들의 역사를 연구하던 선구자들의 작업을 논하면서 그것들을 식별할 수 있는 기준들을 제시하였다. 매우 이른 시기에 생겨난 이 문구들은 유력한 증거들이며, 신약학자들은 잘 알고 있지만 일반 대중들이나 성직자들조차도 잘 모르는 것들이다.

나는 정경복음서들의 신뢰가능성과 관련된 증거들을 조사한 후, 복음서들의 작성연대는 기록된 사건들을 눈으로 보았던 증인들이 살아있던 시기로 추정할 수 있다고 결론 내렸다. 또한 본문비평학과 관련된 에르만(Burt Ehrman)의 최신 저서들에 관해서는 그의 스승이었던 메츠거(Bruce M. Metzger)를 비롯하여 다른 주요 전문가들의 연구를 통해 논평하였다.

우리 수중의 가장 오래된 기독교 문서들에 감춰진 (그러나 식별해 낼 수 있는) 가장 오래된 신조와 고백, 찬송과 예배의식적 문구들 사이에는 일관된 통일성이 존재한다. 이 통일성은 정경복음서들의 전통적인 입장을 지지하고 입증해주는 강력한 초기 증거들을 제시한다. 나는 가장 오래된 기독교 서신들에서 발견되지만 자주 간과되는 이 증거들에 대해 다루었다. 이 예배의식적 문구들은 나사렛 예수와 관련된 모든 문서들보다도 시기상 앞서 존재했으며, 예수의 십자가형으로부터 20여 년 안으로 연대가 추정되고, 정경복음서들에서 발견되는 전통·정통 기독교 믿음들을 지지한다.

예수는 자신이 하나님의 성육신이라고 주장했다는 점에서 매우 독특하며, 따라서 나는 이 책 전반에 걸쳐 그와 관련된 가장 오래된 증거들에 초점을 맞추었다. 나는 예수의 육적 부활, 즉 기독교인들이 기적이라고 주장하는 사건에 대한 증거들을 조사하였다. 옥스퍼드대학의 철학자 스윈번(Richard Swinburne)은 예수가 육적으로 부활한 것이 사실이라면, 이 놀라운 사건은 예수의 삶과 가르침과 칭신(稱神)을 비롯한 주장들에 하나님의 "징표"를 드러내는 것이라고 했다. 그러므로 나는 1세기 유대교와 원시교회가 물리적, 육체적 변화로서의 부활에 대해 지니고 있었던 개념과 그와 관련된 증거들을 조사하였으며, 변호사의 관점에서 예수의 부활이 실제로 일어날 수 있는 사건임을 다루었다.

나는 또한 예수의 십자가형과 거의 동시에 예루살렘교회를 설립했던 유대의 초기 기독교인들(예수의 제자들 혹은 사도들)이 전파한 기독교 신앙이 영지주의적 대체(alternative) "기독교"와 동일하지 않다는 점을 설명하였다. 이에 대해 나는 가장 오래된 유대계 기독교인들의 예배 양식들에 대해 우리가 무엇을 알 수 있는지 설명하였으며, 도마복음(Gospel of Thomas)과 기타 비(非)정경복음서들이 예수에 대해서 독립적이고 역사적인 정보를 전혀 주지 않는 2세기 후반의 작품들이라는 유력한 증거들을 제시하였다.

마지막으로 나는 어떻게 다른 신앙을 가진 사람들을 은혜와 진리에 일관되는 방식으로 대할 것인지에 대해 다루었다. 비록 나 역시 모든 종교가 동일한 실재로 이끈다고 결론짓고 싶지만, 그러한 입장은 논리적으로 불가능하다. 오늘날의 국제 공동체에서 우리는 다른 신앙을 가진 사람들을 상호 존중과 사랑을 통해, 즉 진실하고 정직한 자세로 대해야만 한다. 서로 다른 신앙을 가진 사람들 간의 진정하고 믿음직한 관계는 가장 최하위의 공통분모로만 구성된 환원주의적 신앙으로 끝없이 물러나는 것으로는 이루어나갈 수 없다. 우리는 우리 신앙의 교리들에 대해 정직해야만 하며, 우리와 다른 종교를 믿는 이들이 그들의 믿음들에 대해 솔직할 수 있게 인정해줘야만 한다. 공감과 존중을 비롯하여 더 엄격한 의미에서의 진정성은 선의와 평화적 이해를 위한 견고한 토대를 요구하기 때문이다.

추천의 글

믿음은 지성과 아무 관계없이 유지할 수 있는가? 나 역시 "지성은 의문을 낳고 영성은 믿음을 낳는다"라는 말을 한 적이 있다. 믿음과 지성은 서로 완전히 다른 영역에 속하는가? 오늘날 많은 기독교인들이 이런 문제들을 겪는다.

성경이 정말 하나님의 말씀이자 진리라고 한다면, 성경은 이런 문제들에 답을 줄 수 있으며, 그래야 한다는 것은 분명하다. 성경은 어떤 문제든 간에, 그러니까 우리 삶에서 크고 작은 일들에, 정말 말 그대로 이 세상 모든 일들에 적용할 수 있는 책일 것이다. 왜냐하면 성경은 하나님의 말씀이고, 하나님은 이 세상 모든 것들의 주, 만유의 주이시기 때문이다.

그러나 신앙인으로 살아가면서 성경에 대해 의혹을 단 한 번도 품지 않는 것은 어려운 일이다. 그것이 지극히 개인적으로 찾아오는 시련과 고난 때문이든, 학문적인 영역에서 마주치게 되는 난제들과 의혹 때문이든 말이다. 오늘날에도 무수히 많은 사람들이 신은 없다고 호언장담하고, 많은 학자들이 예수님은 하나님이 아니라 그저 사람이었다는 논지의 글들을 써내고 있지 않은가. 이런 세태 앞에서 복음을 전파하는 일은 고사하고 복음에 대한 믿음을 고수하는 일 또한 쉽지 않을 것이다.

예수님이 부활하셨을 때 다른 제자들은 다 믿고 따랐는데, 희랍인인 도마는 예수가 부활하셨다는 것을 믿지 않았다. 희랍인들은 굉장히 지적이었고, 따라서 부활이라는 복음을 잘 믿지 못한 것이다. 그러자 예수님은 믿음이 흔들려 갈팡질팡하는 제자를 향해 친히 못 자국이 난 손을 내미셨다. 예수님께서 친히 자신의 부활을 믿게 하기 위해 부정할 수 없는 증거를 내보이신 것이다. 그리고 바로 그때 도마는 엎드려 예수님께 "나의 주님이시요 나의 하나님이시니이다"라고 고백했다.

　그런 의미에서 『예수는 신인神人인가』는 무수히 많은 미덕을 갖추고 있다. 저자인 오버맨은 성경이 그 자체로 예수님께서 의심하는 자들을 향해 내미신 손임을 명쾌하게 보여준다. 이 책은 무엇보다도 실제로 기독교가 처음 발생했을 당시 어떤 일들이 일어났는지를 집요하게 추적한다. 오버맨은 모든 문제들을 신앙을 통해 단순화하지 않고 변호사로서 증거주의에 입각하여 다루고 있지만, 그가 증거들을 일목요연하게 다루면서 도달하게 되는 결론은 언제나 기독교에 대한 확고한 믿음이다. 그는 역사를 되짚어나가면서, 성경 속에 숨겨진 최초의 기독교인들의 고백들을 드러내면서 기독교가 그저 눈먼 맹신이 아님을 완벽하게 증명한다.

　나는 한국의 모든 기독교인들, 평신도들과 목회자들과 신학자들도 이 책을 읽어보았으면 좋겠다고 생각한다. 그리고 무엇보다도 기독교가 과연 진리의 종교인지, 예수님이 정말 구주이신지에 대해 의구심을 품고 고민하는 학생들이 이 책을 반드시 읽어보기를 권한다. 그리하여 기독교가 영적으로도 지적으로도 우리 삶의 모든 영역에서 합당한 믿음이라는 것을 확신할 수 있게 되기를, 믿음이 있는 자는 더 군건히 서고 의심하는 자들 역시 종국에는 예수님 앞에 "나의 주님이시요 나의 하나님이시니이다"라는 고백을 할 수 있기를 바란다.

2017. 7. 1
이어령
전 문화부 장관

추천의 글

이 책은 탁월한 법학자, 신학자, 물리학자, 정보이론가인 오버맨 (Dean L. Overman)의 3부작(triology) 중 클라이막스에 해당하는 세 번째 책이다.

오버맨은 그의 첫 번째 저서『*A Case Against Accident and Self-Organization*』(우연과 자기조직화에 대한 반증)에서 생명체의 시작이 어떻게 이루어졌는가를 다룬다. 메탄, 암모니아, 일산화탄소, 이산화탄소, 수소, 수증기 등의 화학작용으로 생명체 탄생을 위한 기본틀을 만들고, 전기 스파크를 통해 아미노산이 형성되고, 아미노산들이 모여서 프로틴을 만들고, 프로틴들이 모여서 다양한 생명체들을 만들게 되었다는 진화론자들의 주장은 그것을 입증할 수 있는 근거나 타당성이 제로에 가까운 것임을 이 책은 밝혀준다. 구성 요소들 사이에 아무 관련이 없었던 것들이 상호간의 작용과 우연한 사건으로 인해 생명체로 진화했다는 주장은, 마치 "고철 조각과 파편들 위에 불어온 태풍이 그 속에서 보잉 747 비행기를 만들어 냈다"는 주장과 같다는 프레드 호일(Fred Hoyle)의 평결을 인용하여 진화론의 허구를 입증하고 있다.

오버맨은 그의 두 번째 저서 『*A Case for the Existence of God*』 (신의 존재에 대한 논증)에서 신이 존재한다는 것을 어떻게 알 수 있고 증명할 수 있는가를 다룬다. 그는 컬럼비아대학교 및 시카고대학교의 저명한 철학교수였던 애들러(Motimer Adler)와 플랜팅아(Plantinga)의 전제 위에서 신 존재에 대한 인간의 인식과 지식에 대해 성찰하고 있다. 오버맨은 기본적으로 모든 인간은 신앙이 있든 없든, 유신론자든 무신론자든 간에, 교리나 도그마와 상관없이 선천적, 후천적으로 신 인식(God-consciousness)을 가지고 있다고 말한다. 적어도 인간들에게 있어서는 신이 있다고 증명하기보다 신이 없다고 증명하는 것이 훨씬 더 어려울 수밖에 없다는 것이다. 오버맨은 또한 뉴턴적 세계관의 한계를 넘어선 아인슈타인과 양자물리학(Quantum Physics)의 세계를 사는 현대인들에게는 인간의 경험적, 귀납적 실증을 넘어서 존재하는 진리를 인정할 수밖에 없음을 강조하고 있다.

오버맨의 세 번째 저서『예수는 신인神人인가』(A Case for the Divinity of Jesus)의 옮긴이는 정확하고 명쾌한 한국어로 번역해주고 있다. 제1부에서 피조세계의 시작을, 제2부에서 창조주 하나님에 대해 성찰하였다면, 이제 제3부에 해당하는 본서에서는 피조세계와 창조주를 하나로 연결하고 구속하는 중보자로서 정체의식을 가졌던 예수의 죽음, 부활, 신성을 밝혀주고 있다.

예수 그리스도는 누구인가? 예수 그리스도의 본성과 정체성은 기독교 신앙과 신학의 핵심이라 할 수 있다. 2천여 년 전에 세상에 태어나 33년을 살다가 십자가형을 받았던 예수가 과연 신성을 지닌 하나님이었는가는 기독교 신앙의 핵심이요 요체이다. 바로 여기에 기독교 신앙의 진정성과 진리성이 들어있기 때문이다. 이 문제에 대해 사람마다 다양한 입장을 취한다. 교리적, 교조적으로 수용하든지, 종교권위자에게 위임하든지, 신비주의나 불가지론적 입장을 취하는 경우가 많은 현실이다. 또는 자신이 중요시하는 것은 윤리, 도덕, 정신, 운동이기에 예수의 신성성 여부는 별로 중요치 않다는 입장을 취할 수도 있다. 하지만, 예수 그리스도의 신성성에 대한 분명한 확신과 확증 없이는 개인 및 공동체의 신앙이 진정성과 진리성을 담지하기 어렵다. 이러한 토대 없이는 기독교 신앙이 하나의 가정, 전제, 신념이나 수사에 머물고 말 것이다.

이 책의 저자인 오버맨은 영국 옥스퍼드대학교에서 법학, 물리학, 정보이론을 배우고 강의하였으며, 프린스턴신학대학원과 하버드대학교에서 신학을 전공하였다. 신학, 과학, 법학, 정보이론 사이의 학제간 연구를 수행하는 학자로서 성서, 초대교회 초기문서, 구전전승 등을 심도 있게 연구하여 개인의 주관적 견해가 아닌 객관적 증거와 역사적 사실에 기초하여 예수의 신성을 본서를 통해 입증하고 있다. 또 구체적이고 실제적인 증거자료들을 발굴, 제시함으로써 연구의 타당성과 신빙성을 입증해내고 있다. 그는 진화론, 무신론, 예수의 비신성성을 주장하는 것은 창조론, 유신론, 예수의 신성성을 주장하는 것 이상의 상당한 믿음과 주관적 확신을 필요로 한다는 사실을 밝히고 있다. 신구약성서는 오버맨이 밝혀낸 사실들을 뒷받침한다:

> "만일 여호와를 섬기는 것이 너희에게 좋지 않게 보이거든 너희 조상들이 강 저쪽에서 섬기던 신들이든지 또는 너희가 거주하는 땅에 있는 아모리 족속의 신들이든지 너희가 섬길 자를 오늘 택하라 오직 나와 내 집은 여호와를 섬기겠노라"(수 24:15)

> "이는 하나님을 알 만한 것이 그들 속에 보임이라. 하나님께서 이를 그들에게 보이셨느니라. 창세로부터 그의 보이지 아니하는 것들 곧 그의 영원하신 능력과 신성이 그가 만드신 만물에 분명히 보여 알려졌나니 그러므로 그들이 핑계하지 못할지니라"(롬 1:19~20)

포스트모던의 불확실성시대, 세속화시대, 탈종교시대를 살아가는 현대의 크리스천, 교사, 목사, 신학자들 제위께 이 책의 진지한 일독을 권하는 바이다. 동의를 강요하기보다 독자가 스스로 판단하도록 역사적 사실과 성서적 진리의 세계에 여러분 모두를 정중히 초청하고자 한다.

영을 잃은 세대(spiritless generation) 속에서 역사, 학문, 성서를 통해 그리고 겸손하고 솔직한 고백과 기도를 통해 역사하시는 창조의 영(Creator Spirit)을 다시금 경험하는 시간이 되리라 기대하며 추천사에 갈음하고자 한다.

창조의 영이여 오시옵소서! (Veni, Spiritus Creator)

2017년 7월 17일
이규민 교수
장로회신학대학교 대외협력처장
한국기독교공동학회 사무총장

추천의 글

사람에게 있어서 물은 필수적으로 필요합니다.

사람을 살리는 데는 많은 물을 필요로 하지만 작은 물로도 생명을 살릴 수 있습니다.

이번에 『예수는 신인神人인가』로 빛을 드러내는 **예수의 신성(神性)에 대한 사례**는 생명을 살리는 물과도 같다는 것을 느낍니다.

평신도나 목회와 신학을 꿈꾸는 다음 세대의 중심인물들뿐만 아니라 오랫동안 목양하고 있는 목회자에게도 정말 소중한 작품이라 확신합니다. 이 책을 보면 우리의 텅 빈 영혼을 예수님으로 가득 채워주는 도구도 되고, 특히 예수부활에 대한 역사적으로 믿을 만한 기록들을 통해 예수 그리스도의 신성에 대한 분명하고도 확신에 찬 증거들이 많아서 풍성한 은혜를 더하게 합니다.

딘 오버맨은 초기 기독교 공동체로부터 지금까지 예수 그리스도를 따르는 사람들에게 새로운 증거를 제시하고 예수님이 진실로 하나님의 아들이심을 소개하기에, 오늘을 살아가면서 각종 이단들에게 양들을 빼앗기고 상처투성이로 고통을 겪는 성도들을 위하여 꼭 읽어야만 하며 숙지해야만 한다고 믿습니다.

도서출판 종문화사의 임용호 박사님은 시기적절한 이때에 새로운 번역 작품을 출간함으로 흔들리는 우리 한국교회에는 등대처럼 길잡이가 되고, 산소처럼 소중한 영적 능력과 최초의 증거들을 통해서 예수의 신성이 구원으로, 은혜로 이어지고 많은 영혼을 튼튼하게 이끌어줄 것을 확신합니다.

2017년 7월 25일
이순창
연신교회 담임목사

차 례

감사의 말 ··· 4
서 문 ··· 5
추천의 글 ··· 9
추천의 글 ··· 11
추천의 글 ··· 15

제1장 서론 예수에 대한 기독교의 주장은 독특하기 때문에 그와 관련된 증거를 다룬다 ··· 23
    1.1 부활과 성육신에 대한 주장은 독특하고 주목할 만한 성격을 지니고 있다 ··· 23
    1.2 나는 모든 기독교 문헌보다 연대상 앞서 생겨났지만 나중에야 기록된 신조(信條) 및 예배의식적 문구(liturgical formulae)를 다루면서 논의를 시작하겠다. ·· 26

제2장 초대교회의 예배 양식은 예수가 십자가에 못 박히고 곧바로 하나님으로 숭배되었다는 것을 보여준다 ··· 51
    2.1 기독교는 처음부터 예수를 하나님으로 숭배했으며, 교회의 가장 오래된 예배 양식은 이에 대한 언어학적 증거다. ··································· 51
    2.2 *kyrios*는 하나님을 나타내는 히브리어 단어인 *Yahweh*를 대신하여 1세기 사람들이 소리 내어 읽는 말이었다. ·· 57
    2.3 우리 수중의 가장 오래된 기독교 문서들은 *kyrios*를 *Yahweh*와의 연관 속에서 예수에게 적용했다. ·· 60
    2.4 우리 수중의 가장 오래된 기독교 문서들은 *kyrios*를 *Yahweh*의 날 (The Day of Yahweh)과 연관하여 예수에게 적용한다. ····················· 63
    2.5 예수를 하나님으로 고백하는 아람어 기도문인 마라나타 (*marana tha*)는 우리 수중의 가장 오래된 기도문이다. ··················· 64
    2.6 신약에 인용되고 바울의 서신보다 훨씬 앞선 시기에 만들어진 찬양과 신조들은 모두 예수를 하나님으로 언급한다. ······································· 69

제3장 예수는 "스스로 있는 자(*ego eimi*)"라는 용어로 자신을 지칭하며, 이로 인해 공회(Sanhedrin) 앞에서 신성모독죄로 재판받게 된다 ·················· 121
    3.1 예수가 자신을 하나님이라 칭했다는 것은 "스스로 있는 자"라는 언명과 1세기 유대교의 신성모독에 대한 개념에서 드러난다. ··········· 122
    3.2 예수 경배(*Proskynein*)에 대한 공관복음의 기록은 예수가 초월적 본성을 지녔다는 관점을 제시한다. ·· 128

- **3.3** 요한복음에서 "스스로 있는 자"라는 언명은 절대 형식(absolute form)과 의미가 담긴 술부 형식으로 되어 있다. 각각의 경우 "스스로 있는 자"는 하나님의 이름과 연관된다. ·· 130
- **3.4** 요한복음에서 드러나는 선재성 개념은 바울 서신에 인용된 예배의식적 문구들과 일치한다. ··· 131
- **3.5** 예수의 이름이 기도와 예배에서 지니는 영광과 효력(efficacy)은 예수와 하나님의 긴밀한 관계를 지시한다. ··· 132
- **3.6** 예수는 구약 예언의 성취자인 메시아로서만 간주될 수 없다. ··············· 134

제4장 역사적 증거들은 정경복음서 기록들의 신빙성을 뒷받침한다 ············· 151
- **4.1** 우리 수중의 신약 사본들이 정확하다는 것은 입증할 수 있다. ············· 152
- **4.2** 에르만의 『성경 왜곡의 역사』(Misquoting Jesus)는 꽤나 오해의 소지를 불러일으키는 제목인데, 이는 그가 기독교의 핵심 믿음을 정정해야 할 필요성을 제기하는 사본들 간의 차이들에 대해서 어떤 사례도 제시하지 않기 때문이다. ··· 154
- **4.3** 복음서 기록의 작성 연도는 예수의 삶에 대한 증인들이 살아있던 시대 안으로 측정된다. ··· 168
- **4.4** 비록 복음서들의 신빙성에 관한 문제에 있어서 본질적이지는 않으나, 전통적인 원작자(authorship) 개념 또한 이에 대한 증거로서 생각할 수 있다. ·· 192
- **4.5** 고고학적 증거는 복음서의 저자들이 역사적 정확성을 염두에 두고 있었다고 지시한다. ·· 195
- **4.6** 초기교회의 서신들(우리 수중의 가장 오래된 기독교 문서들)은 복음서 기록들을 입증한다. ··· 196

제5장 복음은 예수의 십자가형 직후 신뢰할 수 있는 구전(口傳) 전수과정을 통해 전파되었다 ··· 207
- **5.1** 예수 본인으로부터 내려온 예수 전승은 신뢰할 수 있는 방식으로 유지되어왔을 가능성이 매우 높다. ··· 207
- **5.2** 예수가 선생으로서 지녔던 권위는 제자들이 그의 가르침을 더욱 정확하게 보존하고 전수하도록 독려했을 것이다. ······································· 217
- **5.3** 신약 문서들은 율법(Torah)의 전통을 암시하고 있다. ······························ 219
- **5.4** 예수가 선생으로서 지녔던 지위와 1세기 유대교 회당에서 그가 설교자로 참여했다는 사실은 제자들이 예수의 가르침을 암기했다는 추가 증거다. ·· 223

5.5 예수의 제자들은 예수가 갈릴리와 예루살렘에서 사역할 때 그의 가르침을 암기하고 전파하는 학습자들이었다. ········· 225
5.6 예수의 어록은 아람어로 재번역될 때 뚜렷한 시적 형식을 띤다. ········· 227
5.7 예수는 쉽게 기억될 수 있는 경구, 메샬림(meshalim), 격언 등을 자주 사용했다. ········· 230
5.8 예수의 어록은 뚜렷이 리드미컬한 양식을 지니고 있다. ········· 232
5.9 예수의 어록의 아람어 형식에 대한 연구는 더 많은 관심을 필요로 한다. 또한 신약학자들은 아람어 형식으로 된 예수의 어록을 재검토 해야 한다. ········· 234
5.10 예레미아스는 예수의 독특한 어법을 강조하는 한편 우리가 그의 진언(眞言, ipsissima vox)을 발견할 수 있다고 강조했다. ········· 239
5.11 제자들은 유일하게 높이 받든 지도자(예수)로부터 배운 것들을 "거룩한 말"로 받들어 전수하였기 때문에, 그것이 왜곡되었거나 다른 사람의 창작물일 가능성은 낮다. ········· 243
5.12 초대교회의 어떤 인물도 예수의 가르침을 가감할 수 있는 권위가 없었으며, 이들은 오직 예수에게만 집중했다. '누군가 예수와 관련된 전통을 만들어내고 예수가 하지 않은 말을 그가 한 것처럼 꾸몄을 수도 있다는 생각은 예루살렘교회의 지도층에 대해 우리가 알고 있는 것과 상반된다. ········· 246
5.13 예수의 십자가형과 공관복음서들의 작성 사이의 시간차는 매우 짧으며, 예수 경배의 양식은 그의 어록을 크게 바꾸거나 새로 지어내는 일 없이 보존될 수 있도록 초대교회의 핵심 인물들(베드로, 야고보, 요한)에게 권위를 주는 형태를 취했다. ········· 249
5.14 예수에 관한 이야기나 그의 어록에 대해 부정확한 개작이 있었을 시, 초대교회의 공동체와 지도자들은 이를 정정했을 것이다. 또한 핵심 내용은 구전 전수과정이 규제됨으로써 변함없이 유지되었을 것이다. ········· 252
5.15 예수의 언행과 사도들의 행적이 구전에 보존되어 있음을 세 가지 사례들이 입증한다. ········· 253

제6장 부활은 일어날 수 있는 사건이다 ········· 271
6.1 기독교는 어떻게 예수의 십자가형과 거의 동시에 신속하고 강력하게 부상할 수 있었는가? ········· 271
6.2 부활의 가능성을 받아들일 수 있는 지의 여부는 신(神)존재의 가능성을 어떻게 받아들이느냐에 달려있다. ········· 272
6.3 신이 존재한다면 부활은 일상적인 경험에 반하더라도 가능한

일이다. ··· 279
- **6.4** 1세기 유대교에서 부활은 막연한 영적 경험이 아닌 물리적이고 육체적인 부활을 의미했다. ··· 281
- **6.5** 유대교의 인간의 본성 및 사후세계에 대한 관점과 헬라사상의 관점 사이의 전반적인 차이점은 부활이 물리성과 육성(肉性)을 내포하는 개념임을 지시한다. 또한 유대교에서 부활 사상이 발전해온 과정 역시 물리적이고 육체적인 부활의 개념을 지시한다. ································· 287
- **6.6** 유대교에서 부활한 메시아라는 개념은 없었다. ································· 296
- **6.7** 1세기 유대인들은 메시아를 무적의 정복자이자 그들을 다스릴 왕이라고 생각했다. ··· 297
- **6.8** 유대인들이 부활에 대해 다양한 믿음들을 지니고 있었던 와중에 기독교가 선포했던 부활의 의미는 단일했으며, 이 사실은 예수의 부활이 초기 기독교 신앙의 핵심이었다는 점을 뒷받침한다. ············· 300
- **6.9** 예루살렘 교회의 중심 토대(※부활)를 둘러싼 증거를 분석해보면, 이 교회의 두 가지 핵심 신념이 진실일 가능성이 꽤 높다는 것을 알 수 있다. ··· 303
- **6.10** 복음서들이 몇 가지 사항들에서 다르기는 하지만, 구전 신조들에서 나타나는 초기의 증거들은 복음서들이 예수의 부활을 지지하는 중요한 증거들에 관해서 모두 동의한다고 확증해준다. ·································· 314

제7장 신구(新舊) 영지주의는 역사적 사건들이 아닌 허구에 기반을 두고 있다. ·········· 331

- **7.1** 신구 영지주의는 2세기 중후반의 작품들에 기반을 두는데, 이 작품들은 1세기 정통 기독교의 핵심 신앙을 왜곡하는 공상문학에 속한다. 또한 이 작품들은 나사렛 예수와 관련해서 1세기로 확실히 연대를 추정할 수 있는 문서들과는 전혀 관련이 없다. ··· 332
- **7.2** 2세기 영지주의 문서들에 대해선 세 가지 고고학적 발견들이 중요한 정보를 제공한다. ·· 343
- **7.3** 도마복음과 관련하여 세 가지 중요한 질문들을 다루겠다. ············ 348
- **7.4** 도마복음은 역사문학의 장르로 볼 때 복음서가 아니며 영지주의 신화의 테마를 담고 있고, 우리에게 예수에 관한 믿을 만하고 독자적인 역사적 정보를 전혀 주지 않는다. ··· 348
- **7.5** 유다복음(Gospel of Judas) 역시 2세기의 문서이며, 1세기 기독교에 대해 새로운 정보를 주지 않는다. ·· 370
- **7.6** 기타 증거들 역시 영지주의 "기독교"가 그보다 앞선 정통 · 전통 기독교 신앙과 동시에 발생하지 않았다고 말해준다. ·································· 377

7.7 영지주의 문서에는 신약에 인용된 신조들과 고백들에 비할 만한 증거가 없다. ··· 380
　　7.8 1세기 기독교는 "다양성의 혼돈" 속에 있었는가? ·· 382

제8장 모든 종교가 동일한 근원을 제시한다는 주장은 논리적으로 불가능하다 ········ 399
　　8.1 예수의 신성(神性)은 다른 종교들에 의문을 제기한다 ······································ 399
　　8.2 "종교"라는 용어를 정의하는 것은 간단하지 않다. ·· 400
　　8.3 각각의 종교들은 상호배타적인 철학적 입장들을 지니고 있다. ························· 402
　　8.4 역사 속의 사건들에 대해 상호배타적인 근본 주장들을 펼치는 종교들이 모두 진실일 수는 없다. ·· 404
　　8.5 자아가 환상에 불과하다는 불교의 믿음은 개별적 인간의 가치를 믿는 기독교적 사상과 양립할 수 없다. ··· 405
　　8.6 모든 종교가 참이라는 주장은 자기모순적이다. ·· 407
　　8.7 신실함은 종교에 대한 역사적 정당성의 기준이 될 수 없다. ······················· 408
　　8.8 모든 종교가 동일한 근원으로 통한다는 것을 입증할 수 있는 사람은 아무도 없다. ··· 409
　　8.9 한 사람이 특정 종교를 장려하는 특정 문화 안에서 자랐다는 사실은, 그 사람의 종교적 믿음이 참인지 거짓인지에 대해 아무것도 알려주지 않는다. ··· 411
　　8.10 기독교인들도 결점이 있고 완벽하지 않지만, 그들의 믿음은 올바른 행위가 아니라 나사렛 예수라는 사람에 있다. ····························· 412
　　8.11 모든 세계관은 본래 독단적이다. 특정한 세계관이나 믿음을 가지게 되는 것은 그것이 다른 믿음보다 더 타당하다고 판단하기 때문이다. 하지만 그렇다고 해서 세계관에 대한 표현이 모두 독단적일 필요는 없다. ··· 414

제9장 다양한 믿음을 지닌 사람들을 어떻게 대해야 하는가? ································· 423
　　9.1 어떻게 하면 다른 믿음을 가진 사람들을 은혜와 진리에 일관된 자세로 대할 수 있는가? ··· 423
　　9.2 종교다원주의의 세 가지 범주는 상호 존중을 통한 솔직하고 진정성 있는 대화의 필요성을 보여준다. ··· 424

부록 A ·· 437
부록 B ·· 465
옮긴이 후기 ··· 473
스터디 가이드 ··· 480

제1장 서론

예수에 대한 기독교의 주장은
독특하기 때문에 그와 관련된 증거를 다룬다

제1장 서론

예수에 대한 기독교의 주장은
독특하기 때문에 그와 관련된 증거를 다룬다

1.1 부활과 성육신에 대한 주장은 독특하고 주목할 만한 성격을 지니고 있다 [1]

이 책은 의미와 존재에 관한 3권의 시리즈 중 마지막이다. 나는 시리즈 중 2번째 『신의 존재에 대한 논증』(A Case for the Existence of God)에서 신의 존재가 타당하고 이성적인 신념임을 주장하였다. 반면 이 책에서는 나사렛 예수라는 인물에 대해 분석하려 한다. 내가 나사렛 예수에 주목하는 것은 그의 삶과 죽음에 대한 기독교의 주장이 독특하기 때문이다. 전통 기독교 신앙은 예수가 본성상 신이었으며, 사람의 형상을 입고 1세기 팔레스타인에서 살았던 한 남자였다고 주장한다. 이것은 매우 믿기 어려운 주장이 아닐 수 없다.

우주의 크기와 광대함을 한 번 생각해보자. 우리 은하(the

Milky Way)는 태양과 같은 행성들이 20~30억 개가 모여 이루는 거대한 소용돌이다(행성들의 수에 대한 추산은 전문가마다 다르다). 당신과 나는 굉장한 속도로 이 우주 안을 회전하고 있으며, 우리 은하는 지름이 대략 10만 광년쯤 된다. 현재 우리에게 알려진 우주는 지름이 대략 120~150억 광년이며, 지금도 계속해서 엄청난 속도로 팽창하고 있다.

1광년은 빛이 초속 30만 킬로미터의 속력으로 1년 동안 진행하는 거리를 말한다. 이런 속력이라면 빛은 지구의 적도(대략 4만 킬로미터)를 초당 7바퀴 돌 수 있다. 게다가 천문학적으로 볼 때 우리 은하는 매우 작은 것이 틀림없다. 여태까지 발견된 가장 큰 은하는 아벨(Abell) 2029라고 알려진 은하군이며, 이 은하군 안에는 우리 은하보다 6배 큰 은하가 속해 있다. 100조 이상의 별을 가지고 있는 이 은하군은 우리 은하로부터 약 10억 광년 정도 떨어져 있다. 아벨 2029 외에도 우주 사방으로 수십억 개의 은하와 별들이 산재해 있는데, 허블우주망원경으로 가장 최근에 관측한 결과에 의하면 우주에는 대략 500억 개 혹은 그 이상의 은하가 있으며 각각의 은하는 평균 20~40억 개의 별들을 거느리고 있다.[2] 이해를 돕기 위해 말하자면 한 움큼의 모래에는 대략 만 개의 알갱이가 있다고 추산할 수 있는데, 지구의 모든 바닷가에 있는 모래알갱이보다 우주에 있는 별들의 수가 더 많다.

그러므로 나사렛 예수가 인간의 형상을 한 신이라고 주장할 때, 기독교인들은 그가 이 광대한 아름다움을 비롯하여 빅뱅과 우주 안에 있는 모든 것들 배후에 존재하는 절대자의 화신(化身)이라고 주장하는 것이다. 이것은 아주 놀랄 만한 개념이며, 만일 사실로 입증된다면 예수에 대한 우리의 관점을 크게 확장시킬 필요성을 제기한다. 절대자가 불완전한 세계를 구원하기 위해 사람이 되었다는 생각은 실로 이해하기 어렵다. 그러나 신학자 판넨베르크(Wolfhart Pannenberg)는 예수를 알고 지냈던 사람들이 그를 *하나님이자 인간인 존재로* 믿었다고 말했다.

나는 이 주장의 기원에 관한 증거를 주어진 최고(最高), 최고(最古)의 자료들을 통해 검토하겠지만, 내가 기독교의 주장에 집중하는 이유는 우선 그 특이성에 있다. 예수는 하나님을 자신과 매우 친밀한 관계로 언급했다고 전해진다. 기독교 전통에는 예수의 신성(神性)을 지시하는 여러 말들이 전해지는데, 특히 예수 본인이 유대교의 하나님과 스스로를 동일시하는 표현 형식(ego eimi 혹은 "스스로 있는 자")을 사용했다고 한다. 이에 대해서는 학자들 사이에 다소 논란이 있지만, 나는 이 문구와 관련해서 가장 오래된 증거들을 검토하여 살펴보겠다. 이 증거들은 예수가 이 문구를 사용함으로써 스스로를 이스라엘의 유일신인 하나님 이외에는 차지할 수 없었던 지위에 자리매김했다는 것을 보여준다.

이어지는 부분에서 나는 가장 오래된 기독교 예배 양식들(樣式, patterns)을 살펴볼 것이다. 이 양식들은 초기교회 역시 예수와 하나님 사이의 긴밀한 관계를 주장했음을 보여준다. 성육신에 대한 기독교의 주장은 세계의 어느 종교에서도 찾아볼 수 없다. 다른 종교에선 그 누구도 자신이 인간의 형상으로 나타난 신이라는 주장을 제기하지 않았다. 다른 종교에는 이와 비교할 만한 주장을 찾아볼 수 없다. 공자와 부처는 그런 말을 한 적이 없으며, 단지 윤리적 행위의 체계를 제시했을 뿐이다. 이슬람의 핵심 신조는 알라가 유일하다는 것이며, 모하메드는 자신을 신으로 언급하는 어떠한 말에도 깜짝 놀랐을 것이다. 또한 유대교는 자신이 하나님이라는 주장을 신성모독으로 간주한다.

이어서 나는 예수의 부활에 대한 주장을 다룰 것이다. 기독교는 한 사람이 인류의 죄를 위해 죽었다고 주장한다는 점에서 독특하다. 기독교는 또한 종교의 창시자가 죽었다가 다시 살아났다고 주장하는 유일한 종교다. 부처의 유골은 몇몇 곳에 나뉘어 모셔져 있으며, 모하메드의 유골은 메디나에 안치되어 있다. 그러나 나사렛 예수의 유골이 모셔져 있는 곳은 어디에도 없는데, 이는 그의 부활이 육신의 부활이었기 때문이다. 그리고 이 부활에 대한 믿음에서 기독교가 탄생했다.[3] 그러므로 이 믿음에 대해 검토할 때 한 가지 당연한 질문이 뒤따르게 된다. 예수가 부활했다는 것은 정말 사실인가?

1.2 나는 모든 기독교 문헌보다 연대상 앞서 생겨났지만 나중에야 기록된 신조(信條) 및 예배의식적 문구(liturgical formulae)를 다루면서 논의를 시작하겠다.

예수의 부활에 대한 믿음의 진실성을 검토할 때, 나는 예수의 추종자들, 즉 예수와 가장 가까웠던 자들이 그의 십자가형(crucifixion) 이후 수십 년간 무엇을 믿었는지 설명하면서 시작하겠다. 예수의 십자가형은 비기독교 자료들에서 입증되었으므로 그가 어떻게 죽었는지에 관해서는 검토하지 않을 것이다. 내가 목적하는 바는 예수를 최초로 따랐던 자들이 예수 사후 수십 년간 지녔던 믿음을 반영하는 몇 가지 주된 예배 형식들에 대해 검토하는 것이다. 여기서는 우리 수중에 있는 것들 중 예수의 죽음으로부터 수십 년 안에 기록되었다고 확실하게 알고 있는 가장 오래된 문헌들에 집중할 것이다. 이 문서들은 보다 앞서 존재했다가 후에 인용된 경건 신조들(creeds)과 찬송들(hymns) 및 예배의식적 문구들을 담고 있다. 또한 이 문구들의 연대는 그것들이 묘사하고 있는 사건들과 거의 동시대로 추산될 수 있으며, 부활한 신적 존재로서 예수를 경배했다는 강력한 증거다.

이제까지 수많은 학자들이 역사적 예수에 관한 질문을 제기했지만, 모든 학자들이 기록들에 잘 드러나 있는 제자들의 고백과 예배 형식에 대해서 언급하지는 않았다. 이러한 신앙의 양식은 바울의 기독론(Christology)보다 먼저 형성되었으며, 후에 바울의 서신들에 인용되었다. 바울의 서신들은 48 CE 즈음에 쓰이기 시작한다(CE는 서기(서력기원)를, AD는 기원 후(Anno Domini)라는 의미로 이 둘은 동일하다).* 그의 서신들 중 어떤 것도 50년대 후에 쓰인 것이 없으므로 바울은 예수의 십자가형(서기 30년 혹은 33년)으로부터 약 15~20년 후에 서신들을 썼다고 할 수 있다. 20년은 역사적으로 굉장히 짧은 시간이다. 이는 예수와 동시대의 인물들이자 그의 삶에 대한 증인이었을 사람들이 예수가 십자가에 못 박힌 지 얼마 되지 않아 그를 하나님으로 경배했다는 확고한 역사적 증거다.

바울과 기타 초기 문헌의 저자들은 문헌보다 앞서 형성되었으며 당시 잘 알려져 있던 신조와 찬양 및 예배의식적 문구들을 인용하였고, 이를 통해 초대 기독교 교회들이 지녔던 예배의

---

* 이하 본문에서는 서기를 기준으로 한다.

식에 대한 증거를 보존해주었다. 몇몇의 경우 서신들에 인용된 초기 기독교의 예배의식적 문구들은 30년대, 즉 예수가 십자가에 못 박힌 시대로까지 거슬러 올라간다. 우리는 경배 문구들인 이 신조들과 찬양들을 검토함으로써 사건들이 발생한 지 2~5년 후에 선포되기 시작했던 원(原)간증(the original testimony)을 발견할 수 있다.

한편 기독론이란 나사렛 예수에 대한 신학적 해석과 관련된다.* 바울은 첫 서신부터 마지막 서신까지 예수가 곧 하나님이라는 고등기독론(high Christology)**을 유지한다. 일부에서 주장하는 것과는 다르게 바울의 기독론은 시간이 지나면서 발전한 것이 아니며, 처음부터 끝까지 놀라울 정도로 일관적이다. 이 일관성이야말로 바울의 기독론이 서신들을 작성하기 전에 형성됐다는 증거이며, 바울의 기독론은 그가 서신들에 인용한 신조 및 찬양들과 잘 맞아떨어진다. 바울의 서신들보다 앞서 존재했던 고백과 신조와 예배의식적 문구들, 즉 바울이 인용했으나 다른 신자들에 의해 만들어진 문구들을 살펴본다면, 최초로 예수를 따랐던 자들의 경배 양식을 일관적으로 반영하는 고등기독론을 발견할 수 있다. 바넷(Paul Barnett)이 서술하듯이, "연대기적 탐구는 예수의 사후에 즉발적으로 고등기독론이 존재했다는 것을 보여준다 … 바울의 서신들을 살펴보면, 마지막 서신과 처음 서신을 비교했을 때 아주 작은 변천만을 발견할 수 있다. 그러

---

*엄밀히 말해 구원론과 기독론은 서로 다르다. 전자가 예수 그리스도의 사역을 다룬다면, 후자는 일반적으로 예수의 신인양성(神人兩性)의 문제를 다룬다.
**예수의 인성(人性)에 집중하는 기독론(low Christology)에 반해 예수의 신성(神性)을 강조하는 기독론. 그러나 양자 모두 예수의 신인양성을 부정하지 않는다.

므로 첫 부활절에서부터 바울의 마지막 서신까지 기독론은 거의 변하지 않았다는 것이 합리적인 추정이다."[4]

베스트셀러 『다 빈치 코드』(The Da Vinci Code)는 영지주의적(靈知主義的, Gnostic) "기독교"가 예수를 단순히 사람으로 보았다는 잘못된 관점을 보여준다. 물론 저자인 댄 브라운은 그것이 단지 소설일 뿐 역사책이 아님을 인정한다. 나는 이 책의 여러 가지 역사적 오류들을 논하지는 않겠으나, 책의 토대가 된 연구에 대해서는 논의하겠다. 브라운의 주제는 소위 정통 기독교의 탄압을 받았다고 하는 영지주의 복음서들에 근거를 두고 있다. 나는 7장에서 영지주의 복음서들과 그것들의 연대와 내용에 대해 좀 더 자세히 다루겠지만, 이 시점에선 단지 댄 브라운이 영지주의 복음서들에 대해 그리스도 인간론(예수가 단지 사람이었다는 믿음)의 한 형태를 묘사하는 것으로 잘못 해석했음을 밝힌다. 영지주의 복음서들을 읽어본다면 영지주의자들은 대체로 *예수가 너무나도 신성하여 실질적으로 인간일 수 없었다고* 믿었다는 점이 드러난다. 신약학자들 대부분이 동의하듯이, 영지주의 복음서들은 예수가 단순한 사람이었다는 것이 아니라 그가 너무 신성해서 사람일 수 없다는 것을 강조하는 영지주의적 사상을 드러낸다.

사실 그러한 영지주의적 코드가 신약 문서들에 존재하기는 한다. 만약 브라운이 이를 조사했다면, 그는 신약 문서가 생성되기 전에 존재했던 코드나 일련의 문구들에 대해 더 정확한 책을 쓸 수 있었을 것이다. 모든 것을 감안해 볼 때 신약 문서들은 영지주의 문서들에 비해 최소 100년 이상 더 오래된 것이며, 더욱이 이 문서들은 기독교에서 가장 오래된 문구들을 구석구석에 담고 있다. 이러한 문구들 중 대다수는 신약의 저자들에 의해 만들어진 것이 아니고 신약 문서들보다 더 오래되었으며, 초대교회들의 최초 예배 양식을 구성했던 원시(primitive) 예배의식적 고백문과 성명(聲明)과 신조 및 찬양들에 기원을 둔다.

얼마 전에 토론토대학의 신약학 명예교수인 롱게네커(Richard Longenecker)는 이 다양한 예배의식적 문구들이 서로 다르게 분류되기는 하나 일반적으로 "고백문"이라 지칭할 수 있다고 지적했다. 그가 서술하듯이, "이러한 초기 기독교 고백문들에 대한 담론은 자주 '찬양', '기도', '신앙의 고백', '교리문답', '예배의식', '교회 전통' 또는 '서사'라는 제목 아래, 음역된 헬라어 용어인 *kerygma*('선언'), *paradosis*('전통'), *didache*('가르침') 그리고 *homologia*('고백') 등을 부제(副題)로 하여 수행되어 왔다."[5] 많은 고백문들은 찬양과 같았으며, 많은 찬양들은 신조와 유사했다.[6]

우리는 이 예배의식적 문구들에 담긴 증거들을 검토함으로써 예수 사후 매우 짧은 시간 안에 그의 부활을 주장한 사람들, 즉 최초로 기독교 신앙에 참여했던 사람들의 믿음과 간증에 대해 살펴볼 수 있다. 또한 이러한 찬양과 신조들이 교회의 탄생 시기에 기독교 공동체의 삶과 예배에서 핵심적인 역할을 했다는 것을 알 수 있다. 그리고 정보가 가득 담긴 이 문구들을 살펴볼 때, 전수받은 "공식적인 버전"[7]의 문구들을 정확히 기록하기 위해 초기 기독교 문서의 저자들이 각고의 노력을 기울였다는 것을 알 수 있다.

이 신조들은 사도들의 시대(예수의 제자들이 복음을 선포하던 시대)에 존재했던 기독교 공동체들의 신앙 고백이다. 그리고 우리 수중의 가장 오래된 기독교 문서는 신약에서 찾을 수 있는 편지들, 즉 서신서들이다. 이 문서들에 인용된 신조들은 예수의 생애와 죽음과 부활을 목격한 증인들이 예수에 관한 정보를 보증할 수 있었던 시대에 형성됐다. 이 신조들은 초기교회들의 예배 관행에 대해 우리가 가지고 있는 가장 유력한 증거들이다. 예수가 십자가에 못 박히고 교회가 탄생했던 30년대에 실제로 어떤 일이 있어났는지를 밝혀내려 한다면, 2세기가 아니라 30년대나 40년대의 증거를 조사해야 한다.

몇몇 신약학자들은 2세기 영지주의*를 1세기로 유입하려고 시도하지만, 그들의 추론은 정확하지 않다. 나중에 다루겠지만, 초기 기독교 내에 다양한 믿음들이 혼재하고 있었다는 오늘날의 "대체 기독교"적 가설들은 어떠한 1세기 문서들에 의해서도 입증되지 않는다. 초기 기독교가 다양한 믿음들을 갖고 있었다는 흔적을 찾으려고 시도하는 자들은 필연적으로 *2세기 중반 이후에야* 작성된 문서들을 언급할 수밖에 없다. 세월이 지나면서 지속적으로 기독교에 대한 왜곡들이 있었던 것처럼, 2세기에는 영지주의에 의해 1세기 전통 기독교 신앙에 대한 왜곡이 있었다. 그러나 우리 수중에 있는 *1세기* 문서 중 교회의 핵심적이고 전통적인 믿음이 다양한 믿음들 중 하나에 불과했다는 주장을 뒷받침하는 것은 단 하나도 없다.

이 문서들에 담긴 신조들과 찬양들은 바울을 비롯한 신약의 저자들이 평소 사용한 용어들로 이루어져 있지 않다. 바울 등의 저자들은 인용한 부분 외에 신조들과 찬양들에 자주 나타나는 단어들을 사용하지 않았다. 이 단어들은 신조적 구절들에서만

---

*2세기에 등장하여 초기 기독교를 위협한 이단의 한 분파. 정통 기독교가 구원의 보편성을 향해 나아가는 것과는 달리 소수의 선택받은 자들만이 구원받을 수 있다고 믿었으며, 이스라엘의 하나님을 하급신으로 간주하여 유대교를 적대시했다.

보이는데, 예를 들어 신약에 인용된 아주 초기의 신조들과 찬양들은 예수와 그의 제자들이 썼던 아람어로 자연스럽게 번역되는 경우가 많다. 또한 그것들은 신약 저자들이 보통 사용하지 않는 색다른 단어들이 지니는 리듬 패턴과 시적(詩的) 양식을 가지고 있으며, 서론에 뒤이어 나타난다. 학자들의 견해에 따르면 이 신조들과 찬양들은 일반적으로 예수의 십자가형으로부터 20년 이내로 연대를 측정할 수 있으며, 몇몇은 그보다도 더 일찍 측정할 수 있다. 앞서 언급하였듯이, 바울의 서신들은 복음서들보다 앞서고(이 서신들은 또한 영지주의 문서들보다 약 100년 정도 앞선다), 이 신조들과 찬양들은 바울의 서신보다 앞서며, 예수의 삶과 죽음과 부활의 목격자들이 활동하던 시대로까지 거슬러 올라간다.[8]

이 점을 염두에 두고, 나는 원시교회의 찬양, 신조, 고백, 시 그리고 예배의식에 대해 다음을 강조하고 싶다. 즉, 그것들은 나사렛에서 온 신인(神人) 예수의 삶과 죽음과 부활에 대한 정통 기독교의 이해를 일관되게 견지한다는 것이다. 이 초기 문구들은 예수와 가까웠던 사람들이 가지고 있었던 생각과 믿음은 물론 그들의 예배 양식과 관련해 우리가 가지고 있는 가장 오래되고 유력한 증거들이기 때문에, 이 점을 이해하는 것이 굉장히 중요하다. 정통 기독교를 지지하는 이 구전(口傳) 예배의식적 문구들을 고려했을 때, 비(非)전통적인 관점을 주장하는 사람들은 반드시 그들의 주장을 입증하는 한편 대조 가능한 1세기의 증거들을 제시해야 한다. 예배의식들은 신약에 내장된 귀중한 증거이며, 전통 기독교 신앙과 일치하지 않는 복음서를 내세우는 자들에게 입증책임(burden of proof)을 부과하기 때문이다.

한편 신약학자들과 일반 대중은 복음서들의 작성 연대에 편중하는 경향이 있다. 많은 학자들과 대부분의 기독교인들은 그동안 역사적 예수를 탐구하면서도 가장 오래된 문서들에 인용되었으며 쉽게 찾아볼 수 있는 훌륭한 신조들과 문구들에 관심을 기울이지 않았다. 그것들은 예수의 삶과 관련된 가장 오래된 문헌들보다도 앞서 존재했으며, 그 안에 담긴 예수의 삶과 죽음과 부활에 대한 정보는 정경복음서 기록들과 일관된다. 우리가 마가복음, 누가복음, 마태복음 그리고 요한복음이라 일컫는 문서들의 핵심은 예수에 관한 초상을 그려주는 것이며, 이 신조들과 문구들은 복음서들이 제시하는 초상을 입증한다. 더욱이 이 문서들에 앞서 이미 매우 이른 시기에 존재했던 예배의식적 문구들 중 전통적인 정경복음서 기록들과 모순되는 증거를 제시하는 문구는 단 하나도 없다.

반면에 도마복음을 비롯한 영지주의 복음서들에는 신조적 문구들이 담겨 있지 않다. 나는 영지주의 복음서가 1세기가 아닌 2세기의 문서들이며, 이 문서들이 2세기의 이단들이 100년도 더 전에 존재했던 전통 신앙을 왜곡했던 정보만 제공한다는 것을 논증하겠다. 도마복음과 유다복음을 비롯하여 다른 영지주의 문서들을 둘러싼 추정들은 과장에 불과하다. 7장에서 다루겠지만 이 문서들은 명백히 2세기 중반과 후반 사이에 작성되었으며, 1세기로부터 이어져온 "궤적(trajectories)"에 대한 증거가 하나도 없고, 이들 문서보다 앞서서 영지주의 신조나 예배의식적 문구들이 존재했다는 증거 또한 없다. 이는 다른 말로 하면 1세기 초에 영지주의적 "기독교"가 존재했다고 추측하는 사람들의 입장에선 우리 수중의 가장 오래된 문서들(신약 서신들과 복음서들)에 인용된 정통 예배의식적 문구들과 대조할 수 있는 초기의 증거들이 없다는 의미다.

앞서 얘기했듯이, 선재(先在)했던 신조들과 찬양들을 인용했던 것은 바울만이 아니었다. 신약의 다른 저자들 역시 예수와 관련해서 예배의식적 문구들을 인용하였다. 이 신조들은 예수를 알고 지냈던 사람들의 생각과 말들을 나타내고 있기 때문에, 우리는 이 신조들로부터 도출할 수 있는 역사적 정보의 의의에 대해 주의를 기울일 필요가 있다. 뒤에서 입증하겠지만, 이 신조들은 모두 예수를 사람 이상의 존재로 경외하며 그를 높이 받들고 있음을 보여준다.[9]

원시기독교의 신학적 전통으로부터 나온 이 교조적 문구들은 1세기 문서들에 담긴 주옥같은 신학 해설들로 신약 서신들에 인용되어 있지만, 나는 이 문구들이 응당 받아야 할 만큼 주목받지 못했음을 강조하고 싶다. 골로새서 1장에 담긴 아름다운 성육신 찬양(incarnational hymn) 같은 문구들을 다룬 글들은 많이 있었지만, 보석처럼 잘 다듬어진 이 문구들에 담긴 정보의 의의와 풍부함은 아직까지 이렇다 할 대중의 관심을 받지 못했다.

이 신조들은 어디서 왔는가? 어째서 그것들은 우리 수중의 가장 오래된 기독교 문헌들에 담겨 있는가? 어떤 방법을 통해 우리는 문서들에서 이 문구들을 식별해낼 수 있는가? 이 질문들에 답하기 위해서는 초기 기독교 예배 전통이 이들 신조와 문구들의 개발을 필요로 했다는 점을 이해해야 한다. 예를 들어 예배의식적 문구들은 기독교 예배 역사의 매우 이른 시기에 개발되고 세례식과 주(主)의 만찬 때 신중한 방식으로 전수되어 왔다.

네덜란드의 저명한 신약학자인 노이펠드(Vernon Neufeld)는 40년도 더 전에 "원시기독교의 고백(homologia)에 대해 이제까지 철저한 조사가 이루어지지 않았다는 점은 매우 놀라운 일"¹⁰이라고 서술했다. 노이펠드는 『가장 오래된 기독교 고백들』(The Earliest Christian Confessions)에서 고백들의 중요성과 그것들이 초기교회의 삶 가운데 수행했던 기능을 설명하고, 원시기독교 고백들의 기원과 성질을 밝히는 작업에 지대한 공헌을 했다. 당시 노이펠드는 예수와 가장 가까웠던 사람들이 예배 양식에서 보여준 관점과 관련해서 가장 오래된 증거들을 연구하였으나, 상대적으로 작은 관심밖에 불러일으키지 못했다. 그러나 후에 다른 학자들이 그를 따르기 시작했으며, 이 연구는 오늘날에야 비로소 1세기의 중요한 증거들에 대해 가장 흥미롭고 매력적인 탐구로 자리 잡고 있다. 현재까지 이 분야에서 이루어진 연구 결과는 대중적이며 사이비 신약 연구 분야에서 내세우는 기이하고 이상한 환상들을 타파하는데 큰 기여를 하고 있다. 원시 예배의식적 문구들에 각별한 관심을 기울였던 신약학자로는 에두아르트 노르덴(Eduard Norden), 알프레드 시버그(A. Seeberg), 찰스 도드(C. H. Dodd), 에른스트 로메이어(Ernst Lohmeyer), 오스카 쿨만(Oscar Cullmann), A. M. 헌터(Hunter), 에텔베르트 슈타우퍼(Ethelbert Stauffer), 리처드 롱게네커, 마르틴 헹엘(Martin Hengel), 랄프 마르틴(Ralph Martin), 요아킴 예레미아스(Joachim Jeremias), 리처드 보캄(Richard Bauckham) 그리고 래리 허타도(Larry Hurtado) 등이 있다. 나는 우리가 가지고 있는 최상의 증거들을 분석하면서 이들을 비롯하여 여러 학자들의 작업을 논할 것이다.¹¹

노이펠드는 예수의 십자가형과 거의 동시에 신자들이 초기교회의 삶에서 매우 중요한 의의를 지닌 신앙고백 문구들을 개발했다고 지적한다. 이 문구들은 신앙고백과 설교 문구로써 사용되었다(*Predigt-und Glaubens formel*). 노이펠드에 의하면 이 문구들 또는 고백(*homologia*)은 "기독교 공동체를 하나로 묶는 합의, 즉 기독교인들이 지지하고 공개적으로 증언했던 근본 신념과 믿음의 핵심을 나타낸다. 고백은 예수 그리스도에 대한 충성을 다른 사람들에게 인정받고 스스로 시인하는 것이며, 그러한 의미에서 그의 신앙에 대한 간증이기도 했다."[12]

노이펠드는 가장 오래된 고백들이 모두 예수에게 집중한다는 것에 주안점을 둔다. *Homologia*라는 말은 "합의"를 뜻하는데, 노이펠드는 플라톤의 「대화편」에서 이 헬라어 용어가 토론을 목적으로 합의한 전제들을 나타내기 위해 사용되었다고 지적한다 (이러한 해석은 유대교 공동체에서 이와 비슷한 목적을 위해 개발한 신앙고백, 즉 쉐마(*Shema*)에 의해서도 뒷받침된다).[13] 이 용어는 용어의 사용자가 제시하려는 계약이나 논의 또는 제의 등의 기반을 형성하는 것이기 때문에 변호사들은 이를 쉽게 이해한다. 다시 말해 초기 교회의 고백문들은 교인들이 신앙의 기반과 관련하여 합의를 이룬 진술들인 것이다. 이 고백문들은 교회라는 겨자씨가 뿌리내려 자란 토대를 보여주기 때문에 대단히 중요하다. 그것들은 원시교회의 고백의 대상이었던 예수와 가깝게 지냈던 사람들이 이룬 합의와 시인 및 약속이다. 이 고백들은 구두로 동의하기 위한 문구였을 뿐만 아니라 초기교회의 교인들이 기독교인으로서의 일상생활을 일궈나가는 기준이었다.[14]

노이펠드에 의하면 가장 오래된 기독교 고백들의 기본 양식은 (1) 예수의 이름을 부르는 것,[15] (2) 그를 주(主)이자 하나님의 아들이라 칭하는 것[16] 등의 두 가지 요소를 담고 있다. 그는 고백들에서 발견되는 패턴들의 일관성에 의거하여 이 고백들이 원시교회의 신앙의 핵심을 대변한다고 결론 내린다. 이 고백들은 가장 오래된 기독교 신앙의 통일성과 본질에 대해 강력한 증거를 제공한다. 이 본질은 궁극적으로 예수와 직접 접촉했던 제자들로 거슬러 올라갈 수 있다. 노이펠드가 지적하듯이,

> 신약은 여러 곳에서 고백문(homologia)이 예수라는 인물과 관련하여 기독교 신앙의 본질을 상징하고 있다는 증거를 제공한다. 또한 교회의 삶 속에서 고백문이 지닌 중요성은 이 신앙의 표현들이 교회의 내적 삶과 외적 접촉점 모두에서 중요했다는 점을 보여주고 있다 … 고백문은 기독교 믿음의 핵심을 나타낸다. 고백문은 독특한 전승의 형태로서 주로 초기 사도시대 교회의 삶 속에 자리 잡고 있었다. 그러나 복음서들은 고백문이 예수의 사역에 기원을 두고 있음을 드러내고 있다. 고백문의 원형은 특정 교리나 믿음에 대한 형식적인 선언이라기보다는 단순하게 제자들이 예수와의 만남을 통해 가졌던 신념과 믿음이었다.[17]

앞으로 설명하겠지만, 신조들과 찬송들을 포함한 이 고백문들은 예수를 죽었다가 다시 살아난 신인(神人), 즉 유일하고 신성한 자로 나타내는 고등기독론을 일관적으로 그려낸다. 그것들은 신약이 서술되기 이전에 이미 널리 쓰였으며, 교회에 속한 자들과 그렇지 않은 자들 모두에게 구두(口頭)로 전달되었다. 그리고 바울 역시 예수의 동시대인들로부터 이 가르침과 전승을 물려받았던 사람들 중 한 명이었다.[18]

나는 이 기독론적 찬송, 신조, 고백 그리고 예배의식적 문구들이 예수를 알고 지냈던 사람들이자 자신들의 믿음을 신중하게

전수했던 자들의 신앙과 관습들을 투명하게 비추는 거울임을 강조하고 싶다. 또한 나는 신약 문서들에서 이 문구들을 어떻게 알아볼 수 있는지를 다루도록 하겠다. 그리고 초기교회의 예배 관습과 예수의 신성(神性)과 죽음 및 부활에 대한 초기교회의 관점과 관련하여 몇 가지 찬송들과 문구들을 더 자세히 다루겠다. 슈타우퍼는 이 문구들의 내용이 예수가 자신의 사역과 스스로에 대해서 내어준 해석과 일관된다고 요약했다. 그가 서술하듯이, "그것들의 정확한 내용에 관한 한, 예수 그리스도가 자기 자신에 대해 내어준 해석에 대해 초기교회가 선포의 형태로 기독론적 확언과 문구를 제시하는 것을 볼 수 있다."19

슈타우퍼는 또한 원시 기독교의 역사가 "후성적(後成的) 과정(epigenetical process)"을 통해 긴 시간에 걸쳐 예수라는 사람을 하나님으로 보게 되었다는 주장은 잘못됐다고 밝혔다. 초기교회가 일관되게 유지한 고등기독론과 기독교 믿음의 핵심을 진지하게 공부하고 이해하려는 학생이라면, 1세기에 대한 구체적인 증거가 하나도 없는 2세기 문서들이 아니라 1세기에 기록된 신약 문서들과 그 안에 인용된 신조들과 찬송들을 분석해야 한다.

롱게네커는 바울이 자신의 주장에 대한 토대로써 초기 고백문들을 인용했으며, 정경복음서의 저자들이 매우 이른 시기에 생성된 이 고백문들을 지지하고 이것들과 일관성을 유지했다고 말한다. 롱게네커는 1993년 미국신학회(American Theological Society)에 「태초에 고백이 있었다」(In the Beginning was the Confession)라는 논문을 발표했다. 그는 이 논문에서 원시교회의 가장 오래된 고백들에 근거하여 기독교 신학의 발전사를 그려내려고 시도했다. 비록 디벨리우스(Martin Dibelius), 불트만(Ruldof Bultmann)

그리고 도드 등이 그보다 앞서 복음서의 기본 요소들을 밝혀내려고 시도했었지만, 이 학자들은 누구도 이에 대해 "원시주의적(primitivist)" 혹은 "회복주의적(restorationist)" 관심을 갖고 있지 않았다. 그러나 롱게네커는 나사렛 예수를 처음으로 따랐던 자들이 설교(디벨리우스의 초점)와 개별적 인용구(불트만)와 선교(*kerygma*, 도드) 이전에 고백문들을 암기했다는 점을 파악했다. 롱게네커는 신약의 저자들이 명백히 이 고백문들을 인용하였으며, 형식비평적인 분석(form-critical analysis)을 통해 고백문의 존재를 밝혀낼 수 있고, 이러한 분석이 예수를 따랐던 자들의 핵심 신념을 조명할 수 있다고 결론 내린다. 그는 이 고백들에서 제시된 신념들이 기독교 메시지의 최초 규범이었다고 주장했다. 그의 연구는 기독교 공동체의 초기 단계에 다양한 기독교 사상이 퍼져있었다는 오늘날의 가설들을 반박하며, 롱게네커는 이에 대해 다음과 같이 서술한다. "나의 논지는 신약의 고백문들이 초기 기독교인들이 믿었거나 확언했던 모든 것들을 담고 있다는 것이 아니다. 내 주장은 정확히 말하자면 (1) 초기 기독교 고백문들은 나사렛 예수를 처음 믿었던 자들의 핵심 신념들을 담고 있고, (2) 이 신념들은 독자적인 기독교 신학의 표준과 기독교적 삶에 대한 기준을 제공하며, (3) 신약에서 이 고백들의 다양한 문맥화(contextualizations)는 오늘날 기독교 메시지의 문맥화를 위한 패러다임을 산출해낼 수 있다는 것이다."[20]

한편 초기교회가 고백과 예배의식적 문구와 신조적 문구들을 전수하던 방식은 임의적이지 않았다. 신약 서신들에서 발견할 수 있는 예배의식적 문구들은 중요한 교조적 문구를 전수하는 전통으로부터 비롯된다. 원시교회의 문구들은 이를테면 모세가 율법을 *전수받고* 여호수아에게 *전수하는* 전통에 기원을 두고 있다. 이 이탤릭체의 단어들은 전통 문구들의 전수받음(*kibble min*)과 전수함(*maser le*)을 나타내는 전문 용어들에 대한 번역이다. 이 단어들은 정경 신약 서신의 저자들이 예수의 삶과 죽음과 부활에 대하여 전수받았던 가르침과 설명을 신중하게 "전수하고 있다"는 것을 지시하기 위해 사용했던 바로 그 번역어들이다. 슈타우퍼는 이 문구들의 기원을 추적하여 신약 서신의 저자들이 이 문구들을 만들어내지 않았으며, 신뢰할 수 있는 방식으로 이 문구들을 전수했다고 결론 내린다.[21]

신약 본문을 신중하게 분석해 보면 특히 나사렛 예수라는 인물의 본성과 지위에 관련된 문구들을 도처에서 발견할 수 있다 (예배의식적 문구의 특징을 담고 있는 구절들의 예로는 부록 A를 참고). 슈타우퍼가 강조했듯이, "기독론적 문구들은 신약 안에 매우 많이 있어서 기타 모든 신조적 문구들을 합친 것보다도 더 많다. 그리고 이는 원시 기독교 사상의 핵심 주제가, 교회학은 물론 하나님이라는 개념도 아닌 그리스도의 오심이라는 우리의 논지를 강화하는 것이다 … 그리스도 고백의 가장 기본적인 형식은 기독론적 칭호(Christologial titles)이며, 그것들은 예수가 지상에 있던 때로 거슬러 올라간다."[22] 기독론적 문구의 형성은 베드로가 예수에 대해 내어준 해석과 사도행전에서 찾을 수 있는 베드로 교리(Petrine formulae)로 거슬러 올라간다. 또한 바울이 이 교리를 인용한 사실과 로마서(로마서 8:34)에 인용된 예수의 죽음과 부활, 높임받음과 중재에 대한 고난신조 문구(passion creedal formulae)로 거슬러 올라간다. 이 고난신조 문구는 바울이 고린도교회에 보내는 서신(고린도전서 15:3 이하)에서 인용한 매우 이른 시기의 고난신조 문구와도 일관된다.

그렇다면 예수와 가장 가까웠던 자들의 믿음과 관습에 대해 가장 오래된 증거들인 이 신조적 문구들은 어떻게 구분해낼 수 있는가? 신약학자 노르덴은 초기 기독교 기도문과 찬송을 식별해내고 분석하기 위한 기준을 처음으로 제시한 사람이며, 찬송과 고백문의 식별을 위해 (1) 병렬 구조, (2) 2인칭 혹은 3인칭 대명사들로 시작하는 부분들, (3) 관계사절과 분사적 술부(分詞的 述部, participial predications) 그리고 (4) 축전(祝典)적 스타일 등의 네 가지 기준을 제시하였다.[23]

노르덴이 제시한 기준은 그후 지속적인 개선과 추가적인 분석의 토대가 되어 원시교회의 초기 찬송과 기도문을 분석하고 식별하는 데에 큰 기여를 했다. 롱게네커는 대부분의 학자들이 원시기독교 사료(史料)를 식별하는 기준에 동의하고 있음을 지적하면서, 원시기독교 찬송과 시가(詩歌) 형태의 고백문들을 식별하기 위한 기준을 다음과 같이 제시한다.

1. 유대나 헬라 혹은 둘 모두의 시적 관습을 반영하는 평행대구의 구조(parallelismus membrorum)
2. 신약 저자의 글에 단 한 번만 기록에 남아있고 – 글의 다른 부분에서 나타난다고 하더라도 저자의 다른 글들에서 같은 의미와 방식으로 쓰이지 않음 – 따라서 다른 이에 의해 만들어졌을 것이라는 점을 제시하는 어구(hapax legomena)가 존재함
3. 정동사(定動詞, finite verbs)보다 분사를 선호하는 경향이 있어 현재는 문서로 기록된 것이 본래 구전으로 시작했음을

제시함
4. 서두를 여는 것으로 관계대명사 hos("who")를 자주 사용
5. 시적 소재를 산문으로 분절시키거나 교리적 소재를 윤리적 부문으로 분절시키거나 혹은 둘 다를 보여주는 문맥상의 전위(轉位)
6. 이어지는 문맥에서 그 내용이 이미 관계가 없어졌음에도 특정 부분이 지속됨
7. 대개 예수 그리스도라는 인물이나 그의 사역과 관련이 있는 기본 기독교 신념을 확언

이 기준들 중 몇 가지는 그 특성상 시적이지 않은 고백들을 식별하는 데에도 적용할 수 있다. 다음 아홉 가지 기준은 고백적 예배의식 문구의 존재를 지시한다.

1. 시가 아님에도 평행대구의 구조가 존재함
2. 저자의 글의 다른 곳에서는 나타나지 않는 표현(*hapax legomena*)이 있거나 저자가 특정 부분에서 단어나 관용구를 다른 곳에서 사용한 방식대로 쓰지 않음
3. 정동사 대신 분사를 선호함
4. 예수 그리스도라는 인물이나 사역에 대한 확언

이 목록에 추가적으로 언어학적 지표를 덧붙이자면

5. "고백(*homologia*)"이라는 명사를 사용함으로써 직간접적으로 그러한 내용의 초기 기독교 자료들을 시사함

6. 이중대격(double accusative) 혹은 부정사와 함께 "고백하다 (homologeo)"라는 동사를 사용함으로써 직간접적인 인용문을 도입함
7. 직간접적 인용을 전하기 위해 hoti(hoti recitativum이라 일컫는)를 사용함
8. 설교(euaggelizo, kerusso, 혹은 katagello), 가르침(didasko) 또는 목격(martureo 혹은 marturomai)과 관련이 있는 동사들을 사용하여 고백적 소재들을 도입함
9. 분사구문 혹은 관계사절을 사용하여 다루고자 하는 소재를 도입함[24]

롱게네커는 헹엘과 동의하면서 초기 원시 고백문들의 연대를 1세기, 즉 서기 30년에서 50년 사이로 잡는다. 그는 그것들이 바울의 주요 선교 서신들보다 오래되었으며 신약과 기독교 연구에 있어서 우리 수중의 가장 오래된 증거들을 구성하고 있음을 확인시켜 준다.

헹엘은 가장 원시적인 기독교 공동체 예배에서 불렸던 그리스도 찬가는 그리스도를 하나님의 아들이자 하나님이 구원의 통로로 삼은 자로 언급한다고 결론짓는다. 그는 이 찬송들이 교회의 탄생에 기원을 두고 있다는 것에 주안점을 둔다. 그가 서술하듯이, "그리스도 찬가는 부활절 이후 초기교회의 예배에서 생겨났으며, 따라서 교회만큼이나 오래된 것이다. 부활절 이후에 재발견된 '메시아 시편들'로부터 이 찬가들이 시작됐으며 새로운 작품들이 거기에 더해졌다."[25] 헹엘은 초기 원시교회가 애가(哀歌)가 아닌 찬미와 감사 및 승리를 기념하는 "새로운 노래들"

을 불렀다는 사실이 놀랍다고 말한다. 마라나타(*marana tha*)와 호산나(*hosanna*)라는 부르짖음은 그야말로 찬양과 기쁨의 환호성이었기 때문이다.26

기쁨과 활력이 넘치는 많은 공동체들처럼, 초기 원시교회는 찬양하는 교회로서 "새 생명의 흐름과 큰 영적 에너지의 파도가 노래와 찬송과 찬양에서 다시 한 번 느껴질 수 있는 곳이었으며 … 초기교회의 예배는 지속적인 환희의, 즉 예배와 찬양이 크게 화합하는 장(場)이었다."27

주

1 ※성경에 대한 모든 인용문은 개역개정판을 기준으로 하였다. 원문은 새흠정역(New King James Version)을 비롯하여 흠정역 등 여러 판본들을 사용하고 있으나, 내용상의 차이는 없기 때문에 모든 인용은 개역개정판을 기준으로 하였다.
2 Dubay 1999, 133~134.
3 Green 2002, 58.
4 Barnett 2005, 8.
5 Longenecker 2005, 69.
6 Stauffer 1955, 237.
7 Stauffer 1995, 236.
8 Neufeld 1963, 8.
9 선재(先在)했던 찬양들과 신조들의 목록은 부록 A에 첨부되어 있다.
10 Neufeld 1963, 1.
11 롱게네커는 원시 예배의식적 문구들과 관련해 지난 세기 동안 이루어진 연구들에 대해 훌륭한 개요서를 저술했다. (『새 포도주는 새 부대에』(New Wine into Frest Wineskins)를 참고.) Longenecker 1999.
12 Neufeld 1963, 20.
13 Neufeld 1963, 14. 참고.
14 Neufeld 1963, 16~19.
15 Neufeld 1963, 20.
16 "예수 우리 주"(Jesus is Lord)라는 원시 고백에 담겨있는 "믿음의 말씀"은 원시교회가 선포했던 복음과 최초의 기독교 공동체가 고수했던 고백에 있어서 핵심적인 고백(homologia)이었다. Neufeld 1963, 24. 또한 로마서 10:8 이하를 참고.
17 마가복음 8:29; 마태복음 14:33 비교; 요한복음 1:49. Neufeld 1963, 141.
18 "바울은 부활과 승천을 통해 하나님이 예수를 주(主)로 세우고 우편에 앉게 하셨다는 초기교회의 신념을 물려받았다. 바울이 kyrios라는 단어를 예수에게 적용하는 방식을 보면, 원시교회에서 kyrios의 적용이 기도(고린도전서 16:22)와 고백(로

마서 10:9) 및 선포(사도행전 2:34~36)에서 이미 이루어졌던 것을 알 수 있다."
Neufeld 1963, 56.

19 Stauffer 1955, 255.

20 Longenecker 1999, 2. 실질적인 증거와 의문의 여지가 있는 추정은 반드시 구별해야만 한다. 에르만과 페이젤스, 그 밖에 기독교의 다양성이나 친(親)영지주의 입장을 옹호하는 자들은 기독교 신앙의 첫 이십 년 안으로 확실하게 추적할 수 있는 증거들이 아니라 부득불 2세기 후기의 창작물과 문서들로부터 추정한다.

21 슈타우퍼가 서술하듯이,

> 놀라울 정도로 이른 원시기독교 시기에 다양한 종류의 중요한 교조적 문구들이 뿌리내리며 권위를 지닌 교의(教義) 전통이 생겨났다. 오랜 시간 동안 "전통"이란 천주교의 악의적인 발명이라고 생각되어왔지만, 오늘날 우리는 "전통"의 원리가 기독교 자체보다 오래되었음을 알고 있다. 그러므로 우리는 희년서(the Book of Jubilees) 7:38에서 에녹과 메두셀라와 라멕을 거쳐 노아와 그의 자손까지 거슬러 올라가는 모세 이전의 율법 전통을 읽어낼 수 있다. 선조들의 어록(Pirqe Aboth) 1:1에서는 이 전통의 원리가 시내 산에서 주어진 율법에 적용된다. "모세는 시내 산에서 율법을 *전수받아* 여호수아에게 *전수하*였고, 여호수아는 장로들에게, 장로들은 선지자들에게, 그리고 선지자들은 거룩한 공회에…" 그 뒤로 후기 계시들이 이 두 전통의 계열에 포함된다. 에녹서(The Third Book(Hebrew Apocalypse) of Enoch) 48:10에서 전통은 메타트론을 통해 하나님으로부터 모세, 여호수아, 장로들, 선지자들, 거룩한 공회의 남자들, 에스라, 힐렐, 아바후, 제라 그리고 "신앙의 사람들"에게까지 내려온다 … 이와 동일하게, 바울은 고린도전서 11:23에서 동일한 문구와 단어들을 통해(*전수받다*와 *전수하다*) 최후의 만찬에 대한 기록을 소개하고 있다. 교리의 개별 항목들은 바울 이전에 이미 전통 내에서 그것들의 의미와 중요도에 따라 배열되었다. 고린도전서 15:3에 따르면 그리스도의 죽음과 부활에 관련된 기독론적 문구는 가장 중요한 부분에 속해 있었다(고린도전서 3:11과 비교). 전통은 세대를 거쳐 교조적 명제들을 담아온 흐름이다. 그러나 동시에 그것은 그 명제들의 규범적 중요성을 보장하는 입증자이기도 하다.

(디모데전서 3:15 이하; 디모데전서 2:2). Stauffer 1955, 237~238 (강조는 덧붙임).

22 Stauffer 1955, 244.

23 Longenecker 1999, 10~11.

24 Longenecker 2005, 70~71.

25 Hengel 1983, 93.
26 Hengel 1983, 93.
27 Jeremias 2002, 98.

제2장

초대교회의 예배 양식은 예수가 십자가에 못 박히고
곧바로 하나님으로 숭배되었다는 것을 보여준다

제2장

초대교회의 예배 양식은 예수가 십자가에 못 박히고 곧바로 하나님으로 숭배되었다는 것을 보여준다

2.1 기독교는 처음부터 예수를 하나님으로 숭배했으며, 교회의 가장 오래된 예배 양식은 이에 대한 언어학적 증거다.

1960년대 중반에 나는 프린스턴 신학대학에서 독일 신학자이자 예수 전승의 아람어 형식에 관한 선구자로서 저명한 예레미아스의 수업을 청강하고 있었다. 예레미아스는 독일인 목사이자 리디머 교회의 주임이었던 아버지와 함께 예루살렘에 살았었기 때문에 그의 연구 분야에서 특히 뛰어났다. 그는 10세부터 15세까지 예수와 제자들이 사용했던 언어인 고대 아람어를 배울 수 있었으며, 셈족 연구학자이자 근동 연구학자인 예레미아스 박사(Dr. Alfred Jeremias)의 조카였고, 라이프치히대학에서는 고대 팔레스타인 문화를 연구했던 저명한 교수 달만(Gustaf Dalman)을 스승으로 두었다.

예레미아스는 그가 지난 65년간 신약의 메시지와 예수에 대해 숙고해왔던 것들을 프린스턴에서의 훌륭한 강의들에서 제시했다. 그의 강의 중 일부는 『신약의 핵심 메시지』(The Central Message of the New Testament)로 1966년에 출간되어 높은 평가를 받았다. 나는 프린스턴의 정치학과에서 '법과 사회'에 대한 강의를 들었고 법학을 전공했지만, 예레미아스에게 깊이 영향 받아 변호사로 일한 지난 40년간 줄곧 신학과 기독론을 연구하고 있다.

변호사는 증거와 혐의와 가정들에 대해 끊임없이 검토해야 한다. 다음의 내용은 우리가 가지고 있는 것들 중 가장 오래된 증거를 검토한 후 내가 내린 결론들이다. 나는 문서들을 연구하면서 나사렛 예수라는 사람에 대한 현대의 일부 분석들이 검토되지 않은 여러 가정들 위에 이루어졌다고 확신하게 되었다. 나는 증거들을 분석해 본 결과, 예수를 하나님으로 숭배하는 전통은 시간이 흐름에 따라 형성된 것이 아니라고 확신한다. 다시 말해 예수 숭배는, 제자들과 추종자들이 예수가 부활하여 나타났다고 주장함과 동시에 강력하게 분출되어 나왔다는 것이다. 이와 관련해서 나는 캠브리지대학의 신약학자인 모울(C. F. D. Moule)의 비평에 동의한다. "그러니까 내가 읽어본 바에 의하면, 증거는 예수가 신약 시대에 묘사된 것처럼 *처음부터* 그렇게 서술될 만한 자였다는 것을 제시한다 – 예를 들어 '주'로서나 심지어 어떤 의미에서는 '하나님'으로서 말이다."[1]

"주" 예수에 대한 언명(言明)은 오늘날 몇몇 분석가들이 생각하는 것보다 훨씬 더 팔레스타인 지역의 가장 오래된 교회에 바탕을 두고 있음이 분명하다. 예수 숭배가 이교(異敎)의 영향으로 인해 점차적으로 발전했다는 주장은 증거와 전혀 일치하지 않는다. 우리 수중의 *가장 오래된* 문서들과 이 문서들에 내장된 찬양과 신조들은 메시아로서의 예수, 즉 그리스도 예수에 대한 초기 기독교인들의 경험을 반영하며, 예수가 곧 하나님이라고 생각할 수밖에 없도록 그를 묘사하고 있다. 그리고 이러한 경험과 묘사들은 바울에게만 국한되지 않으며, 바울 서신들보다 연대상 앞서는 구전(口傳)들과 히브리서, 베드로전서 그리고 사도행전 등 다른 저자들이 저술한 1세기 문서들에서도 분명하게 제시된다.

더욱이 메시아로서의 역할에 대한 예수 본인의 이해와 원시교회의 해석 사이에는 연속성이 보인다. 즉, *초기교회는 예수가 스스로 이스라엘을 위해 메시아의 역할을 완수할 사람이라고 믿었기 때문에 그를 메시아로서 보았다는 것이다.*

교회의 가장 오래된 고백인 "주 예수(*kyrious Iesous*)"는 초기 기독교 공동체의 외부로부터 유입된 새로운 사상이 아니며, 이 점은 이제까지의 증거들이 강력하게 뒷받침한다. 아래에서 더 언급하겠지만, 신약은 예수를 구약의 하나님인 *Yahweh*와 동일한 존재로 보는 구절들을 많이 담고 있다. 비단 바울뿐만 아니라 신약의 다른 저자들도 예수를 인간 이상의 높임 받는 존재로 서술했다는 점은 분명하다. 이는 사도행전과 바울 서신 외의 문서들과 계시록을 놓고 보더라도 마찬가지다.

신약의 모든 저자들에게 있어서 갈릴리 지역을 돌아다니고 예루살렘에서 십자가에 못 박힌 사람과 높임 받는 주는 동일 인물이며, 이 저자들은 단순히 그의 기억이나 가르침이 아니라 예수라는 존재 자체를 칭송한다. 초기 기독교의 체험이 새로운 이해를 통해 하나님에게 다가갈 수 있도록 해준 고인(故人)의 가르침을 반추하거나 그의 모범을 따르는 것에 불과했다는 증거는 신약을 통틀어 어디에도 없다. 그와는 반대로 예수는 죽었으나 이제 살아있으며, 그를 따르는 사람들과 새로운 초월적 관계를 맺고 있다고 받아들여졌다. 더욱이 가장 오래된 신조와 찬양들은 육신이 부활한 예수를 선언하고 있다.

그러므로 기독교는 단순히 예수가 보여준 모범이나 기억에서 탄생한 것이 아니다. 예수가 그저 기적을 행하는 자로서 고려되었다는 증거는 없으며, 우리가 가지고 있는 최고의 증거들, 즉 초기교회의 가장 오래된 예배 관습에까지 연대를 추정할 수 있는 신조들과 찬양들을 보았을 때, 예수가 가장 가까웠던 추종자들에 의해 단순히 인간으로서 받아들여졌다고 주장하는 사람들은 자신들의 주장을 입증해야 할 책임이 있다. 제자들은 예수를 부활한 신성한 통치자이자 인간성과 시간성을 뛰어넘는 차원에서 지속적으로 교제할 수 있는 자로 보았으며, 가장 오래된 예배의식적 문구들이 이 점을 제시한다.[2] 앞으로 자세히 다루겠지만, 팔레스타인의 원시교회에서 사용되었던 초기의 예배의식적 기도문은 아람어 문구인 마라나타(marana tha)다. 예수와 제자들은 아람어로 소통했는데, 이 기도문은 단순히 존경하는 선생을 일컫는 존칭이 아니었다. 아람어에서 mar은 "선생(sir)"이나 "신성한 통치자(divine ruler)"를 의미할 수 있지만, 이 기도문은 신적 속성을 가진 선생을 지칭하지 않고서는 말이 되지 않는다. 모울이 강조하듯이,

죽은 랍비에 대해서는 "오신다(marana tha)"고 말하지 않으며,

*mar*라는 말이 분명 신성하거나 초월적인 존재를 뜻할 수도 있으므로, 이 문맥에서는 반드시 그랬을 것이다. 역으로, 주(*kyrios*)라는 말 역시 사람에게 적용할 수 있으나 … 이 말은 이방의 기독교인들에게 최초로 가르침을 전수한 것이 분명한 헬라어권의 유대계 기독교인들 사이에서는 초월적 연관성을 지니는 단어로, 하나님 본인과 매우 긴밀한 연관을 지니는 말이었다.³

우리는 원시교회의 예배 관행들에 대해 많은 자료를 보유하고 있는데, 이 관행들은 기독교가 처음부터 예수를 하나님으로 경배했었다는 명백한 증거들이다. 예수 숭배가 배타적 일신론(一神論, monotheism)을 고수하는 유대교의 맥락에서 터져 나왔으며, 제자들이 이를 유대교와 배치된다고 보지 않고 예언의 성취로 봤다는 점을 생각해보았을 때, 이것은 매우 믿기 어려운 일이 아닐 수 없다.

이 놀랄 만한 현상은 허타도의 역작 『주 예수 그리스도』(*Lord Jesus Christ*)에 자세히 서술되어 있다. 허타도는 하나님과 동일한 존재로서 예수를 숭배하는 일이 어떻게 유대-기독교적 일신론의 맥락에서 발생했는지를 정확히 설명한다. 그는 초기 원시교회가 어떻게, 언제 그리고 왜 예수를 하나님으로 숭배하게 되었는지를 검토하면서 예수가 초기 기독교 예배에서 지닌 중심성에 대해 세심하고 심도 있게 분석한다. 나는 기독교가 예루살렘에서 탄생한 지 10년도 되지 않아 생겨난 예배 양식에 관련된 증거들을 다룰 때 허타도의 분석을 자주 언급할 것이다. 이 증거는 십자가형 이후에 예수가 하나님과 동일한 경배의 대상이 되었다는 점을 보여준다. 예수와 함께 했던 제자들은 이전엔 이스

라엘의 하나님에 대해서만 이루어졌던 방식으로 예수에게 전심(全心)을 다하였다.[4]

앞서 지적하였듯이, 초기 기독교인들은 예수 숭배가 기존의 배타적 일신론과 모순되지 않는다고 생각했다. 예수 숭배는 매우 이른 시기에 시작되었으며, 바울이 서신을 서술하기 전에 이미 예배의 정례(routine patterns)가 되었다. 바울의 서신들은 예수의 십자가형 이후 20년 내에 서술되기 시작했으며, 이는 예수 숭배의 기원을 기독교 신앙의 탄생으로까지 잡을 수 있음을 의미한다.[5] 바울이 예수를 하나님으로 숭배하는 신조들을 인용했다는 점은 예수 숭배의 기원이 신조가 묘사하는 사건들, 즉 예수의 삶과 십자가형과 부활의 시기까지 거슬러 올라갈 수 있음을 의미하며, 이 증거는 상당히 강력하고 중요하다. 물론 예수 숭배의 기원이 이보다 늦다는 주장들이 제기되기도 한다. 그러나 이 독특한 신조보다 연대상 앞서면서도 예수 숭배에 반대되는 전통의 존재를 입증할 수 있는 증거는 없다. 이 신조들은 비교 불가능한 증거로서 매우 유력하며, 따라서 초대교회가 예수를 하나님으로 숭배하지 않았다고 주장하는 자들은 반드시 이를 반증할 수 있는 1세기의 증거를 제시할 수 있어야 한다.

게다가 예수 숭배는 역사적으로도 독특하다. 로마 시대에 배타적 일신론을 고수한 유대교에서 신성한 존재로 숭배 받은 사람은 예수가 유일하다. 예배에 관한 지침을 담은 디다케(Didache) 서와 구약과 신약에서 예수와 하나님을 지칭하는 헬라어와 아람어 및 히브리어 단어들을 조사해보면, 교회가 처음부터 예수를 하나님으로 숭배했음을 확인할 수 있다. 몇몇 신약학자들의 공상적인 추측에도 불구하고 이를 반박하는 기록된 증거는 아직까지 없다. 당연한 일이지만, 초기 기독교 문서들에 포함된 원시 예배의식적 문구들과는 달리, 이와 반대되는 관점을 제시하는 문서들 중 1세기의 첫 30년은 물론 1세기 전체 시기로도 정당하게 연관시킬 수 있는 것은 단 하나도 없다. 증거 서류를 조사하는 변호사의 입장에서 볼 때, 나는 예수에 대해 정통 기독교와 반대되는 관점을 지지하는 것은 굉장히 취약한 입장이라고 본다.

나는 다시 한 번 예수를 하나님으로 묘사하는 관례가 바울에게서 비롯되지 않았음을 강조한다. 이 서신서들보다 연대상 앞서며 예수 숭배를 나타내는 예배의식적 문구들을 인용할 때, 바울은 단지 그가 글을 쓰던 당시에 이미 널리 퍼져있던 관례를 확인해줬을 뿐이다. 이와 관련해서 나는 초기교회가 사용한 헬라어 단어인 *kyrios*와 하나님을 나타내는 히브리어 단어인 *Yahweh* 사이의 관계에서 드러나는 증거를 자세히 설명하겠다.

2.2 *kyrios*는 하나님을 나타내는 히브리어 단어인 *Yahweh*를 대신하여 1세기 사람들이 소리 내어 읽는 말이었다.

예수가 태어났을 당시에 신실한 유대인들은 하나님의 이름이 너무나도 신성하다고 생각했기 때문에 이를 소리 내어 말하는 것을 피했다. 하나님의 이름은 4자음(4子音, tetragrammaton)으로 알려진, YHWH(*Yahweh*)라는 네 가지 히브리어 문자로 이루어져 있다. 유대교 신자들은 하나님을 언급할 때 히브리어 단어인 *adonai*로써 하나님을 지칭하였고, 헬라어권의 유대인들은 4자음을 대신해서 *kyrios*를 소리 내어 읽었다.

그런데 "주 예수(kyrios Iesous)"라는 구절은 초기 기독교인들이 사용한 고백문이었다. 비록 헬라어 단어인 kyrios가 1세기에 "주"를 뜻하는 말로써 사용되었지만, 이 단어는 몇 가지 의미들을 가지고 있었다. 예를 들어 이 단어는 "주인(master)"이나 "소유주(owner)"를 뜻하기도 했으나, 단순하게 프랑스어에서의 "무슈(monsieur)"처럼 존칭어로 사용되기도 했고, 또한 하나님을 의미하기도 했다.[6] "주 예수"라는 구절이 예수를 이스라엘의 하나님과 동일시하는 문구라는 증거는 1세기의 유대인 역사학자 요세푸스가 제시한다. 요세푸스는 kyrios라는 단어를 잘 사용하지 않았지만, 1세기 유대인들이 로마 시민종교의 핵심이었던 황제 숭배를 거부했던 사건을 서술할 때 kyrios가 하나님을 지칭하기 위해 사용되었다는 점을 확인시켜준다. 황제 숭배를 거부했던 유대인들은 황제를 결코 kyrios로 지칭하지 않으려 했는데, 이 용어가 오직 이스라엘의 하나님에게만 적용될 수 있다고 믿었기 때문이다.

헬라어를 사용한 신약의 저자들도 구약의 구절들을 언급할 때 Yahweh의 번역어로 이 단어를 사용하였는데, 이 역시 kyrios가 하나님을 지칭한다는 증거다. 이 구절들을 검토해보면 바울이 하나님을 언급할 때 kyrios라는 용어를 사용했다는 점이 드러난다. 구약의 Yahweh를 대신하여 이 용어를 사용한 사례는 굉장히 많지만, kyrios가 하나님을 지칭한다는 점을 보여주기 위해서는 몇 개만 인용해도 충분하다.

예를 들어 서기 57년경, 즉 십자가형으로부터 약 15년 후에 로마서를 서술할 때, 바울은 시편 32:1~2을 그대로 인용하고 하나님을 주(kyrios)라고 지칭한다.[7]

시편 32:1~2
허물의 사함을 받고 자신의 죄가 가려진 자는 복이 있도다 마음에 간사함이 없고 여호와(하나님)께 정죄를 당하지 아니하는 자는 복이 있도다

로마서 4:6~8
일한 것이 없이 하나님께 의로 여기심을 받는 사람의 복에 대하여 다윗이 말한 바 불법이 사함을 받고 죄가 가리어짐을 받는 사람들은 복이 있고 주(*kyrios*)께서 그 죄를 인정하지 아니하실 사람은 복이 있도다 함과 같으니라

이처럼 바울은 분명히 *kyrios*를 Yahweh에 대한 헬라어 번역어로써 사용한다. 마찬가지로 로마인들에게 헬라어로 서신을 보낼 때에도 바울은 이사야 1장을 인용하면서 *kyrios*를 Yahweh에 상응하는 용어로써 사용한다.

이사야 1:9
만군의 여호와께서 우리를 위하여 생존자를 조금 남겨 두지 아니하셨더면 우리가 소돔 같고 고모라 같았으리로다

로마서 9:29
또한 이사야가 미리 말한 바 만일 만군의 주(*kyrios*)께서 우리에게 씨를 남겨 두지 아니하셨더라면 우리가 소돔과 같이 되고 고모라와 같았으리로다 함과 같으니라

*Yahweh*를 지칭하기 위해 *kyrios*를 사용한 다른 구절들로는 호세아 2:1과 이사야 10:22~23을 인용한 로마서 9:27~28, 이사야 53:1을 인용한 로마서 10:16, 이사야 40:13을 인용한 로마서 11:34, 시편 116:1을 인용한 로마서 15:11 그리고 시편 93:11을 인용한 고린도전서 3:20 등이 있다.

2.3 우리 수중의 가장 오래된 기독교 문서들은 *kyrios*를 *Yahweh*와의 연관 속에서 예수에게 적용했다.

초기교회는 "주 예수"를 선언할 때 언제나 최고의 경의를 담아 *kyrios*를 사용했다. 예를 들어 베드로전서는 60년대 초기에 작성되었는데, 이 문서의 저자는 구약의 구절을 예수에게 적용하며 "주"라는 용어가 *Yahweh*를 지칭하고 있음을 보여준다. 저자는 베드로전서 3:15에서 "너희 마음에 그리스도를 주(*kyrios*)로 삼아 거룩하게 하고 ⋯ "라고 서술한다(자세히 살펴보면 신약에서 "그리스도"는 언제나 예수를 지칭하는 것을 알 수 있다). 이 구절은 이사야 8:13, "만군의 여호와(*Yahweh Saboath*) 그를 너희가 거룩하다 하고"를 언급하고 있다.

계시록의 저자 역시 주(예수)의 주권을 강조하면서 *Yahweh*를 신들 중의 신이라고 언급하는 구절을 암시한다.

요한계시록 17:14
그들이 어린 양과 더불어 싸우려니와 어린 양은 만주의 주(*kyrios*)시요 만왕의 왕이시므로 그들을 이기실 터이요 또 그와 함께 있

는 자들 곧 부르심을 받고 택하심을 받은 진실한 자들도 이기리
로다

신명기 10:17
너희의 하나님 여호와는 신 가운데 신이시며 주 가운데 주시요
크고 능하시며 두려우신 하나님이시라 사람을 외모로 보지 아니
하시며 뇌물을 받지 아니하시고

바울은 로마서에서 주 예수를 언급하면서 요엘서 2:32을 인
용하고 *Yahweh*를 *kyrios*로 번역하는데, 여기서의 문맥으로 볼
때 바울이 예수를 *Yahweh*로 보았다는 것은 명백하다.[8]

로마서 10:9, 13
네가 만일 네 입으로 예수를 주(*kyrios Iesous*)[9]로 시인하며 또 하
나님께서 그를 죽은 자 가운데서 살리신 것을 네 마음에 믿으면
구원을 받으리라 … 누구든지 주(*kyrios*)의 이름을 부르는 자는
구원을 받으리라

요엘 3:5[10]
누구든지 주(*Yahweh*)의 이름을 부르는 자는 구원을 받으리라 …

바울은 예수와 관련된 구약의 구절들을 인용할 때 계속해서
*kyrios*라는 말에 *Yahweh*와 동일한 의미를 부여한다. 이에 대해
서는 다양한 예를 들 수 있는데, 이를테면 신명기 32:21을 인
용한 고린도전서 10:22, 출애굽기 34:34을 인용한 고린도후서

3:16, 스가랴 14:5을 인용한 데살로니가전서 3:13 등이 있다.[11] 바울은 이 구약 구절들을 예수에게 적용하면서 명백히 예수를 *kyrios*로 언급하며 이스라엘의 하나님인 *Yahweh*와 동일하게 본다. 예수를 *kyrios*라고 언급할 때, 당시 이 용어가 *Yahweh*라는 신성한 이름을 대신해서 기능했다는 점을 바울이 몰랐을 리는 없다. 보캄이 지적하듯이, "바울은 분명 헬라어와 히브리어 경전을 모두 알고 있었지만, 사실 유대 경전을 헬라어로만 배웠던 헬라어권의 유대계 기독교 신자들조차 *kyrios*라는 용어가 4자음을 표현하는 것임을 몰랐을 리는 없다 … 70인역의 많은 사본들에 실제로 적혀있던 것은 *kurios*(※*kurios*는 *kyrios*와 같은 의미이다)가 아니라 4자음이었다 … 읽는 자는 4자음을 대신해서 주(*kurios*)를 (소리 내어) 읽었다."[12]

노이펠드는 예수를 *kyrios*로 묘사할 때 십자가형과 부활이 원시교회에 매우 중요한 역사적 사건들이었다고 지적한다. 위에서 언급했듯이, 예수를 처음으로 따랐던 사들은 그를 단순히 위대한 선생으로만 보지 않았으며, 또한 예수에 대한 신앙을 그럭저럭 가치가 있는 신화나 비유에 근거한다고 보는 데에 결코 만족하지 않았을 것이다. 역사 자체와 역사 안에서 일어난 속죄와 부활의 효력(efficacy)은 초기 신앙에서 무엇보다도 중요하고 핵심적인 주춧돌이었다. 이 신앙은 예수의 삶과 죽음과 부활에 관련된 역사적 사건들에 대한 믿음에 기반을 둔다.

"주 예수(*kyrios Iesous*)"는 바울이 알고 있었던 초기의 고백(*homologia*)이었으며 그는 이 고백을 서신들에 썼다. 바로 이 고백을 통해 기독교인들은 그들의 신앙과 관련하여 두 가지 중요한 사실을 인식했다. 즉, (1) 역사 속의 특정한 시기에 살아가고 죽었던 예수라는 사람이 (2) 부활로 인해 기독교인들과 교회의 주가 되었다는 것이다. 이 두 가지 사실들에 대한 믿음과 이에 대한 교회의 고백이 기독교 신앙의 핵심이었다. 유대적 배경을 가진 이들에게 이는 70인역에서 대부분의 경우 조상들의[※이를테면 아브라함의] 하나님을 지칭하기 위해 사용되었던 이름이 예수에게 적용된다는 의미이며, 이방의 기독교인들에게는 수많은 "주" 중에서 예수가 진정한 *kyrios*임을 고백하는 것을 뜻했다. 또한 기독교인들 모두에게 이는 예수 그리스도를 부활하시고 승천하신 주, 기독교인이라는 모든 종(*doulos*)들의 주, 교회의 주, 창조된 세계의 주, 즉 만주의 주라고 고백하는 것을 의미했다.[13]

2.4 우리 수중의 가장 오래된 기독교 문서들은 *kyrios*를 *Yahweh*의 날 (The Day of *Yahweh*)과 연관하여 예수에게 적용한다.

바울이 *kyrios*를 *Yahweh*와의 연관 속에서 예수에게 적용했다는 것은 한 발 더 나아가 바울이 "*Yahweh*의 날"을 서술한 곳에서도 입증된다. 그는 "주의 날"이라는 문구를 명백하게 "주 예수 그리스도의 강림하심(*kyrios Iesous Christos*)"에 연결시켜 사용한다.

바울은 데살로니가후서 2:1~2에서 "형제들아 우리가 너희에게 구하는 것은 우리 주 예수 그리스도의 강림하심과 우리가 그 앞에 모임에 관하여 영으로나 또는 말로나 또는 우리에게서 받았다 하는 편지로나 주의 날이 이르렀다고 해서 쉽게 마음이 흔들리거나 두려워하거나 하지 말아야 한다는 것이라"고 서술한다. 여기서 "주의 날"이라는 문구는 아모스 5장 18절, "화 있을진저 여호와의 날을 사모하는 자여, 너희가 어찌하여 여호와의 날을 사모하느냐"에서 "Yahweh의 날"을 말하고 있다.

2.5 예수를 하나님으로 고백하는 아람어 기도문인 마라나타(marana tha)는 우리 수중의 가장 오래된 기도문이다.

아람어 기도문인 마라나타(marana tha)의 연대는 매우 이른 시기로 잡을 수 있는데, 이는 초대교회가 예수를 하나님으로 숭배했다는 핵심 증거다. 예수와 제자들은 아람어를 사용했으며[14] 초기 팔레스타인 지역의 교회들도 아람어를 사용했다.[15] 아람어 단어 mar(그리고 myrh와 같은 파생어들)은 본질적으로 헬라어 단어 kyrios와 동일한 의미를 지니고 있다. Mar는 "주"를 뜻하며 존경을 나타내는 일반적인 존칭어로써, 명망 있는 선생이나 랍비를 지칭할 때 사용되었지만 신성한 통치자를 뜻하기도 했다.

아람어 문구인 marana tha는 신약학자들 사이에 알려진 가장 오래된 예배의식적 문구다. 이는 원시교회의 기도문으로는 우리 수중에 있는 것들 중 가장 오래되었다. 또한 이것은 예수의 십자가형으로부터 20년 정도 후에 바울이 헬라어를 사용하던 고린도교회에 보내는 서신에서 나타난다. 바울은 고린도전서 16:22에서 구절을 마무리하며 아람어 원어로 "marana tha!"를 인용하는데, 이는 "(우리) 주여 오시옵소서!"를 뜻한다. 앞으로 살펴보겠지만, 우리는 *mar*라는 단어의 의미들 중 신성한 통치자라는 뜻에서 초대교회가 예수를 하나님으로 숭배했다는 초기의 증거를 갖고 있다. 팔레스타인에 위치했던 초대교회는 안디옥이나 헬라 문화권에 위치한 다른 교회들로부터 영향 받기 이전부터 이미 예수를 하나님으로 숭배했다. 이 기도문은 바울의 서신들에 인용되었으며, 바울 서신이 쓰이기 이전에 존재했고, 초기에 예수를 따랐던 아람어 사용자들로부터 파생했다.

물론 이 아람어 문구는 단순히 "우리의 주가 오셨다"라는 고백문으로 읽힐 수도 있으나 이러한 해석의 가능성은 매우 낮다. 그보다는 헬라어권의 교회에 보내는 헬라어 서신에 이 기도문이 아람어 원어의 형태로 보존되었을 가능성이 훨씬 더 높다. 이 문구가 기도문일 가능성이 더 높은 이유는 신약에서 발견되는 고백문은 항상 헬라어로 번역되기 때문이다. 바울은 *아람어 기도 전통을 아람어 원어로 전수했다*. 이는 바울이 로마서 8:15과 갈라디아서 4:6에서 *아바(abba)*라는 아람어 원어를 사용하는 데에서 확증된다. 이 구절들은 예수가 하나님을 지칭할 때 직접 *abba*라는 단어를 사용한 것을 암시하고 있으며, 예수가 제자들에게 가르쳐주었던 주기도문의 첫 부분을 언급하는 것일 가능성도 있다.[16]

아람어 문구 *marana tha*를 기도문으로 사용했다는 점은 예배에 관한 지침서로서는 가장 오래된 디다케서에서 이 문구가 사용된 방식과도 일관된다. 디다케서는 메트로폴리탄 정교회(Orthodox Metropolitan) 소속의 비렌니오스(Bryennios)에 의해 1873년 헬라 고문서인 히에로솔리미타누스(Hierosolymitanus, 1053년경)에서 발견되었으며 1883년에 출간되었다. 디다케서는 서기 65년에서

85년 사이에 작성됐을 것이며, 1세기 시리아 지역에서 헬라어권의 기독교인들에 의해 사용되었을 가능성이 매우 높다. 디다케서 또는 『열두 사도의 교훈』(Doctrine of the Twelve Apostles)은 예배와 기도에 대한 지침들을 담고 있으며,[17] 이 지침들 역시 전통·정통 기독교 신앙을 지지한다. 디다케서에서 marana tha는 다음과 같이 성찬식을 위한 예배에서 사용된다.

> 은혜로 내리게 하시고 이 세계가 지나가게 하소서
> 호산나 다윗의 하나님이여!
> 거룩한 자는 누구든지 오라
> 그렇지 않은 자는 누구든지 회개하라
> 주여 오시옵소서(marana tha)! 아멘[18]

기도문의 내용이 "우리 주여 오소서"인데 marana tha를 선생 등으로 해석하는 것은 이치에 맞지 않다. 한낱 인간에 불과하며 이미 죽은 선생에게 오시라고 부르는 것이 어떤 의미가 있겠는가? 초기 기독교 시대의 아람어 문서들은 인용된 구약 구절들 속의 Yahweh를 언급하기 위해 이 용어를 사용하는 한 편, 하나님의 또 다른 이름인 샤다이(Shaddai)와 동일하게 사용하기도 했다.[19] 이 용어는 부활한 예수에게 드리는 기도문으로서 전례 예배 속에서 사용되었기 때문에, 초기교회가 marana tha라는 용어를 신성한 통치자라는 최고 존칭의 의미로 사용했다고 봐야 한다.

한편 헬라어로 쓰인 요한계시록의 결어(結語)인 "주 예수여 오시옵소서"라는 기도문에서도 marana tha의 의미에 대해 추가 증거를 찾을 수 있다. 계시록이 보다 앞서 존재했던 예배의식적 문구들을 많이 차용한 사실은 익히 알려져 있다. 아람어 *marana tha*와 동일한 의미를 갖는 헬라어 단어는 계시록 22:20에서 나타난다. 여기서의 문맥은 계시록의 저자가 이 문구를 명백히 기도문으로서 사용했다는 점을 보여준다.[20]

*marana tha*가 고린도전서와 디다케서에서 사용되고 계시록 22장에서 헬라어로 번역된 문맥을 살펴보면, 이 문구가 단지 생전에 높이 추앙 받았던 선생에 대한 사후 존칭의 의미로서 사용되었다는 관점은 거부될 수밖에 없다. "오소서 선생이여"는 이 선생이 신적 속성을 가지고 있지 않는 한 아무런 쓸모가 없는 기도문이다. 그러므로 제시된 증거들은 모두 가장 오래된 구절인 *marana tha*가 하나님으로서의 예수에게 드리는 기도문이라는 점을 강력하게 시사한다.

헬라어권이었던 시리아와 고린도 지역의 기독교인들은 이 기도문을 알고 있었고 사용하기도 했다. 이는 그들이 아람어권인 팔레스타인 지역의 교회로부터 이 기도문을 배웠기 때문이다. 이 팔레스타인 지역의 교회는 다름 아니라 사도들이 예배를 드렸던 예루살렘교회일 가능성이 높다. 비록 바울이 그의 서신들 중 일부를 예수의 십자가형 이후 20년 내에 서술하기는 했지만, 이 문구는 바울의 집필 이전에 이미 사용되고 있었다. 바울은 헬라어권의 교회들에게도 이 아람어 문구를 사용했는데, 이는 교인들이 이미 이 문구가 예배에서 사용되는 방식에 익숙했기 때문이다. 그러나 바울을 비롯한 고린도와 시리아의 기독교인들은 최초로 예수를 하나님으로 언급한 자들이 아니었다. 예수와 함께 했던 제자들이 예배를 드리던 시기에 *marana tha*는 이미 사용되고 있었다.

바울이 어째서 아람어 기도문을 헬라어를 사용하는 교회에 보내는 서신에 인용했는지를 고려해보면 앞선 결론이 더 명백해진다. 고린도의 교인들이 아람어 문구에 익숙할 거라고 바울이 생각했을 때에만 그가 아람어 문구를 사용한 것이 이치에 맞기 때문이다. 이 기도문은 분명 아람어권인 팔레스타인 지역의 교회 내에서 전례의 일부였다. 따라서 이 기도문은 동일한 예배 관습 아래 예수를 믿는 자들이 언어적, 문화적 장벽을 넘어서 단결할 수 있도록 전통적인 의미를 지녔다. 바울은 자신의 편지를 받는 헬라어권의 독자들이 이 아람어 용어에 대해 무척 친숙하다는 점을 알고 있었기 때문에, 이 기도문을 헬라어로 번역하거나 부연 설명할 필요를 느끼지 못했던 것이다.

이는 예수를 주(主)로 고백하는 관례가 초기 팔레스타인 지역의 교회로부터 파생되었다는 결론으로 이끈다. 이 교회의 교인들은 아람어를 사용했으며, 팔레스타인 외부의 사람들에게 복음을 전파할 때 예수를 언급하면서 이 기도문도 함께 전수했다. 헬라어를 사용했던 고린도 지역의 기독교인들은 아람어를 사용하던 교회로부터 배웠기 때문에 이 기도문을 알고 있었다. 그러므로 이 문구는 명백히 바울의 집필 시기보다 앞서며, 이는 앞서 말한 것처럼 바울과 고린도와 시리아의 교인들이 처음으로 예수를 하나님으로 언급한 자들이 아니라는 의미다. 따라서 이제까지의 증거는 두말할 것 없이 *marana tha*가 매우 이른 시기부터 교회에서 사용되었으며, 바울의 집필 이전에 이미 정립된 예배의 관습이었다는 사실을 보여준다.*

2.6 신약에 인용되고 바울의 서신보다 훨씬 앞선 시기에 만들어진 찬양과 신조들은 모두 예수를 하나님으로 언급한다.

바울은 *marana tha*라는 기도문을 사용하고 연대상 앞서는 많은 찬양과 신조들을 자신의 글에 담았는데, 이는 바울이 최초로 예수를 하나님의 성육신으로 경배했던 사람이 아니라는 의미다. 바울은 이 예배의식적 문구들을 인용할 때 단순히 예루살렘교회의 초기 교인들로부터 전수 받았던 기도문을 전수하고 있었을 뿐이다. 이 교인들은 그리스도의 가장 오래된 추종자들로서, 사도행전에 기록된 것처럼 예수와 함께 했던 자들이자 교회를 세운 사람들이다. 또한 이들은 예수가 팔레스타인에서 3년간 지상 사역을 했을 때 그와 알고 지냈던 사람들이기도 하다.

2.6.1 고린도전서 15:3~8과 로마서 4:25은 예수의 죽음과 부활이 속죄를 위한 것임을 언급하는 초기의 신조들이다.

a. 고린도전서 15:3~8이 매우 오래되었다는 점과 전승이 전수되었던 방식은 초기교회들이 예수의 죽음과 몸의 부활을 믿었

---

*marana tha라는 기도문에 대한 저자의 논지는 다음과 같이 요약할 수 있다. (1) 이 기도문은 내용으로 보아 예수를 하나님(그리고 주)로 고백하고 있다. (2) 바울은 헬라어권의 교회들에서 신을 쓸 때 이 기도문을 아람어 원어 그대로 서술했다. (3) 만약 바울이 이 기도문을 처음으로 제시한 사람이라면 그는 기도문에 대해 추가적인 설명을 했을 것이다. (4) 바울은 기도문에 대해 추가 설명을 하지 않았다. (5) 그러므로 바울은 이 기도문을 처음 제시한 사람이 아니다. 그럼에도 이 기도문이 바울 서신에 등장한다는 것은 기도문 자체가 바울의 집필 이전에 이미 존재했다고 보아야 한다는 의미다.

다는 강력한 증거다.

바울의 글은 예수의 죽음과 부활에 관한 전승(paradosis)의 가장 오래된 기록이다. 이 전승은 초기에는 구두 형식으로 예수의 동시대인들 사이에서 전수되다가 후에 기록되었다. 바울의 글은 이 전승에 대한 언급으로서는 우리 수중의 문서들 중 가장 오래된 것이다. 고린도전서 15:3~8에서 바울은 전수되어온 신조를 다시 한 번 신중하게 인용한다. 바울은 예수의 십자가형으로부터 20년 이내에 서술되었으며 고린도인들에게 보내는 첫 서신에서 다음과 같이 쓴다.

> 내가 받은 것(paralambano)을 먼저 너희에게 전하였노니(paradidomi) 이는 성경대로 그리스도께서 우리 죄를 위하여 죽으시고 장사 지낸 바 되셨다가 성경대로 사흘 만에 다시 살아나사 게바에게 보이시고 후에 열두 제자에게와 그후에 오백여 형제에게 일시에 보이셨나니 그 중에 지금까지 대다수는 살아 있고 어떤 사람은 잠들었으며 그후에 야고보에게 보이셨으며 그후에 모든 사도에게와 맨 나중에 만삭되지 못하여 난 자 같은 내게도 보이셨느니라[21]

이 구절의 핵심은 "성경대로 그리스도께서 우리 죄를 위하여 죽으시고 장사 지낸 바 되셨다가 성경대로 사흘 만에 다시 살아나사 게바에게 보이시고 후에 열두 제자에게 … 보이셨나니"라는 구절들로만 이루어졌을 것으로 보이며 고대 아람어로 된 예배의식적 문구다. 바울은 아마 이 아람어 문구에 추가적인 내용을 덧붙여 예수가 다른 이들에게 나타났다고 언급했을 것이다.

고린도인들에게 그가 "받은 것"을 "전하였다"고 말하면서, 바울은 전통을 전수하고(paradidomi) 전수받음(paralambano)을 나타내는 관용구를 사용한다. 그는 복음이 자신에게서 시작된 것이 아니고, 자신보다 앞서 전수받았던 사람들로부터 전수받았다는 것을 분명하게 말한다. 학자들 역시 바울이 개종하고 몇 년 후 이 전승을 예루살렘교회로부터 전수받았다고 동의한다.[22] 고린도전서 15:3~8의 신조는 최초의 기독교 공동체가 가진 신앙의 핵심을 나타내고 있으며, 병렬 구조의 방식으로 되어 있고, 또한 바울이 만들어낸 문구가 아니다. 예레미아스는 고린도전서 15:3 이하에서 "너희에게 전하였노니"라는 용어나 "전하고 받음" 등의 용어가 전승의 전수를 지칭하는 용어임을 입증하였다.

이 신조에서 사용되었으며 비(非)바울적인(un-Pualine) 구절들에 대한 예레미아스의 분석은 앞의 결론을 입증한다. 예를 들어 "우리 죄를 위하여(3절)", "성경대로(3,4절)", "다시 살아나사(4절)", "사흘 만에(4절)", "보이시고(5,6,7,8절)", "열두 제자(5절)" 등은 모두 바울이 그의 다른 글들에서는 사용하지 않은 구절들이다. 마찬가지로 베드로의 헬라어 이름 대신 아람어 이름 "게바"를 사용했다는 사실도 이 신조가 예루살렘교회에 기원을 두고 있음을 지시한다.[23]

1세기엔 서술이 주된 소통 방식이 아니었다. 1세기에 역사와 어록을 포함하여 대부분의 정보가 구술을 통해 전달되었다는 점은 오늘날의 사람들이 이해하기 어려울 것이다. 중요한 사건과 서사와 어록 등을 암기하는 것은 당시에 역사를 보존하는 주된 방식이었다. 전승의 전수 과정은 헬라어 용어 *paralambanein*과 *paradidonai*에 설명되어 있다. 보캄은 이 용어들이 초기 원시교회가 정형화된 전통 전수의 과정을 수행했다는 의미라고 지적한다.

우리는 예수 전승의 전수 과정에서 증인들이 중요한 역할을 했으며 또한 그것이 정형화되고 관리된 성격을 지녔다고 대략적인 윤곽을 그릴 수 있다. 우리는 바울의 서신에서 초기 기독교가 정형화된 전승 전수의 과정을 수행했다는 명백한 증거를 갖고 있다. 여기서 "정형"이란 자격을 갖춘 전승자로부터 다른 이들에게 전승이 그대로 전수될 수 있도록 수행한 구체적인 방법들을 의미한다. 이에 대한 증거는 바울이 전승의 전수함(*paradidomi*, 고린도전서 11:2,23, 히브리어 *masar*와 상응한다)과 전수받음(*paralambano*, 고린도전서 15:1,3; 갈라디아서 1:9; 골로새서 2:6; 데살로니가전서 2:13, 4:1; 데살로니가후서 3:6, 히브리어 *quibbel*과 상응한다)이라는 전문 용어를 사용하는 데서 찾을 수 있다. 이 헬라어 단어들은 헬라 학교에서 전승의 정형화된 전수를 표현하기 위해 사용되었으며, 그러므로 이방인 독자들에게 그와 유사한 의미를 지녔을 것이다. 이 단어들은 또한 유대적 헬라어 용법에서 발견된다(요세푸스,『유대고대사』(*Antiquities*) 13.297,『아피온 반박문』(*Against Apion*) 1.60; 마가복음 7:4, 13; 사도행전 6:14).[24]

신약학자 던(James G. Dunn)은 바울의 서신들에서 예수를 역사적인(historical) 인물로 지시하는 가장 오래된 언급들을 찾을 수 있으며, 고린도전서 15:3이 예수의 삶과 부활에 관해서 우리가 가지고 있는 가장 오래된 사료라고 지적한다. 이 구절이 오래됐다는 사실은 그 자체로 최초의 기독교인들이 예수의 독특함과 높임 받음을 어떻게 생각했는지에 대해 중요한 정보를 제공한다. 던이 지적하듯이,

> [예수와 관련된] 최초의 [사료]는 고린도전서 15:3이며, 바울은 여기서 자신이 전수 받았고 개종자들에게 분명히 "그리스도께서 … 죽으시고"라는 초기 기독교 교리문답의 형태로 가르쳤던 근본 믿음에 대해 얘기한다. 여기서 핵심은 바울이 스스로 고백한 사건[※예수의 죽음과 부활]으로부터 2년 후에 개종했을 것이며, 같은 시기에 이 근본 지침을 전수받았을 것이라는 점이다. 다시 말해 바울은 30년대 초, 그러니까 약 2년 전에 죽었던 예수라는 사람에 대한 이야기를 듣고 있었던 것이다.[25]

연대를 추정해볼 때, 이 신조는 예수의 십자가형과 거의 동시에 생겨났으며, 최소한 예수의 죽음으로부터 5년 이내에 발생했을 것이 확실하다는 결론에 도달한다. 독일 신학자 판넨베르크는 지난 세기에 그리스도 교리(doctrine of Christ)와 관련해 가장 영향력 있는 연구들 중 하나를 발표했다. 판넨베르크는 고린도전서 15:3을 언급하면서 바울이 스스로 묘사하는 사건들로부터 매우 가까운 시기에 이를 서술했다고 추산했다.

바울은 서기 56년이나 57년에 에베소에서 고린도전서를 집필했다. 또한 그의 개종은 예수의 십자가형으로부터 얼마 지나지 않은 서기 33년이나 35년에 이루어졌다. 우리는 갈라디아인들에게 보내는 서신(갈라디아서 1:18)에서 그가 개종한 지 3년 후 베드

로와 야고보와 예루살렘에 있는 기타 제자들을 방문했다는 것을 알고 있다.

따라서 판넨베르크는 고린도전서 15:3에서 바울이 과거에 형성된 문구에 호소하고 있다고 지적한다. 만약 바울이 서기 36년이나 38년에 베드로와 야고보와 요한 및 예루살렘교회의 기타 핵심 인물들과 함께 있었다면, 그가 고린도전서에서 인용하는 정형화된 전승은 십자가형 이후 몇 년 안 돼서 생겨났을 가능성이 매우 높다. 판넨베르크가 주장하듯이,

> 만약 갈라디아서 1장의 정보를 토대로 바울이 개종한 연대를 서기 33년(35년?)으로 잡고, 예수가 서기 30년에 죽었다고 한다면, 바울은 사건들[※예수의 사역과 죽음과 부활 등]로부터 6년 내지 8년 사이에 예루살렘에 있었을 것이다. 이로부터 고린도전서 15장은 그것이 기록된 사건들로부터 매우 가까운 시기에 서술되었음을 알 수 있다. 이 주장은 다음의 발견에서 더욱 힘을 얻는다. 이 문서의 저자는 사건들과 매우 가까이 위치해 있었을 뿐만 아니라 그의 서술보다 앞서 만들어진 문구들을 사용한다. 따라서 그는 즉석에서 부정확할 수도 있는 기억으로부터 진술하고 있는 것이 아니라, 실제 사건들과 고린도전서의 기록이라는 매우 짧은 기간 안에 발생한 정형화된 전승에 호소하고 있는 것이다. 여러 가지를 고려해 볼 때 이 전승은 아주 이른 시기에, 그러니까 바울이 예루살렘을 방문하기 이전에 발생했다고 추정해야 한다 … 만약 바울이 개종한 지 얼마 지나지 않아 이를 전수받았다면, 이 전승은 예수의 죽음으로부터 5년 이내에 생겨났던 것이 분명하다.[26]

허타도 역시 이 신조가 예루살렘교회에서 발생했다는 견해를 지지한다. 허타도는 고린도전서 15장의 전승이 바울의 서술보다 앞설 뿐만 아니라 예수와 함께 생활했으며 그의 죽음을 목격하고 부활을 경험한 제자들(사도들)의 시기로까지 거슬러 올라간다고 주장한다.[27] 제자들은 예루살렘에 거주했으며 부활한 예수의 영광을 증언했던 증인들이다. 허타도는 그리스도(christos)라는 용어에 대해서도 1세기에 기독교인들과 유대인들 외에는 이 용어가 특별한 의미가 없었다고 지적한다. 그러므로 고린도전서 15장에 담긴 신조는 분명 구약 경전들과 몸의 부활이라는 유대교적 관념에 익숙했던 공동체로부터 형성되었을 것이다.

한편 바울은 갈라디아의 신생 교회에 보내는 서신의 두 번째 장(갈라디아서 2:6~9)에서 게바(베드로의 아람어 이름)와 야고보가 예루살렘교회의 지도자들이라고 확인시켜 준다. 허타도는 이에 대해 "열두 제자"가 신약복음서들과 사도행전에서 처음부터 끝까지 예루살렘교회와 관련된 용어라고 지적한다.

비록 바울의 서신들보다 후기의 사료들(정경복음서들과 사도행전)이긴 하지만, "열두 제자"에 대한 기타 모든 언급들 역시 그들을 예루살렘과 연관짓는다. 바울이 이 전승을 게바와 야고보(갈라디아서 1:18에서 볼 수 있듯이 게바와 예루살렘에서 보낸 15일을 포함하여)로부터 직접 전수받았든 다른 이들을 통해 간접적으로 전수받았든, 전승은 예루살렘에서 발생했을 가능성이 높다. 또한 바울은 이 전승이 자신과 유대인 공동체들 모두가 예수에 대해 고수하는 믿음을 나타낸다고 주장했다.[28]

b. 바울이 남긴 사료들의 연대는 매우 이른데, 이는 예루살렘교회가 예수의 죽음과 부활이 구원의 성질을 지닌다고 생각했다는 증거다. 이는 바울이 로마서 4:25에서 인용하는 신조를 포함하여 다른 초기 신조들과 일관된다.

우리는 바울이 고린도인들에게 전수하는 전승에서 자신이 선포한 좋은 소식(the good news)을 구원과 연관있다고 생각했다는 증거를 찾을 수 있다. 이 좋은 소식은 예수의 죽음과 장사지냄과 부활을 말한다. 내가 계속해서 강조하듯이, 바울은 구원에 대해 새로운 개념을 만들어내지 않았으며, 단지 그가 전수받은 구원에 관한 전승을 전수했을 뿐이다. 이 구절에서 언급되는 게바(베드로의 아람어 이름)와 야고보와 열두 제자들을 포함한 유대인 기독교인들은 모두 예수의 십자가형과 죽음과 부활이 구원의 성질을 지닌다고 보았다.

마찬가지로 바울은 서기 57년의 이른 봄 로마의 기독교인들에게 보내는 서신인 로마서 4:25에서 "예수는 우리가 범죄한 것 때문에 내줌이 되고 또한 우리를 의롭다 하시기 위하여 살아나셨느니라"는 초기 기독교 고백문을 인용한다.

학자들은 일반적으로 이 구절이 이사야 52:13~53:12을 암시하고 있으며 70인역에서 번역된 구절이라고 동의한다.

> 그러므로 내가 그에게 존귀한 자와 함께 몫을 받게 하며 강한 자와 함께 탈취한 것을 나누게 하리니 이는 그가 자기 영혼을 버려 사망에 이르게 하며 범죄자 중 하나로 헤아림을 받았음이라

그러나 그가 많은 사람의 죄를 담당하며 범죄자를 위하여 기도하였느니라

바울의 서신을 받은 로마의 교인들은 그리스도의 죽음이 구원을 위한 것이라는 개념을 이해하고 있었다. 바울 역시 로마의 교인들이 이 개념에 친숙할 것이며 자세히 설명해야 할 필요가 없다고 생각했다. 그는 로마교회를 개척할 당시 어떤 역할도 맡지 않았지만, "내 친척이요 나와 함께 갇혔[으며] 사도들에게 존중히 여겨지고 또한 나보다 먼저 그리스도 안에 있는 자[였던] 안드로니고와 유니아"[29]를 비롯한 교인들에게 문안한다. 바울은 예수의 죽음("우리가 범죄한 것 때문에")과 부활("우리를 의롭다 하시기 위하여")에 대해 추가적인 설명 하나 없이 단순히 언급만 하는데, 이는 바울이 기독론의 이 부분과 관련하여 로마교회에 가르침을 준 적은 없지만 로마교회의 교인들이 이미 이 개념을 알고 있을 것이라 여겼다는 의미다.[30] 허타도가 결론짓듯이, "그러므로 바울의 혁신이나 공헌은 예수의 죽음과 부활이 구원을 위한 것이라는 개념을 제시한 것도 아니며, 이 개념을 초기 기독교 신앙의 핵심으로 자리 잡게 한 것도 아니다. 바울이 인용하는 전승은 이 개념이 예루살렘교회로 거슬러 올라가는 믿음의 공동체에게 이미 오랫동안 핵심 요소였음을 명쾌하게 보여준다."[31]

2.6.2 고린도전서 11:23은 예수의 죽음이 구속(救贖)을 위한 것이라고 묘사하는 또 하나의 신조를 제시하고 있으며, 예레미아스는 이 성찬전승(tradition of eucharist)의 핵심이 예수 본인에게로 거슬러 올라갈 수도 있다고 결론짓는다.

주의 만찬(Lord's Supper, *kyriakon deiponon*)과 관련된 예배의식의 골조는 아마도 예수 본인으로부터 나왔을 것이다. 예수의 십자가형에 앞서는 만찬의 사건들을 정확하게 추적해볼 때, 성찬식을 위한 예배의식의 근거는 분명 토씨 하나 틀리지 않고 전수되어 왔다. 예레미아스는 주의 만찬에 대한 연구서인 『성찬에서의 예수의 말씀』(*The Eucharistic Words of Jesus*)에서 "주의 만찬의 기록이라는 전승의 공통된 핵심, 즉 최후의 만찬에서 예수가 한 말은 본질적으로 신뢰할 수 있는 형태로 우리에게 보존되어 왔다"[32]고 결론 내린다. 고린도전서 11:23~26은 다음과 같다.

> 내가 너희에게 전한 것[*paradidomi*]은 주께 받은 것[*paralambano*]이니 곧 주 예수께서 잡히시던 밤에 떡을 가지사 축사하시고 떼어 이르시되 이것은 너희를 위하는 내 몸이니 이것을 행하여 나를 기념하라 하시고 식후에 또한 그와 같이 잔을 가지시고 이르시되 이 잔은 내 피로 세운 새 언약이니 이것을 행하여 마실 때마다 나를 기념하라 하셨으니 너희가 이 떡을 먹으며 이 잔을 마실 때마다 주의 죽으심을 그가 오실 때까지 전하는 것이니라[33]

이 구절에서 우리는 초기교회가 바울의 개종 이전에 만든 신조적 전승을 발견할 수 있다. 이 독자적인 전승은 예수가 십자가형을 당하기 전날 밤 그의 제자들과 함께 했던 만찬을 묘사하고 있다. 이 전승은 신약복음서들의 기록과도 일관되며, 예레미아스에 의하면 예수 본인에게로 거슬러 올라간다.

여기서 바울은 주의 만찬에 관련된 독자적인 전승을 전수받고 있다고 기록하면서 "받은 것"과 "전한 것" 등, 예레미아스의 말을 빌리자면 매우 "비(非)바울적"³⁴인 단어들을 인용한다. 이 단어들은 바울의 서술에서 잘 나타나지 않으며 명백히 셈어족(히브리어와 아람어)에 기원을 두고 있다.³⁵ 예레미아스는 이에 대해 다음과 같이 결론 내린다.

> 고린도전서 11:23은 다름 아니라 예수 본인에게로 거슬러 올라가는 일련의 전승을 보여준다. 이에 대한 즉각적인 증거는 바울이 고린도인들에게 오래전에 정립된 전승, 즉 전하여준 도를 일깨워주면서 "전함"과 "받음"이라는 동일한 용어를 사용하고 있는 고린도전서 15:1 이하에서 제공된다 … 왜냐하면 언어학적으로 보아 여기서 인용된 선언은 … 바울이 형성한 것이 아니기 때문이다.³⁶

앞서 지적하였듯이, 예배의식적 문구의 "전함"은 되는 대로 하는 절차가 아니라 매우 조심스러운 과정이었다. 예레미아스는 이 신조가 "초기교회 전체에서 복음서 작성의 시기까지 독자적인 예배 전통으로서 널리 알려졌고, 바울의 서신에서 발견되는 신조의 형태는 바울 이전의 문구라고 보이므로, 어쨌든 바울 이전에, 즉 매우 이른 시기에 형성되었다"³⁷는 점을 언어학적으로 보여주었다. 예수 전승의 셈어족 속성에 관해 20세기 언어학의 권위자가 내린 결론은 결코 무시할 수 없다. 이 전승은 의심의 여지없이 예수 본인에게로 거슬러 올라가며, 예레미아스는 이를 반박하고자 하는 사람들이 입증책임을 질 수 밖에 없도록 매우 설득력 있는 증거를 제시했다.

2.6.3 골로새서 1:15~20은 예수가 보이지 않는 하나님의 형상임에 대한 찬양을 인용하는데, 디모데전서 3:16도 이와 동일하게 그리스도의 선재성(先在性, preexistence)을 제시하는 찬송을 인용한다.

우리 수중의 가장 오래된 기독교 문서들에 인용된 예배의식적 문구들은 "틀림없이"나 "논란의 여지없이"를 뜻하는 *homologoumenos*와 같은 단어를 비롯하여 여러 요소들을 통해 찾을 수 있다. 이 단어는 디모데전서 3:16절의 찬양에 대한 소개문에서도 사용된다.

> 크도다 경건의 비밀이여, 그렇지 않다 하는 이 없도다 그는 육신으로 나타난 바 되시고 영으로 의롭다 하심을 받으시고 천사들에게 보이시고 만국에서 전파되시고 세상에서 믿은 바 되시고 영광 가운데서 올려지셨느니라[38]

이 구절들은 독특한 서술 방식과 리듬 양식을 지니고 있어서 서신의 나머지 부분들과 구별된다. 여섯 가지 동사들(나타난 바 되시다, 의롭다 하심을 받으시다, 보이시다, 전파되시다, 믿은 바 되시다, 올려지시다)은 명백히 그리스도(예수)를 주어로 삼는 피동사들이다. 이 구절들은 헬라어의 병렬 형식을 취하여 시적이고 간결해서 바울의 서술적 특징과 들어맞지 않는다. 따라서 모울은 이 구절들의 찬양적 성격을 다음과 같이 지적한다.

디모데전서 3:16은 어떻게 보아도 찬양이며 또한 매우 이른 시기의 것이다. 헬라어에서 (보는 바와 같이) 어떤 선행사(antecedent)도 없이 관계대명사로 급작스럽게 시작한다는 사실은 이 구절이 독자들이 이미 알고 있고 바로 알아볼 수 있는 인용이라는 의미다. 일련의 부정 과거수동태(aorist indicative passive)는 단조로운 리듬을 만들어내며, 여러 훌륭한 기독교 찬양들처럼 이 찬양은 본질적으로 테 데움(*Te Deum*)과 같이 주를 향한 큰 사랑을 고백하는 신조의 성격을 지닌다.[39]

이 찬양을 읽을 때 우리는 우연찮게도 초대 기독교인들이 예배를 드릴 때 사용했던 찬양을 듣고 있는 것인데, 이 찬양에서 "그는 육신으로 나타난 바 되시고"라는 구절은 그리스도의 선재성에 대한 언급이다.[40] 학자들은 대부분 바울 서신의 몇 가지 구절들이 그리스도의 선재성, 즉 그리스도가 지상에 인간으로 나타나기 이전에 이미 존재했다는 개념을 설명하며 또한 전제한다고 동의한다. 대다수의 학자들은 골로새서 1:15~20의 구절들이 원래 예수를 기념하는 찬양이었을 것이라고 생각하는데, 이 구절들은 그리스도의 신적 선재성을 반영하는 1세기 경배의 또 다른 예다. 골로새서의 연대는 대개 1세기 중반쯤으로 추정된다. 연대가 이처럼 이른 시기에 추정된다는 점을 고려해볼 때, 이 구절들은 십자가형 이후 수십 년 내, 즉 예수가 지상에 있을 때 그를 따르다가 초대교회들에서 예배를 드렸던 수많은 사람들이 사용했던 찬양으로 보인다. 이 구절들은 십자가형 후 수십 년간 초기 기독교인들이 드렸던 예배에 대해 중요한 증거를 제공해준다. 예수와 관련된 이 찬양적인 성격의 구절들(골로새서 1:15~20)

은 다음과 같다.

> 그는 보이지 아니하는 하나님의 형상이시요 모든 피조물보다 먼저 나신 이시니 만물이 그에게서 창조되되 하늘과 땅에서 보이는 것들과 보이지 않는 것들과 혹은 왕권들이나 주권들이나 통치자들이나 권세들이나 만물이 다 그로 말미암고 그를 위하여 창조되었고 또한 그가 만물보다 먼저 계시고 만물이 그 안에 함께 섰느니라 그는 몸인 교회의 머리시라 그가 근본이시요 죽은 자들 가운데서 먼저 나신 이시니 이는 친히 만물의 으뜸이 되려 하심이요 아버지께서는 모든 충만으로 예수 안에 거하게 하시고 그의 십자가의 피로 화평을 이루사 만물 곧 땅에 있는 것들이나 하늘에 있는 것들이 그로 말미암아 자기와 화목하게 되기를 기뻐하심이라

장대한 기독론을 담고 있는 이 구절은 초기교회가 예수를 성육신으로 보았다는 점에 대해 추가적으로 강력한 증거를 제시한다. 이 구절들은 골로새서가 기록되기 전에 이미 교회에서 찬양으로써 사용되었으며, 예수가 본질적으로 인간의 형상을 한 하나님, 즉 *보이지 않는 하나님의 보이는 형상*이라는 관점을 드러낸다.

또한 이 구절들이 골로새서에 인용된 초기의 찬양이라는 증거는 헬라어 원어에서 분명히 인지할 수 있는 억양과 조밀한 구조에서 찾을 수 있다.[41] 골로새서 1:15~20은 "~인 자"를 뜻하는 *ho estin*이라는 소개 문구로 시작한다. 이는 주로 신조적 문구나 예배의식적 문구를 보여주기 위해 사용되었던 서두다. 더욱이

신약학자들은 대부분 이 구절이 지니는 소개 문구와 단어들의 시적 배열, 수사법의 사용과 독특한 단어의 사용 등을 고려하여 이것이 매우 이른 시기의 전통적인 찬양이라고 본다. 신조와 찬양과 초기교회의 음악에 대한 전문가인 포터(Wendy J. Porter)는 이 구절이 바울 이전의 것이며 아주 이른 시기에 만들어졌다고 결론 내리면서 "서두에서 *ho estin*('~인 자')이라는 관계사절의 사용, 유절적(有節的, strophic) 배열의 방식, 수사법의 사용과 독특한 어법 등은 모두 이것이 전통적인 찬양임을 지시하고 있다고 생각되며, 대다수의 신약학자들은 이것이 명백히 바울 이전의 찬양임에 동의한다"[42]고 지적한다.

슈타우퍼는 이 찬양이 성육신에 관한 개요로서 가장 강력하다고 주장하는데,[43] 이는 롱게네커가 제시한 증거와도 일관된다. 롱게네커가 서술하듯이, "골로새서 1:15~20은 고백의 종류에 속하는 것으로도 보인다 … 이것은 '형상', '머리', '근본' 그리고 '충만' 등 단 한 번만 기록에 남아있는 문구(*hapax legomena*, 즉 글의 다른 어떤 부문에서도 사용되지 않은 단어들이나 구절들 혹은 저자의 다른 글들에서 사용된 것과 의미가 일치하지 않거나 방식이 다른 문구)들로 가득하다. 게다가 이 구절은 신중하게 설계되고 균형 잡힌 구조, 즉 평행대구(*parallelismus membrorum*)로 되어있다."[44]

바울은 그의 서신에서 예수를 *보이지 않는 하나님의 보이는 형상*으로서 그리고 있는데, 배타적 일신론인 유대교에서 일반적으로 *Yahweh*에게만 부속되는 기능들과 영광이 그리스도에게 부속되는 데까지 하였다. 그의 서신들은 예수의 높임 받음이 그가 서술할 당시에 이미 초기교회에서 잘 정립되어 있었음을 입증한다. 예를 들어 당시의 교회들 중 예수를 이렇듯 높임 받는 존재로 보는 것에 대해 심각하게 반대하는 교회가 있었다고 할 때, 그러한 교회가 존재한다고 바울이 인지했다는 단서는 어디에도 없다. 바울은 분명 그보다 훨씬 지엽적인 신앙의 문제들, 이를테면 율법을 고수해야 하는가의 문제나 이방인들의 지위와 바울의 사도직에 대해 다른 기독교인들과 충돌했으며, 그가 그들과 의견을 달리한다는 점을 보여줄 정도로 담대했지만, 예수의 높임 받음에 대한 관점을 반대하는 집단이 존재하는 것을 그가 의식했다는 증거는 적어도 그의 서신들에는 없다. 간단히 말해 바울이 알고 지냈던 기독교인들 중 예수를 하나님과 동일하게 경배하고 그에게 예배드리기를 거부한 사람이 있었다는 1세기의 증거는 단 하나도 없다. 1세기의 문서들 중 어떤 것도 바울이 활동했던 교회의 초기단계에 이와 다른 기독론이 존재했다는 암시조차 주지 않는다.[45] 일부 학자들의 억지스러운 추측들에도 불구하고(7장을 참고), 예수의 높임 받음과 관련하여 초기교회에 다양한 의견이 존재했다는 실질적이고 확고한 사료는 어디에도 없다. 실질적으로 유일한 논쟁은 이방의 개종자들이 유대인들의 율법을 따라야 하는가에 관련된 것뿐이었으며, 초기교회는 예수를 바라볼 때 언제나 최상의 기독론으로 단결했다.

골로새서의 찬송가적 구절은 1세기에 영지주의가 존재했다는 증거로 제기되기도 한다. 그러나 스테틀러(Stettler)는 이 구절이 영지주의적 주제를 지니고 있지 않다고 결론 내렸으며, 허타도 또한 스테틀러와 입장을 같이한다. 스테틀러는 이 구절이 일관성과 통일성을 지니고 있음을 입증했는데, 구절의 일관성과 통일성은 초기 기독교가 이 찬송을 예배 드리며 불렀거나, 이 찬송이 그리스도의 주권을 묘사하기 위해 만들어졌다는 의미다. 어느 경우든 지간에, 이 구절이 1세기 초 기독교인들이 드린 예배의 일부였던 것은 분명하다. 스테틀러는 이 구절을 문장별로 분석하여 구약에 정통한 유대인 공동체가 사용했던 헬라어 구절들로부터 이 구절의 용어들이 유래했다는 점을 보여준다.

예를 들어 "모든 충만으로 … 안에 *거하게 하시고*"라는 언급은 하나님이 시온의 성전에 거하시고 충만하시다는 구약/유대적 전통을 예수에게 적용한 것이다. 이와 유사한 2:9의 구절에서 그리스도 안에 "신성의 모든 충만이 육체로 거하시고"라는 언급 또한 동일한 적용이다. "충만(*pleroma*)"이라는 용어는 골로새서나 에베소서에서 사용된 어떤 경우에 있어서도 후에 영지주의적 문서나 집단 내에서 이 단어가 지니게 된 함축적인 의미를 갖고 있지 않았다(예를 들어 발렌티누스주의(Valentinianism)에서, 충만은 최고신으로부터 구별되는 신성한 유출(emanations)의 위계(位階)를 의미한다). 오히려 우리는 여기서 세상이나 땅과 바다의 "충만함"에 대한 성경구절을 언급할 때 주로 사용되었던 이 헬라어 단어가, 초기 기독교인들에 의해 독특하게 적용된 예를 찾을 수 있다.[46]

골로새서의 찬송은 바울이 서신을 쓰기 전에 초기교회가 이미 예수를 하나님으로 경배하고 찬양했다는 증거다. 이는 초기교회가 *marana tha*라는 기도문을 사용했으며, 그리스도 숭배와 관련해 바울이 따로 만들어낸 찬송이 없다는 사실과도 상응한다. 따라서 모든 증거는 예수를 하나님으로 경배하는 것이 30년대, 즉 예수와 동시대의 아람어권 및 헬라어권 기독교인들 사이에서 보편적이었다는 결론으로 이끈다.[47] 내가 누차 강조했듯이, 1세기 중반에 집필했던 바울은 새로운 기독론을 발명한 것이 아니라 가장 오래된 기독교 전승들에서 이미 전개되고 있었던 경배의 방식을 따르고 있었던 것뿐이었다.

2.6.4 바울은 고린도전서 8:5~6에서 그리스도의 선재성과 신성 및 우주적·창조적 역할을 설명하는 초기의 고백을 인용한다.

바울은 고린도전서의 다른 부문에서도 예수에 대한 또 다른 원시 예배의식적 경배문구를 언급하고 있는 것으로 보이며, 이 부문에서 예수가 하나님과 매우 긴밀하며 세계의 창조에서 적극적인 역할을 맡았다고 언급한다. 예수의 우주적 역할은 고린도전서 8:5~6에서 발견되는 초기 고백에 나온다. 여기서 바울은 유대인들의 일신론 신앙을 하나님 아버지와 주 예수 그리스도에 대해 적용한다. 노이펠드는 바울이 다신주의적인 헬레니즘에 대항하여 기독교적 사명을 고수하기 위해 이렇게 했다고 수장한다. 고린도는 다신주의적인 배경을 지니고 있었고, 따라서 바울은 주 예수에 대한 신앙이 유대교의 하나님에 대한 신앙과 다르지 않다는 점을 명확히 하는 일에 주의를 기울였다는 것이다. 그러므로 바울은 다음과 같이 서술한다. "비록 하늘에나 땅에나 신이라 불리는 자가 있어 많은 신과 많은 주가 있으나 그러나 우리에게는 한 하나님(*heis Theos*) 곧 아버지가 계시니 만물이 그에게서 났고 우리도 그를 위하여 있고 또한 한 주 예수 그리스도(*heis Kyrios Iesous Christos*)께서 계시니 만물이 그로 말미암고 우리도 그로 말미암아 있느니라(고린도전서 8:5~6)."[48]

바울은 이 구절의 의미에 대해 자세히 설명하지 않으며, 그의 서신을 읽는 사람들이 제시된 개념들에 대해 이미 익숙할 것이라고 전제한다. 그는 독자들이 당연히 이 개념들을 이해할 것이라고 여긴다.[49] 독자들이 예수의 선재성을 이미 알고 있을 것이라고 전제한다는 사실은, 이 개념이 바울에 의해 제시된 것이 아니라 그의 집필 시기에 앞서 존재했던 초기 기독교 공동체 사상에 속했다는 점을 한층 더 뒷받침한다. 유대인들의 종말 사상 역시 이 주장에 대한 증거다. 허타도는 예수의 선재성이라는 전승이 유대교의 종말/묵시 전통에 반영되어 있기 때문에, 이 개념이 아마 묵시 전통에 익숙한 유대인들이 모인 초기 기독교 교회에서 생겨났을 것이라고 지적한다. 이는 또한 예수의 선재성이라는 개념이 이교(異敎)나 헬레니즘 사상에 영향을 받지 않았고[50] 유대계 기독교 교회와 함께 생겨났으며, 제자들이 서로 모여 예배를 드렸던 예루살렘교회와 함께 생겨났을 수도 있다는 의미다.

2.6.5 빌립보서 2장에 인용된 고대 그리스도 찬송은 예수가 매우 이른 시기부터 하나님으로 숭배받았다는 증거다.

앞서 언급했듯이, "주 예수(kyrios Iesous)"는 초기 기독교인들의 고백이었다. 이 고백은 부활한 예수가 하나님의 우편으로 높이 올림 받았으며 세상 모든 것에 대해 권세를 부여받았다는 믿음에서 생겨났다. 바울은 예수가 십자가에 못 박힌 지 20~30년 사이에 빌립보의 교인들에게 옥중서신을 썼다. 바울 서신의 진위 여부는 가장 회의적인 신약학자들 사이에서도 논란의 여지가 없으며, 학자들은 대부분 빌립보서 2장이 바울이 서신을 쓰기 훨씬 이전에 존재했던 찬송을 담고 있다고 본다. 바울은 이 찬송에 대해 설명하거나 기독론적인 의의에 대해 정당성을 부여해야할 필요가 없다고 보았으며, 이 찬송에 반영되어 있는 예배 관습을 빌립보의 교인들에게 전한다. 따라서 이 구절은 초기 예수 숭배에 대한 역사적 증거다.[51]

앞서 보았듯이, 구약의 kyrios 구절들을 예수에게 적용하는 것은 하나님으로서의 예수에 대한 이해를 전제한다. 이는 또한 바울이 빌립보서 2:6~11에서 인용한 찬송에서 분명하게 드러나는 이해이기도 하다. 바울은 빌립보의 기독교인들이 예수의 마음을 품을 수 있도록 독려하기 위해 이 찬송을 사용하며, 이를 다음과 같이 인용한다.

> 그는 근본 하나님의 본체시나 하나님과 동등됨을 취할 것으로 여기지 아니하시고 오히려 자기를 비워 종의 형체를 가지사 사람들과 같이 되셨고 사람의 모양으로 나타나사 자기를 낮추시고 죽기까지 복종하셨으니 곧 십자가에 죽으심이라 이러므로 하나님이 그를 지극히 높여 모든 이름 위에 뛰어난 이름을 주사 하늘에 있는 자들과 땅에 있는 자들과 땅 아래에 있는 자들로 모든 무릎을 예수의 이름에 꿇게 하시고 모든 입으로 예수 그리스도를 주[Kyrios Iesous Christos]라 시인하여 하나님 아버지께 영광을 돌리게 하셨느니라[52]

이 찬송은 1세기의 유대인들에게 아주 명확한 의미를 지니고 있는 어법을 사용한다. 이 어법은 이사야서 45장의 유명한 구절, 즉 주 하나님(Yahweh)이 다음과 같이 선포하고 있는 구절을 지시하고 있다.

> 내가 나를 두고 맹세하기를 내 입에서 공의로운 말이 나갔은즉 돌아오지 아니하나니 내게 모든 무릎이 꿇겠고 모든 혀가 맹세하리라 하였노라[53]

위의 찬송은 모두가 예수의 이름 앞에 무릎 꿇어야 하며 예수 그리스도를 주라고 고백해야 한다는 뜻으로 이사야서의 구절을 해석한다. 하나님이 결정한 바 예수의 이름은 이제 최고격인 주(主), 즉 유대인들의 하나님인 *Yahweh*와 같은 의미를 지니게 된 것이다.[54]

교회는 이 찬송을 통해 하나님이 그의 이름을 예수에게 주었다는 사실을 예배에서 시인했다. 하나님은 그의 이름뿐만 아니라 능력과 주권까지 모두 예수에게 주었다. 저명한 신약학자인 쿨만이 지적하듯이,

> 모든 고대 종교들과 마찬가지로 유대교에서 특정 이름은 특정 힘을 상징한다. 하나님이 예수에게 그의 이름을 부여한다고 말하는 것은 그가 그의 모든 주권을 예수에게 부여한다고 말하는 것과 같다 … 이제 하나님과 동등해진 *Kyrios Iesous*에게 부여된 주권은 특히나 창조의 모든 보이지 않는 힘이 예수에게 종속되었다는 사실에서 드러나고 있어서, 이제 "하늘에 있는 자들과 땅에 있는 자들과 땅 아래에 있는 자들[이] 모든 무릎을 예수의 이름에 꿇[고] 모든 입으로 예수 그리스도를 주라 시인[해야 한다]"는 것을 의미한다. 이 개념이 실제로 예수를 하나님과 동일시하는 모든

신약 구절들의 토대이다.55

브루스(F. F. Bruce)는 쿨만에 동의하며 이 찬송에 대해 다음과 같이 결론 내린다.

> [바울은] 의식적으로 하나님이 유일무이한 존엄성을 지니고 있는 자신의 이름을 예수에게 부여했다고 확인시켜준다. "예수 그리스도는 주다"를 "예수 그리스도는 야훼다"라고 바꾸는 것은 적절하지 않을지도 모르나, 이와 다를 바 없는 말이 여기에 수반되고 있다. 바울이 이러한 어법을 발명하지는 않았지만, 그는 "주"라는 단어가 야훼를 나타내는 구약의 구절들을 지속적으로 예수와 연결시키고 있다.56

그라이프스발트대학 소속의 독일 신약학자이자 스탈린 체제의 소련이 구동독을 점령하고 있던 당시 스탈린당국에 의해 처형되었던 로마이어(Ernest Lohmeyer)는 앞서 인용한 빌립보서의 구절들이 3행6연의 리듬형식으로 구성된 그리스도찬가임을 입증했다. 로마이어에 의하면 이 구절은 가장 엄격한 의미에서의 그리스도찬가(ein Carmen Christi in strengem Sinne)57다. 로마이어를 비롯한 학자들은 이 찬송이 본래 아람어로 쓰였다가 후에 헬라어로 번역되었다고 주장했는데, 예레미아스 역시 이들과 동의한다.58 마르틴 또한 이 찬송에 관한 한 가장 완벽한 책으로 남을 『그리스도찬가: 새로운 관점과 초기 기독교 예배환경을 통해 바라본 빌립보서 2:5~11』(Carmen Christi: Philippians 2:5~11 in Recent Interpretation and in the Setting of Early Christian Worship)에서 이 찬송이 아람어에 기원을 두고 있다고 동의한다.

언어학적 증거와 문체상의 증거는 이 찬송이 바울 이전의 것이며 유대인 기독교 공동체에 의해 작곡되었다는 것을 보여준다. 이 찬송에는 이것이 셈어족 언어로 먼저 작곡되었고 후에 헬라어로 번역되었을 가능성이 높다는 점을 보여주는 요소들이 존재한다. 헬라어에서는 "가능하지 않은" 스타일의 흔적, 셈어족 언어에서 헬라어로의 "번역 등가구문(translation equivalents)"에 불과한 것으로 보이는 구절들, 구약에서 그대로 빌려온 단어들과 표현들의 사용 등은 모두 이 찬송의 원형을 추정할 때 셈어족 기원을 지시하고 있으며, 이 찬송은 가장 알맞게 분류하면 … 유대교/기독교 시편에 속할 것이다.[59]

로마이어는 마르틴이 역작이라고 평가한 『주 예수』(Kyrious Jesus)에서 신중하고 획기적인 분석을 통해 이 찬송이 작곡된 곳은 예루살렘 최초의 유대인 기독교 공동체라고 결론 내린다. 즉, 야고보와 베드로와 요한과 마리아가 예배를 드렸던 곳일 예루살렘교회에서 이 찬송이 아람어로 불렸을 수도 있다는 것이다. 그러므로 로마이어는 이 찬송이 실제로 주의 만찬을 기념하는 성찬예배에서 사용되었다고 결론짓는다.[60]

학자들은 대체로 빌립보서의 구절들의 시적 및 찬송가적 형식에 관한 로마이어의 연구에 동의하며, 언어학적 증거들 또한 그의 주요 논지를 확증한다. 빌립보서의 이 구절들은 그 외의 구절들과 확연히 구별되며 바울 서신과 기타 서신들의 스타일과도 구분된다.

앞서 언급했듯이, 슈타우퍼는 『신약신학』(New Testament Theology)에서 신조적 문구들을 분별하는 12가지 기준들을 제시했다(1장 참고). 그 중 이 구절과 관련된 것으로는 특징적인 어법, 문체상의 양식, 구절을 문서 속의 다른 문장들과 구분 짓는 전문 용어, 리드미컬한 양식, 정형화된 문구, 주위의 문맥과 대조를 이루며 다른 서사 방식을 보이는 대구법 등 문학적 구조로 드러나는 구절의 의례성(儀禮性), 예배의식적 고백 문구에 일반적인 "기념비적 성격의 구성" 등이 있다.[61]

이 구절이 아람어에 기원을 두고 있으며 예수의 동시대인들이 주의 만찬을 기념하는 행사에서 사용했을 가능성이 높다는 점을 생각할 때, 어째서 그들은 하나님이 나사렛 예수라는 사람의 형상을 통해 이 땅에 오셨다고 믿게 되었는지 의문을 가질 수밖에 없다. 도대체 무슨 일이 있었기에 이들은 초기 그리스도찬가와 기타 예배의식적 문구 및 찬송 문구들에서 볼 수 있듯이 놀라운 주장들을 하게 되었는가?[62]

2.6.6 우리 수중의 가장 오래된 증거들인 신조들과 예배의식적 문구들은 모든 기독교 문서들보다 연대상 앞서며, 예수를 그리스도이자 하나님의 아들로서 그린다.

신약에서 예수는 약 530번 정도 그리스도(Christos)로 언급된다. 이 헬라어 용어는 "기름부음 받은 자"를 뜻하는 *mashiach*의 번역어이다. 위에서 언급했듯이, 신약에서 *기름부음 받은 자로서의 그리스도*는 모든 점에서 예수라는 이름과 동일한 의미를 가진다. 예수는 메시아, 즉 하나님의 기름부음을 받은 자로 받아들여졌다. 바울은 서신들에서 독자들이 이 명칭에 연관된 유대교 전통을 이미 알고 있을 것이라고 생각하는 듯 설명 하나 없이 정관사("*ho*")를 자주 사용했다. 그는 *ho Christos*, 즉 "그리스도(*the Christ*)"라고 쓰곤 했는데, 이 용어는 예수의 십자가형과 부활에 대한 언급들에서 자주 발견된다.[63] 용어에 대한 설명 없이 *ho Christos*라고 썼다는 점은 헬라어권 독자들이 이 용어의 유대교적 의의에 익숙할 것을 바울이 알고 있었다는 의미다. 허타도가 지적하듯이, "바울이 기독론적 관용어로써 *Christos*를 자주 사용한 점은, 예수가 메시아라는 주장이 기독교 선언의 한 요소로서 바울의 서신보다 훨씬 이른 시기에 존재했었다고 보아야만 설명될 수 있다. 아마도 우리는 이 주장의 연대를 열렬한 바리새인이었던 사울(바울)이 핍박했던 최초의 기독교인들에게까지 소급해야 할 것이다."[64] 이는 복음서의 기록에서처럼 이 용어가 교회의 탄생 시기부터 예수에게 적용되었다는 뜻이다(나는 예수에게 적용되었던 유대교의 메시아 사상에 대해서는 3장에서 더 자세히 다루겠다. 또한 지금 이 시점에서는 메시아에 대한 고대 유대교의 존경심을 하나님에 대한 존경심과 동일시하는 게 아님을 밝힌다).

바울은 또한 로마시대였던 당시 유대교나 이교에서 신(들)의 아들들을 언급하는 것과 구별하기 위해 정관사를 사용하여 예수를 유일한 하나님의 아들(*the* divine Son of God)로 언급했다. 바울은 대략 50년경에 쓴 첫 번째 서신인 데살로니가전서에서 학자들 대부분이 40년대나 어쩌면 30년대(즉, 예수가 십자가에 못 박혔던 시대)에 만들어진 고백적 문구라고 보는 구절을 사용한다. 그리스도를 나타내기 위해 정관사를 사용하는 것(*ho Christos*)과 유사하게, 하늘로부터 내려온 신성한 아들로서 예수를 언급하는

"죽은 자들 가운데서 다시 살리신 그의 아들이 하늘로부터 강림하실 … 이는 장래의 노하심에서 우리를 건지시는 예수시니라"는 교회 내에서 매우 오래전에 생긴 전승을 인용한 구절이다.

따라서 예수의 십자가형 이후 10년 내지 20년 사이에 전례 예배에서 암송되었던 고백 문구는 의심의 여지없이 그를 하나님의 유일하고 신성한 아들(the unique and divine Son of God)로 묘사하고 있다.[65]

2.6.7 바울 이전의 예배의식적 기도문과 축도 역시 예수를 하나님으로 본다.

바울의 서신은 아람어권 사람들이 십자가형 직후에 만들었으며 명백히 예수를 지칭하는 기도문인 *marana tha*("주여 오시옵소서")를 담고 있으며, 하나님과 예수의 긴밀한 관계를 묘사하는 예배 양식과 기도문 양식을 담고 있다. 이 예배 양식과 기도문 양식은 예수 숭배에 대해 중요한 증거들이다. 바울은 예수의 십자가형 이후 20년 정도밖에 지나지 않은 서기 48년과 51년 사이에 데살로니가 교인들에게 첫 편지를 쓰면서 초기 예배의식적 문구를 인용하는데, 학자들은 대부분 이 문구가 그의 서신들보다 연대상 앞선다고 동의한다. 바울은 이 문구를 인용하여 초기 교회의 기도 관습 속에서 예수를 하나님과 연관시킨다.

하나님 우리 아버지와 우리 주 예수는 우리 길을 너희에게로 갈 수 있게 하시오며 또 주께서 우리가 너희를 사랑함과 같이 너희도 피차간과 모든 사람에 대한 사랑이 더욱 많아 넘치게 하사

너희 마음을 굳건하게 하시고 우리 주 예수께서 그의 모든 성도
와 함께 강림하실 때에 하나님 우리 아버지 앞에서 거룩함에 흠이
없게 하시기를 원하노라[66]

이 구절들은 하나님과 긴밀한 관계 속에서 활동하는 예수의
중요성을 강조하며, 초대 기독교 공동체들의 예배 양식에 대한
증거다. 예수가 기도문에 응답할 수 있는 권위가 없다고 본다면
이 구절들은 말이 되지 않기 때문이다. 이는 바울이 서신을 마무
리하는 축도에서 예수를 자주 언급하는 것과 일관된다(예를 들어
바울은 고린도전서를 마무리하면서 "주 예수 그리스도의 은혜가 너희와 함께
하고 나의 사랑이 그리스도 예수 안에서 너희 무리와 함께 할지어다"라는 축
도 속에 또 다른 초기 예배의식적 문구를 인용한다).[67]

대다수의 학자들은 이 축도들이 바울이 집필하기 전에 이미
존재했던 초기 예배의식적 문구들을 언급하고 있다고 본다.[68]
이는 사도행전에서 스데반이 돌팔매질 당하며 예수에게 그의 영
혼을 맡기는 장면, 즉 "그들이 돌로 스데반을 치니 스데반이 부
르짖어 이르되 주 예수여 내 영혼을 받으시옵소서"[69]에서 누가
가 제시하는 증거와도 일관된다.

하나님으로서의 예수에게 기도하는 것은 분명 교회의 탄생과
더불어 이루어진 활동의 일부였다. 바울은 명백히 예수를 하나
님으로 경배하는 것과 일관되는 구절을 서술함으로써 기독교인
들이 예수의 이름을 부르짖었다는 증거를 제공한다.

고린도에 있는 하나님의 교회 곧 그리스도 예수 안에서 거룩하
여지고 성도라 부르심을 받은 자들과 또 각처에서 우리의 주 곧

그들과 우리의 주 되신 예수 그리스도의 이름을 부르는 모든 자들에게 하나님 우리 아버지와 주 예수 그리스도로부터 은혜와 평강이 있기를 원하노라[70]

2.6.8 바울의 서신들은 초기 기독교 예배의 신학적 증거와는 대조적으로 중요한 역사적 증거를 제공해준다.

크로산(John Dominic Crossan)은 『기독교의 탄생』(The Birth of Christianity)에서 초기교회의 믿음과 관습들을 분석할 때 바울을 제외해야 한다고 주장하는데, 이 입장은 비합리적이라고 생각된다. 바울의 서신들을 제외시키자는 주된 논지는 바울이 플라톤주의적 이원론(Platonic dualism)에 영향을 받았다는 것이다. 그러나 크로산의 논거는 기독교 태동의 첫 20년간(30년대 및 40년대)의 시기로 거슬러 올라가지 않고 바울의 서신들보다 훨씬 나중에 쓰인 문서들에 의존한다. 바울의 서신들은 우리 수중의 문서들 중 초기교회의 관습과 믿음을 서술하는 가장 오래된 문서이기 때문에, 바울을 제외시키는 것은 어불성설이다. 예수의 십자가형은 서기 33년에 일어났을 가능성이 매우 높은데, 바울의 서신들은 이로부터 20년 안으로 연대를 측정할 수 있다. 이 서신들은 우리가 가지고 있는 증거들 중 최초의 유대인 기독교인들의 관습과 신념을 묘사하는 가장 확실한 사료들이다. 또한 허타도가 지적하듯이, 이 관습과 신념들은 "우리가 논란의 여지없는 원사료(原史料)로부터 직접적으로 접근 가능한 기독교 운동의 최초 형태다."[71]

바울의 서신은 바울 이전의 기독교인들의 믿음과 관습들에 대해 중요한 증거를 제공해준다. 신학이 아닌 역사학의 관점으로 보아도 바울의 서신들은 그가 집필하던 시기, 다시 말해 예수의 십자가형이라는 사건 자체로부터 매우 가까운 시기에 이미 잘 정립되어있던 예배 양식에 대해서 인상적인 증거들을 제공한다. 이 서신들은 현존하는 가장 오래된 사료들이며 예수 숭배가 초기 기독교와 동시에 발생했다는 증거들로 넘쳐난다. 이 증거들에 의하면 초기 기독교는 예수를 보이지 않는 하나님의 보이는 형상으로 믿었다. 역사학적 증거들은 초기 기독교 공동체들이 예수 숭배를 이차적인 신에 대한 숭배로 간주하지 않고 *Yahweh* 숭배의 연장으로 보았다는 결론을 지지한다.[72]

우리가 살펴보았듯이, 바울의 서신들은 그보다 앞선 전통, 찬송, 신조 그리고 관습들을 인용하고 있다. 따라서 서신들은 50년대 이전에 초기 유대인 기독교인들이 지닌 전통과 관습과 신념과 믿음에 대해 아주 중요한 *역사적 증거들*을 담고 있다. 그러므로 바울의 서신들에 담긴 증거들에 대해 자세히 다루지 않는 *역사적 분석들*은 모두 심각하게 잘못되었다고 할 수 있다.[73]

게다가 바울은 예루살렘에 살았던 유대인 기독교인들의 믿음과 관습을 잘 알고 있었으며 30년대와 40년대에 이들과 친밀했었다. 우리는 바울의 글과 사도행전의 기록에서 그가 베드로와 예수의 형제 야고보 등 초기 유대인 기독교 공동체의 지도자들과 직접 대면했다는 것을 알고 있다. 그러므로 바울이 초기 기독교 공동체에서 보여준 활동과 예수의 십자가형 이후 즉각적으로 교회를 박해했던 태도로 보아, 그는 최초의 유대인 기독교인들이 지닌 믿음과 관습을 잘 알고 있었다.[74]

앞서 지적하였듯이, 크로산을 비롯하여 바울의 서신들을 제외시키려는 학자들은 바울의 서신들보다 훨씬 후기에 작성된 문서들에 의존한다. 정경복음서들은 서기 65년에서 90년 사이나 그보다도 더 전에 쓰였다. 도마복음(7장을 참고)과 같은 위경복음서들은 2세기 중후반의 문서들이다. 바울은 예수의 십자가형 이후 수년 내에 개종했으며, 당시 이미 존재했던 경배 문구와 예배 의식들을 인용했다. 따라서 그의 서신들이 실제로 우리를 30년대에서 40년대의 시기로 이끈다는 것은 아무리 강조해도 지나치지 않다. 그보다 앞선 시기에 바울은 새로운 믿음을 진압하려고 시도했던 열렬한 바리새인으로서 최초의 유대계 기독교인들의 믿음과 관습들을 매우 잘 알고 있었다.

다시 한 번 말하지만 바울이 유대계 기독교 교회의 신학을 알고 있었다는 점을 염두에 두어야 한다. 갈라디아 교회에 보내는 서신에서 그는 유대의 교회들이 "우리를 박해하던 자가 전에 멸하려던 그 믿음을 지금 전한다"라고 말했던 것을 언급한다. 따라서 그는 자신의 신앙이 유대 지역의 기독교인들의 신앙과 상응한다고 본 것이다. 또한 그는 게바(베드로)와 야고보와 요한 등 예루살렘교회의 지도자들과 좋은 관계를 유지하기 위해 주의를 기울였으며, 심지어는 예루살렘교회를 위해 상당한 예물을 드리기도 했다. 앞서 말했듯이, 바울은 marana tha 등 초기 유대인 기독교 공동체의 믿음과 관습들을 재차 확인시켜 주었다. 허타도는 "이 아람어 예배의식적 문구의 유래는 … 유대의 기독교 공동체이며 정확히는 예루살렘교회"[75]임을 매우 설득력 있게 입증했다. 그러므로 예수 경배는 예루살렘을 포함한 유대지역의 기독교 공동체들에서 유래했다고 봐야 한다. 이는 유대지역의 기독교 공동체들이 "예수의 이름으로"[76] 세례를 행하고 신도들이 "주(예수)의 이름으로 말하는 자"⁷⁷임을 묘사하는 사도행전과도 일관된다. 허타도는 다음과 같이 초기 유대지역의 기독교 공동체들과 관련된 증거들을 상세하고 논리정연하게 분석한다.

> 요약하자면 바울 서신에서 유대지역 기독교인들의 신앙생활을 지시하는 증거들은 다음과 같이 구성되어 있다. (1) 바울은 유대인 기독교 공동체들의 신앙 문구들과 종교적 관습의 전통들을 노골적으로 인용하며, 이 문구들과 전통이 자신이 세운 교회들의 관습에 반영되고 선례로써 적절하다고 보았고, (2) 이 전통들은 구체적으로 그리스도/메시아로서의 예수와 구원을 이루는 그의 죽음 및 부활과 예수의 중요성을 이해하는 밑바탕으로서의 종말론적 문맥에 대한 보편적인 믿음을 확인시켜 주고 있으며, (3) 예수가 숭배의 대상으로서 기능하는 종교적 관습들, 즉 바울이 세운 교회들을 비롯하여 유대지역 공동체들의 신앙생활의 일부였던 것으로 보이는 관습들을 포함한다.⁷⁸

2.6.9 바울 외의 초기 저자들 역시 예수를 하나님으로 바라본다.

앞서 자주 강조했듯이, 바울은 하나님과 예수의 긴밀한 관계를 전했던 1세기의 많은 저자들 중 한 사람일 뿐이다.⁷⁹ 당시엔 예수의 삶과 십자가형을 직접 눈으로 보았으며, 따라서 예수에 관한 사실들이 왜곡되어 퍼져나가는 것을 견제할 수 있었던 증인들이 여전히 살아있었다. 그럼에도 불구하고 여러 저자들이 하나님과 예수의 긴밀한 관계를 주장했으며, 더욱이 이 증인들*이 예수 숭배가 일신론인 유대교와 일관된다고 받아들였다는 점은 매우 놀라운 일이 아닐 수 없다.80

히브리서는 이름을 알 순 없지만 구약에 정통한 유대인이 기록했는데, 롱게네커는 『초기 유대 기독교의 기독론』(The Christology of Early Jewish Christianity)에서 히브리서의 저자는 예수에게 "하나님"이라는 칭호를 붙인다고 지적한다. 이 서신은 예루살렘 성전의 파괴와 유대교 제례의 종식을 언급하지 않으며 성전을 말할 때 헬라어 현재 시제를 사용하기 때문에 서기 70년 이전에 쓰였을 것으로 추정된다.

히브리서의 저자는 예수에 대해 말할 때 시편 45편의 일부를 인용하면서 하나님이라는 칭호와 하나님의 창조 활동을 예수에게 연관시킨다.

> 아들에 관하여는 하나님이여 주의 보좌는 영영하며 주의 나라의 규는 공평한 규이니이다 주께서 의를 사랑하시고 불법을 미워하셨으니 그러므로 하나님 곧 주의 하나님이 즐거움의 기름을 주께 부어 주를 동류들보다 뛰어나게 하셨도다 하였고81 또 주여 태초에 주께서 땅의 기초를 두셨으며 하늘도 주의 손으로 지으신 바라 그것들은 멸망할 것이나 오직 주는 영존할 것이요 그것들은 다 옷과 같이 낡아지리니 의복처럼 갈아입을 것이요 그것들은 옷과 같이 변할 것이나 주는 여전하여 연대가 다함이 없으리라 하

---

* 이 증인들이 예수의 삶과 십자가형에 대해서만 증인임을 주의하라. 예수를 하나님으로 경배했던 자들 중에는 부활한 예수를 본 적이 없는 증인들도 있었으며, 이 증인들은 그럼에도 불구하고 예수가 곧 하나님이라고 믿었던 것이다.

였으나 어느 때에 천사 중 누구에게 내가 네 원수로 네 발등상이
되게 하기까지 너는 내 우편에 앉아 있으라 하셨느냐

이 구절들은 시편 45:6~7, 102:25~27 그리고 110:1을 직접 인용하였으며 예수가 신성함을 나타내려는 저자의 의도가 명백히 제시되어 있다. 롱게네커가 지적하듯이, 히브리서의 저자는 "예수를 언급하는 구절들에서 시편 102:25~27을 인용하여 명백히 하나님의 이름뿐만 아니라 창조 활동 또한 아들에게 연관시키려고 하였다."[82]

마찬가지로 서기 65년에서 68년 사이에 쓰인 베드로후서는 "예수 그리스도의 종이며 사도인 시몬 베드로는 우리 하나님과 구주 예수 그리스도의 의를 힘입어 동일하게 보배로운 믿음을 우리와 함께 받은 자들에게 편지하노니"[83]라고 기록하면서 예수를 하나님과 구세주로 언급한다. 롱게네커는 "'우리 하나님과 구주 예수 그리스도의 의'라는 구절은 정관사의 사용으로 볼 때 두 칭호가 동일한 사람, 즉 예수 그리스도를 지칭한다고 봐야 하며, 유사한 의미부여(예수에게 하나님의 칭호를 부여하는)일 가능성이 매우 높다"[84]고 결론 내린다.

롱게네커는 헬라 문학에서 정관사 "우리(our)"가 동격(同格)의 두 명사를 연결시킬 때 두 명사는 언제나 동일 인물을 지칭하고 있다는 일반 규칙을 통해 그의 결론을 뒷받침한다. 다시 말해 베드로후서의 인용된 구절에서 "구주"라는 칭호는 "하나님"이라는 칭호를 가리키고 있으며 둘 다 예수를 지칭하고 있는 것이다. 롱게네커는 예수와 이 칭호들 사이의 연관성에 대해서, 그리고 베드로후서 1:1에서 예수에게 "하나님"이라는 칭호가 주어

지고 있다는 결론에 대해서 아래와 같은 문법상의 규칙을 증거로 제시한다.

비록 자주 논쟁이 되기는 하나 "계사(繫辭, copulative) kai가 동격의 두 명사를 연결시키고 있을 때, 정관사 o나 이 정관사가 수식하는 격들(cases) 중 하나라도 두 명사나 분사들 중 처음의 것을 앞서며 두 번째 명사나 분사 전에 반복되지 않는 경우에, 후자는 언제나 첫 번째 명사나 분사가 표현하거나 설명하고 있는 인물에 함께 연관된다는 것, 즉 앞서 지칭한 사람에 대해 추가적인 설명을 보여준다는 것"은 일반적으로 믿을 수 있는 규칙이다.[85]

계시록의 저자 또한 하나님에게 속해있는 칭호들을 예수에게 부속시킨다. 저자는 계시록 1:17~18에서 파트모스 섬에서의 경험을 언급하면서 "내가 볼 때에 그의 발 앞에 엎드러져 죽은 자 같이 되매 그가 오른손을 내게 얹고 이르시되 두려워하지 말라 나는 처음이요 마지막이니 곧 살아 있는 자라 내가 전에 죽었었노라 볼지어다 이제 세세토록 살아 있어 사망과 음부의 열쇠를 가졌노니"[86]라고 부활한 예수님을 인용한다.

"처음이요 마지막"에 대한 언급은 알파와 오메가로서의 하나님, 즉 모든 것의 시작과 끝으로서의 하나님을 암시한다. 이는 이사야 44:6, "이스라엘의 왕인 여호와, 이스라엘의 구원자인 만군의 여호와가 이같이 말하노라 나는 처음이요 나는 마지막이라 나 외에 다른 신이 없느니라"[87]에서 잘 드러난다.

"살아있는 자"라는 구절을 사용한 것은 이방인들의 죽어있는 신들과 다르게 하나님은 "살아계시"다는 구약의 구절을 암시한

다.[88]

　예수를 알파와 오메가 또는 처음과 마지막으로 묘사함으로써 그에게 하나님의 위상을 부속시키는 것은 계시록의 마지막 장, "보라 내가 속히 오리니 내가 줄 상이 내게 있어 각 사람에게 그가 행한 대로 갚아 주리라 나는 알파와 오메가요 처음과 마지막이요 시작과 마침이라"[89]에서도 반복된다.

　초기교회에서 예수가 높임 받는 존재였다는 것은 하나님과 함께 영광 받는 예수를 묘사하는 계시록에서도 반영된다. 이는 유대 전통이나 로마 시대에서도 전례가 없는 일이었다. 예수는 배타적 일신론의 믿음과 관습의 테두리 안에서 신앙의 마땅한 대상으로 나타난다.[90] 그리고 이렇듯 예수를 높임 받는 자로 보는 관점은 다음과 같이 묘사된다.

　　내가 또 보고 들으매 보좌와 생물들과 장로들을 둘러 선 많은 천사의 음성이 있으니 그 수가 만만이요 천천이라 큰 음성으로 이르되 죽임을 당하신 어린 양은 능력과 부와 지혜와 힘과 존귀와 영광과 찬송을 받으시기에 합당하도다 하더라 내가 또 들으니 하늘 위에와 땅 위에와 땅 아래와 바다 위에와 또 그 가운데 모든 피조물이 이르되 보좌에 앉으신 이와 어린 양에게 찬송과 존귀와 영광과 권능을 세세토록 돌릴지어다 하니 네 생물이 이르되 아멘 하고 장로들은 엎드려 경배하더라[91]

　다시 한 번 말하지만 이러한 방식으로 경배받기 합당한 대상에 예수를 포함시키는 것은 고대 유대교의 일신론 전통에서는 전례가 없는 일이었다. 그러므로 도대체 어떻게 이런 일이 일어났는가?

이에 대해 가장 타당한 설명은 초기 기독교 공동체가 예수와 관련해서 강렬한 종교적 체험을 했다는 것이다. 우리 수중의 증거들은 예수가 인류의 죄 때문에 죽었고 죽은 지 사흘 만에 다시 살아났으며 그를 따랐던 자들에게 나타났다는 믿음이 교회의 탄생 시기에 이미 널리 퍼져있었다는 것을 보여준다.[92]

나는 이 시점에선 여기서 언급되는 부활의 경험이 실제 역사 속에 일어난 사실을 정확히 반영한다고 주장하지는 않겠다. 나는 다만 부활의 경험이 그 자체로 실재와 부합하는지의 여부를 떠나 초기 기독교인들이 급격한 태도 변화를 보이게 된 근거였다는 점을 주장할 뿐이다. 허타도가 서술하듯이, "이 특정한 경험들을 환각이나 대상의 심리적 투영으로 보든 하나님의 역사(役事)하심으로 보든, 그들이 경험했던 것들이 기독교 신앙의 발화점이라는 사실은 분명하다."[93]

2.6.10 가장 오래된 예배의식적 문구에 담긴 고대의 구전(口傳) 신조들은 공관복음서들이 예수의 삶에 대해 기록한 것과 상응한다.

나는 신약의 서신서들에 인용된 신조들과 찬양이 이 서신들보다 오래되었으며, 이 서신들은 또 신약의 복음서들보다 앞서고, 신약복음서들은 다시 1945년에 이집트 나그함마디(Nag Hammadi)의 근방에서 발견되었으며 2세기에서 4세기 사이에 작성된 나그함마디 영지주의 문서들(도마복음과 같은)보다 오래되었다는 점을 강조하고 싶다. 신약의 서신들에 인용된 신조들과 찬양들은 예수의 삶과 관련하여 일련의 사실들을 증명한다. 이 신조들에 담긴 정보들은 네 정경복음서들 안에 담긴 기록들을 입증하는 중요한 증거들이다. 여기서 신조들이 제시하는 관점과 사실들이 정경복음서들의 기록과 일관된다는 점을 이해하는 것이 중요하다. 이 신조들은 그러나 2세기의 반(反)정통적 문서들이나 기타 복음서들의 기록들과는 상응하지 않는다.

예를 들어 로마서 1:3~4에서 발견되는 신조는 "이 복음은 … 아들에 관하여 말하면 육신으로는 다윗의 혈통에서 나셨고 성결의 영으로는 죽은 자들 가운데서 부활하사 능력으로 하나님의 아들로 선포되셨으니 곧 우리 주 예수 그리스도시니라"[94]고 서술한다. 우리는 이 신조에서 초기교회가 예수는 다윗의 혈통으로 났으며, 육체를 지니고 태어났고, 하나님의 아들이라 선포하였으며, 죽은 자들 가운데서 부활하였고, 하나님의 속성을 지니고 있다고 생각했다는 것을 알 수 있다.

사도행전 4:27의 신조는 헤롯왕과 본디오 빌라도가 예루살렘의 대중과 단결해서 예수를 적대했다고 말한다. "과연 헤롯과 본디오 빌라도는 이방인과 이스라엘 백성과 합세하여 하나님께서 기름 부으신 거룩한 종 예수를 거슬러 하나님의 권능과 뜻대로 이루려고 예정하신 그것을 행하려고 이 성 [예루살렘]에 모였나이다."[95] 사도행전 2:22의 신조는 (1) 예수가 나사렛 출신이며, (2) 권능과 기적과 표적을 행하는 사람이었고, (3) 십자가에 못 박혔다고 말한다. "이스라엘 사람들아 이 말을 들으라 너희도 아는 바와 같이 하나님께서 나사렛 예수로 큰 권능과 기사와 표적을 너희 가운데서 베푸사 너희 앞에서 그를 증언하셨느니라."[96]

또한 사도행전의 다른 신조는 갈릴리에서 시작된 예수의 설교와 치유 사역을 묘사하고 있으며 세례요한의 사역을 언급한다.

> 곧 요한이 그 세례를 반포한 후에 갈릴리에서 시작하여 온 유대에 두루 전파된 그것을 너희도 알거니와 하나님이 나사렛 예수에게 성령과 능력을 기름 붓듯 하셨으매 그가 두루 다니시며 선한 일을 행하시고 마귀에게 눌린 모든 사람을 고치셨으니 이는 하나님이 함께 하셨음이라[97]

우리는 이미 앞에서 고린도교회에 보내는 첫 번째 서신(고린도전서 11:23)에 인용된 신조에서 주의 만찬이 십자가형 전날 밤에 일어났다고 서술된 것을 살펴보았다. 이 신조는 예수가 무엇을 말하고 행하였는지에 대해 꽤나 자세히 설명한다. 예수의 죽음과 장사 지냄과 부활은 모두 고린도전서 15:3의 신조에 언급되어 있다. 위에 인용된 디모데전서 3:16의 신조는 예수의 부활과 승천을 언급한다는 점에서 다른 신조들과 일치한다. 마찬가지로 앞서 인용된 빌립보서 2장의 찬송은 예수가 메시아나 그리스도라고 확인시켜 준다. 빌라도 앞에서의 예수의 증언 역시 디모데전서 6:13의 신조, "만물을 살게 하신 하나님 앞과 본디오 빌라도를 향하여 선한 증언을 하신 그리스도 예수 앞에서 … "에 언급되어 있다. 사도행전 10:42의 신조, "우리에게 명하사 백성에게 전도하되 하나님이 살아 있는 자와 죽은 자의 재판장으로 정하신 자가 곧 이 사람인 것을 증언하게 하셨고"[98]는 예수가 부활 이후 자신이 모든 자들을 심판할 것임을 전하도록 명했다고 서술한다.

로마서 4:25에서 발견되는 신조 "예수(우리 주)는 우리가 범죄한 것 때문에 내줌이 되고 또한 우리를 의롭다 하시기 위하여 살아나셨느니라"⁹⁹도 바울 이전의 것이며, 예수의 죽음과 부활이 모든 사람을 죄로부터 구원시키는 사역이었다는 초기교회의 관점을 분명하게 보여준다.

제시된 예들은 모두 우리가 아는 한 우리 수중에 있는 모든 문서들보다 앞서 존재했던 신조들과 찬송들이다. 이 고대 신조들과 찬양들은 나사렛 예수의 삶과 죽음과 부활의 많은 측면에 있어서 신약복음서들의 기록과 잘 들어맞으며, 그것들은 예수라는 인물과 관련해 우리가 가지고 있는 가장 오래된 사료들이다(본질적으로 찬송이나 신조라고 볼 수 있을 만한 구절들에 대해선 부록 A를 참고).

이 책의 목적을 위해 2장에서는 다만 바울이 서신을 쓰기 이전에(즉, 교회의 설립으로부터 20년 안에), 신약복음서들에서 제시된 역사적 기록과 전반적으로 상응하는 구전 예배의식적 문구가 존재했다는 명제를 입증하는 유력한 증거들을 보여주려고 시도했다. 복음서들에 담긴 정보들은 증거들과 일관되며, 반면에 정경복음서들이 초기 사료들에 담긴 내용과 모순되는 정보를 담고 있다고 제시하는 증거는 없다. 제시된 증거들은 예수의 삶과 십자가형을 목격했던 증인들이 그 내용을 정정하거나 비판할 수 있었던 시대에 이 예배의식적 문구들이 이미 예배에서 사용되고 있었다고 입증해준다. 그럼에도 불구하고 이들의 내용에 대해 정정이나 비판이 이루어졌다는 증거는 하나도 없다(예를 들어 도마복음이나 유다복음과 같은 영지주의 복음서들에는 위의 증거들과 비견할 만한, 영지주의 문서들보다 앞서 존재했던 초기 신조와 찬양과 예배의식적 문구 등의 증거들이 없다. 7장에서 다루겠지만, 신약학자들은 대부분 영지주의의 문서들이 2세기 중후반, 즉 정경복음서들로부터는 약 100년 후에, 정경 서신들 및 문서들에 담긴 신조들과 찬양들로부터는 약 125년 후에 쓰였다고 동의한다. 도마복음이 2세기 후반에 쓰였다는 증거들에 대해서는 7장을 참고).

헹엘은 부활절 이후 예루살렘 공동체가 전 세계로 퍼져나가게 된 교회의 발전사를 연구하는 데 일생을 바친 학자다. 그의 초점은 기독교 역사의 첫 30년에 있었다. 오늘날 몇몇 이론들은 *최초의 기독교*가 서로 상충하는 다양한 믿음들 사이에서 혼란을 겪고 있었다고 추측하나, 헹엘의 연구는 이를 반박한다. 그는 비록 초기교회에 어느 정도 다양한 믿음들이 있었다고 인정하지만, 최초의 원시 신앙에서 드러나는 일관된 통일성에 대해 놀라움을 감추지 못한다.

성령은 역사함에 있어서 분명히 다양성을 보여준다. 그럼에도 나는 여전히 *최초의* 기독교가 예수의 사역과 십자가형과 부활이라는 "구원의 사건"으로부터 비롯되었으며, 내적으로 긴밀하게 연결되어 있었고, 본질적으로는 놀랄 만큼 일관성을 유지했다고 본다. 비록 각각 강조하는 점은 달랐을 수도 있지만, 우리가 신약에서 발견하는 모든 기독교 집단들(예를 들어 고린도전서 15:11을 비교해보라)은 세상에 오셨고 높임 받은 주(主)와 종말 때 우리에게 주신다고 했던 성령 사이의 연관을 믿음으로써 서로 결속하고 유대를 지켰다. 최초의 기독교를 서로 연관되지 않은 "계통들의 발전"이라는, 그 본래의 형태와 꽤나 다른 것으로 축소시키고자 하는 학자치고 어째서 2세기의 교회가 수많은 왜곡들에도 불구하고 통일성을 유지했는지, 그리고 어떻게 신약 정경이 존재하게 되었는지를 설명한 사람은 아무도 없다. 그들의 관점을 따른다면

교회는 진작 수많은 집단들로 분열했어야 한다.[100]

　신약 서신들에 담긴 신조들과 찬송들과 기타 예배의식적 문구들은 예수의 십자가형 이후 20년 내로 연대가 측정된다. 그것들은 복음서 기록들과 마찬가지로 예수에 대해 통일되고 일관된 초상을 그려준다. 비록 몇몇 학자들이 1세기 중반에 정통 기독교와 상반되지만 동일하게 타당한 기독교 집단들이 존재했다고 주장하나, 그들의 입장을 지지하는 1세기의 증거문서는 하나도 없다. 그들은 1세기에 또 다른 계통의 기독교 발전이 있었다는 확고한 증거 하나 없이 불가피하게 2세기 문서들을 가지고 추측하는 방식에 의존한다. 이는 오늘날 정치적으로 무엇이 옳은가에 의해서 결정될 문제가 아니라 역사성의 토대 위에서 역사적 증거들에 대한 분석을 통해 결정되어야만 할 문제다. 우리는 1세기 신약 문서들의 가장 오래된 예배의식적 문구들에서 확고한 증거들을 발견할 수 있으며, 이 문구들은 하나같이 예수를 성육신으로 나타내고 있다.

주

1 Moule 1997, 4.

2 Moule 1997, 99.

3 Moule 1997, 149.

4 최초의 기독교가 취했던 예수 숭배의 양식에 대해 진지하게 공부하고자 하는 사람은 허타도의 『주 예수 그리스도』(Lord Jesus Christ)를 읽어보길 추천한다. 746쪽에 달하는 이 책을 분석하는 일은 시간을 필요로 하겠지만, 이 책은 어느 연구서보다도 권위 있는 작품이다. 예수에 대해 추정적이고 기이한 해석을 내려 철저함과 정확성을 보여주지 못하는 기타 저자들과는 달리, 허타도는 이 책에서 증거들에 대해 꼼꼼하고 설득력 있는 분석을 보여준다.

5 Hurtado 2003, 7.

6 Kyrios는 높은 사회적 위치나 힘 또는 권력을 지닌 인물을 지칭할 수 있다. 예를 들어 바울이 에베소서 6:5에서 육체의 상전을 성실한 마음으로 섬기라고 할 때, "상전"에 대응하는 헬라어 단어가 바로 kyrios다. 이 헬라어 단어는 특정 인물을 공손하게 지칭하고 경의를 표할 때 사용되었으나(마치 우리가 영어에서 "sir" 혹은 프랑스어에서 "monsieur"라고 말하듯이), 또한 하나님을 의미할 수도 있다. Cullman, 1963, 196.

7 나는 하나님에 대한 히브리어 용어(Yahweh)의 직역을 고려하여 구약 구절에 대해서는 신예루살렘성경(New Jerusalem Bible)을 사용하겠다. ※역자는 모든 구절에 대해 개역개정을 기준으로 하였다. 이하 본문에서는 킹제임스 새흠정역 등을 기준으로 한 구절들 역시 모두 개역개정을 기준으로 하였다.

8 Bruce 1986, 203.

9 Kyrios Iesous는 "주 예수" 혹은 "예수 우리 주"를 의미한다.

10 신예루살렘성경에는 요엘서 2:32로 표기되어 있다. ※개역개정 역시 요엘서 2:32로 표기되어 있다.

11 Hurtado 2003, 112.

12 Bauckham 2008, 190.

13 Neufeld 1963, 67.

14 헬라어와 히브리어와 아람어는 1세기 이스라엘에서 가장 널리 쓰인 언어들이다. 아람어는 고대 팔레스타인에서 주요 언어 중 하나였으나, 오늘날엔 중동의 고립된 공동체들만이 여전히 아람어의 방언을 사용하고 있다. 예를 들어 시리아, 터키, 아제르바이잔, 이란 그리고 이라크 등에 위치한 몇몇 공동체들은 아람어 방언을 사용한다.

15 Cullman 1963, 208~209.

16 Cullman 1963, 208~209.

17 Bruce 1986, 196.

18 Bruce 1986, 196.

19 Bruce 1986, 197.

20 Cullman 1963, 210.

21 고린도전서 15:3~8

22 갈라디아서 1:18과 Ladd 1975, 105를 참고하라.

23 Jeremias 1966, 101.

24 Bauckham 2006, 264~265.

25 Dunn 2003, 142~143 (괄호는 덧붙임).

26 Pannenberg 1977, 90.

27 보캄 역시 가장 오래된 기독교 공동체에서 이 증인들이 바울과 다른 선생들에게 증거를 신중히 전수하였음을 증명한다.

> 그러므로 바울은 초기 기독교에서 이루어신 선승의 공식직인 진수과정에 대해 충분히 많은 증거를 제공하고 있으며, 더 정확히는 예수의 언행에 관한 전승의 공식적인 전수과정에 대해 좋은 증거를 제공하고 있다. 바울은 단순히 공동체 전체에 대한 관심에서가 아닌, 각 공동체에서 특별한 관심을 가지고 선생들로 지명한 자들에게 베풀었던 공식적인 가르침의 과정을 통해 베드로로부터 이러한 전승들을 전수받았다. 마지막으로, 우리는 바울이 사역 내내 혼자 일하지 않았고 예루살렘교회의 주요 인물들이었던 바나바나 마가와 실바누스(사도행전에서의 실라) 등의 동료들과 함께 했다는 점을 기억해야한다. 그들은 예루살렘교회의 예수 전승에 대해 더 철저히 익힐 수 있는 기회가 월등히 많았을 것이며, 어쩌면 바울과 함께 설립했던 교회들에 예수 전승을 전수하는 부분을 담당했을 수도 있다.

Bauckham 2006, 271.

28 Hurtado 2003, 168~169.

29 로마서 16:7.

30 Hurtado 2003, 120~129.

31 Hurtado 2003, 133. 예수의 죽음을 구원사적으로 보지 않는 21세기의 친영지주의 학자들의 추측들에도 불구하고 예수의 고난과 십자가형에 대한 구원사적 관점을 부정하는 1세기의 증거는 존재하지 않는다.

32 Jeremias 1966, 203.

33 성찬 전례는 원시교회에서 사용된 많은 교조적 문구들의 근거를 제공했다. "그러나 무엇보다도 고백 문구가 급격히 중요해진 것은 바로 성찬 전례라는 틀 안에서였다. 이 신조는 찬가적 의의와 예배의식의 형태를 지니고 있다. 또한 예배의식은 교조적(dogmatic)인 내용을 지니고 있으며 다양한 고백적 형식들로 가득하다(고린도전서 16:22; 요한계시록 22:20). 많은 고백들은 찬송가와 유사했으며, 많은 찬송들이 신조와 유사했다." 골로새서 3:16; 에베소서 5:19. Stauffer 1955, 237에서 다룬 것을 참고.

34 Jeremias 1966, 101~102.

35 Jeremias 1966, 103.

36 Jeremias 1966, 101.

37 Jeremias 1966, 104~105.

38 ※원문은 킹제임스 새흠정역으로 되어 있다.

39 Moule 1982, 34.

40 Moule 1982, 35.

41 Hurtado 2003, 505.

42 포터 외 2000, 235.

43 슈타우퍼는 찬송의 구조를 다음과 같이 설명한다.

> 이 문구 역시 두 연(聯)으로 주어져있으며, 첫 번째 연은 우주의 역사 속에서 그리스도의 의의를, 두 번째 연은 구원사 속에서 그의 의의를 얘기하고 있다. 바울은 "그는 보이지 아니하는 하나님의 형상이시요 모든 피조물보다 먼저 나신 이시니"라며 태초에 대한 설명을 포함시킨다. 첫 번째 구절은 바로 그렇게, 즉 그 칭호들이 그리스도를 나타내고 있는 현재형 시제의 관계사절로 시작한다. 그리고 나서 구절은 창조에 관한 그리스도의 업적을 언급하는 과거형 시제의 인과절로 이어진다. 두 번째 연은 역사의 신학적 개요를 계속해서 이어간

다. 두 번째 연 역시 현재형 시제의 관계사절로 시작하며, 그리스도에게 적용되는 몇 가지 칭호들을 담고 있다. 또한 첫 번째 연과 마찬가지로 성육신과 죽음과 부활(골로새서 2:9 이하 참고)을 통해 이룬 그리스도의 구속사를 알려주는 과거형 시제의 인과절로 이어진다. 이 찬송가적 문구는 세상의 종말에 대한 언급과 함께 결말을 맺는다.

Stauffer 1955, 247.

44 Longenecker 1999, 16.

45 수없이 다양한 기독론이 존재했다고 주장하는 사람들은 이 초기시기에 대해 비교 가능한 증거들을 제시하지 못한다. 그들은 불가피하게 전통·정통 관점을 왜곡시켰던 2세기의 사료들을 인용하거나 신약 문서들에 대한 자의적인 해석을 통해 추측할 뿐이다. 7장 이하에 다룬 내용을 참고.

46 Hurtado 2003, 506 참고.

47 Hurtado 2003, 135~136.

48 보캄은 바울이 이 구절에서 제2의 신을 추가하는 것이 아님을 보이기 위해 쉐마 (*Shema*, 우리 하나님 *Yahweh*는 오직 하나인 *Yahweh*시니. ※신명기 6:4 참고)의 모든 단어를 재배열하고 있다고 지적한다.

바울이 일신론을 유지하고 있다고 이해하는 유일한 길은 그가 쉐마에서 단언하는 하나님의 유일무이한 존재에 예수를 포함시키고 있다고 보는 것이다. 이는 어쨌든 간에 예수를 '한 주'라고 지칭할 때 적용되는 '주(主)'라는 용어가 쉐마 자체에서 따왔다는 사실로 미루어 보아 명백히 알 수 있다. 바울은 쉐마 외 한 분 하나님에 쉐마가 언급하지 않는 또 다른 '주'를 덧붙이고 있는 것이 아니다. 바울은 쉐마가 오직 하나라고 단언하는 '주(YHWH)'와 예수를 동일시하고 있는 것이다. 그러므로 쉐마에 대한 바울의 전례 없는 재공식화에서 하나님의 유일무이한 존재는 한 분인 하나님 아버지 *그리고* 한 주인 메시아(하나님 아버지의 유일한 아들(the Son)로 암시된)로 이루어져 있다. 제2성전시기의 유대교에서 하나님의 유일무이한 존재가 어떤 식으로 받아들여졌는지에 대해 충분히 이해하지 못한 많은 해석학자들의 추정과는 다르게, 바울은 예수를 단순히 유일무이한 하나님과 연관시켰다면 일신론을 *거부하게 되는* 상황에서, 하나님의 유일무이한 존재에 그를 포함시킴으로써 정확히 유대교의 일신론을 유지하고 있다.

Bauckham 2008, 213.

49 노이펠드는 예수의 선재성(先在性)이 고린도후서 8:9, "우리 주 예수 그리스도의

은혜를 너희가 알거니와 부요하신 이로서 너희를 위하여 가난하게 되심은 그의 가난함으로 말미암아 너희를 부요하게 하려 하심이라"에서 당연한 것으로 전제되어 있다고 지적한다. 이와 관련해서는 Hurtado 2003, 124, 그리고 요한복음 속에 이와 상응하는 선재성의 개념을 다룬 3장을 참고.

50 Hurtado 2003, 125~126.
51 대다수의 신약학자들은 빌립보서의 이 구절을 비(非)바울적인 찬송으로 받아들인다. Martin 1997 참고. 이와 다른 관점에 대해선, Fee 1995 참고.
52 빌립보서 2:6~11.
53 이사야 45:23.
54 Bruce 1986, 202.
55 Cullman 1963, 217~218.
56 Bruce 1986, 203.
57 Martin 1997, 25에 인용됨.
58 그러나 예레미아스는 이 찬송이 6연이 아니라 각 연이 4행을 이룬 3연으로 되어 있었으며, 평행대구를 포함하고 있다고 결론짓는다.
59 Martin 1997, 27.
60 Martin 1997, 27~28.
61 Martin 1997, 27·28.
62 여기서 다루고 있는 구절이 아무리 늦어도 1세기 전반에 생겨났다는 점을 상기해야 할 것이다. 이는 나그함마디 장서에서 발견되는 영지주의 문서들과 같은 2세기 문서로부터 파생된 구절이 아니다. 그러한 문서들은 예루살렘교회의 예배에서 이 찬송이 사용되던 시기로부터 100년 이상 지난 후에야 작성되었다. 기독교 신앙의 초기 서사를 이루는 이 구절의 역사적 기원은 차치하고서, 이 구절이 내용 면에서 겸손이라는 덕목에 중요한 의의를 부여하고 있음을 잊어서는 안 된다. 바울이 승리자의 자부심을 드러낸 적이 없듯이, 우리는 오늘날 이 구절을 읽는 독자로서 이 서사가 타인을 위하여 겸손히 자기를 희생한 예수를 모범으로 보여주려는 것임을 기억해야 한다. 오만한 승리주의가 아니라 다른 이들에 대한 겸손한 사랑이 주안점인 것이다. 피(Gordon D. Fee)는 이 구절의 의의를 다음과 같이 포착한다.

> 바로 여기서 바울의 기독론에 가장 근접한 것을 찾을 수 있으며, 또한 어째서 "십자가라는 사건"이 기독교 전반에 대한 그의 이해에 있어 그렇게나 중요했는지 알 수 있다. "자기를 비"우고 "십자가 위에서 죽기까지 복종"함으

로 인해 그리스도 예수는 하나님 본인의 성격을 드러냈다. 여기에 신성(神性, God-likeness)의 전형이 있다. 즉, 선재했던 그리스도는 "취하고, 이기적인" 존재가 아니라, 다른 이들을 위한 사랑의 극적인 표현이 "자기를 비"우고, 노예의 역할을 자처하며, 사랑하는 자들을 대신해 죽기까지 스스로를 낮추는 데로 이르는 것이다. 바울이 승리주의의 어떤 형태에도 머무르지 못하는 것은 당연하다. 이는 하나님의 존재와 속성에 모두 반하기 때문이다. 그러나 현재는 아니어도 종말에 최후 승리가 있다는 점은 분명하다. 현재의 시점에서 사도직은 종의 노릇, 즉 다른 이들을 위해 스스로를 희생하길 요구한다.

Fee 1995, 197.

63 초기 기독교 공동체들의 이 용어(ho Christos)를 담고 있으며 바울서신보다 앞서 존재했던 문구들을 자주 사용하는 로마서 5:6, 14:9, 14:15; 고린도전서 5~7, 8:11, 15:20; 갈라디아서 2:21, 3:13 등의 구절들을 참고. 또한 Hurtado 2003, 100~101 참고.

64 Hurtado 2003, 101.

65 지난 세기에 가장 신망 높은 신약학자였던 메츠거는 예수가 스스로 하나님의 유일한 아들이라 주장한 사실이 네 정경복음서 전반에 걸쳐 발견된다고 결론짓는다.

지금까지 얘기되어온 것으로 보아 높임 받는 예수라는 관점은 네 정경복음서 전반에 걸쳐있다고 볼 수 있다. 공관복음서들의 초기 기록층에서 보이는 그의 언행은 네 번째 복음서[요한복음]에서 보이는 그의 증언과 종류가 다르지 않다(비록 많은 기록이 언어상으로는 다르지만). 사료에 대해 최대한 엄격히 검토하고 나면 나사렛 예수가 그의 언명은 물론 태도에 있어서도 하나님의 유일한 아들이라고 주장했다는 결론을 내려야만 한다. 이렇듯 스스로를 높이는 주장 때문에 예수는 신성모독죄로 기소되어 사형에 처해졌다(마가복음 14:61~64). 그러므로 예수의 모든 가르침들 중에서 이 요소 말고는 그를 죽음까지 몰아간 뿌리 깊은 악감정과 적대감에 대해 충분하게 설명할 수 있는 것이 없기 때문에, 이보다 더 역사에 기반을 두고 있다고 말할 수 있는 가르침은 없다. 경건함에 대한 유대인들의 정통적인 태도는 예수가 십자가에 매달려 있을 때 "네가 만일 하나님의 아들이어든 자기를 구원하고 십자가에서 내려오라(마태복음 27:40; 41~44의 구절들을 비교해보라)"고 비웃은 행동 안에 모두 담겨있다.

Metzger 2003, 182.

66 데살로니가전서 3:11~13.

67　고린도전서 16:23~24.

68　Hurtado 2003, 139.

69　사도행전 7:59~60.

70　고린도전서 1:2~3.

71　Hurtado 2003, 86.

72　보캄은 제2성전시기의 유대교가 이스라엘의 하나님의 존재를 신의 창조적, 주권적 행위라는 두 가지 요소를 포함하는 것으로 이해했다고 주장한다. 그는 이것이 하나님의 존재 안에 예수가 포함되는 것과 어떤 연관을 갖는지 다음과 같이 설명한다.

> 이 두 요소를 서로 분리시키는 이유는 하나님의 유일무이성에 대한 유대인들의 이해가 만물의 창조자로서의 하나님과 만물의 주권자로서의 하나님에 집중되어 있기 때문이다. 이 두 가지야말로 하나님을 다른 모든 실재(reality)와 구분 지으며, 창조자이자 주권자로서 만물과 연관을 맺는 유일한 하나님으로 구별하는 요소들이다. 그러므로 이 요소들은 신약의 저자들이 예수를 유일무이한 하나님의 존재 안에 포함시키고 있다는 것 또한 명백히 밝혀준다 … 유대교의 일신론을 제대로 이해하게 되면 신약의 저자들이 이미 … 제2성전시기의 유대교에서 정의된 하나님의 유일무이성에 예수를 포함함으로써 완벽한 신성으로서의 기독론(창조자와 주권자로서의 예수)을 펼치고 있다는 점을 알 수 있다 … 이는 완벽한 신성으로서의 기독론에 대한 표현이다. 내가 이름 붙이듯이, 이것은 신성한 정체성의 기독론(Christology of divine identity)이다. 따라서 4세기에 이르러서야 신약이 제시하는 기독론이 완성되었다는 발전사적 모델은 심각하게 잘못되었다.

Bauckham 2008, 52, 58 (괄호는 덧붙임).

73　Hurtado 2003, 84.

74　Barnett 2005, 76~78에서 다룬 것을 참고.

75　Hurtado 2003, 175.

76　사도행전 2:38.

77　사도행전 9:14.

78　Hurtado 2003, 175.

79　예를 들어 민수기 16:5을 언급하는 디모데후서 2:19, 요엘 2:32을 언급하는 사도행전 2:21, 시편 34:8을 언급하는 베드로전서 2:3을 참고.

80 최초의 유대인 기독교인들은 일신론의 맥락에서 예수를 야훼의 유일무이한 존재의 부분으로 받아들임으로써 그를 경배했다. 예수는 만민이 그 존재 안에서 하나님의 주권을 인정하게 되는 자로서 하나님의 위치로 높임 받았다. 주권자로 높임 받은 예수는 만물을 다스리며 하나님의 유일무이한 존재에 포함되어 있다.

> 만물에 대한 주권은 하나님의 존재를 정의한다. 주권은 피조물에게 그저 하나의 기능으로서 위임될 수 없다. 그러므로 최초의 기독론은 이미 최상의 기독론에 다름 아니었다 … 만일 예수가 하나님의 유일무이한 존재에 포함되어 있었다면, 그는 시간을 초월해 그러해야만 한다. 그러므로 요한복음의 서문과 골로새서 1장과 히브리서 1장처럼 기독론의 원형이 되는 위대한 본문들은 하나님의 독자적인 창조행위와 영속성에 예수 또한 포함하고 있는 것이다. 이는 양자론(예수가 원래 보통 인간이었지만 성령으로 하나님의 아들이 되었다는 이단설)적 기독론은 필히 포함할 수밖에 없는 이신론(二神論, ditheism)에 대하여 일신론을 유지하는 초기 기독교인들의 유대교적인 방식이었다 … 예수가 스스로 하나님이지 않고서는 하나님처럼 기능할 수 없는 것이다.

Bauckham 2008, 235.

81 히브리서 1:8~9

82 Longenecker 1970, 137.

83 베드로후서 1:1.

84 Longenecker 1970, 137~138.

85 Longenecker 1970, 138n62.

86 요한계시록 1:17~18.

87 이사야 4:6.

88 여호수아 3:10; 시편 42:2, 84:2 참고.

89 요한계시록 22:12~13.

90 Hurtado 2003, 50.

91 요한계시록 5:11~14.

92 Johnston 1998 및 Hurtado 2005.

93 Hurtado 2003, 72.

94 로마서 1:3~4.

95 사도행전 4:27.

96 사도행전 2:22.

97 사도행전 10:36~38.

98 사도행전 10:42.

99 로마서 4:25. 죄로부터의 구속은 영지주의적 개념이 아닌 정통 개념이다. 영지주의에서 속죄로서의 십자가형은 구원과는 관련이 없다.

100 "여기서 중요한 점은 복음서들을 포함한 모든 글들이 초기교회가 중점을 두었던 예배에서 자라났으며 예배에서 사용되기 위해 서술되었다는 것이다. 그것들이 우리에게 전해질 수 있었던 이유는 오직 그것들이 예배에서 읽혔기 때문이다." Hengel 1983, xiii.

제3장

예수는 "스스로 있는 자(*ego eimi*)"라는 용어로 자신을 지칭하며, 이로 인해 공회(Sanhedrin) 앞에서 신성모독죄로 재판받게 된다

제3장

예수는 "스스로 있는 자(ego eimi)"라는 용어로 자신을 지칭하며, 이로 인해 공회(Sanhedrin) 앞에서 신성모독죄로 재판받게 된다

4장에서는 증인들이 기록된 내용을 보증할 수 있었던 시대로까지 정통 복음서들의 연대를 잡을 수 있음을 설명하겠다. 증인들의 유효성과 예수의 어록 및 이야기들의 구전(口傳)을 신뢰할 수 있다는 증거를 다룬 5장은 복음서들의 신빙성에 대한 확고한 근거를 제시한다. 이것을 염두에 두고, 이제 이 복음서들에서 예수를 성육신으로 바라보는 시각을 뒷받침하는 증거를 다루겠다. 때때로 사람들은 왜 예수가 직접 "내가 하나님이다"라고 말을 하지 않았는지를 질문한다. 그런데 복음서들은 놀랍게도 그가 실제로 그렇게 말했다는 것을 보여준다.[1]

3.1 예수가 자신을 하나님이라 칭했다는 것은 "스스로 있는 자"라는 언명과 1세기 유대교의 신성모독에 대한 개념에서 드러난다.

각각의 복음서들에서 예수의 행위는 의도적으로 하나님의 행위에 비긴다. 예를 들어 마가복음은 자주 예수를 자연 세계에 대해 권위를 지닌 자로 묘사한다. 마가는 4장에서 예수가 고물에서 자고 있을 때 큰 폭풍이 파도를 일으켜 배를 위협하는 이야기를 기록한다. 제자들이 그를 깨우고 예수가 바람에게 명하자 바다는 잠잠해진다. 그러자 제자들은 심히 두려워 서로에게 "그가 누구이기에 바람과 바다도 순종하는가?"[2]라고 묻는다.

마가는 또한 예수가 바다 위를 걷는 기적에 대해 기록한다. 제자들이 놀라 비명을 지를 때 예수는 즉시 그들에게 "안심하라, 내니, 두려워하지 말라"고 말한다. 여기서 헬라어의 정확한 표현이 매우 중요한데, 이는 마가가 예수를 자연 세계에 대한 권위를 가진 자로서 보여주고 있을 뿐만 아니라 예수의 말을 더 정확히 번역해보면 "용기를 가져라! 스스로 있는 자니라, 두려워하지 말라"이기 때문이다. "스스로 있는 자(ego eimi)"라는 말에 주목하기 바란다. 이 단어는 구약의 헬라어 번역본인 70인역에서 사용된 말이며 하나님의 이름으로 기능한다(70인역은 예수의 시대와 마가복음이 서술된 시기에도 사용되었다). 불타는 떨기나무 가운데서 나타나 모세에게 애굽으로 가서 이스라엘을 해방시키라고 명령할 때, 하나님은 자신을 "스스로 있는 자"로 나타낸다.

모세가 하나님께 아뢰되 내가 이스라엘 자손에게 가서 이르기를 너희의 조상의 하나님이 나를 너희에게 보내셨다 하면 그들이 내게 묻기를 그의 이름이 무엇이냐 하리니 내가 무엇이라고 그들에게 말하리이까 하나님이 모세에게 이르시되 나는 스스로 있는 자이니라 또 이르시되 너는 이스라엘 자손에게 이같이 이르기를 스스로 있는 자가 나를 너희에게 보내셨다 하라³

70인역은 "스스로 있는 자"라는 말을 헬라어 *ego eimi*로 번역한다. 마가복음에서 예수는 제자들이 용기를 가지고 두려워하지 않을 수 있도록 바로 이 *ego eimi*로 스스로를 지칭한다. 이는 마태복음에서 예수가 바다 위를 걷는 이야기에서도 등장하는 단어다. 마태복음에서도 예수는 자신을 "스스로 있는 자"로 칭한다(*ego eimi*).⁴ 마찬가지로 요한복음에서도 예수는 스스로를 *ego eimi*("스스로 있는 자")라고 칭한다. 마가와 마태와 요한은 모두 이 단어를 사용하면서 예수에 대해 명백히 초월적인 시각, 즉 예수의 신성(神性)에 대한 증거를 제시한다.

예수의 초월성에 대한 단서는 예수가 마태복음의 마지막 문장에서 자신이 종말까지 함께 할 것이라고 확언하는 부분에서도 드러나는데, 이는 결국 그가 본질적으로 신적(神的)임을 받아들일 수밖에 없게 만든다.

그러므로 너희는 가서 모든 민족을 제자로 삼아 아버지와 아들과 성령의 이름으로 세례를 베풀고 내가 너희에게 분부한 모든 것을 가르쳐 지키게 하라 볼지어다 내가 (*ego eimi*) 세상 끝날까지 너희와 항상 함께 있으리라 하시니라⁵

마가복음 14장은 예수가 스스로를 하나님의 아들이라 칭했기 때문에 신성모독죄로 기소 당했으며 십자가형을 받게 되었다고 기록한다. 여기서도 예수는 *ego eimi*라는 말을 사용하여 대답하는데, 바로 이 말이 대제사장과 제사장들 및 장로들과 모여 있는 서기관들을 모두 분노케 한다.

침묵하고 아무 대답도 아니하시거늘 대제사장이 다시 물어 이르되 네가 찬송 받을 이의 아들 그리스도냐 예수께서 이르시되 내가 그니라 [ego eimi] 인자가 권능자의 우편에 앉은 것과 하늘 구름을 타고 오는 것을 너희가 보리라 하시니 대제사장이 자기 옷을 찢으며 이르되 우리가 어찌 더 증인을 요구하리요 그 신성 모독 하는 말을 너희가 들었도다 너희는 어떻게 생각하느냐 하니 그들이 다 예수를 사형에 해당한 자로 정죄하고[6]

대제사장이 자기 옷을 찢었다는 언급은 예수가 스스로 하나님임을 선언한 것으로 간주되었다는 의미다. 유대교 전통에는 대제사장이 어떤 경우든지 신성 모독을 들었을 때 자신의 의복을 찢도록 되어 있었다. 그러므로 저자는 명백히 예수를 초월적이고 신적인 존재로 묘사하고 있는 것이다. 허타도는 마가복음이 서기 70년 이전에 쓰였기 때문에, 이 복음서가 서기 70년 이전의 유대인들이 예수 숭배에 대해 반발한 증거를 담고 있다고 지적한다. 허타도는 공회 앞에서 재판 받는 예수에 대한 마가복음의 기록을 검토하면서 다음의 두 가지 사실을 발견한다. (1) 신성모독죄로 기소한 것이 예수가 죽어야 한다는 판결의 명백한 근거였으며 (2) 또한 예수가 스스로 하나님의 아들이며 초월적 본성("그리스도, 찬송 받을 이의 아들")을 지닌다고 인정한 것에 대한 즉각적인 반응이었다. 다시 말해 재판의 핵심 논쟁은 예수가 신성을 주장한 것이었다. 허타도가 서술하듯이, "마가복음에서 예수의 재판에 대한 기록은 바로 이 핵심 논쟁에 중점을 둔다. 이러한 기독론적 주장들(※예수의 아들됨과 신성)은 하나님의 영광에 대한 급진적 침해로 귀결되든지, 그것들이 진리이든지 둘 중 하나다."[7]

메츠거[8]는 이 분석에 동의하면서 공관복음의 가장 오래된 기록층*과 요한복음 사이의 유사성, 즉 예수를 하나님으로 숭배하는 점에 대해 언급한다. 메츠거가 지난 70년간 신약 연구에서 지녔던 위치를 생각하면 그의 입장은 길게 언급할 만한 가치가 있다.

> 유대인들은 "안식일을 범할 뿐만 아니라 하나님을 자기의 친아버지라 하여 자기를 하나님과 동등으로 삼"았기 때문에 예수를 신성모독죄로 죽이려고 여러 차례 시도했다(요한복음 5:18, 10:30-33과 비교). 예수는 "나는 생명의 떡이니(요한복음 6:35)", "나는 세상의 빛이니(8:12)" 그리고 "나는 부활이요 생명이니(11:25)"처럼 비할 데 없는 언명들을 통해 구약성서에서 여호와(Jehovah, 즉 Yahweh; 출애굽기 3:14 참고)의 가장 높은 지칭인 신적 현현의 문구(theophanic formula)**를 사용한다. 이 복음서가 부활한 예수가

---

* 원문은 the earliest literary stratum of the Synoptic gospels. 2장에서 다루었듯이 신약은 앞서 존재했던 구전(口傳) 신조와 찬양과 예배의식적 문구들을 곳곳에서 인용하는데, 바로 이러한 문구들을 지칭하는 것으로 보인다.
** 하나님이 스스로를 사람들에게 드러내기 위하여 사용한 말들을 지칭한다. 예를 들어 "두려워 말

사도 도마의 고백 "나의 주님이시요 나의 하나님이시니이다"를 받아들일 뿐만 아니라 이렇게 고백하는 모든 자들에게 축복을 선언하는 장면으로 마무리 짓는 것은 별로 놀랄 일이 아니다(요한복음 20:28-29).

예수를 하나님의 아들로 나타내는 공관복음의 용어는 요한복음과 다르기는 하나, 복음서들이 독자에게 주는 인상은 모두 일치한다. 즉, 예수는 신에게만 주어지는 영광을 스스로를 위해 주장하며 또한 받아들이고 있다. 사람들이 "하나님의 아들"이란 칭호를 예수에게 적용한 공관복음 속의 열두어 구절들과 예수 자신의 명시적인 시인(是認)에 더하여(마태복음 16:16, 마가복음 3:11, 5:7, 14:61, 누가복음 8:28), Q문서와 마가복음 역시 예수가 스스로를 "아들"이라 칭하며 하나님을 새롭고 독특한 방식으로서 자신의 아버지라 부른다는 것을 보여준다(Abba에 관해서는 171-72쪽 참고). 예수는 직접적으로나(가야바 앞에서의 시인에서, 마가복음 14:62) 간접적으로나(악한 소작농들의 비유에서, 마가복음 12:1-9) 자신이 하나님의 아들이라고 주장할 뿐만 아니라 하늘에서 구름 타고 올 하나님의 사랑받는 유일한 아들이라고 주장한다. 신약에서 가장 중요한 기독론적 구절들에 속하며 Q문서에 담겨있는 구절에서(마태복음 11:27, 누가복음 10:22. Q는 *Quelle*의 줄임말로서 독일어로 "근원"이라는 뜻이며, 마태복음과 누가복음 사이에서는 공유되지만 마가복음에는 나타나지 않는 이백여 구절로 이루어진 가상의 자료이다) 예수는 자신의 "고유한 장자권"에 대해 얘기한다. "내 아

라"는 구약에서 매우 자주 등장하는 신적 현현의 문구다. 이에 대해서는 시니어(Donald Senior) 등의 『사복음서 입문』(*Invitation to the Gospels*) 145쪽 참고.

버지께서 모든 것을 내게 주셨으니 아버지 외에는 아들을 아는 자가 없고 아들과 또 아들의 소원대로 계시를 받는 자 외에는 아버지를 아는 자가 없느니라." 공관복음의 가장 오래된 기록층에서, 그리고 요한복음에서 사용된 것처럼 모든 면에서 스스로를 높이는 용어를 사용함으로써, 예수는 자신만이 홀로 하나님과 특별한 관계에 있다고 주장할 뿐만 아니라 오직 자신을 통해서만 다른 사람들도 이와 유사한 관계를 가질 수 있다고 주장했다.[9]

예수가 자신의 신성을 주장했다는 것에 대한 메츠거의 확신은 그의 글에 아주 분명하게 드러난다. 메츠거는 20세기 신약학자들 중에서도 걸출한 사람이었다. 그는 신약 연구에 아주 큰 빛을 비춰주었으며 세계에서 가장 중요한 신약 위원회들의 의장직을 맡기도 했다. 또한 그는 겸손하고 친절했으며, 일생동안 정통 신앙에 대한 믿음을 고수했다.

다음 부문으로 넘어가기 전에, 나는 메츠거의 "유대인"이라는 언급이 유대인 전체를 지칭하는 것으로 해석되어서는 안 되며 단지 소수의 유대인 지도자들을 지칭하는 것임을 밝힌다. 예수는 공회 앞에서 재판받은 후 로마 총독 빌라도에게 넘겨져 사형을 선고받았다. 나는 우리 모두가 예수를 십자가로 보냈다는 것이 기독교 교리임을 강조하는 신약학자 에반스(Craig A. Evans)와 입장을 같이한다. 예수는 인류의 죄를 위해 죽었다. 따라서 누구도 예수의 죽음을 이스라엘 사람들에게 탓해서는 안 된다.

한 가지는 아주 명확히 해야 한다. 유대인들이 예수의 유죄 판결과 죽음에 대해 비난을 받아서는 안 된다는 것이다. 그러한 비난은 엉터리 신학일 뿐만 아니라 엉터리 역사이기도 하다. 역사적으로 볼 때 예수는 매우 소수의 영향력 있는 유대인들에게 재판 받았다. 그는 민족 전체에 의해 유죄 선언을 받은 것이 아니다. 게다가 그날 예수를 십자가에 못 박으라고 부르짖었던 사람들도 상대적으로 적은 숫자였다. 신학적으로 보면 예수는 인류 전체의 죄를 위해 죽은 것이다. 그러므로 예수를 십자가에 못 박은 것은 우리 모두이며 특정 사람들이 이에 대해 비난을 받아서는 안 된다.[10]

3.2 예수 경배(Proskynein)에 대한 공관복음의 기록은 예수가 초월적 본성을 지녔다는 관점을 제시한다.

마태는 사람들이 예수에 대해 가졌던 경의를 묘사할 때 헬라어 단어인 *proskynein*을 자주 사용했으며, 이 단어 역시 예수의 초월성에 대한 관점을 제시한다. 동방박사들은 헤롯왕에게 아기를 경배(*proskynein*)하기 위해 예수를 찾고 있다고 말했다. 이 단어는 경의를 뜻할 수도 있지만 마태복음에서 예수가 하나님에 대한 경배를 언급할 때 *proskynein*을 사용한 것처럼 신에 대한 경배를 의미할 수도 있다.[11]

사도행전의 저자인 누가는 바로 이러한 의미에서 제자들이 예수에게 극도의 경의를 표하는 장면으로 복음서를 마무리했으며, "그들이 예수에게 경배했다(*proskynesantes*)"라고 기록하여 예수에게 신적 속성을 명백히 부속시킨다.[12]

마태복음 역시 예수가 물 위를 걷는 이야기의 끝부분에서 제자들이 그를 하나님의 아들로 경배했다고 기록하여 예수의 초월성을 묘사한다. "배에 있는 사람들이 예수께 절하며(proskynein) 가로되 진실로 하나님의 아들이로소이다 하더라." 마태복음은 또한 예수를 하나님의 유일한 "아들"로 제시한다는 점에서 기타 정경복음서들과 일치한다. 신약복음서의 저자들은 모두 예수가 유일하고 신성한 하나님의 아들이라고 단언한다.[13] 마태복음도 예수를 유일한 "아들(the Son)"이라고 묘사하는 일관된 입장을 취한다. 마태복음의 저자는 예수가 메시아임을 고백하는 베드로를 언급하면서 "주는 그리스도(Christos)시오 살아 계신 하나님의 아들(ho huis)이시니이다"[14]라고 말한 것을 기록한다. 이와 유사하게, 마태복음 11장에서 예수는 정관사를 사용하여(the 또는 ho) 자신이 하나님의 유일한 아들임을 말하고 "내 아버지께서 모든 것을 내게 주셨으니 아버지 외에는 아들(ho huis)을 아는 자가 없고 아들과 또 아들(ho huis)의 소원대로 계시를 받는 자 외에는 아버지를 아는 자가 없느니라"[15]며 하나님과 자신이 긴밀한 관계이고 자신이 곧 하나님을 암시한다.

이 문장에서 예수는 초월적인 존재로 드러나며 제자들에게 "아버지와 아들과 성령의 이름으로"[16] 세례를 주라고 명령하는데, 여기서도 신성한 하나님의 아들로서 예수와 하나님 사이의 긴밀한 관계를 확인할 수 있다.

또한 마가복음에서도 예수는 "그러나 그날과 그때는 아무도 모르나니 하늘에 있는 천사들도, 아들(ho huis)도 모르고 아버지만 아시느니라"[17]라고 마지막 시대에 대해 말할 때, 정관사를 사용하여 자신을 하나님의 유일한 아들로 밝히는 한편 하나님과 자신의 긴밀한 관계를 암시한다.

마찬가지로 누가복음에서도 예수는 "내 아버지께서 모든 것을 내게 주셨으니 아버지 외에는 아들(ho huis)을 아는 자가 없고 아들과 또 아들(ho huis)의 소원대로 계시를 받는 자 외에는 아버지를 아는 자가 없느니라"[18]고 말한다. 여기서 예수는 같은 문장에서 정관사를 세 번 사용하여 자신을 아들이라 언급하고, 만물에 대한 권세가 자신에게 주어짐에 따라 하나님과 자신이 독특한 관계임을 강조한다.

3.3 요한복음에서 "스스로 있는 자"라는 언명은 절대 형식(absolute form)과 의미가 담긴 술부 형식으로 되어 있다. 각각의 경우 "스스로 있는 자"는 하나님의 이름과 연관된다.

요한복음에서도 예수는 *ego eimi*라는 말을 자주 사용한다. 그는 예루살렘 성전에서 "진실로 진실로 너희에게 이르노니 아브라함이 나기 전부터 내가 있느니라[*ego eimi*]"라고 대중에게 대답하면서 자신의 선재성을 암시한다. 그러자 대중은 그를 돌팔매질하려 했는데, 이는 신성 모독의 처벌이 돌로 쳐 죽이는 것이었기 때문이다.[19]

요한복음 13:19에서 예수는 제자들이 "내가 그인 줄[*ego eimi*] … 믿게 하려"고 일이 일어나기 전에 미리 알려주는 것이라고 말하는데, 이런 경우에 예수의 언명은 절대 형식으로 되어 있다. 어떤 영문 번역에는(※한글 번역에서도) 이 구절이 "나는 그이라"며 끝나는데, 헬라어본은 오직 *ego eimi* 혹은 스스로 있는 자라는 말로 끝나며 예수의 신성을 더 명확히 언급한다.

요한복음은 또한 *ego eimi* 뒤에 예수의 특성을 설명하는 술어가 따라오는 구절들을 많이 담고 있다. 예를 들어 "*나는** 세상의 빛이니"(요한복음 8:12), "*나는 부활이요 생명이니*"(요한복음 11:25), "*내가 곧 길이요, 진리요, 생명이니*"(요한복음 14:6), "*내가 참포도나무요 내 아버지는 그 농부라*"(요한복음 15:1) 등이 있다. 각각의 경우 헬라어 단어는 *ego eimi*이고, 이는 예수와 하나님의 이름 사이의 강력한 연관을 상징한다.[20]

3.4 요한복음에서 드러나는 선재성 개념은 바울 서신에 인용된 예배의 식적 문구들과 일치한다.

스스로 있는 자로서 아브라함의 시대에 앞서 존재했다는 언급에서 볼 수 있듯이, 요한복음에서 예수는 자신의 선재성을 확언해준다. 저자는 11장에서 예수가 "*나는 하늘로서 내려온 산 떡이니*"[21]라고 말한 것을 인용한다. 바울의 초기 서신들에 담긴 증거들에 대한 논의에서 지적했듯이, 예수의 선재성은 초대교회의 초기 20년간 널리 퍼져있던 개념이었다. 요한복음은 예수의 선재성에 대한 명확한 진술로 글을 시작한다.

> 태초에 말씀이 계시니라 이 말씀이 하나님과 함께 계셨으니 이 말씀은 곧 하나님이시니라 그가 태초에 하나님과 함께 계셨고 만

---

* 영어로는 I am이며, I am은 *ego eimi*를 지시한다. 이하 성경 본문에서 '나는'이나 '내가'는 모두 I am, 즉 *ego eimi*에 해당한다.

물이 그로 말미암아 지은바 되었으니 지은 것이 하나도 그가 없이는 된 것이 없느니라 … 그가 세상에 계셨으며 세상은 그로 말미암아 지은바 되었으되 세상이 그를 알지 못하였고 … 말씀이 육신이 되어 우리 가운데 거하시매 우리가 그 영광을 보니 아버지의 독생자의 영광이요 은혜와 진리가 충만하더라[22]

사도행전과 신약 서신들에서 고대 신조와 찬송이 지시하는 초대교회의 예배 양식과 기도문을 분석할 때 지적했듯이, 요한복음은 초대교회가 예수를 선재했던 존재로서 경배했다는 증거와 일관된다. 앞에서 이미 언급했지만, 이 서신들은 예수의 십자가형으로부터 17~20년 안에 기록되기 시작했으며, 이 서신들에 인용된 찬양과 신조들은 예수의 선재성이라는 주제가 초기교회의 삶 속에서 훨씬 오래전부터 자리 잡고 있었음을 증명한다. 마찬가지로 요한복음에서 선재성은 일관된 주제이며 많은 구절들에 반영되어 있다. 예수는 심지어 "나를 본 자는 아버지를 보았다"[23]고 놀라운 선언을 하기도 한다. 요한복음은 하나님의 유일성을 유지하는 한편 예수는 하나님의 영광을 지상에 나타내는 자로서, 또한 하나님이 경배 받고 영광 받는 것과 동일한 방식으로 경배 받고 영광 받아야 한다는 점에서 하나님과 연관 있는 자로 나타내고 있는 것이다.[24]

3.5 예수의 이름이 기도와 예배에서 지니는 영광과 효력(efficacy)은 예수와 하나님의 긴밀한 관계를 지시한다.

하나님과의 긴밀한 관계는 예수의 이름으로 기도하고 예배를 드리는 행위의 효력에도 명시되어 있다. 요한복음은 예수를 따르는 자들이 그의 이름으로 기도하도록 지시받았다는 것을 곳곳에서 보여주는데, 이는 공관복음서들에서 예수의 이름이 높임 받는 것과 일관된다. 우리는 이와 관련하여 마가복음에서 "누구든지 *내 이름*으로 이런 어린아이 하나를 영접하면 곧 나를 영접함이요",[25] "누구든지 너희를 *그리스도에게 속한 자라 하여*[*] 물 한 그릇을 주면 내가 진실로 너희에게 이르노니 저가 결단코 상을 잃지 않으리라"[26] 등을 읽을 수 있다. 마태복음 7장[27]과 누가복음 10장[28]에서 예수의 이름은 치유의 능력과 귀신을 쫓아내는 효력이 있는 것으로 나타난다. 위에서 언급했듯이, 고린도에 보내는 바울의 첫 번째 서신을 비롯하여 초기 기록들은 초기 교회가 예수의 이름을 부르는 행위를 강조했음을 증명한다.

> 고린도에 있는 하나님의 교회 … 또 각처에서 우리의 주 곧 저희와 우리의 주 되신 예수 그리스도의 이름을 부르는 모든 자들에게 … 형제들아 내가 우리 주 예수 그리스도의 이름으로 너희를 권하노니 …[29]

이처럼 요한복음과 공관복음 및 신약의 서신들은 모두 예수의 이름이 경배 받아야 하며, 이전에는 오직 하나님께만 있었던 효력이 그의 이름에도 있다는 주제를 일관되게 제시한다.

---

[*] 원문은 because you bear the name of Christ.

3.6 예수는 구약 예언의 성취자인 메시아로서만 간주될 수 없다.

예수는 단지 메시아나 주(主)로서만 간주될 수 없다. 이 두 가지는 서로 다르며 별개의 개념들이다. 초기 기독교 공동체가 예수를 고대 메시아 예언의 성취자로서 보았다는 점은 분명하지만, 고대 유대교가 메시아에 대해 보여준 경외는 하나님에 대한 경외와 동등한 것은 아니었다. 유대인들이 하나님을 경외하는 것과 다른 존재나 사자(使者) 또는 메시아를 경외하는 것 사이에는 현저한 차이가 있음을 이해해야 한다. 유대교 사상에서 하나님은 다른 존재들과 다르며, 심지어는 "신성한" 존재들이나 천사 등의 영적인 존재들과도 다르다. 마찬가지로 초대 기독교 공동체의 예수 경배의 양식에 대해 설명하고자 시도할 때, 나른 존재들에 대한 경외와 예수에게 바치는 경외를 동등하게 취급할 수는 없다. 우리는 초기 기독교 사료에서 교회가 탄생한 지 20년도 지나지 않아 예수를 하나님으로 경배하는 것을 볼 수 있다. 이는 배타적이며 일신교였던 제2성전시기의 유대교에서는 독특하고 전례를 찾아볼 수 없는 전개였다.

이에 대해 진정한 역사적 분석을 내리고자 한다면 예수를 하나님과 결부시키는 전무후무한 경배 양태에 대해 설명해야 한다. 허타도는 역사적 분석에 있어서 "고대 유대인들이 순교자를 비롯하여 메시아와 다른 존재들에 대해 가졌던 존경심과 초기 기독교 사료들에서 나타나는 예수에 대한 경배 양식 사이의 확연한 차이를 얼버무리지 말라"고 지적한다. 그는 이어서 제2성전시기의 유대교에서는 예수 외에 하나님과 매우 긴밀하게 연관되어 경배 받은 존재에 대한 증거가 하나도 없다는 점을 언급한다. 다시 말해 유대인들이 순교자들에 대해 보여준 존경심이나 메시아에 대해 가졌던 경외감조차도 예수에 대한 역사적 선례로 충분하지 않은 것이다.30

위에서 언급했듯이, 초기 기독교인들은 시편 110:1을 하나님과 예수의 연관성에 대한 반영으로 이해했다.

> 여호와께서 내 주에게 말씀하시기를 내가 네 원수들로 네 발판이 되게 하기까지 너는 내 오른쪽에 앉아 있으라 하셨도다

마태복음에서 예수는 바리새인들에게 이 구절에 대해 질문한다. 메시아가 누구의 자손인지 예수가 묻자 바리새인들은 메시아가 다윗의 자손이어야 한다고 대답한다.31 그러나 예수는 다윗이 시편 110편을 썼으므로 그가 왜 메시아를 "주"라고 칭했는지 묻는다. 또한 "다윗이 그를 주라 칭했을진대, 어찌 그의 자손이 되겠느냐?"라고 반문한다.

사도행전 2:34~35과 히브리서 1:13, 10:12~13은 시편 110편을 예수와 관련해서 인용한다. 사도행전에서 베드로는 시편 16:10을 예수의 부활에 대한 예언으로 언급하며 유대인들에게 다음과 같이 변론한다.

> 이 예수를 하나님이 살리신지라 우리가 다 이 일에 증인이로다 하나님이 오른손으로 예수를 높이시매 그가 약속하신 성령을 아버지께 받아서 너희가 보고 듣는 이것을 부어 주셨느니라 다윗은 하늘에 올라가지 못하였으나 친히 말하여 이르되 주께서 내 주에

게 말씀하시기를 내가 네 원수로 네 발등상이 되게 하기까지 너는 내 우편에 앉아 있으라 하셨도다 하였으니 그런즉 이스라엘 온 집은 확실히 알지니 너희가 십자가에 못 박은 이 예수를 하나님이 주와 그리스도가 되게 하셨느니라 하니라

이에 대해서는 예수가 바리새인들에게 했던 말을 베드로가 부활절 이후에 기억해내고 메시아에게 신성이 부속되어 있음을 깨닫게 되었다고 볼 수도 있다. 이것은 히브리서의 저자가 시편 110편을 염두에 두고 히브리서 1:3에 인용한 가장 오래된 구전(口傳) 신조와도 일관된다.

> 이는 하나님의 영광의 광채시요 그 본체의 형상이시라 그의 능력의 말씀으로 만물을 붙드시며 죄를 정결하게 하는 일을 하시고 *높은 곳에 계신 지극히 크신 이의 우편에 앉으셨느니라*[32]

히브리서의 저자는 이어서 성자 하나님(聖子, God the begotten Son)에 대한 경외와 천사들에 대한 경외를 구별한다.

> 하나님께서 어느 때에 천사 중 누구에게 너는 내 아들이라 오늘 내가 너를 낳았다 하셨으며 또 다시 나는 그에게 아버지가 되고 그는 내게 아들이 되리라 하셨느냐 … 아들에 관하여는 *하나님이여 주의 보좌는 영영하며* … 어느 때에 천사 중 누구에게 내가 네 원수로 네 발등상이 되게 하기까지 너는 내 우편에 앉아 있으라 하셨느냐[33]

첫 두 구절은 시편 2:7의 인용구이며, 여기서 성자(聖子)에 대한 경외는 하나님에 대한 경외와 일치하는 것으로 보이고, 이러한 해석은 시편 45편의 메시아 구절(Messianic verse)과 잘 맞아떨어진다.

> 하나님이여 주의 보좌는 영원하며 주의 나라의 규는 공평한 규이니이다 왕은 정의를 사랑하고 악을 미워하시니 그러므로 하나님 곧 왕의 하나님이 즐거움의 기름을 왕에게 부어 왕의 동료보다 뛰어나게 하셨나이다 …34

나는 여기서 유대인들이 신성한 메시아를 기대했었다고 주장하려는 게 아니다(나중에 사해문서(the Dead Sea Scrolls)에서 그에 대한 단서가 있다는 증거를 언급하겠지만 말이다). 나는 다만 예수가 부활한 후 제자들이 구약의 의미에 대해 배웠으며, 경전들에 감춰져 있던 메시아의 신성에 대해 눈을 뜨게 되었다고 생각한다. 이는 누가복음 24:13~25처럼 엠마우스로 가던 사람들이 도중에 부활한 예수를 만나 모세를 비롯한 모든 선지자들이 예수에 대해 경전에 기록된 것들의 의미를 배웠다는 기록(6장 이후를 보라)과 일관된다. 베드로는 오순절 날의 설교에서 하나님이 예수를 메시아*이자* 주로서 세우셨다고 말했다. 그러나 메시아가 신인(神人)이라는 생각은 당시 메시아에 대한 유대인들의 "주류(mainstream)" 사상에 속하지 않았다.

초기교회는 유대 경전들을 예수가 메시아임에 대한 증거 구절들로 수용했다. 예를 들어 마태복음은 예수가 성취한 예언들을 인용한다. 마가복음과 누가복음 및 요한복음과 초기 기독교 서신들에도 이러한 방식의 증거 구절들을 통한 주장들이 두루 있다. 초기의 증거들은 사도행전에 기록된 베드로의 연설과 일관되며 하나님으로서의 예수에 대한 경배와도 일관된다.

나는 바울이 로마서 4:25에서 인용했으며 이사야 52:12~53:12의 고난 받는 종이라는 극적인 묘사에 바탕을 두는 초기 기독교 고백 형식(2.6.1 b. 부문을 참고)에 대해 이미 설명하였다. 52:13(만일 당신이 이 구절을 최근에 읽어보지 않았다면, 오늘 시간을 내서 그것을 읽어보기 바란다)은 고난 받는 종이 "받들어 높이 들려서 지극히 존귀하게 되리라"고 예언한다. 이사야에서 이 구절의 단어들은 항상 하나님을 지칭한다. 하나님을 언급하는 이 단어들은 이사야 9:6~7절을 인용하였으며 우리에게 익숙한 헨델(Georg F. Händel)의 메시아(The Messiah)라는 곡의 가사와도 일관된다. "이는 한 아기가 우리에게 났고 한 아들을 우리에게 주신 바 되었는데 그의 어깨에는 정사를 메었고 그의 이름은 기묘자라, 모사라, 전능하신 하나님이라, 영존하시는 아버지라, 평강의 왕이라 할 것임이라."

구약예언의 성취에 대한 논쟁을 다루는 수많은 자료들을 분석하는 작업은 이 책의 범위를 벗어나며 이보다 더 방대한 책을 필요로 한다. 그러나 예언에 호소하는 증명은 초대 기독교 공동체에 널리 퍼져있는 해석 방식이었으며 최초의 기독교 문서들에도 두루 스며있는 사상이다. 예언에 대한 호소는 2세기 주교들의 기록을 통해 초기교회 내에서 계속 이어져 왔으며, 현대의 주석 작업에도 이어져 오고 있다. 예언에 대한 호소가 최초로 전성기를 맞이했던 시기는 아마도 유스티누스(Justin)가 『트리포와의 대화』(Dialogue with Trypho)를 서술한 서기 160년경이었을 것이다. 유스티누스가 예수의 구약예언의 성취라는 개념을 입증하는 증거 구절들에 대해서 1세기 교회에서 이어져 내려온 전통을 전하고 있다는 점은 중요하다. 그러나 이 책에선 『대화』에 대한 긴 설명은 필요하지 않으며, 다만 유스티누스가 여호수아의 이름이 예수의 이름과 가지는 연관성에 초점을 맞추고 있다는 것에 주의하기 바란다.

예수의 헬라어 이름은 *Iesous*이다. 이는 또한 여호수아의 헬라어 이름이기도 하다. 히브리어에서 예수라는 이름은 *Yeshua*의 파생형이다. *Yeshua*는 또한 여호수아(*Yehoshua*)라는 이름의 간결형이며, *Yehoshua*는 "건지거나 구원하다"라는 히브리어 동사(*yasha*')에서 파생되었고 하나님을 나타내는 이름의 한 형태다(*Yahweh*). 그러므로 예수라는 이름의 어원은 "여호와(*Yahweh*)가 구원하신다"이다(마태복음 1:21 "아들을 낳으리니 이름을 예수라 하라 이는 그가 자기 백성을 그들의 죄에서 구원할 자이심이라 하니라" 참고).[35] 유스티누스는 예수의 이름이 구약에 나오는 하나님의 이름이라고 주장하는데, 허타도는 이를 다음과 같이 요약한다.

> 유스티누스는 *Iesous*라는 이름이 실제로 출애굽기에서 언급된 하나님의 이름이라고 주장한다. 여기서 중요한 구절은 하나님이 이스라엘을 지키고 그들을 약속의 땅으로 인도할 '천사/사자(*angelos*)'를 보내줄 것을 약속한 출애굽기 23:20이다. 하나님은 '내 이름이 그에게 있'으므로 그를 거역하지 말라고 이스라엘 백성들에게 경고한다. 유스티누스는 이어서 '너희 열조를 이 땅에 이끈 자는 이 이름 곧 "예수" [*Iesous*] ('*Joshua*')라 불리리라'고 강력히 주장한다. 또한 이 이름이 실제로 (원래 이름이 호세아였던, 민수

기 13:16) 그 존재에게 주어졌다는 것을 지적하며, 이 존재에게 '나의 이름(즉, 하나님의 이름)'이 주어졌다는 언명은 예수/여호수아라는 이름이 하나님의 이름이라는 뜻이라고 주장한다.[36]

나는 메시아에 대한 예언과 관련 있다고 알려진 방대한 양의 구약 구절들을 제시하지는 않겠으나, 논쟁의 대상이 되는 시편 22편의 구절에 대해서는 언급하겠다. 다윗의 이 시편은 아주 초기의 기독교 문서들에 인용되어 있다(예를 들어 마태복음 27:35, 46; 마가복음 15:34; 요한복음 19:24; 히브리서 2:12). 이 시편은 십자가형이 처형의 방식으로 정해지기 수백 년 전에 쓰였지만 십자가형을 당할 때와 유사한 고통을 묘사하고 있다. 예를 들어 시인은 그의 모든 뼈의 탈구(脫臼)함(14절, 17절)과 갈증과 극심한 탈수현상을 묘사한다(15절). 또한 그의 적들은 그의 옷가지를 갖고 제비를 뽑는다(18절). 가장 의미심장한 구절은 그의 손과 발이 찔린다는 것이다(16절).

시편 22:16(히브리 성경으론 17절)의 내용은 상당한 논쟁거리이다. "내 수족을 찔렀나이다"라는 말들은(헬라어로는 *oruxsan*) 유대 문서의 가장 오래된 번역본이자 예수가 탄생하기 수세기 전에 완성된 70인역에서 발견된다. 대부분의 히브리 마소라 본문(Masoretic texts)은 "개들이 나를 에워쌌음이여 사자와 같이 나의 수족을"과 같은 독법을 보여준다. "찔렀나이다(*ka' aru*)"와 "사자와 같이(*ka' ari*)"는 "찌르다"가 vav로 끝나지만 "사자"가 yod로 끝난다는 점을 제외하곤 동일한 히브리어 문자로 되어있다. 이러한 형식상의 유사성 때문에 이를 기록하던 서기(書記)는 실수로 한 문자를 다른 문자로 적었을 수도 있다. 그렇다면 과연 둘 중 어떤 해석이 맞다고 보아야 하는가?

우리 수중에 있는 것 중 이 시편의 가장 오래된 히브리어 사본은 사해 문서와 문제의 단어들을 담고 있는 나할 하베르(Nahal Haver)의 사본에서 발견된 것이다. 그러나 문제가 되는 단어의 마지막 문자는 *vav*이며 시편이 의미하는 것은 "찔림"이 분명하다. 70인역과 우리 수중의 가장 오래된 히브리 문서나 단편(斷片, fragments)들 그리고 몇몇 마소라 필사본 등은 모두 *ka' aru* 혹은 찔림이라고 적혀있다. 이 어법은 따라서 후기 기독교인들이 써넣은 것으로 볼 수 없다.

더욱이 "사자와 같이"라는 구절은 동사가 없을 뿐만 아니라 무의미하기 때문에 이 독법만이 논리적으로 말이 된다. 또한 이 시편에서 고난 받는 자에 대한 묘사는 십자가형이 야기하는 육체적 증상과도 일관된다. 마요 클리닉(Mayo Clinic)의 의사들은 십자가형을 당할 때의 증상들을 설명하는 기사를 냈으며, 시편의 묘사는 그들이 설명하는 것과 일치한다. 찔림이라는 단어는 또한 고난 받는 종이 우리의 죄악으로 인해 "찔림"당하리라는 (*mecholal*) 이사야 53:5의 예언과 "그들이 그 찌른 바 그를 바라보고 그를 위하여 애통하기를 독자를 위하여 애통하듯 하며 그를 위하여 통곡하기를 장자를 위하여 통곡하듯 하리로다"라는 스가랴 12:10의 예언과도 일관된다.

쿰람(Qumran) 문서는 신성한 아들의 개념이 기독교 이전의 몇몇 유대교 분파에서는 메시아에 대한 기대의 일부였다고 지시한다. 사해문서는 유대인들 중 일부가 메시아는 신성한 속성을 지닐 것으로 믿었다는 점을 입증한다. 예를 들어 그는 "하나님이 낳은 자"일 것이며(1QSa), "하나님의 아들"과 "가장 높으신 이의 아들"로 불릴 것이고(4Q246), 하늘과 땅이 그에게 복종할 것이며, 병자를 치유하고 죽은 자를 살릴 것이며(4Q521), 또한 멜기세덱처럼 되고 하나님에 대해 말하여지는 것이 그에 대해서도 말하여져야 될 것이다(1Q13).[37]

이와 관련해 내 파트너이자 동료인 바루흐(Hurd Baruch)는 이제까지 본 논증들과는 완전히 색다르면서도 설득력 있는 주장을 내게 알려주었다. 교황 베네딕트 16세(Benedict XVI)는 율법(Torah)에 근거하여 예수가 하나님이라는(그리고 메시아라는) 아주 강력한 논증을 제시하였다.[38]

교황의 논제는 특히 신명기 18:15에서 "네 하나님 여호와께서 너희 가운데 네 형제 중에서 너를 위하여 나와 같은 선지자 하나를 일으키시리니 너희는 그의 말을 들을지니라"고 모세의 입술을 통해 약속한 하나님의 말씀에 근거를 둔다. 몇몇 사람들은 이 예언을 예수 생전에도 그에게 적용했었으나, 여기서 기대되는 선지자는 메시아와는 사뭇 다른 존재였다.[39] 오리겐은 이 구절의 약속에 대해 어렴풋이 인식하여 다음과 같이 서술했다. "이 선지자는 모세와 어떤 면에서는 유사할 것으로, 즉 하나님과 인류 사이를 중재하며 하나님으로부터 새로운 언약을 받아 그의 제자들에게 줄 것으로 특별히 기대되었다."[40] 교황은 이에 대해 한층 더 깊고 독자적인 통찰을 보여준다.

'나와 같은 선지자'라는 약속은 그러므로 더 큰 기대를 함축하고 있다. 즉, 마지막 선지자, 새로운 모세는 첫 모세에게 거부되었던 것을 허락받을 것이라는 점 – 단순히 하나님의 등을 바라보는 것이 아니라 하나님의 진리에 대한 실제적이고 즉각적인 통찰을 통해 순전히 자신이 보는 것에 대해 말할 수 있는 능력을 지닌다는 기대를 함축한다. 이는 자연히 새로운 모세는 원래 모세가 시내 산에서 가지고 내려올 수 있었던 언약보다도 더 큰 언약의 중재자가 될 것이라는 기대도 추가적으로 수반한다(히브리서 9:11~24 비교) … 모세에게 있어서는 오직 단편적인 형식으로만 해당하였던 것이 이제는 예수라는 사람 안에 완전하게 실현되었다. 즉, 그는 단순히 친구로서가 아닌 아들로서 하나님의 얼굴을 마주보며, 하나님 아버지와 가장 긴밀한 통일 속에 존재한다. 신약성서가 나타내는 예수라는 존재에 대해 진실로 이해하고자 한다면 우리는 여기서부터 출발해야 한다. 우리가 전해 받은 예수의 말씀, 행위, 고난 그리고 영광은 모두 여기에 근거를 둔다. 이것이 핵심이며 이를 제외하면 예수라는 존재가 정말로 누구인지를 알 수 없게 되고, 예수의 존재는 자기 모순적이게 되며, 끝에 가서는 결코 이해할 수 없게 될 것이다.[41]

교황은 그가 왜 예수를 "새로운 모세"로 내세우는지 설명해야 한다는 점에서 이는 논증의 끝이 아니라 출발점이다. 이에 대한 그의 해설은 두 부분으로 되어 있는데, 첫째 부분은 예수의 가르침이 너무도 급진적이고 심오해서 오직 하나님과의 대면을 통한 교감에서 나왔을 수밖에 없다는 것이다. 그가 말한 대로 "이 내부의 바탕이 없다면 그의 가르침은 순전한 억측일 것이고, 성부(聖父)와의 교감 속에서 그의 아들됨은 배신과 위압이 존재하지 않는 새롭고 광대한 세상으로의 돌입을 가능케 하는 선행조건이다."[42]

해설의 두 번째 부분은 예수가 이스라엘의 역할을 절하시키는 것이 아니라 아브라함과 그의 자손에게 약속되었던 구원을 보편화하면서 이스라엘의 역할을 한층 더 고취시킨다는 점을 제시한다.

그가 이스라엘의 하나님을 민족들에게 나타내었기 때문에 모든 민족은 이제 그에게 기도하고 이스라엘의 경전들을 그의 말씀, 즉 살아계신 하나님의 말씀으로 받아들인다. 그는 하나님이 이스라엘과 온 세상에게 준 위대하고 최종적인 약속인 보편성(universality)을 선물했다. 이 보편성, 아브라함과 이삭과 야곱의 - 이제는 육체를 따른 혈통을 넘어 모든 민족이 예수의 새로운 가족으로 확장된 - 한 분 하나님 안의 믿음은 예수 사역의 열매. 이것이야말로 그가 메시아됨을 증거한다. 이것은 모세와 선지자들을 기반으로 한 메시아적 약속의 새로운 해석을 알리는 것이기도 하지만, 또한 모세와 선지자들을 바라보는 관점을 완전히 새로운 방식으로 여는 것이기도 하다.

이 보편화의 매개는 새로운 가족이며, 이 새로운 가족은 예수와 교감하고 하나님의 뜻 안에서 교감을 나누는 것을 유일한 입회 조건으로 내세운다 … 이것은 하나님을 아버지라 부르며 - 예수와 하나 되고 그의 말을 들음으로 인해 하나님 아버지의 뜻과 하나가 되어, 율법이 의도하고자 했던 순종의 마음에 도달한 사람들로 구성된 - "우리" 안에 속해있기 때문에 하나님을 아버지라 부를 수 있는 가족이 되는 길이다.[43]

요컨대 율법은 이미 공표된 것에서는 하나님의 구원의 계시가 완벽히 이루어지지 않았다는 점을 명백히 지적하고 있다. 더욱이 모세는 제2의 모세가 올 것을 예언했다 - 하나님과 대면하여 대화할 수 있는 신성한 자로서 말이다. 모세가 예견했던 자가 예수라는 증거는 전인류에 대한 하나님의 약속이 예수 안에서 이루어진 것에서 찾을 수 있다. 즉, 이방인들 또한 영생을 상속받는 양자와 양녀로 만들기 위해 이스라엘을 통로로 사용할 것이라는 약속 말이다.

주

1 허타도는 『도대체 예수는 어떻게 하나님이 되었는가?』(*How on Earth Did Jesus Become a God?*)에서 다음과 같이 서술한다.

> 요한복음에서 유대인들이 예수를 신성모독죄로 기소한 장면은 예수와 "유대인들" 간의 대화와 논쟁으로 이루어져 있다. 이는 또한 예수가 스스로 "하나님 아들(10:36)"이라고 주장하는 것은 곧 스스로가 하나님이라고 주장하는 것과 다를 바 없다고 유대인 지도자들이 받아들이게 된 것("네가 사람이 되어 자칭 하나님이라 함이로라", 10:33)과 관련 있다. 19:7에서 "유대인들"은 예수가 스스로를 "하나님의 아들"이라 칭함으로써 율법에 대해 중대한 위반을 범하고 있다고 주장한다. 공관복음에서 유대인들이 예수를 신성모독죄로 기소하는 장면은 (1) 중풍병자를 용서하고 고치는 장면(마가복음 2:7; 마태복음 9:3, 누가복음 5:21)과 (2)고난 기록 중 예수가 공회 앞에서 규탄 받는 장면(마가복음 14:62; 마태복음 26:65)에서 나타난다. 공관복음서는 첫 번째 상황에서 서기관들이 예수를 규탄하는 이유는 그가 오직 하나님에게 속한 사면권을 스스로 주장하고 있기 때문이라고 기록한다(명시적으로는 마가복음 2:7; 누가복음 5:21). 이는 요한복음에서 예수가 신성모독죄로 기소된 이유와 매우 흡사하다 … 간단히 말해 공관복음서들과 요한복음은 모두 초기 기독교인들의 경험을 반영하고 있으며, 그들의 예배 양식에서 핵심 요소를 구성했던 공격적인 기독론적 주장들을 예수가 신성 모독죄로 기소된 이유와 연관시킨다.

> Hurtado 2005, 154~155.

2 마가복음 4:41.
3 출애굽기 3:13~14.
4 마태복음 14:27.
5 마태복음 28:19~20, 강조는 덧붙임.
6 마가복음 14:61~64.
7 Hurtado 2005, 162~163.
8 메츠거는 프린스턴 신학대학에서 에르만의 스승이자 지도교수였다. 본문비평연구의 의의에 대한 에르만과 메츠거의 상이한 결론을 다룬 4장을 참고.

9   Metzger 2003, 179~180.
10 Evans 및 Wright 2009, 19.
11 마태복음 4:9~10.
12 Hurtado 2003, 345.
13 마가복음 14:62~64; 마태복음 26:63~64; 누가복음 22:70; 요한복음 3:16.
14 마태복음 16:16. Hurtado 2003, 339.
15 마태복음 11:27.
16 마태복음 28:18~19.
17 마가복음 13:32.
18 누가복음 13:32.
19 요한복음 8:58~59.
20 Hurtado 2003, 370~373.
21 요한복음 11:25.
22 요한복음 1:1~3, 10, 14.
23 요한복음 14:9.
24 요한복음 5:22~23도 참고.
25 마가복음 9:37.
26 마가복음 9:41.
27 마태복음 7:22.
28 누가복음 10:17.
29 고린도전서 2:10.
30 Hurtado 2005, 2122.
31 다윗의 가문에 대한 기본 본문은 하나님이 선지자 나단을 통해 다윗에게 영원한 왕국을 약속하는 사무엘하 7장 전체이다. 하나님과 다윗 간의 약속과 언약은 시편 89를 서술할 당시 위기에 처한 것으로 나타나지만, 시편의 작가는 "주께서 이르시되 나는 내가 택한 자와 언약을 맺으며 내 종 다윗에게 맹세하기를 내가 네 자손을 영원히 견고히 하며 네 왕위를 대대에 세우리라 하셨나이다(시편 89:3~4)"라며 언약을 재차 붙든다.
32 강조는 덧붙임.

33 히브리서 1:5, 8, 13 (강조는 덧붙임).

34 시편 45:6~7.

35 Hurtado (2003), 392쪽.

36 같은 책, 573쪽.

37 개인적으로는 에반스의 의견에 동의한다.

38 Ratzinger, J. (Pope Benedict XVI) (2007), 103쪽.

39 요한복음 7:40~41과 비교.

40 『교부들의 성경주해』(Ancient Commentary on Scripture), 구약 제3권 304쪽(Inter-Varsity Press 2001).

41 Ratzinger, J. (Pope Benedict XVI) (2007), 5~6쪽 (강조는 덧붙임).

42 같은 책, 7, 120, 116~117, 119~120 (강조는 덧붙임).

43 같은 책, 116~117 (나의 동료이자 재기 넘치고 멋진 변호사인 바루흐는 교황 베네딕트 16세의 논증을 내게 알려주었다. 나는 이 논증과 더불어 날카로운 통찰을 제공해준 바루흐에게 깊은 감사를 표한다).

제4장

역사적 증거들은 정경복음서 기록들의 신빙성을
뒷받침한다

제4장

역사적 증거들은 정경복음서 기록들의 신빙성을 뒷받침한다

　기독교를 자세히 살펴보지 않은 사람들은 이 신앙의 핵심이 착한 사람이 되고 친절을 베풀거나 자비를 실천하는 것이라고 생각한다. 다시 말해 그들은 기독교를 일종의 도덕률이나 윤리 규범으로 보고 있는 것이다. 따라서 그들은 기독교 신앙의 다양한 역사적 요소들이 규범을 따르는 문제나 삶을 온전히 살아가는 문제에 비해 중요하지 않다고 생각할 수도 있다. 올바른 삶을 살거나 자비를 실천하는 것은 기독교의 중요한 요소이기는 하지만, 진정한 본질은 역사 속에 실존했던 나사렛 예수라는 인물과 그와의 교감(communion)에 자리 잡고 있다. 예수의 가르침은 물론 중요하다. 그러나 기독교의 중심은 예수라는 인물과 그의 대속과 부활 그리고 사람들과 예수 사이의 지속적인 교감에 있다.

여기서 중요한 질문은 이 교감이 실제 역사적인 사건에 기반을 두고 있냐는 것인데, 이는 기독교가 역사성에 기반을 둔 신앙이기 때문이다. 예수의 삶과 죽음과 부활이라는 사건들이 정확히 어떻게 일어났는가를 아는 것은 예수의 삶과 사역의 의의를 파악하는 데에 있어서 핵심이다. 그러므로 만일 예수가 실제로 신약 문서들에서 묘사하는 사람이 아니라 단지 좋은 도덕 선생이었다고 한다면, 기독교 신앙 역시 단순한 윤리 규범일 뿐이며 예수와의 교감 속에서 살아가는 삶이라는 것은 그저 착각에 불과하다.

신약 문서들의 신빙성은 예수에 대한 그리고 그의 삶과 죽음과 부활의 의의에 대한 관점을 형성하는 데에 있어서 중요하다. 지금까지 우리가 다루었던 신약 서신서들의 신빙성은 대부분의 학자들이 동의하기 때문에 논쟁의 여지가 적지만, 정경복음서 기록들의 기원과 신뢰성, 즉 정경복음서들의 진위에 대해서는 학자들 간에 의견이 어느 정도 갈린다. 하지만 증거들은 이 복음서 기록들이 매우 안정적이고 일관된 토대 위에 있어서 신뢰할 수 있다는 것을 지시한다.

4.1 우리 수중의 신약 사본들이 정확하다는 것은 입증할 수 있다.

우리 수중에 있는 신약 문서의 사본들은 원본의 핵심 기독교 신앙을 정확하게 반영하고 있으며, 이에 대한 증거는 상당히 많다. 많은 학자들이 지적했듯이, 고대 신약 문서들은 역사학자들이 진본이라고 인정한 어떤 고전 문서들보다도 훨씬 더 많은 사본들이 있다.¹ 우리는 늦어도 서기 350년까지 연대를 추정할 수 있는 신약 사본들과 서기 100년에서 125년 혹은 그보다도 더 이른 시기의 것일 수도 있는 단편(斷片)들을 보유하고 있으며, 종합해 볼 때 대략 5,500편 정도의 헬라어 사본들을 보유하고 있다. 사본의 수가 방대하며 이것들 사이에는 아주 작은 차이만이 존재하기 때문에, 우리는 원본의 핵심 부문을 보유하고 있다고 확신할 수 있다. 본문비평은 역사적 문서들의 정확한 원문을 밝히는 것이 목적인 학문이며, 사본을 만드는 과정에서 한두 가지 실수는 쉽게 발생하기 때문에 본문비평가에게 주어지는 고대 사본들이 많으면 많을수록 원본의 원문을 더 정확하게 재구성할 수 있다. 브루스의 말을 빌리자면, "다행스럽게도 MSS(고대 사본들)의 방대한 양 때문에 필기상의 오류가 늘어난다고 한다면, 그에 비례하여 이러한 오류들을 수정할 수 있는 방법의 수 또한 증가하여 원본의 정확한 원문을 복구하는 과정에서 남아 있는 오차 범위가 두려워할 만큼 크지는 않다. 사실상 이는 몹시 작다고 할 수 있다."² 브루스는 그의 결론을 보충하기 위해 고대 사본들의 진위성에 대해 가장 권위 있는 학자들 중 한 명인 케니언 경(Sir Frederic Kenyon)의 판결을 상기시킨다.

원문의 작성 시기와 현존하는 가장 오래된 증거 사이의 시간적 간격은 실제로 무시할 수 있을 만큼 작아지며, 성경이 원래 서술된 그대로 우리에게 내려져 오지 않았다는 의심의 마지막 토대도 이제 제거되었다. 신약의 *진위성*과 *전반적인 통일성* 모두 완전히 성립된 것으로 간주해도 될 것이다.³

4.2 에르만의 『성경 왜곡의 역사』(Misquoting Jesus)는 꽤나 오해의 소지를 불러일으키는 제목인데, 이는 그가 기독교의 핵심 믿음을 정정해야 할 필요성을 제기하는 사본들 간의 차이들에 대해서 어떤 사례도 제시하지 않기 때문이다.

에르만의 최신작 『성경 왜곡의 역사』는 기독교 신앙의 기본 골조를 수정해야 할 필요성을 제기하는 신약복음서 기록들 간의 차이들에 대해 어떠한 예시도 제시하지 않는다는 점에서 꽤나 오해의 소지를 불러일으키고 있다. 에르만은 이 책에서 신약 저자들의 핵심 믿음들에 전혀 영향을 주지 않는 사소한 차이들을 다룬다. 그의 추론은 신약에서 주어진 증거들로부터 도출한 것이 아니며, 그가 인용한 본문상의 차이들은 그 어떤 것도 기독교 신앙의 핵심 믿음들을 정정해야 할 필요성을 제시하지 않는다.

대부분의 신약학자들은 사본들이 몇 가지 필기상의 오류를 담고 있다고 지적하는 에르만에 대해 의아해 한다. 저명한 신약학자이자 내셔널지오그래픽 협회의 자문위원인 에반스(Craig Evans)는 필기상의 오류가 존재한다는 것은 신약학을 공부하는 모든 학생들이 본문비평학의 입문과정에서 배우기 때문에, 에르만이 무디신학대학(Moody Bible Institute)이나 휘튼대학(Wheaton College)에서 이미 배웠어야 한다고 지적한다. 에르만은 프린스턴대학에서의 2학기 무렵, 스토리(Cullen Story)의 마가복음 강의를 청강하게 되면서 믿음을 잃어버렸다고 한다. 에르만은 마가(혹은 마가의 작품을 필사하던 서기)가 아비아달의 아버지 아히멜렉을 언급해야 하는 곳에서 아비아달을 언급하는 실수를 저질렀다는 것을 깨닫는 순간, 기독교에 대한 그의 믿음을 송두리째 폐기시키기로 결정한다. "내가 그것을 인정하고 나자 걷잡을 수 없게 되었다. 왜냐하면 아무리 보잘 것 없을 지라도 마가복음 2장에서처럼 하나의 실수가 있을 수 있다면 다른 곳에서도 실수가 있을 수 있기 때문이다."4

에반스는 이것이 신약 전체의 신빙성을 의심하기에는 타당한 근거가 되기 어렵다는 점에서 당혹스러워 한다. 이 책에서 에르만은 성경이 만약 하나의 실수를 담고 있다면 전체를 폐기해야 한다는 입장을 취하고 있다는 점을 알아야 한다. 이러한 생각은 불합리한 추론이며, 그가 발견한 오류로부터 논리적으로 이어지지 않기 때문이다.

기독교 메시지의 진실성은 예수의 부활에 기반을 두고 있지 신약의 모든 사소한 단어의 정확성에 있지 않다. 진정한 문제는 궁극적으로 예수가 죽은 자들 가운데서 다시 살아났는지이기 때문이다. 만약 예수가 부활한 것이 사실이라면 나는 다윗 시대의 제사장이 아비아달인지 아히멜렉인지에 대해 신경 쓰고 있지 않을 것이다. 예를 들어 당신이 예수가 부활하였다는 것을 확실히 알고 있다고 하자. 그렇다면 당신은 마가나 어떤 서기관이 중요하지 않은 한 인물의 이름을 잘못 적었다는 이유로 당신이 확실하게 알고 있는 것을 저버리겠는가? 나는 오히려 당신이 부활의 의미에 대해서 더 알아가길 원하고 예배 환경 속에서 신조와 찬송과 예배의식적 문구들이 탄생하던 시기의 증인들에게서 더 배우길 원할 거라고 생각한다.5 에반스가 서술하듯이,

기독교 메시지의 진실성은 성경의 정확성이나 사복음서를 조

화시킬 수 있는지의 여부가 아니라 예수의 부활에 달려 있다. 그리고 복음서들의 역사적 신빙성은 성경의 무오성이나 성경 안에 오류가 단 하나도 없다는 증거에 달려 있지 않다. 신앙과 관련해서 에르만이 겪는 어려움은 -나는 그를 딱히 여긴다- 성경의 성격과 기능에 대한 잘못된 기대, 그러니까 감수성이 예민한 젊은 기독교 근본주의자로서 그가 갖게 된 잘못된 기대로부터 도래한 것이다.[6]

에르만은 프린스턴대학에서 신약비평과 묵시문학 비평의 저명한 학자인 메츠거와 함께 진행했던 연구를 통해 명성을 얻었으며, 그의 저서를 메츠거에게 헌정했다. 앞서 얘기했듯이, 메츠거는 학자로서 신약 문서의 신빙성에 대해 깊은 믿음을 지닌 겸손한 사람이었다. 그는 에르만과는 정반대로 본문비평 작업을 통해 기독교 신앙에 더욱 헌신했으며, 1938년부터 별세하기 전인 2007년 2월까지 프린스턴대학에서 연구하고 강의했다. 메츠거는 신학대학에서 종신 명예직을 지니고 있었을 뿐만 아니라 아인슈타인이 일했던 프린스턴고등연구소(Institue for Advanced Studies)의 회원이기도 했다. 또한 그는 기독교 교회 협의회(National Council of Churches)의 표준 성경 위원회(Standard Bible Committee) 회장을 맡으면서 새개역표준성경(*New Revised Standard Version of the Bible*, 새 옥스퍼드 성경으로도 출간되었다)의 편찬을 총괄하기도 했다.

메츠거의 명저를 읽어본 사람이라면 그가 깊고 확고한 신앙의 소유자였음을 알 수 있을 것이다. 메츠거는 『신약성서개설』(*The New Testament: Its Background, Growth and Content*)에서 신약 본문의

9할 이상이 확고하게 정립되었고, 나머지 1할은 기독교 교리들 중 어떤 것에 대해서도 수정을 요구하지 않는다며 신약의 역사적, 신학적 통일성에 대해 자세히 분석한다. 그는 대부분 단순한 오자이거나 사소한 것에 불과한 사본들 간의 차이들이 기독교 교리들 중 어떤 것에도 영향을 끼치지 않는다고 단호히 결론 내린다.

> 성경 사본들 간(구약보다도 신약 사본들 간)의 단어 선택에 있어 무수히 많은 차이들이 있기는 하나, 이러한 차이들 중 대다수는 철자상의 차이와 단어 배치의 차이 그리고 동의어의 교환 등 중요하지 않은 세부 사항들에 불과하다는 점을 언급해야 한다. 학자들은 기록물을 다루는 것과 같이 상대적으로 드문 상황들을 포함하여 이러한 경우들에 원문이 대략 어떤 것이었는지를 알아내기 위해서 본문비평의 방법을 적용한다. 어떤 경우에도 기독교 신앙의 교리 중 본문상 명확하지 않은 구절들에만 의존하고 있는 것은 단 하나도 없다.[7]

그렇다면 에르만은 어째서 그의 신망 높은 스승인 메츠거가 기독교의 교리들이 모두 문제없다고 가르쳤음에도 불구하고 누가복음 2장에서의 별거 아닌 잘못된 이름 하나 때문에 불가지론자가 되었는가? 에반스는 앞서 말한 것처럼 에르만이 기독교의 성격을 오해하고 있다고 본다. 기독교가 말하는 복음(좋은 소식)은 신약의 모든 형용사나 이름이 중요도를 떠나 무오(無誤)하다는 것이 아니다. 신약은 코란처럼 경전 자체가 신성으로 깃들어 있으며 신이 직접 구술한 말로 생각되는 것이 아니라, 나사렛

예수를 통해 이루어진 하나님의 구원사에 대한 신실하고 역사적
인 기록으로 받아들여진다. 에반스가 지적하듯이, "베드로는 일
어나서 '이스라엘 백성이여, 내게 좋은 소식이 있다. 성경은 하나
님이 직접 구술하셨으며 따라서 오류가 없고 또한 복음서들은
서로 합치시킬 수 있다'라고 선언하지 않았다."[8] 교회사 초기에
베드로가 선포한 것은 부활이었지 성경의 모든 단어가 오류가
없다는 것이 아니었다.

 학자들은 대부분 하나님이 제자들에게 영감을 주었지만 직접
구술하지는 않았다는 입장을 견지한다. 하나님은 실수투성이인
사람들을 사용하셨다. 그러나 이는 본질이 왜곡되었다는 뜻은
아니다. 기독교 신앙이 토대를 두고 있는 교리들은 확고한 역사
적 근거들을 지니고 있으며, 합리적이고 신뢰할 수 있는 구전 전
수와 기록 전수의 과정을 보여준다.[9] 메츠거가 서술하듯이,

> 기자가 어제 일어난 일들에 대해 구술된 그대로 적어 옮긴 보
> 고서처럼 복음서들을 간주할 수 없다는 점은 명백하다. 복음서의
> 저자들이 우리에게 전해준 것은 예수의 모든 언행에 대한 복제물
> (photographic reproduction)이 아니라 네 가지 해석이 깃든 묘사에
> 가깝다. 이 각각의 묘사는 예수라는 인물과 그의 사역에 대해 서
> 로 다른 강조점을 두고 있으며, 네 복음서는 예수의 언행에 대해
> 다채롭고 균형 잡힌 기록을 제공한다.[10]

 기독교 신앙은 나사렛 예수의 삶, 가르침, 십자가형 및 부활의
정당성과 증언에 관한 것이며, 특히 부활에 강조점을 둔다. 부
활이라는 역사 속의 사건은 초대교회가 전도했던 핵심이다. 나

는 6장에서 예수의 부활에 대한 증거를 다루겠으나 지금은 다만 이 증거와 예수의 신성(神性)에 대한 논증 사이의 연관성을 제시하겠다. 옥스퍼드대학의 철학자 스윈번(Richard Swinburne)은 『예수는 하나님인가?』(Was Jesus God?)에서 예수가 성육신이었다는 강력한 철학적 논변을 제시한다. 스윈번은 예수가 하나님임을 믿을 수 있는 적절한 이유를 제공하기 위해서는 예수의 삶에 하나님의 징표(signature), 즉 하나님만이 할 수 있는 놀라운 일들이 일어났어야 한다고 말하는데 이는 타당한 주장이다. 예수의 육체적 부활은 바로 이러한 표적의 예가 될 것이다. 이는 또한 예수가 스스로 하나님이라고 했던 주장을 확인시켜주는 기적이 될 것이다.

예수의 부활은 두려움에 떨고 절망하고 있었던 제자들로 하여금 부활이라는 복음을 선포하기 위해 고문과 죽음을 각오하게 만든 사건이다. 메츠거 역시 예수의 부활이 실제로 일어난 사건이라고 확신하며 결론에서 이를 명확히 서술한다.

> 예수 그리스도의 부활에 대한 증거는 압도적이다. 십자가형에 처해 죽었으며 장사 지냈던 그리스도가, 사흘째에 무덤에서 다시 일어나 자신들과 대화를 나누었다고 제자들이 믿었다는 것보다 역사적으로 더 확실한 사실은 없다. 기독교 교회의 존재는 그들의 믿음에 대한 가장 확실한 증거다. 예수가 하나님에게 속했으며 하나님이 그를 죽은 자들 가운데서 살리셔서 그의 사역을 공인했다는 확신이 그들에게 없었다고 한다면, 흩어지고 낙심했던 자들이 한 곳으로 모이는 계기를 찾고 범죄자로 처형당한 자에 대한 기억 속에서 복음을 찾을 수 있었다는 것은 그야말로 상상

할 수 없다. 역사 속의 모든 사건들은 반드시 그에 따른 원인이 있어야 한다는 것은 상식이다. 그렇다면 무엇이 원인이 되어 이들의 삶에 이렇듯 급작스러운 변화를 일으켰는가? 그 답은 미증유의 사건이 일어났다는 것이다. 그러니까 예수가 죽은 자들 가운데서 살아났다는 것이다! 십자가형으로부터 50여 일이 지난 후 사도들이 그리스도의 부활에 대해 설교할 때, 그들은 증거가 지니는 엄청난 동력과 설득력으로 인해 수천 명을 끌어들였다. 기록들 간에는 최초의 부활절에 대해 세부 사항에서 분명 차이점들을 발견할 수 있으나, 이는 독자적으로 행동했고 흥분한 증인들에게서 충분히 예상되는 점이다. 만약 복음서의 저자들이 부활에 대한 기록을 조작했다고 한다면, 그들은 눈앞에 뻔히 보이는 난점들과 차이들, 이를테면 무덤 앞의 천사들의 수나 예수가 사람들에게 나타난 순서 등의 세부 사항들을 그냥 내버려두지 않았을 것이다. 이 기록들이 단일하게 정형화된 서사를 만들어내려는 어떤 시도도 없이 서로 합치되지 않은 채로 남았다는 점은 부활의 증거를 전한 자들이 근본적으로 정직했다는 확신을 준다.[11]

구전 기독교 전승 및 기록된 기독교 전승의 전수과정을 전체 맥락에서 살펴보고 수많은 사료들 안에서 넘쳐나는 증거들이 정통 입장을 지지하는 것을 살펴보았을 때, 대수롭지 않은 필기상의 오류 때문에 부활 선포의 진실성을 단순하게 묵살할 수는 없다. 신약 전체는 물론이고 비(非)기독교 사료들에 담긴 여러 증거들을 고려하지 않고 그러한 오류들을 근거 삼아 불가지론자가 되기로 결심한다는 것은 비합리적이다. 예를 들어 예수의 신성에 대한 구절들 중 하나가 불확실한 것으로 간주된다고 해서 예수의 신성에 대한 가르침 자체를 묵살할 수는 없다. 그러한 구절은 없지만 논의를 위해 의심스러운 구절이 존재한다고 가정했을 때, 여전히 예수의 신성을 주장하는 대다수의 구절들이 불확실해야만 예수의 신성이 문제가 되는 것이다. 다시 말해 신약의 정통 입장의 진실성에 대한 문제는 반드시 우리 수중에 있는 증거들의 전체적 맥락을 살펴봄으로써 답해야 한다.

메츠거는 본문비평과 관련된 일생의 연구 과정을 통해 자신의 신앙이 더 성숙해졌다고 언급했다. 그는 매우 오래되고 신빙성 있는 자료들을 비롯하여 여러 사본들과 함께 전해져 온 기독교 신앙의 견고함을 볼 수 있었기 때문에, 그의 연구가 신앙의 토대를 더 확장시켜주었다고 진술했다. 또한 자신이 일생에 걸쳐 이러한 질문들을 탐구했으며 사본들을 깊이 파고들었고, 더 철저히 연구하면 할수록 예수에 대한 확신과 믿음이 자라난다고 말했다. 메츠거는 사본들에 대한 본문비평을 수행하면서 신앙이 깊어진 것이다.

게다가 성경이 인간적인 책으로 보인다는 사실은 신약학자들 사이에서는 전혀 새로운 사실이 아니다. 만약 하나님이 불완전한 사람들로 하여금 그의 역사(役事)를 기록하도록 했다면, 인간적인 실수가 일어나리라는 점은 받아들일 수 있다. 그러므로 엄격한 법학적 세계관에서 간과될 수 있는 핵심 질문은 다음과 같다. 즉, 기독교의 메시지는 무엇인가? 그 메시지가 킹 제임스 성경의 모든 단어 하나하나마다 다 영감을 받았다는 것인가? 아니면 특정 성경의 모든 단어 하나하나마다 다 영감을 받았다는 것인가? 아니다. 기독교 신앙은 살아 있는 자, 즉 나사렛 예수가 그의 삶과 십자가형과 부활을 통해 무엇을 이루었는가에 대한 믿음이다. 그 핵심은 2장에서 다루었으며, 고린도전서 15장에 포함된 가장 오래된 신조에 나타나 있다. 이 신조는 십자가형으로부터 몇 년 안 돼서 만들어진 것이다. 여기서 진정한 쟁점은 예수가 다시 살아났는가이다. 만약 그가 죽은 자들 가운데서 다시 살아났다면 그의 주장과 삶과 가르침 등을 검토해야만 하며, 신약 전체에 제시되어 있는 증거가 완전한지를 고려해야만 한다. 나라면 다윗이 진설병*을 먹었을 때의 제사장이 아비아달인지 아히멜렉인지와 같은 사소한 문제를 갖고 예수의 부활에 대해 추론하지는 않을 것이다.

초대 기독교인들은 예수가 십자가형을 당하고 다시 살아났으며 구세주로 높임 받았다고 담대하게 선언하기 위해 자신들의 목숨을 걸었다. 이는 당시의 기독교 메시지이자 오늘날의 기독교 메시지이다. 기독교 메시지는 곧 한 사람 예수에 대한 것이지 성경에 담긴 모든 글자의 완벽한 정확성에 대한 것이 아니다. 그러므로 아히멜렉이 아니라 아비아달이 제사장이라는 서술에 기독교 신앙이 달려있다는 추정은 잘못된 추정이다. 더욱이 정통 기독교 신앙은 예수라는 인물에 대한 메시지를 지지하는 초기 신조와 고백과 찬송과 서신 등이 무수히 많으므로, 공정한 배심원이라면 이 증거들의 전체적 맥락을 고려해야만 한다.

다시 한 번 말하지만 기독교 메시지의 선언은 예수의 십자가형을 통한 속죄에 의해, 그의 부활을 통한 능력과 희망에 의해, 그리고 만물에 대한 그의 주권에 의해 증명된 하나님의 포괄적이고 무조건적인 사랑에 대한 것이다. 엄격한 법률주의(legalism)

---

*유대교에서 성소 내부의 상위에 차려 놓은 떡.

에 중심을 둔 종교적 정서로는 기독교 메시지의 장엄함을 볼 수 없다. 그래서 메츠거는 종교 사상에서 법률주의의 경향성에 대해 경고했었다. 우리는 모두 이러한 경향으로 인해 계속 몸부림친다. 종교적 행위와 관련해서 의례와 형식주의를 역동적인 관계보다 더 높게 두려는 것은 인간의 자연스러운 습성이며, 우리는 기계적인 행동 양식에 빠지기 마련이다. 메츠거는 바리새인적 기풍의 배경에 이러한 문제가 있음을 지적하면서 다음과 같이 서술했다. "대부분의 종교에서는 언제나 마음의 자세보다는 외적 형식을 더 중요하게 간주하는 경향이 존재하며, 바리새주의에서 이 자연적인 경향은 너무나도 두드러져서 오늘날 우리가 독선적인 형식주의자나 위선자를 지칭하는 말로 *바리새인*을 사용할 정도다."[12]

하버드대학의 유명한 성격심리학자인 올포트(Gordon Allport)는 율법적 구조에만 치우친 신앙은 그것을 믿는 자의 인격을 옭아맨다는 사실을 밝혀냈다. 기독교 신앙이 예수라는 인물과의 관계 외에 다른 것이라고 믿는 사람은 필연적으로 율법주의의 올가미에 빠져버리게 된다. 투르니에(Paul Tournier)는 올포트와 동의하면서 율법주의적 종교체계에 기반을 둔 엄격하고 부적절한 신앙에 대해 다음과 같이 지적한다.

> 임무의 성취, 모든 쾌락으로부터의 금욕, 선의의 결단, 매일같이 자신의 결점을 극복하려는 시도, 본능에 대한 수치심, 잘못이 드러나는 것과 판단되는 것과 오해되는 것에 대한 두려움 등 이 모든 생각들은 하나님을 향한 열정적인 사랑을 대신하게 된다. 그리고 이 모든 점들에서 한 사람은 계속해서 결점이 있는 채로 남

아있으며, 더욱 더 절망적이고, 패배가 패배의 꼬리를 물며, 더더욱 죄책감에 시달린다. 이 도덕주의는 그 자체로 패배를 증식시키는데, 이는 절망이 영혼의 활력을 약화시켜 패배로 이끌어가며 패배는 다시 절망으로 이끌기 때문이다. 바로 이렇듯 멈출 수 없고 잔인한 악순환에서 하나님은 그의 무조건적인 용서를 통해 우리를 구원하려고 하는 것이다. 그러므로 하나님을 믿으며 하나님을 섬기고자 하는 사람들이, 믿지 않는 사람들보다도 더 그들에게 엄격하고 잔인한 것처럼 보이는 하나님을 더 이상 사랑할 수 없게 될 때까지 해로운 올가미 속에 짓눌려 사는 모습을 보는 것은 비극이 아닐 수 없다.[13]

만약 신약을 하나님의 도구이자 성령의 마음을 드러내는 문서로 읽는다면, 신약은 그 사람의 인격에 변화를 일으킬 수 있다. 백문이 불여일견이라고, 이는 한층 더 통일된 내면을 향한 변화를 통해서만 알 수 있을 것이다.[14]

내가 1960년대 중반 프린스턴대학에서 연구하던 때 윌링 2세(Willoughby Walling II)가 알려준 일화를 잠시 소개하겠다. 그는 헬라어 사복음서를 영어로 번역한 류(E. V. Rieu, 1887~1972)의 길이 남을 작업에 대해 언급했었다. 류는 옥스퍼드대학의 베일리얼대학(Balliol College)에서 교육과정을 이수한 후 펭귄 클래식의 편집장을 맡았으며, 당시의 영어권 헬라어 학자로서는 가장 권위 있는 사람이었다. 그가 번역한 『오디세이』(The Odyssey)와 『일리아드』(The Illiad)는 당대 최고의 평가를 받았다. 레인 경(Sir Allen Lane)은 류에게 그의 경탄스러운 헬라어 독해력을 사복음서를 번역하는 일에 사용해 달라고 요청했다. 비록 류는 복음서들을 한 번도 읽어보거나 연구해보지 않아서 익숙하지는 않았지만, 순전히 학문의 일환으로 이 요청을 받아들였다.

류는 여느 헬라 문학을 접근할 때와 마찬가지의 방식으로 복음서들을 접근하였다. 당시 성공회의 민간 지도자였던 류의 아들은 "아버지가 복음서들을 어떻게 받아들일지 지켜보는 것은 매우 흥미로운 일이다. 또한 복음서가 아버지를 어떻게 변화시킬지 지켜보는 것은 더더욱 흥미로운 일"이라고 말했다.

그의 예견은 적중했고, 류는 사복음서의 번역을 마친 후 또 다른 신약 번역가인 필립스(J. B. Phillips)에게 "이 번역 작업은 나를 변화시켰습니다. 그리고 나는 내 서문에서 말한 것처럼 이 문서들이 인자(人子)와 하나님의 흔적을 담고 있다는 결론에 이르게 되었습니다. 이 복음서들은 인간 정신의 마그나 카르타(Magna Carta)에 다름 아닙니다"[15]라고 말했다.

류의 서문은 잠시 시간을 들여 읽어볼 만한 가치가 있다. 그는 『일리아드』를 접근하는 방식 그대로 사복음서에 접근하였지만, 류의 삶은 그의 작업을 통해 완전히 뒤바뀌어버렸다. 우리는 류의 통찰에서 배울 점이 아주 많다. 만약 우리가 변화에 열려 있는 자세를 취할 수 있다면, 우리는 복음서들에 접근할 때 이것이 평범한 문학 작품이 아님을 파악할 수 있을 것이다.

나는 예수의 제자들의 관점에서 완벽한 사람(the Perfect Man)에 대해 그의 인간적인 속성에 집중하여 몇 가지 경험들을 포착하려고 시도했는데, 이는 제자들 본인들이 알게 되고 사랑하게 된 것은 사람으로서의 예수였기 때문이다. 확실히 복음서의 저자들은 예수의 인간성 전체를 묘사하려고 시도하며 마지막에 이르러

서야 혹은 그후에야 예수가 하늘로부터 내려온 사실과 목적을 이해했다는 점을 분명히 한다. 예수의 자기 계시의 의의는 나중에 밝혀지도록 신(Providence)에 의해 잠시 동안 제자들로부터 감춰져 있었으며, 나는 신이 그들에게 정해준 발자취를 따르는 것이 옳으며 자연스럽다고 생각했다. 나머지는 복음서들이 말하도록 두었다. 내 긴 작업의 과정에서 이 문서들을 통해 내가 무엇을 배웠는가에 대해서 지금은 아무 말도 하지 않겠다. 다만 이 문서들이 인자와 하나님의 흔적을 담고 있으며 인간 정신의 마그나 카르타에 다름 아니라는 점은 얘기해두겠다. 우리가 오늘날 우리의 물리적 환경이라는 수수께끼에 낭비하는 이해력을 그들의 사심 없는 열정에 조금이라도 적용했다면, 우리는 더 이상 기독교가 종말을 맞이하고 있다고 말하지 않을 것이다. 오히려 우리는 기독교가 이제 막 시작했을 뿐이라고 느낄 수 있을지도 모른다.[16]

만일 성경을 여느 책들과 다를 바 없이 읽고 그 깊은 의미가 마음을 관통할 수 있도록 열린 자세를 취하지 않는다면 그저 성경의 표면에만 머물러 있게 될 뿐이다. 이 위대한 책을 읽는 데 있어 본문비평의 방법을 적용하는 것은 아무런 문제가 없다. 그러나 이러한 접근 방식은 성경의 표면적 의미 아래로 들어갈 수 없게 만든다. 성경을 읽는 데는 그보다 더 심오한 방식, 즉 그 지면에 담긴 강력하고 살아 숨 쉬는 사랑을 포착하여 주시하는 독법(讀法)이 있다. 본회퍼(Dietrich Bonhoeffer)는 이 차이에 대해 다음과 같이 서술한다.

여느 책과 같이 성경 또한 당연히 본문비평이나 기타 관점을 통해서 읽을 수 있다. 이에 반대할 생각은 전혀 없다. 그러나 그러한 방식은 성경의 정수를 드러내는 길이 아니며, 그 표면에만 머물러 있을 뿐이다. 우리가 분석을 목적으로 사랑하는 사람의 말을 경청하지 않으며 그저 그 말 자체로 단순하게 받아들이고, 순전히 우리가 사랑하는 사람의 말로서 그 말이 우리와 함께 온종일 머무르는 것처럼, 또한 마리아의 심중을 파고들었듯 우리 심중을 더 깊이 파고드는 이 말씀들로 스스로를 드러낸 자를 대함과 같이 우리는 하나님의 말씀을 대해야만 한다. 오직 우리를 사랑하는 하나님이 우리에게 정말로 말을 걸고 의문 속에 우리를 홀로 남겨두지 않는 장소로서 성경과 관계 맺기를 단 한 번이라도 시도할 때에만 우리는 성경에 만족할 수 있다.[17]

나의 경험상 성경은 삶과 죽음과 인간 실존의 모든 고통과 즐거움에 대해 통찰과 의미를 제공한다. 만약 성경이 개인의 삶에 주는 의미와 성경 말씀의 권능을 통해 얻을 수 있는 능력과 평강의 원천으로서의 의미에 마음을 열 수 있다면, 그 구절들을 천천히 묵상함으로써 내면 깊숙이 변화될 것이다. 내게 있어 성경처럼 인간이 처한 현실을 반영하고 구원에 대한 약속을 주는 책은 없다.

성경에 대한 통찰력 있는 접근의 또 다른 예로 성경 본문에 대한 독경묵상, 즉 렉시오 디비나(*Lectio Divina*)의 전통을 들 수 있다. 이러한 묵상의 전통은 12세기 카르투지오회의 수도사였던 귀고(Guigo the Carthusian)가 시작한 것이다(*lectio, meditatio, oratio, contemplatio*, 차례대로 독경, 묵상, 기도, 관상). 렉시오 디비나의 기본적인 방법은 먼저 차분하고 정적인 자세로 본문을 반복적으로 읽다가 점차 본문 읽기가 의식 속에서 반영되도록 하는 것이다. 그런 다음 명상자는 하나님과의 대화, 즉 본문의 의미가 무엇인지, 그 말들이 명상자에게 무엇을 의미하는 지에 대해 하나님과 대화하는 단계로 들어서며, 여기서 다시 하나님에 대한 명상으로 이어진다. 그러나 렉시오 디비나는 정해진 방식을 고수하지 않으며 명상자가 하나님을 경외하고 만나기를 원하는 자세로 본문을 크게 낭독하는 경우도 자주 있다. 무엇보다 명상자는 이 만남을 통해 변화되길 원하는 마음을 유지해야 한다. 앞서 언급했듯이, 이는 결국 실제로 경험해보아야만 알 수 있는 것이다.

4.3 복음서 기록의 작성 연도는 예수의 삶에 대한 증인들이 살아있던 시대 안으로 측정된다.

4.3.1 마가복음의 연도는 일반적으로 꽤나 이른 시기로 추정된다.

가장 회의적인 현대 신약학자들조차도 마가복음의 연대를 서기 70년 정도로 추정하며 마태복음은 80년대, 누가복음과 사도행전 역시 80년대, 요한복음을 90년대로 잡는다. 2세기 초의 문서들이 이 복음서들을 언급하기 때문에, 가장 회의적인 학자들조차 이들의 연대를 그보다 후로 잡을 수가 없다. 브루스는 신약 문서들, 특히 복음서들에 대해 다음과 같이 일반적으로 받아들여지는 연도를 제시하지만, 공관복음의 연대를 예루살렘과 성전의 파괴를 기준으로 기존보다 더 이른 서기 70년대로 잡고자 한다.

신약은 서기 60년에서 80년에 대부분의 문서들이 이미 존재했으며 서기 100년 즈음엔 완성되었거나 실질적으로 완성되었다. 현재 이 나라[영국]의 학자들은 대부분 사복음서의 연도를 마태복음은 서기 85~90년, 마가복음은 서기 65년, 누가복음은 서기 80~85년, 요한복음은 서기 90~100년으로 잡는다. 나는 처음 세 복음서들의 연대를 그보다는 더 앞서 잡을 수 있다고 생각한다. 즉, 마가복음은 서기 64~65년으로, 누가복음은 서기 70년보다 약간 앞서서, 그리고 마태복음은 서기 70년보다 약간 뒤로 잡을 수 있다. 로마인들이 서기 70년에 행한 예루살렘과 성전의 파괴와 이 문서들이 가지는 연관성은 내가 연대를 측정할 때 특별히 비중 있게 보는 기준이다. 나는 마가복음과 누가복음이 이 사건[예루살렘과 성전의 파괴] 이전에 쓰였으며, 마태복음은 이 일이 있고 얼마 지나지 않아 쓰였다고 생각한다.[18]

물론 학자들이 추정하는 늦은 연도 역시 타당한 증거들을 갖고 있으며, 특히 십자가형 후 20~30년 내에 쓰인 신약의 초기 서신들이 예수의 삶에 대해 제공하는 증거들과 함께 고려될 때 그러하다.

4.3.2 회의적인 학자들이 제시하는 늦은 연대에도 정경복음서들의 내용을 보증할 수 있는 증인들은 살아있었다.

증거가 제시하는 바는 공관복음서들이 모두 예수의 삶에 대한 증인들이 그 내용을 보증할 수 있었던 시기에 작성되었다는 것이다. 복음서들의 연대에 대해 회의적인 학자들이 제시하는 늦은 연대를 사용한다고 해도, 이 연대들은 정경복음서의 저자들이 예수의 삶과 죽음에 관한 증인들을 면담하고 정보를 습득할 수 있었을 만큼 충분히 이르다. 복음서들의 연대를 이르게 측정하든 현대의 학자들이 대부분 그러하듯 조금 더 후기에 측정하든, 복음서들의 오류를 정정할 수 있었던 증인들은 두 시기에 모두 존재했다. 브루스가 지적하듯이,

> 그러나 연대를 후기에 측정한다 해도 처음의 세 복음서들이 예수의 언행을 아직 기억했을 사람들이 다수 생존해 있던 시대에 쓰였다는 점, 그리고 최소한 몇몇의 증인들은 네 번째 복음서가 쓰이던 시대에도 여전히 살아있었을 것이라는 점은 역사학자의 관점에서 볼 때 고무적인 상황이다. 만약 복음서의 저자들이 더 이른 연대에 속하는 사료를 사용했다는 점이 밝혀진다면 상황은 더욱 고무적일 것이다.[19]

또한 우리는 이것이 예수에 대해 적대적이던 증인들이 초기교회의 주장을 반박할 수도 있었다는 뜻임을 잊어서는 안 된다. 그러나 적대적인 증인들이 존재했음에도 불구하고 우리는 복음서나 사도행전에 담긴 정보가 부정확하다고 제시하는 기록이나 증거를 찾아볼 수 없다. 그에 반해서 초기교회의 주장에 대해 비(非)기독교 유대인들이 비난했다는 사실은 예수의 삶과 죽음이라는 역사적 사건에 대해 그들이 인정하고 있었다는 점을 암시한다.[20]

비록 나는 이 책에서 브루스가 제시한 연대보다 더 앞선 연대

를 주장하는 여러 명의 학자들을 다루고 있지만, 연대의 선후(先後)는 신약 문서들의 신빙성과 관련하여 본질적인 문제는 아니다(특히 원시기독교 공동체의 가장 오래된 서신들에서 복음서 기록들을 입증해주는 증거들과 신약 문서들의 연대를 함께 고려한다면 말이다). 복음서들의 표준 연대는 예수와 그의 사역 및 십자가형에 대해 증인들이었던 사람들의 생애 안으로 측정된다. 복음서들은 이 증인들이 사실에 대한 왜곡을 막을 수 있었을 만큼 기록된 사건들과 매우 가까운 시기에 작성되었다. 반면에 역사적으로 부정확하다는 이유로 복음서들의 내용에 대해 누구 하나 이의를 제기했다는 증거는 전혀 없다. 다시 한 번 강조하지만, 표준 연대 또한 충분히 왜곡이나 오류를 막을 수 있었던 증인들이 살아있었던 시기로 측정된다.

이 복음서들에서 초기교회에서 발생했던 신학적 논쟁 가운데 특정한 입장에 대해 강력히 옹호하는 모습을 찾아볼 수 없다는 사실은 공관복음서들의 역사적 정확성에 대한 추가적인 증거다. 이는 달리 말하면 복음서의 저자들이 예수의 언행에 대해 정직한 기록을 남기려고 시도했다는 것을 의미한다. 신약학자 블롬버그(Craig Blomberg)가 지적하듯이,

> 기독교인들이 예수의 언행을 마음대로 만들어냈을 거라는 생각에 대한 가장 강력한 반박은 역설적이게도 우리가 복음서에서 절대 찾을 수 없는 것에서 나온다. 초대 기독교인들은 예수의 승천 이후 신약시대의 교회를 해체시킬 정도로 위협적이었던 수많은 기독교 논쟁들을 해결하기 위해 복음서들 안에 이 논쟁들에 대한 해답을 기입하여 되읽어냈다면 간단했을 것이다. 그러나 바

로 이것이야말로 절대로 일어나지 않는 일이다. 예수는 1세기의 나머지 기간 동안 기독교인들의 마음속에 불가피하게 떠오른 화제들, 이를 테면 믿는 자들이 할례를 받아야만 하는지, 방언을 어떻게 규제할 것인지, 어떻게 유대인들과 이방인들을 하나로 융합시킬 것인지, 믿는 자가 믿지 않는 배우자와 이혼할 수 있는지, 교회 사역의 어떤 역할이 여자에게 허용되는지 등등에 대해 단 한 번도 얘기해주지 않는다.[21]

4.3.3 1세기 기독교 역사 속의 증거는 복음서들이 이른 시기에 작성되었다는 근거를 제시한다.

4.3.3.1 사도행전의 연대는 정경복음서들의 작성 연대를 위한 기준을 제시한다.

신약복음서들의 연대를 측정하기 위해 사용할 수 있는 한 가지 방법은 사도행전의 작성 연도를 기준으로 잡는 것이다. 만약 증거가 사도행전의 이른 작성 연대를 지시한다면, 우리는 동일한 저자가 사도행전보다 누가복음을 먼저 작성했다는 것을 알고 있으므로 누가복음에 대해 사도행전보다 더 이른 연대를 측정할 수 있을 것이다. 누가는 또한 마가복음을 참고하고 있었던 것으로 보이며, 어쩌면 마태복음도 참고했을 수도 있다. 만약 그렇다고 한다면 이 복음서 기록들은 더 이른 시기에 작성되었을 것이다.

다시 한 번 말하지만 사도행전의 연대는 우리에게 공관복음서들의 작성 연대를 위한 기준을 제시한다. 우리는 비(非)기독교 사료들에서 사도행전과 관련된 사건들의 연대에 대한 증거들을 찾을 수 있으며, 이 사건들은 사도행전이 60년대 초기에 작성되었을 수도 있다는 점을 제시한다. 이에 대한 논의의 전체적 틀을 잡기 위해 몇 가지 증거들의 개요를 제시하겠다.

사도행전은 바울이 로마에서 가택연금을 당하는 장면에서 그의 재판 결과에 대한 설명 하나 없이 급작스럽게 끝을 맺는다. 이는 누가가 사도행전의 후반부 여덟 장을 바울의 체포와 연행과 재판 및 항소에 할애하고 있다는 점을 생각할 때 매우 놀라운 일이 아닐 수 없다. 누가는 서기 62년에 일어난 사건인 예수의 형제 야고보의 처형에 대해서도 언급하지 않는다. 야고보는 초기교회의 중심인물이자 예루살렘교회의 지도자였으며, 사도행전에서 처형 장면이 상세히 기록되어 있는 스데반보다도 더 중요한 역할을 담당했다. 누가는 또한 1세기의 대전(大戰), 즉 서기 66~70년의 유대-로마 전쟁(the Jewish-Roman War)과 예루살렘의 파괴 및 서기 70년의 성전의 파괴에 대해서도 언급하지 않는다. 이는 사도행전 내에서 그리고 1세기 유대교에서 예루살렘과 성전이 중요한 역할을 지니고 있었음을 고려해볼 때 놀라운 일이다.

야고보의 죽음과 바울의 재판 결과와 예루살렘과 성전의 파괴에 대해 아무런 언급이 없다는 점에 대한 가장 합리적인 설명은 누가가 이 사건들의 발생 이전에 사도행전을 서술했다는 것이다. 다시 말해 사도행전은 늦어도 서기 62년, 즉 야고보의 처형 이전에는 쓰였을 가능성이 높다.

그렇다면 사도행전이 누가복음보다 후에 작성되었으므로 누가복음은 서기 62년 이전에 작성되었던 것이 분명하다. 또한 누가는 마가복음을 참고했던 것으로 보이며, 이는 마가복음의 작성 연도를 늦어도 50년대 후반 이전으로 잡는 것이 가장 정확함을 의미한다. 그러므로 우리는 작성 연도가 예수의 십자가형으로부터 20년 안으로 측정되는 것을 알 수 있다.

4.3.3.2 사도행전의 저자가 예루살렘과 성전의 파괴에 대해 언급하지 않는다는 사실은 사도행전이 서기 70년, 즉 예루살렘의 몰락 이전에 집필되었다고 봐야 쉽게 이해할 수 있다.

이제 나는 복음서들과 사도행전에 기록되지 않은 사건들에 관해서 몇 가지 증거들을 검토하고 사도행전의 저자에게 그 사건들이 지니는 의미를 살펴보겠다. 서기 70년에 일어난 예루살렘의 몰락은 유대인들의 역사와 초기 교인들의 삶에 매우 중대한 사건이었다. 예루살렘은 사도행전 내에서 예루살렘교회의 설립에 이르기까지 일련의 사건들에 대한 서술에서 핵심적인 역할을 담당하고 있다. 어느 모로 보나 성실하고 정확한 역사가의 자세를 고수하려고 노력했던 것이 분명한 누가 이렇듯 비극적인 사건을 언급하지 않는다는 점은, 사도행전이 예루살렘의 몰락 이전에 집필되었다고 봐야지만 쉽게 이해할 수 있다. 성전의 파괴를 비롯한 사건에 대해 전혀 언급하지 않고 침묵을 지킨다는 것은 사도행전이 70년 이후에 쓰였다고 본다면 큰 의문일 수 밖에 없다.

예루살렘의 몰락과 성전의 파괴는 어쩌면 1세기 유대 역사에서 가장 중요한 사건들이었다고 볼 수 있다. 유대의 예배 중심지가 파괴되었다는 것은 1세기 유대인들에게 상상도 할 수 없는 일이었다. 예루살렘과 성전의 몰락이 지니는 의미를 강조하기 위해, 나는 서기 66년에서 70년 사이에 일어난 유대인들의 항쟁에 대해 짧게 짚고 넘어가겠다. 이 항쟁은 흔히 유대-로마 전쟁이라고 불린다.

유대 항쟁은 1세기 초에 발생한 일련의 사건들에 기원을 둔다. 1세기의 초중반에는 비조직적이지만 로마의 지배에 대항하기 위해 다양한 혁명 집단들이 들고일어났다. 이 집단들에 소속된 사람들은 흔히 강도들(lestes)로 불렸다(마태복음 27:38에서 예수와 함께 십자가형에 처해진 "강도들" 또는 도둑들은 이 헬라어 용어의 사용으로 볼 때 혁명 단체의 일원이었을 수도 있다).

서기 44년에 아그리파가 죽은 후 로마의 지배에 저항하는 혁명 분자들의 수가 증가하기 시작했다. 로마 공직자들이나 로마에 협조하던 유대인 지도자들을 암살했던 시카리(the Sicarri, 즉 "암살자들")도 그 중 하나였다. 그들은 오늘날 테러리스트들이 사용하는 것과 상당히 유사한 전술들을 사용하였다.

혁명 운동이 증가하는 한편 무능한 로마 총독들이 연속해서 임명되면서, 로마인들은 결국 서기 66년에 황제에게 바치는 공물을 메꾸기 위해 성전의 보물들을 노략하게 되고, 이로 인해 유대인들이 황제와 그의 가족들을 위해 희생 제물을 바치는 것을 중단하게 되며, 66년 8월에 로마 병사들이 유대인들을 학살하는 등 일련의 사건들이 발생한다.

네로는 반란을 진압하기 위해 베스파시아누스에게 세 개 군단 이상의 병력을 주어 갈릴리 지역으로 보냈으며, 베스파시아누스는 요타파타(Jotapata)라는 마을을 점령하는 것을 기점으로 예루살렘 함락을 시작한다. 그는 요타파타를 비롯하여 갈릴리

전역을 정복한 후 서기 68년 여름에 예루살렘을 포위한다. 그러나 네로가 그해 스스로 목숨을 끊게 되면서 베스파시아누스는 차기 계승자로부터 예루살렘을 함락하라는 명령이 떨어지기만을 기다리게 된다. 하지만 네로의 후임 황제이자 전(前)원로원 출신이었던 갈바가 오토에 의해 암살당하고, 오토가 자살하면서 비텔리우스가 황제로 임명되는 등 로마 황제의 자리는 혼돈 속에 빠지고 만다. 서기 69년 7월, 베스파시아누스는 알렉산드리아와 유대 군단의 추대를 받으며, 비텔리우스는 도나우 군단과의 전투에서 패배한 후 암살된다. 그후 베스파시아누스는 스스로 황제위(位)를 선언한 후 예루살렘을 함락시키기 위해 그의 아들 티투스에게 네 개의 군단을 맡긴다.

이때 티투스의 보좌관들 중 한 명이 바로 요세푸스였다. 요세푸스는 초기 기독교 교회와 예수의 삶에 관하여서는 고대 유대인 역사가들 중 가장 중요한 사람이다. 그는 서기 37년경에 요셉 벤 마티아스라는 이름으로 제사장 가문에서 태어났으며 후에 바리새인이 된다. 요세푸스는 27세가 되던 해에 직접 유대인 대표단을 이끌고 네로 황제를 만나러 갔으며 이때 처음으로 로마를 접하게 된다. 서기 66년에 유대 항쟁이 본격적으로 전개되었을 때 그는 갈릴리 군단의 지휘관으로 임명된다. 그러나 그는 항쟁에서 패배한 후 로마에 투항하고 유대주의의 사명을 포기했으며, 로마의 강력한 힘 앞에 맞서지 말고 투항하도록 유대인 동료들을 회유했다. 마티아스는 후에 로마 시민권을 하사 받았으며 플라비우스 요세푸스라는 로마식 이름으로 개명하고 티투스의 통역관으로서의 임무를 수행했다. 그는 베스파시아누스, 티투스, 도미티아누스 삼대에 걸쳐 황제 휘하의 문인으로서 황제의 저택에서 지냈다.22 그의 주요 저서로는 서기 75년에서 80년 사이에 저술한 『유대전쟁사』(The Jewish War), 90년대 초반에 저술하였으며 창조에서부터 서기 66년까지의 유대역사를 기술한 『유대고대사』(Jewish Antiquities) 등이 있다.23

요세푸스는 예루살렘의 함락과 파괴를 직접 목격했기 때문에 『유대전쟁사』에서 서기 70년의 사건들과 처참히 황폐화된 예루살렘 및 성전에 대해 생생히 기록하였다. 함락 과정은 70년 봄에서 8월까지 지속되었다. 성전의 방화와 파괴는 8월 30일에 일어났는데, 이는 바빌론 왕에 의해 이전의 성전이 파괴되었던 바로 그날이다. 요세푸스의 저작은 너무 방대하고 구성형식이 오래 되어서 우리의 목적에 알맞게 따라가기가 어렵다. 성전의 방화시기에 예루살렘 전역에서 일어난 학살의 규모를 알아보고자 하는 이들은 요세푸스의 수많은 작품들 속에 담긴 중요한 내용들을 어느 하나 빠트리지 않고 잘 압축시킨 마이어(Paul L. Maier)의 『요세푸스』(Josephus)를 읽어보길 권한다. 이 역사에 대해 살펴볼 때, 유대 전쟁이 끊임없는 살육과 당시 유대인들과 기독교인들의 중심지였던 예루살렘의 황폐화 등 잔인한 대학살로 막을 내린 일련의 재앙들이었으며 1세기의 *가장 큰 전쟁*이었다는 점은 분명하다.

예루살렘은 사도행전에서 그리고 원시교회의 설립 및 사역으로 이어지는 사건들에 있어서 중심지의 역할을 한다. 원시교회의 초기 활동 대부분이 예루살렘에서 이루어지고 있었고, 예루살렘교회 또한 당연히 그곳에 위치하고 있었다. 초대교회의 지도자들은 예루살렘에서 지내던 베드로와 야고보와 요한 등이었다. 바울은 후에 매우 중요한 사도로서 그들과 합류했으며 초기

교회의 지도자들과 의논하기 위해 예루살렘으로 방문하곤 했는데, 이는 예루살렘의 중요성을 한층 더 강조한다. 바울은 심지어 예루살렘교회에 상당한 재물을 바치기도 했다. 예루살렘은 초기교회의 활동에 있어서 극히 중요한 곳이었다. 누가복음이나 사도행전에서 유대 전쟁을 비롯하여 예루살렘의 몰락과 성전의 파괴 등을 언급하지 않는 것은 사도행전이 서기 70년에 일어난 사건들 이전에 서술되지 않았다고 한다면 이해하기 어렵다. 유대역사는 물론 초기교회의 활동에 있어서 구심점이었던 예루살렘과 관련해서 그토록 중대한 사건에 대해 언급하지 않는 것은 사도행전이 70년대 후에 쓰였다면 서술상의 큰 구멍이 아닐 수 없다.

  누가복음과 사도행전의 저자는 예루살렘을 중심으로 그의 작품을 구성하며 성전에 대해서 자주 언급한다. 신약학자 보이드(Gregory A. Boyd)는 유대전쟁에 대한 사도행전의 침묵에 주목하면서, 누가복음의 저자가 사도행전을 집필할 당시 예루살렘의 몰락에 대해 알고 있지 못했다는 것이 유일한 합리적인 설명이라고 지적한다. 물론 이는 저자가 예루살렘의 몰락 이전에 사도행전을 서술했을 경우에만 사실일 수 있다. 보이드는 저자가 예루살렘의 몰락에 대해 어떠한 언급도 하지 않는 점에 대해 다음과 같이 서술한다.

> 예루살렘을 구심점으로 하여(누가복음 24:13; 사도행전 1:8) 서사를 구성하며 성전을 자주 언급하고(사도행전 2:46; 3:1~2, 8, 10; 5:20~25; 21:28~30; 등등) 있는 작가가 그 몰락과 파괴에 대해 언급하지 않는 것은 놀라운 일이다. 그보다 훨씬 중요도가 떨어지

는, 글라우디오가 로마에서 유대인을 추방한 일에 대해서도 지면을 할애한 작가가 예루살렘의 몰락과 성전의 파괴에 대해서는 누락시키고 있다는 점은 가히 충격적이다. 또한 교회의 박해가 어떻게 복음을 세상에 전파하는 데에 도움이 되었는지에 대해서 관심을 갖고 있었던 작가가 이를 빠뜨린다는 것은 거의 해명이 불가능하기까지 하다. 그가 이 사건들에 대해 알지 못했다는 가정 외에는 말이다![24]

사도행전뿐만 아니라 신약을 구성하는 문서들에는 모두 이 사건들에 대한 기록이 없다. 복음서 기록들에서 예루살렘이 수행하는 구심적인 역할과 유대교와 기독교 역사신학(historical theology)에서 성전이 가지는 의의에도 불구하고 신약 문서들 중 성전의 파괴와 예루살렘의 몰락에 대해서 언급하고 있는 것은 단 하나도 없다. 로빈슨(John A. T. Robinson)이 지적하듯이,

신약에 관한 가장 오래된 사실들 중 하나는 연대가 가장 확실하고 그 당시 가장 중요했던 사건으로 보이는 서기 70년의 예루살렘의 몰락과 성전 중심의 유대교 제도의 몰락이, 신약에서는 단 한 번도 과거의 사실로서 언급된 적이 없다는 것이다. 이는 물론 예언되었기는 하며, 이 예언들 중 적어도 어떤 것들은 사건들의 발생 후(혹은 발생과 더불어) 이루어진 것으로 추정된다. 어찌되었든 이 누락으로 인한 침묵은 짖지 않는 개가 셜록 홈즈에게 주는 단서*처럼 중요한 의미를 지닌다[25] … 물론 이 침묵을 설명하

---

*코난 도일의 소설 『바스커빌의 개』(The hound of the Baskervilles)에 대한 언급이다. 셜록홈즈

려는 시도들은 있었다. 그러나 '어쩌면 … 신약은 서기 70년 이후
의 것이 극히 드물'며 서기 70년의 사건들이 언급되지 않은 것은
그 사건들이 아직 발생하지 않았기 때문이라는 가장 단순한 설명
에 비평가들이 좀 더 주목할 필요가 있다.[26]

예루살렘은 초기 기독교 공동체의 중심지였다. 이는 세계 각
지의 교회들의 모태가 된 초대교회가 위치한 곳이었다. 현존하
는 가장 오래된 기독교 문서들 중 초기교회에 보내는 서신서들
은 성전과 예루살렘에 대한 언급들로 가득하다. 그러므로 전무
후무한 예루살렘의 황폐화와 관련해서 어떤 언급도 하지 않는
점은 합리적인 설명을 요구한다.

4.3.3.3 연대를 늦게 잡는 것은 역사적 사실이 아니라 예언을 비롯하여
예리한 통찰들조차도 부정하는 형이상학적 전제(metaphysical
presupposition)에 근거를 둔다.

4.3.3.3.1 학자들이 연대를 늦게 잡는 주된 이유들 중 하나는 예수가 이른바 예
루살렘의 몰락을 예언했다고 보기 때문이다.

복음서들과 사도행전 및 신약 문서들의 연대 측정에 관한 증
거들을 살펴보면서, 나는 학자들이 마태복음 24:15~22, 마가복
음 13:14~20 그리고 누가복음 21:20~24에서 예수가 이른바 예

는 찰스 바스커빌 경이 심장마비로 죽은 날 밤 개가 짖지 않았다는 점을 토대로 바스커빌 경이
외부 침입자가 아니라 개가 경계할 이유가 없는 내부 인물에 의해 살해되었다고 추리한다.

루살렘의 몰락에 대해 예언했다고 보기 때문에 마가복음의 표준 연대를 서기 70년, 마태복음과 누가복음은 75~85년, 요한복음은 95년으로 잡는다는 사실이 놀랍다. 오늘날 많은 학자들은 마가복음의 구절이 제일 먼저 서술된 후 마태와 누가가 이를 인용했다고 추정한다. 이 구절은 다음과 같다.

마태복음 24:15~22
그러므로 너희가 선지자 다니엘이 말한바 멸망의 가증한 것이 거룩한 곳에 선 것을 보거든 (읽는 자는 깨달을진저) 그 때에 유대에 있는 자들은 산으로 도망할지어다 지붕 위에 있는 자는 집 안에 있는 물건을 가지러 내려가지 말며 밭에 있는 자는 겉옷을 가지러 뒤로 돌이키지 말지어다 그 날에는 아이 밴 자들과 젖 먹이는 자들에게 화가 있으리로다 너희가 도망하는 일이 겨울에나 안식일에 되지 않도록 기도하라 이는 그 때에 큰 환난이 있겠음이라 창세로부터 지금까지 이런 환난이 없었고 후에도 없으리라 그 날들을 감하지 아니하면 모든 육체가 구원을 얻지 못할 것이나 그러나 택하신 자들을 위하여 그 날들을 감하시리라

마가복음 13:14~20
멸망의 가증한 것이 서지 못할 곳에 선 것을 보거든 (읽는 자는 깨달을진저) 그 때에 유대에 있는 자들은 산으로 도망할지어다 지붕 위에 있는 자는 내려가지도 말고 집에 있는 무엇을 가지러 들어가지도 말며 밭에 있는 자는 겉옷을 가지러 뒤로 돌이키지 말지어다 그 날에는 아이 밴 자들과 젖먹이는 자들에게 화가 있으리로다 이 일이 겨울에 일어나지 않도록 기도하라 이는 그 날

들이 환난의 날이 되겠음이라 하나님께서 창조하신 시초부터 지금까지 이런 환난이 없었고 후에도 없으리라 만일 주께서 그 날들을 감하지 아니하셨더라면 모든 육체가 구원을 얻지 못할 것이거늘 자기가 택하신 자들을 위하여 그 날들을 감하셨느니라

누가복음 21:20~24
너희가 예루살렘이 군대들에게 에워싸이는 것을 보거든 그 멸망이 가까운 줄을 알라 그 때에 유대에 있는 자들은 산으로 도망갈 것이며 성내에 있는 자들은 나갈 것이며 촌에 있는 자들은 그리로 들어가지 말지어다 이 날들은 기록된 모든 것을 이루는 징벌의 날이니라 그 날에는 아이 밴 자들과 젖먹이는 자들에게 화가 있으리니 이는 땅에 큰 환난과 이 백성에게 진노가 있겠음이로다 그들이 칼날에 죽임을 당하며 모든 이방에 사로잡혀 가겠고 예루살렘은 이방인의 때가 차기까지 이방인들에게 밟히리라

위에서 지적했듯이 이 예언은 복음서들의 표준 연대를 추정하는 주요 근거 중 하나로 사용되지만, 이 추론은 (1) 예수가 예루살렘의 몰락과 성전의 파괴를 예언하는 것은 불가능하며 (2) 이 구절이 서기 70년의 사건들을 지시하고 있다는 가정들에 근거한다. 그러나 이 가정들은 어떤 역사적 증거에도 근거하지 않으며 순전히 형이상학적인 전제들일 뿐이다. 다시 말해 예수가 실제로 예루살렘과 성전의 파괴를 예언했을 수는 없으며, 따라서 이러한 예언은 필시 사건 발생 후 서술되었어야 한다고 가정하고 있는 것이다. 그러나 이는 역사적 분석이 아니라 예언의 가능성을 부정하는 형이상학적 전제에 바탕을 둔 결론으로서 의문

의 여지가 있다.

요세푸스는 실제로 알비누스가 유대지역의 총독으로 부임했었던 서기 62년의 초막절에 아나니아의 무례한 아들인 또 다른 예수가 예루살렘과 성전의 몰락을 예언했다는 기록을 남겼다.27

만약 아나니아스의 아들인 예수가 서기 70년 이전에 이러한 예언을 할 수 있었다면, 나사렛 예수는 어째서 그렇게 할 수 없는가? 예수가 예루살렘의 몰락을 예언할 수 없다는 가정에 근거하여 공관복음서들과 사도행전의 연대를 서기 70년 이후로 추정하는 것은 지극히 임의적인 결론이 아닐 수 없다. 유대인들과 로마 정착인들 간의 반목에 대해 잘 알고 있던 사람이라면 누구나 예루살렘의 몰락이 일어날 수도 있는 사건임을 예견할 수 있었다. 신약학자 라이케(Bo Reicke)는 이러한 추론들에 대해 "공관복음서들이 예루살렘의 몰락(서기 70년)에 관한 사후예언(事後豫言, ex eventu)을 담고 있기 때문에 연대를 유대전쟁(서기 66~70년) 이후로 잡아야 한다는 생각은 신약 연구에서 무비판적인 독단주의의 기막힌 예"28라고 지적한다.

누가는 사도행전에서 예수의 삶과 가르침이 부활과 교회의 설립으로 인해 성취되었다는 것을 보여준다. 만약 누가가 서기 70년 이후에 사도행전을 집필했다면, 어째서 그는 누가복음 21장에 기록된 예수의 예언이 예루살렘의 파괴로 인해 성취되었다고 지적하지 않았는가? 그는 자신의 저술들에서 예수의 사역의 성취를 보여주려고 시도하였다. 그렇다면 어째서 누가는 티투스 군단이 성전을 철저히 파괴했던 사건에 대해 예수의 예언이 이루어졌다고 설명하지 않았는가? 보이드는 이에 대해 누가가 분명 예루살렘의 몰락 이전에 기록들을 남겼을 것이라고 결론 내린다.

그러나 누가의 첫 작품에서 예수가 성전의 파괴를 예언하고 있다는 것(누가복음 21:6)이 이를 더욱 강조한다. 사도행전의 핵심 주제 가운데 하나가 예수의 사역이 교회의 삶 가운데 어떻게 지속되고 성취되었는지를 보여주는 것임을 고려할 때, 누가가 예수의 핵심 예언이 어떻게 이루어졌는지 기록하고 있지 않다는 점은 그가 예언의 성취 *이전*에 서술하고 있다고 가정하지 않는다면 설명하기 어려워진다. 이 모든 점들을 함께 고려해보면, 누가복음과 사도행전의 작성 연대가 예루살렘의 몰락, 유대-로마 전쟁, 심지어는 서기 62년에 일어난 네로의 박해 이전으로 거슬러 올라가야 한다는 주장이 강력해진다.[29]

4.3.3.3.2 *사도행전이 서기 70년 이후에 쓰였다면 "멸망의 가증한 것"이라는 구절은 성전의 파괴를 지시하는 것이 될 수가 없다.*

로빈슨은 우리가 마가복음 13:14~20의 내용에 주목해야 하며 여기서 예수가 13장 첫 부분의 질문들에 대해 실질적으로 대답하지 않았다고 지적한다. 이어지는 내용에서 성전에 대한 유일한 언급은 마가복음 13:14~16에서 예수가 "멸망의 가증한 것"이 서지 못할 곳에 설 때 유대에 있는 자들은 산으로 도망가라고 경고하는 장면에서 암시된다. 그러나 로빈슨이 잘 지적하고 있듯이, 만약 이 본문이 서기 70년 이후에 쓰인 것이라면 산으로 도망가라는 경고는 말이 안 되기 때문에 "멸망의 가증한 것"이라는 구절은 논리적으로 성전의 파괴를 지시할 수가 없다.

당시 사람들은 모두 산이나 언덕 등의 지역이 로마 군대의 수중에 있다는 사실을 잘 알고 있었을 것이다. 예루살렘을 공격하려고 준비하고 있는 로마 군대의 수중으로 달아나라는 경고는 말이 되지 않는다. 예루살렘에 있던 기독교인들은 실제로 서기 70년 이전에 데카폴리스(Decapolis)의 도시인 펠라(Pella)로 도망쳤다. 로빈슨이 설명하듯이,

"멸망의 가증한 것"이 최소한 그 자체로는 서기 70년 8월의 성전의 파괴나 티투스의 병사들이 그들 방식으로 제사를 지냄으로써 성전이 더럽혀진 것을 지시할 수 없다는 점은 명백하다. 그 시점에선 유대에 남아있던 어떤 사람도 이미 서기 67년 말에 적의 수중에 있는 산으로 도망하기에는 늦어버렸다. 더욱이 우리가 기독교인들이 취하였거나 취하라고 명령 받은 행동에 대해 유일하게 알고 있는 전승은 에피파니오도 참고하였던 헤게시푸스의 『수기』(Memoirs)를 기반으로 유세비우스가 남긴 기록뿐이다. 여기에 따르면 그들은 "전쟁 이전에" 예루살렘으로부터 도망가라는 신탁을 받았는데, 이 신탁은 마가복음에 기록된 경고처럼 유대의 산들로 도망가라는 것과는 정반대로 요르단 협곡의 동쪽에 위치하였으며 해수면보다 낮은 데카폴리스의 헬라 도시인 펠라로 도망가라고 했다. 그렇다면 이 예언은 사건들의 발생과 함께 생겨난 예언이 아닌 것으로 보이며 유대전쟁(서기 66~70년) 도중이나 바로 직전으로도 연대를 잡을 수 없다.[30]

4.3.3.3.3 예수의 예언은 예리한 통찰이라고 볼 수 있다.

설령 예언에 대한 본인의 형이상학적 입장을 극복할 수 없다고 하더라도 마가복음 13장의 내용은 반드시 예언으로 간주할 필요가 없으며, 기원전 168~167년 안티오쿠스 에피파네스가 저지른 것처럼 우상에 의한 성전의 더럽혀짐을 유대인들이 얼마나 혐오하는지에 대한 통찰 정도로 생각할 수도 있다.[31] 마가복음 13장은 매우 모호한 상징들을 담고 있어서 연대의 소급추정을 필요로 하지 않는다. 비슬리(G. R. Beasley) 역시 마가복음 13장에 대한 해설서에서 로빈슨의 결론에 동의한다. 비슬리가 서술하듯이, "다니엘서의 전통과 빌라도의 신성 모독에 대한 반응에서 입증되듯 로마 군기의 우상성에 대한 유대인들의 혐오감과 자신의 말을 백성들이 거부하는 데서 비롯되는 상황에 대한 예수의 통찰 등이 이 어록의 생성에 대해 충분한 배경을 제공한다."[32]

4.3.3.3.4 사도행전은 야고보의 처형에 대해 언급하고 있지 않지만 스데반의 석살(石殺)에 대해서는 생생하게 기록한다.

누가는 서기 62년의 야고보의 죽음이나 서기 64년에 있었던 것으로 보이는 베드로의 순교에 대해서도 언급하지 않는다. 이는 스데반의 처형에 대한 기록(사도행전 7:57~59)과 요한의 형제 야고보의 처형에 대한 기록(사도행전 12:2)을 고려해보았을 때 놀라울 수밖에 없다. 사도행전은 기독교 최초의 순교자인 스데반의 석살을 생생하게 기록하고 있다. 초기교회 역사학자인 베인턴(Roland Bainton)은 스데반의 석살이 "백성들로 하여금 이방신들을 섬기도록 유혹하는 유대인은 '돌로 쳐죽이라'는 신명기 13장의 명령에 따라"[33] 행해졌다는 것을 지적한다. 스데반의 죽음은 많은 사도들을 흩어지게 하면서 예루살렘 밖으로 복음이 전파되게 하는 시발점이 되었다. 초기교회의 삶 가운데 중요했다고는 하지만, 스데반과 요한의 형제 야고보는 바울과 베드로와 예수의 형제 야고보처럼 사도행전에서 핵심적인 역할을 수행하지는 않았다.

요세푸스는 『유대고대사』의 마지막 권(제20권)의 9장에서 예수의 형제이자 예루살렘교회의 지도자였던 야고보의 죽음(서기 62년)을 기록한다. 로마 주지사가 부재하던 때 대제사장이었던 아나누스의 행적을 추적하면서, 요세푸스는 "아나누스는 공회의 재판관들을 불러모아 의회 앞에 그리스도(Christos)라 불리는 예수의 형제이자 야고보라 불리는 자와 함께 다른 이들을 끌어왔다. 아나누스는 율법을 어긴 혐의로 그들을 고소한 후 석살형에 처하였다"[34]고 기록한다.

프란스(R. T. France)는 이 구절이 요세푸스 본인의 것이 분명하며, 후기 기독교인들이 써넣은 것이 아니라고 확신한다.[35] 반 부스트(Robert Van Voorst) 또한 신약 외에 예수와 관련된 고대 증거들에 대한 연구에서 이 점을 확신한다. 반 부스트는 이 구설이 후기 기독교에 의한 보간(補間)이 아닌 요세푸스 본인의 것이라고 결론 내린다. 그가 서술하듯이, "대부분의 학자들은 '그리스도라 불리는 예수의 형제'라는 말이 구절 전체와 함께 요세푸스 본인의 것이라고 동의한다. 이 구절은 전체 문맥에 잘 들어맞는다. 내용적으로 볼 때, 후기 기독교인이 이 구절을 썼다면 야고보와 특히 예수에 대해 '주'와 같은 찬미적 용어를 사용했을 것이다 … 요세푸스의 용어 '그리스도라 불리는 자'는 중립적이고 묘사적이어서 예수를 '그리스도'라 고백하는 것도 부정하는 것

도 아니다."³⁶

이는 누가가 사도행전을 분명 서기 62년 이전에 집필했다는 것을 의미한다. 누가는 그의 서술에서 순교와 초기교회의 박해를 중심적으로 다룬다. 따라서 예루살렘교회의 지도자였던 야고보의 석살형을 제외시키는 것은 누가의 입장에서는 엄청난 누락이다. 그러므로 누가가 사도행전을 야고보의 석살 및 예루살렘의 몰락과 성전의 파괴 이전에 썼다는 것이야말로 이 누락에 대한 가장 합리적인 설명이다.³⁷

4.3.3.3.5 바울의 재판 결과에 대해 어떤 언급도 없다는 점은 사도행전이 서기 70년 이전에 작성되었다는 의미다.

사도행전의 마지막 8장이 바울의 사역에 집중하고 있으면서도 바울이 로마에서 가택연금에 처해져 재판 결과를 기다리는 장면으로 끝나는 것은 이상하다. 가이사랴 출신의 역사학자인 유세비우스는 『교회사』(*Ecclesiastical History*, 서기 325년)에서 바울이 네로 황제에 의해 서기 67년이나 68년에 순교했다고 기록했다. 로마교회의 주교 클레멘트가 고린도에 보내는 서신인 클레멘트 1서(First Clement)의 5장과 6장은 베드로와 바울이 서기 64년 네로의 박해 아래 순교했다는 초기의 증거를 담고 있다. 이는 고린도의 주교였던 디오니시우스(서기 180년)와 테르툴리아누스(서기 200년)를 포함하여 초기교회의 교부들이 파악하고 있는 것과 일관된다. 그러나 사도행전은 베드로와 바울의 죽음에 대해, 심지어는 바울의 체포와 재판 결과에 대해서도 완전히 침묵한다.

사도행전의 급작스러운 마무리는 누가의 철두철미한 스타일과 맞지 않아 이목을 끈다. 만약 누가가 바울의 재판 결과가 나온 후 사도행전을 집필했음에도 재판 결과를 서술하지 않았다면, 이는 어떤 면에서는 그가 예수의 재판과 매질과 고난, 심지어는 예수가 부활했다고 주장하는 제자들에 대해 일체 언급하지 않고 예수가 빌라도에게 넘겨지는 장면으로 복음서 기록을 끝내는 것과 동일하다. 누가는 네로 황제가 서기 64년에 기독교인들을 박해하고 학살한 사건을 전혀 언급하지 않는다. 로빈슨은 이 놀라운 침묵에 대해 분석하면서 사도행전이 서기 62년 이후에 쓰였다고 주장하는 자들에게 입증책임이 부과된다는 타당한 결론을 내린다.

사도행전이 분명 [서기 62년] 후에 온다고 주장하는 자들은 이를 입증해야 할 막중한 책임이 있다고 보이며, 나의 소견으로는 누가복음이나 사도행전 내에 예루살렘의 몰락에 대한 예언 말고는 연대를 늦게 잡을 수밖에 없도록 요구하는 신학이나 역사 같은 것은 없다. 따라서 우리는 (유세비우스가 그러했듯이) 이 두 작품의 내적 증거로부터 사도행전이 서기 62년이나 그전에, 누가복음은 그보다도 더 이른 시기에 완성되었다고 결론 내려야만 한다.[38]

4.3.3.3.6 율법체계(levitical system)와 사두개인들에 대한 언급은 마태복음이 서기 70년 이전에 작성되었음을 지시한다.

공관복음서들이 모두 서기 70년 이전에 작성되었다는 추가적인 증거는 율법체계와 사두개인들에 대한 언급에서 찾을 수 있다. 70년 이후에 율법체계는 더 이상 운영되지 않았으며 성전의 파괴 이후 사두개인들은 아무런 영향력을 발휘하지 못했다. 더욱이 마태복음 17:24~27에서 예수가 성전세(聖殿稅)로 반 세겔(shekel)을 지불하는 것에 대해 가르치는 장면은 서기 70년 이전을 배경으로 하고 있음을 시사하는데, 이는 요세푸스가 알려주듯이 70년 이후 신전세는 유피테르 카피톨리누스(Jupiter Capitolinus) 신전에 내도록 되어 있었기 때문이다. 이에 대해 로빈슨은 미쉬나(Mishnah, ※구전으로 된 유대교 율법) 역시 "세금에 관한 [율법은] … 성전이 존속하는 동안에만 유효하다"39라고 명시하고 있음을 지적한다.

4.3.3.3.7 사도행전 내에서 발견되는 원시기독교의 용어들은 사도행전이 이른 시기에 작성되었다는 증거다.

사도행전이 이른 시기에 작성되었음을 지시하는 또 다른 중요한 점은 저자가 원시교회의 용어로 알려진 신학적 구절들을 사용한다는 것이다. 이 구절들은 교회의 초기 수십 년간에만 사용되었으며 그후에는 기독교 용어에서 제외되었다. 보이드가 지적하듯이,

> 사도행전 내의 기타 증거들도 동일한 방향을 지시하고 있다. 첫째로, 누가의 신학용어 중 상당 부분이 매우 원시적으로 보인다. 유대인들을 "이스라엘 자손(the people)"으로, 성찬식을 "떡을 뗌(breaking of bread)"으로, 일요일을 "주간의 첫날(the first day of the week)"로

("주의 날(the Lord's day)" 대신에. 계시록 1:10, 디다케 14:1) 부른다는 점은 그의 저작들의 원시성에 대한 증거들이다.[40]

4.3.3.3.8 로빈슨은 마태복음이 서기 62년 이전에 쓰였으며 다른 공관복음서들은 50년대에, 즉 십자가형으로부터 20년쯤 후에 쓰였다고 결론 내린다.

로빈슨은 모든 증거를 검토한 후 "이 경우 우리는 마태복음의 연대를 적어도 서기 62년 이전, 즉 사도행전이 작성되었다고 보는 연도 이전으로(누가복음은 이보다도 전에) 잡는다. 이는 공관복음서들의 완성 형태를 50년대 말 무렵으로 잡을 수 있음을 뜻한다"고 결론 내린다.

만약 마가복음과 누가복음이 적어도 50년대 후반에 작성되었다면, 이 기록들은 십자가형으로부터 20년 안에, 즉 수많은 적대적인 증인들과 우호적인 증인들이 기록들에 대해 검토할 수 있었으며, 왜곡이 있었을 경우 이를 지적할 수 있었던 시기에 이미 존재했다는 의미다. 앞서 지적했듯이, 이 기록들의 연대를 좀 더 늦게 추정해 보아도 이 기록들에 대해 증인들이 비판했다거나 이의를 제기했다는 증거는 전혀 없다. 많은 증인들이 살아있었던 1세기 초에 이 기록들에 관해 아무런 비판도 없었다는 점은 매우 의미심장하다. 그리고 신약 서신서들의 작성 연대도 마찬가지로 중요한데, 이는 복음서들보다도 이른 시기에 작성된 서신서들이 정경복음서 기록들을 입증해주기 때문이다.[41]

4.4 비록 복음서들의 신빙성에 관한 문제에 있어서 본질적이지는 않으나, 전통적인 원작자(authorship) 개념 또한 이에 대한 증거로서 생각할 수 있다.

비록 몇몇은 이와 상반되는 관점을 취하지만 많은 신약학자들이 현대 신약개정판 대부분에 첫 번째로 나오는 복음서가 예수의 사랑과 우애를 경험한 후 제자가 되었던 세리(稅吏) 마태에 의해 쓰였다는 중요한 증거들을 제시했다.[42] 이는 "마태가 '히브리어'(즉, 아람어)로 예수의 어록(the Logia)을 작성했으며, 모든 사람들이 이를 최선을 다해 번역하였다"[43]는 파피아(Papias)의 진술과도 일관된다.

예수의 어록을 아람어로 재번역해보면 파피아의 진술이 매우 합리적임을 알 수 있다. 예수의 어록을 아람어 원어로 재구성하는 작업은 "규칙적인 시적 리듬과 심지어 어떤 경우에는 운율까지"[44] 드러내준다. 운율을 통해 시를 낭송하는 사람이라면 누구나 잘 알겠지만, 규칙적인 패턴은 더 쉽게 암기할 수 있도록 도와준다. 이는 구약 시가들의 특성이었으며, 구약에 통달했던 예수는 제자들이 그의 어록을 더 쉽고 정확하게 암기할 수 있도록 시를 이용했던 것으로 보인다.

학자들은 또한 베드로와 바울의 막역한 친구였던 마가, 바울과 함께 다녔던 의사 누가 그리고 사도 요한 혹은 장자(長子) 요한(John the Elder)이 나머지 세 정경복음서들을 썼다는 전통적인 입장을 지지하며 이는 타당하다.[45]

초기교회에서 이 전통적인 입장과 대치되던 입장은 단 하나도 없었다. 초기교회의 교부들 중 전통적으로 네 정경복음서의 저자들로 받아들여진 이들 외에 다른 인물들을 원작자라고 주장했던 사람은 아무도 없다. 베드로복음서나 야고보복음서 등 미심쩍은 위경복음서들과는 달리 정경복음서의 저자들은 초기교회의 발전사에 있어서 상대적으로 부차적인 인물들이었다. 그에 따라 많은 학자들이 어째서 초기교회가 상대적으로 덜 알려진 자들을 원작자로 내세웠는지 의문을 제시한다. 만약 복음서 기록들에 권위를 부여하고자 했다면 예수의 사도들 중 베드로나 예수의 형제인 야고보처럼 더 중요한 인물들의 이름을 사용하지 않았겠는가? 그러나 초기교회의 지도자들은 마태, 요한, 마가 그리고 누가가 복음서들의 저자라는 점에 대해 만장일치했다.

예를 들어 파피아스(서기 140년경)는 마가가 사도 베드로의 막역한 동지였으며 베드로가 예수에 대해 설교한 것을 기록하였다는 초기의 사료를 인용한다. 이는 베드로가 마가복음의 윤곽을 그대로 따라 세례 요한에 의한 예수의 세례, 성령의 기름부음, 유대와 예루살렘 전 지역에서 두루 행한 선한 일들과 치유 사역, 십자가형과 부활 등에 대해 설교하는 사도행전 10:37의 장면에서 입증되었다. 만약 마가가 그때 베드로의 설교를 듣고 서술했다고 한다면, 그는 사도행전에 기록된 베드로의 설교와 일관되는 형식으로 기록을 남긴 것으로 보인다.[46]

서기 88~99년의 기간 동안 로마의 주교였던 클레멘트는 마가복음의 작성과 관련된 1세기의 고대 증거를 제공한다. 그는 베드로가 로마에서 전도할 당시 마가가 복음서를 집필하고 있었다고 설명한다.

베드로가 로마에서 카이사르의 몇몇 기사들을 비롯하여 대중 앞에서 복음을 전도하고 그리스도에 관해 많은 증언들을 제시하고 있었을 때, 베드로의 동역자인 마가는 기사들로부터 베드로가 말한 것을 기억할 수 있도록 기록으로 남겨달라는 요청을 받게 되어 베드로가 전도한 내용을 복음서로 적었으니 이것이 곧 마가복음이다.[47]

누가복음은 (1) 구조와 용어의 유사성, 데오빌로라는 동일 인물을 언급하고 있다는 유사성과 (2) 저자가 자신이 기록한 사건들이 발생했던 때에 바울과 함께 다녔음을 제시하는 대명사 "우리"[48]를 다수 사용한다는 점을 볼 때 사도행전과 동일한 저자에 의해 서술되었다. 바울은 서기 60년경(십자가형으로부터 약 30년 후)에 쓰인 골로새서에서 "사랑을 받는 의사 누가와 또 데마가 너희에게 문안하느니라"[49]고 서술하며 누가가 그와 함께 있음을 확인시켜준다. 이와 유사하게 바울은 같은 시기에 로마의 옥중에서 쓴 빌레몬서에서 "그리스도 예수 안에서 나와 함께 갇힌 자 에바브라와 또한 나의 동역자 마가, 아리스다고, 데마, 누가가 문안하느니라"[50]고 서술하면서 누가가 그와 함께 있다고 확인시켜준다.

2세기 말의 이레나이우스의 글 또한 당시의 전승을 확증해준다. 그가 서술하듯이, "베드로와 바울이 로마에서 전도하며 교회의 기초를 다지고 있었을 때, 마태 역시 유대인들을 위해 그들의 말로 된 복음서를 기록하였다. 그들이 떠난 후 베드로의 제자이자 통역이었던 마가 또한 베드로가 설교했던 것을 기록하여 우리에게 전해주었다."[51]

초기교회의 기록된 전승들 중 가장 오래된 전승은 베드로와 바울이 로마에서 전도하고 있을 때 마태가 그의 복음서를 작성했다는 것이다. 이에 따라 네로 황제에 의해 베드로와 바울이 처형당했을 것으로 생각되는 시기가 앞서 언급했듯이 60년대 중반이므로, 이 기록은 그보다 전에 작성되었어야 한다.

4.5 고고학적 증거는 복음서의 저자들이 역사적 정확성을 염두에 두고 있었다고 지시한다.

고고학적 증거와 복음서 저자들의 스타일과 간증은 그들이 예수의 삶에 대해 정확한 묘사를 남기기 위해 심혈을 기울였다고 지시한다. 예를 들어 누가는 누가복음의 도입부에서 예수가 지상에 있었던 시기의 역사에 대해 신중하고 권위 있는 기록을 남기려 시도했다고 증언한다.

> 우리 중에 이루어진 사실에 대하여 처음부터 목격자와 말씀의 일꾼 된 자들이 전하여 준 그대로 내력을 저술하려고 붓을 든 사람이 많은지라 그 모든 일을 근원부터 자세히 미루어 살핀 나도 데오빌로 각하에게 차례대로 써 보내는 것이 좋은 줄 알았노니 이는 각하가 알고 있는 바를 더 확실하게 하려 함이로라[52]

고고학적 증거는 복음서의 역사적 정확성에 대해 더 많은 것들을 알려준다. 예를 들어 요한복음의 지리학적 위치들에 대한 언급들은 항상 정확한 것으로 드러났다. 블롬버그가 서술하듯이, "고고학자들은 양문(the Sheep Gate) 곁의 베데스다(Bethesda) 연못,[53] 즉 실로암(Siloam) 연못[54]의 다섯 행각과 시가(Sychar)에 위치한 야곱의 우물,[55] 빌라도가 예수를 재판했던 뜰(가바다, Gabatha)[56] 그리고 성전 안의 솔로몬 행각 등을 발굴해냈다."[57] 기타 증거들로는 빌라도가 예수 생전에 유대지역의 총독이었음을 입증하는 기록과 예수의 십자가형에 대한 복음서의 기록처럼 못이 발목을 관통한 채 십자가형에 처해졌던 남자의 유골이 담긴 납골당, 예수를 신성모독으로 고발하여 재판에 넘긴 대제사장 가야바가 묻힌 매장지 등이 있다.[58] 이 증거들은 신약이 기록된 사건들에 대한 물리적 증거를 보유하고 있기 때문에 신뢰할 수 있는 역사적 정보를 담고 있다는 점을 지시한다.

4.6 초기교회의 서신들(우리 수중의 가장 오래된 기독교 문서들)은 복음서 기록들을 입증한다.

메츠거는 많은 신약학자들이 1세기 중엽의 신약 서신들에 정경복음서들의 정확성과 신빙성을 강력하게 입증하는 증거들이 있다는 점을 인식하지 못한다고 지적했다. 그는 이 서신서들이 예수의 삶과 사역에서 중요한 역사적 사건들을 기록하고 있다고 주장했다. 예수와 관련된 신약서신들 속의 사료(史料)들은 오늘날의 신약학자들에 의해 도외시되곤 한다. 메츠거가 서술하듯이, "바울의 서신들은 예수의 어록에 대한 암시를 상당히 많이 담고 있으며, 그 수가 너무도 많아 일부 학자들은 바울이 예수의 어록에 대한 모음집을 가지고 있었다고 생각하기도 한다 … 역사학자들은 예수에 관한 바울의 지식을 평가하는 일에 있어서 바울 서신들이 복음서들의 간증이 그리는 넓은 윤곽을 확증한

다는 점을 중요하게 생각한다."⁵⁹

바울서신인 로마서, 고린도전서, 데살로니가전서 그리고 갈라디아서와 야고보의 서신인 야고보서는 신약복음서 기록들의 정확성을 입증하는 증거들을 제공한다. 바울서신들은 50년대에 쓰였으며 야고보는 40년대 후반에 야고보서를 썼을 것이다. 서신들의 내용은 이들이 예수의 어록에 관한 구전을 신뢰할 수 있는 방식으로 전수하고 전수받는 일에 주의를 기울였다는 점을 지시한다. 나는 2장에서 우리 수중의 모든 기독교 문서들보다도 앞서 존재했던 신조들과 찬송들 그리고 예배의식적 문구들이 모두 예수의 삶에 대한 정경 기록들을 입증하고 있다고 지적했다. 이 예배의식적 문구들에 담긴 정보는 정경복음서들의 정확성에 대한 중요한 증거다.

블롬버그는 메츠거에 동의하면서 복음서들 이전에 작성되었던 신약 문서들의 몇 가지 중요한 구절들에 대해 흥미롭고 실질적인 개요를 제공한다. 이 구절들은 모두 복음서 기록들을 입증해주며 이 기록들과 모순되는 구절은 단 하나도 없다.

> 오직 바울 서신들 내에서 예수의 삶에 관한 정보를 개괄적으로 짜맞춰본다면, 예수가 아브라함과 다윗의 혈통이라는 것(갈라디아서 3:16, 로마서 1:3), 율법 아래에서 났다는 것(갈라디아서 4:4), 게바(베드로)와 요한을 포함한 제자들을 불러 모았으며 야고보라는 형제가 있었다는 것(갈라디아서 1:19, 2:9), 완전무결하였다는 것(예를 들어 빌립보서 2:6~8, 고린도후서 8:9, 로마서 15:3,8), 그의 마지막 만찬과 배신당함(고린도전서 11:23~25) 그리고 십자가형과 부활과 관련된 수많은 사항들 등을 들 수 있다(예를 들어 갈라디아서 3:1,

데살로니가전서 2:15, 고린도전서 15:4~8).

그보다 더 광범위하게는 바울이 문자 그대로 인용하지는 않았을 지라도 예수의 가르침에 대해 특히 로마서, 고린도전서 그리고 데살로니가전서에서 꽤나 상세한 지식을 갖고 있다는 점이 드러난다. 우리는 로마서에서 박해하는 자를 축복하라는 말과(로마서 12:14; 누가복음 6:27~28과 비교) 악을 악으로 갚지 말라는 말과(로마서 12:17; 마태복음 5:3과 비교) 조세와 관세를 바치라는 말과(로마서 13:7; 마가복음 12:17과 비교), 이웃에 대한 사랑이 율법의 완성이라는 말과(로마서 13:8~9; 갈라디아서 5:14, 마가복음 12:31과 비교) 모든 음식이 정결하다는 말에서(로마서 14:14; 누가복음 11:41, 마가복음 7:19과 비교) 예수의 음성을 들을 수 있다. 고린도전서에서 바울은 이혼과 재혼에 대하여(고린도전서 7:10; 디모데전서 5:14, 마태복음 19:8~9과 비교) 그리고 최후의 만찬에 대해 광범위하게(고린도전서 11:23~25; 누가복음 22:19~20과 비교) 복음 전승 속의 예수의 말을 세 번 인용하고 있다. 데살로니가전서에서는 이와 꽤 유사한 인용들이 2:14~16(동족인 유대인들에게 박해받는 기독교인들에 관하여)과 4:15~5:4(예수의 재림에 관하여; 마태복음 24장, 특히 43과 비교)에서 나타난다. 야고보서로 넘어가보면 공관전통에 대한, 특히 산상수훈에 대한 암시를 거의 모든 단락에서 발견할 수 있으며 너희의 '예'를 '예'로 '아니오'를 '아니오'라 하라는 말에 대해서는 야고보서 5:12(마태복음 5:37과 비교)에서 산상수훈보다도 더 명확하게 인용한다. 계시록 역시 예수의 가르침으로부터, 특히 예수가 "인자"라는 독특한 칭호를 사용하는 것에서 이미지들을 끌어들인다. 정경복음서들이 합쳐지고 시중에 돌아다니기 전에 계시록을 제외한 이 모든 책들이 쓰였다는 점을 우리가 인식할 때, 이는 그야말로 복음 전승들이 구전의 단계에서 얼마나 널리 퍼져있었는지에 대한 인상적인 증거다.[60]

정경복음서 기록들과 일치하는 구절들의 목록은 인상적이다. 그것들의 작성 연대가 복음서 기록들의 작성 연대보다 앞선다는 사실을 가볍게 취급해서는 안 된다. 그것들은 정경복음서들이 실제 역사적 사건들과 인물들과 가르침 등을 반영한다는 확증을 제공하기 때문이다. 이 구절들이 정경복음서들과 어떠한 모순점도 없다는 것을 고려해본다면, 정경복음서들을 신뢰할 수 없다고 추정하는 학자들에게는 예수에 관한 또 다른 관점이 존재했다는 것에 대해 동등한 타당성을 갖는 초기 증거를 제시해야 할 책임이 있다.

주

1 예를 들어 타키투스가 작성한 초기 로마황제들의 연대기는 단 하나의 사본밖에 없으며, 이 사본의 연대는 대략 12세기로 추정된다. 또한 카이사르의 『갈리아 전기』(Gallic War)는 가장 오래된 사본의 연대가 서기 900년 정도이고 약 10부의 사본만 존재하며. 투키디데스가 저술한 『펠로폰네소스 전쟁사』(History of the Peloponnesian War)의 가장 오래된 사본은 연대가 대략 서기 900년 정도이며 8부의 사본이 있다.

2 Bruce 1960, 19.

3 Bruce 1960, 21에서 발췌.

4 Ehrman 2005, 9.

5 3장을 참고하라.

6 Evans 2006, 31.

7 Metzger 2003, 327, 강조는 덧붙임. 메츠거 문하에서 본문비평을 연구한 또다른 신약학자 위더링턴(Ben Witherington)은 메츠거의 결론에 동의하면서 다음과 같이 서술한다.

> (에르만의) 결론은 그가 제시한 증거들을 앞서가고 있다. 신약 사본들 사이에는 내용적으로 확실히 많고 다양한 이문(異文)들이 있지만, 광신적이면서도 꼼꼼하지 못한 서기들이 일부 핵심 기독교 믿음들을 사건 발생 후에 꾸미고 신약 문서들 안에 삽입했다는 주장의 근거로서 에르만이 다루는 차이들은 현실적으로 증거로써 받아들일 수 없다. 그가 『정통파에 의한 성경 왜곡』(The Orthodox Corruption of Scripture)이나 『성경 왜곡의 역사』(Misquoting Jesus)에서 다루는 이문들 중 어떤 것도 동정녀 수태, 십자가형, 예수의 육적 부활, 심지어는 삼위일체와 같은 개념들이 신약문서들을 더 "정통적"으로 만들기 위해 나중에 덧붙여졌다는 것을 입증해주지 않는다. 이러한 주장은 간단히 말해 거짓이다. 오히려 우리는 이러한 개념들이 과도하게 열정적인 서기관들에 의해 요한1서 5:7b와 같은 본문 속에서 강조되거나 명확해지는 것을 볼 수 있다. 이것이야말로 이러한 이문들과 관련해서 가장 냉철한 역사적 판단이라 할 수 있다. 에르만과 필자의 본문비평학 스승인 메츠거가 이문들은 핵심 기독교 믿음들 중 어떤 것에 대해서도 의문을 제기하지 않는다고 한 이유가 있다. 그

것들은 이의를 제기하고 있지 않기 때문이다. 아울러 피(Gordon Fee) 등의 본문비평학의 전문가들 역시 이문들의 의의에 대한 에르만의 분석이 잘못됐다고 강조해왔음을 덧붙인다.

Witherington 2006, 7.

8 Evans 2006, 29.
9 5장을 참고.
10 Metzger 2003, 177.
11 Metzger 2003, 150~151.
12 Metzger 2003, 51.
13 Tournier 1958, 197.
14 바로 이것이 신학자이자 순교자였던 본회퍼가 취했던 자세이다. 그가 서술하듯이, "성경은 결코 다른 책들을 읽는 것처럼 읽을 수 없다. 우리는 이것에 대해 정말로 질문할 준비가 되어있어야 한다. 이렇게 해야만 우리는 성경을 풀 수 있다. 오직 우리가 성경에서 최종적인 답을 기대할 때에만 성경은 우리에게 그 말씀을 준다. 이는 하나님이 성경을 통해 우리에게 말씀하시기 때문이다. 그리고 우리는 단순하게 우리 자신으로부터 하나님을 반추할 수 없다. 오히려 우리는 하나님께 여쭈어 봐야 한다. 오직 우리가 하나님을 찾을 때에만 하나님은 답을 주신다."

Bonhoeffer 1995, 172.

15 www.bible-researcher.com/rieu.html
16 Rieu, 1952, xxxiii.
17 Bonhoeffer 1995, 54.
18 Bruce 1960, 12.
19 Bruce 1960, 13.
20 Blomberg 1987, 27.
21 Wilkens et al. 1995, 31~32에서 발췌.
22 Van Voorst 2000, 81.
23 Van Voorst 2000, 82.
24 Boyd 1995, 253.
25 Robinson 1976, 13~14.
26 캠브리지대학의 신약학자 모울 역시 유대전쟁과 예루살렘 및 성전의 파괴를 언급

하지 않는 이유에 대한 설명이 불충분하다고 생각한다. 앞서 지적했듯이, 초기 기독교는 예루살렘과 강한 유대를 이루고 있었다. 어쨌든 예루살렘이야말로 초대교회가 세워진 장소이기 때문이다. 모울의 논의에 대해서는 Moule 1982, 173~176을 참고.

27 Maier 1994, 373.
28 Robinson 1976, 14에서 발췌.
29 Boyd 1995, 254.
30 Robinson 1976, 16.
31 Robinson 1976, 17.
32 Robinson 1976, 18에서 발췌.
33 Bainton 1960, 19.
34 Van Voorst 2000, 83에서 발췌.
35 프랑스가 서술하듯이,

> 우리의 논의에서 중요한 것은 요세푸스가 예수의 이 명칭을 어떤 논평이나 설명도 없이 지나가는 투로 기록했다는 점이다. Christos라는 용어는 우리가 곧 살펴보게 될 본문 외에 요세푸스의 다른 어떤 글에서도 나타나지 않는다 … 예수의 형제인 야고보가 기독교 운동에서 지닌 의의에 대한 설명 하나 없이 그를 단순히 언급만 하는 점과, 율법을 어겼다는 혐의를 부정하거나 그의 위상을 높이려는 어떠한 시도도 없다는 점으로 미루어 보아 이 기록은 기독교인에 의한 왜곡처럼 보이지는 않는다. 더욱이 "메시아라고 칭해지는(*ho legomenos Christos*)"이라는 구절은 기독교인이 자신의 주(主)를 언급하는 방식으로 보기 힘들다. 또한 예수를 메시아로 받아들이지 않은 요세푸스가 그럼에도 불구하고 야고보의 무죄를 증언했다는 사실에 대해 3세기 초중반에 집필했던 오리겐이 놀라움을 표한 일은 이 구절이 요세푸스 본인의 것임을 지지한다 … (중략) … 따라서 『유대고대사』(*Antiquities*) XX 200은 일반적으로 요세푸스 본인이 서술했다고 받아들여진다. 이 본문은 그 자체로 예수에 대해서는 별로 알려주는 것이 없지만, *ho legomenos Christos*라는 구절이 앞에서 이미 설명되었음을 전제한다는 사실 하나만으로도 위에서 제시한 기록을 기독교인에 의한 왜곡으로 제외시키는 것은 매우 어렵게 된다.

France 1986, 26~27.

36 Van Voorst 2000, 83~84.

37 블롬버그는 누가복음의 내적 증거가 공관복음서들의 연대를 서기 62년 이전으로
추정해야한다는 점을 강력하게 지시한다고 동의하며 다음과 같이 강조한다.

> 초기의 외적 증거들은 누가복음의 연대를 측정하는 데에 도움을 주지 않지만
> 내적 증거는 이에 대한 단서를 제공한다. 다양한 제안들이 있기는 하나, 사도
> 행전의 급작스러운 결말에 대해 가장 타당한 설명은 바울이 로마에서 2년간
> 가택연금을 당하고 있을 때 동시에 누가가 그 사건을 담은 사도행전 28장을
> 서술하고 있었다는 것이다. 그 외의 제안들은 어째서 누가가 사도행전 19~28
> 장의 열 장을 바울의 구속과 재판을 포함한 사건들을 서술하는 데에 할애하
> 고 있으면서도 바울의 항소가 어떤 결말을 맺었는지에 대해 아무것도 알려주
> 지 않는지를 설득력 있게 설명하지 못한다. 그러나 만약 카이사르가 아직 바
> 울을 재판하지 않았기 때문에 누가가 그 결과를 몰랐다고 한다면 이를 누락
> 시킨 것을 이해할 수 있다. 그러므로 만약 바울이 그의 재판 결과를 기다리는
> 도중에 누가가 사도행전을 집필했다면, 우리는 그 문서의 연대를 아무리 늦어
> 도 서기 62년 이후로 잡을 수는 없다. 그렇다면 누가의 2부작에서 1부를 구성
> 하는 복음서(누가복음 1:1~4과 사도행전 1:1~2 비교)의 연대는 반드시 사도
> 행전과 동일하거나 심지어는 더 이르게 잡아야 한다. 대부분의 학자들은 마태
> 복음과 마가복음 그리고 누가복음 사이의 문맥이라는 내적 증거를 마가복음
> 이 다른 두 공관복음서들보다 먼저 쓰였다는 의미로 받아들인다. 이 모든 점
> 들은 공관복음서들이 예수의 죽음(대략 서기 30년)으로부터 30년 정도 후에
> 작성되었으며 복음서들의 기록이 정확한지 확인할 수 있었던 사람들의 시대로
> 까지 거슬러 올라간다는 강력한 논거를 구축한다.

Wilkins and Moreland 1995, 29에 블롬버그 서술,

38 Robinson 1976, 92.
39 Robinson 1976, 105에서 발췌.
40 Boyd 1995, 254~255.
41 나는 2장에서 신약 문서들에 인용된 고대 신조들과 찬양들 그리고 예배의식적 문
구들이 고도로 발달된 고등기독론을 보여주며, 교회가 처음부터 예수를 하나님으
로 숭배했다는 점을 다루었다. 교회가 복음서에서 드러나는 신학을 발전시키
기 위해 시간이 필요했다는 가정은 연역적으로 추정할 수 없다. 로빈슨이 주
장하듯이,

> 그럼에도 불구하고 이 모든 것이 복음서들과 사도행전에서 상정된 신학과 교
> 회의 관습이 발전해나가는 과정을 너무 짧게 잡는다는 이의는 분명히 제기될
> 것이다. 그러나 이러한 판단은 너무나 주관적이다. 학자들이 마땅히 관심을 가

져야할 어떤 발전의 과정이나 집단형성 및 개정(改定)적 과정이 시간을 얼마나 필요로 하는지 선험적으로 말하는 것은 불가능하다. 나는 복음서들이나 사도행전의 신학에서, 혹은 거기서 묘사된 교회라는 조직에서 목회서신을 포함한 바울의 문서들이 생성되기 위해 더 긴 시간을 요구하는 요소는 없다고 믿는다. 그러나 만약 공관복음서들과 사도행전의 작성이 실제로 사도행전이 기록하고 있는 서기 30~60+년을 포괄한다면(기록의 형태로 점차 이루어진 것은 아마도 서기 40~60+년일 것이다), 이 사실은 결국 논의가 되고 있는 문서들의 연대를 책정하는 데에 있어서 귀중한 척도를 제공한다.

Robinson 1976, 116~117.

42 마태복음 9:9~13.

43 Eusebius, H.E. iii, 39, Bruce 1960, 38에 인용된 대로.

44 Bruce 1960, 39.

45 Wilkins and Moreland 1995, 25.

46 사도행전 2:14~41, 3:12~26, 4:8~12, 5:29~32을 참고.

47 *Adumbr*., 베드로전서 5:13, Robinson 1976, 109에서 발췌.

48 사도행전 16:10~17, 20:5~15, 21:1~18, 27:1~28:16을 참고.

49 골로새서 4:14.

50 빌레몬서 23, 24장.

51 Irenaeus, "Agaisnt All Heresies," 3.1.38~41.

52 누가복음 1:1~4.

53 요한복음 5:2.

54 요한복음 9:7.

55 요한복음 4:5.

56 요한복음 9:13.

57 Wilkins and Moreland, 40~41에 서술.

58 Wilkins and Moreland, 40~41에 서술.

59 Metzger 2003, 117~118.

60 Craig 1994, 221에 Blomberg 서술.

제5장

복음은 예수의 십자가형 직후 신뢰할 수 있는 구전(口傳) 전수과정을 통해 전파되었다

제5장

복음은 예수의 십자가형 직후 신뢰할 수 있는 구전(口傳) 전수과정을 통해 전파되었다

5.1 예수 본인으로부터 내려온 예수 전승은 신뢰할 수 있는 방식으로 유지되어왔을 가능성이 매우 높다.

몇몇 사람들은 예수의 십자가형과 최초로 쓰인 복음서들 사이에 30년 내지 수십 년 동안 있었을지도 모르는 공백에 대해 지적할 수도 있겠다. 그러나 이 공백은 오직 기존의 연대측정에서만 나타난다. 앞서 지적했듯이, 우리 수중의 증거는 복음서들의 연대를 더 이른 시기로 측정할 수 있음을 보여준다. 게다가 더 늦은 연대로 측정한다고 해도, 복음서들에 잘못된 진술이 있었을 때 이를 바로잡을 수 있었던 증인들은 여전히 살아 있었다. 그러나 우리는 정통과 반대되는 진술이나 기록에 대한 1세기의 증거는 찾아볼 수 없으며, 예수가 십자가에 못 박힌 지 수십 년 내에 쓰인 신약 서신서들 또한 복음서들의 신뢰성을 뒷받침한다. 더욱이 복음은 예수의 십자가형 직후 신뢰할 수 있는 구전 전수과정을 통해 전파되었다.

에르만은 한 사람이 옆에 앉은 사람에게 귓속말로 이야기를 전달하고, 각 사람들이 다시 귓속말로 전달하는 이른바 "전화 게임(telephone game)"을 1세기 복음의 구전 전수에 대한 비유로 들지만 이는 적절하지 않다. 1세기 구전의 전수 과정은 이보다 더 신뢰할 수 있었으며, 검증을 거쳐야만 했다.

독일의 학자 라이스너(Rainer Riesner)는 『선생으로서의 예수』(Jesus als Lehrer)에서 예수의 지상 사역 시기에 유대인들의 학교와 집과 회당에서 구전이 전수되던 과정에 대해 중요한 정보를 제공한다. 당시 유대의 젊은이들은 기나긴 구약의 구절들을 외우곤 했다. 경전과 가르침을 암기하는 관습은 21세기를 살아가는 사람들이 이해하기 어렵다. 그것이 놀라운 이유는 우리가 모든 것이 기록되고 전자화되는 사회에 살고 있기 때문이다. 1세기 팔레스타인은 격언이나 사건들을 기록하는 것보다 암기하는 것을 중시하는 사회였다. 중동에서 암기의 관습이 아직까지 유지되는 곳들에 대한 연구는 구전에서 중요하게 강조되는 점이 바로 격언이나 사건의 핵심적이고 중요한 양상을 충실하게 고수하는 것임을 보여준다. 그러므로 예수에 대한 구전을 보전하려던 자들도 예수의 언행의 의의를 정확하게 보존하는 데에 강조점을 두었을 것이다.[1]

기독교인들이 예수의 죽음으로부터 몇 주라는 기간 안에 그의 십자가형과 부활에 대해 전파하고 다녔다는 것은 확실하다. 이러한 전도의 와중에 예수의 언행은 끊임없이 되새겨지고 있었다. 제자들은 예수가 죽기 전까지 전했던 가르침들을 십중팔구 암기했을 것이다. 더군다나 이스라엘에선 선생이 그의 제자들에게 암기를 통해 경구를 배우도록 요구하는 것이 일반적인 관행이었다. 옥스퍼드대학의 교수 맥그라스(Alister McGrath)가 지적하듯이,

> 문서나 기타 시각적 형태로 기록된 정보에 너무나도 익숙해진 오늘날의 독자들은 이전 사람들이 구전을 통해 서로 소통했다는 점을 이해하기 어려울 것이다. 호메로스의 위대한 서사시들은 한 세대에서 다음 세대까지 놀랍도록 정확하게 전달되었던 좋은 예라고 할 수 있다. 현대의 서구인들이 잃어버렸을 지도 모르는 한 가지 능력이 있다면, 그것은 전달되었던 그대로 이야기나 서사를 기억하고 다른 사람들에게 전달하는 능력일 것이다.
>
> 원시 문화들에 대한 연구들이 계속해서 입증해주듯이, 한 세대에서 다음 세대로 이야기를 전달하는 것은 신약 시대를 포함하여 전(前)근대의 특성이었다. 확실히 초기 교육제도가 암기를 통한 습득에 토대를 두고 있다는 증거들은 강력하다. 오늘날 대부분의 서양인들이 짧은 이야기조차도 암기하는 것을 어려워한다는 것이 우리로 하여금 자연스럽게 다른 사람들이 그것을 해낼 수 있다는 사실을 믿지 못하도록 만들었다. 그러나 그것은 행해졌으며, 놀라울 정도로 훌륭하게 수행되었다.[2]

1세기의 교육은 주로 암기와 반복을 통해 이루어졌다.[3] 필기는 어느 정도 정보를 주고받는 수단이기는 하였으나 사건들이나 소식은 주로 구전을 통해 전달되었다. 필기는 다른 사람들이 들을 수 있도록 크게 소리 내어 읽기 위해 사용되었다. 예를 들

어 바울의 서신은 주로 초기교회의 신자들을 위해 크게 소리 내어 읽도록 쓰였다.

나는 여기서 유대인들과 초기 기독교인들이 1세기 팔레스타인에서 사용했었던 정보전달의 수단들에 대해 북유럽과 영국 및 독일 학계가 보여준 학문적 접근을 설명하고자 한다. 스웨덴의 신약학자인 에르핫손은 1961년에『기억과 기록: 랍비 유대주의와 초기 기독교 내에서의 구전과 필기를 통한 정보전달』(*Memory and Manuscript: Oral Tradition and Written Transmission in Rabbinic Judaism and Early Christianity*)을 출간하였다. 에르핫손은 그의 획기적인 연구서에서 (서기 135년 이후에 가장 철저하게 개선되고 발명된) 랍비들의 배움의 방식과 유사한 반복학습 및 암기 방식을 설명하고, 이것이 제자들이 예수의 언행을 전달하던 방법에 대해 유력한 본보기가 될 수 있다고 주장했다. 그러나 불행히도 그의 논문은 스미스(Morton Smith)와 그의 제자인 노이스너(Jacob Neusner)에 의해 희화화되고 오도되었다. 그들은 에르핫손이 서기 135년 이후의 랍비식 기법을 서기 70년 이전으로 끌어들였다고 비난했고, 많은 비평가들(십중팔구는 스미스와 마찬가지로 오독하여 에르핫손의 책을 읽을 생각조차 하지 않는 사람들)이 스미스의 논평에 의존하여 에르핫손의 입장을 묵살했다. 그러나 불행 중 다행으로 그의 책을 자세히 들여다 본 몇몇 비평가들은 그가 받은 부당한 대우를 부분적이나마 개선해주었다.

『기억과 기록』을 실제로 읽어본 사람은 스미스를 비롯한 학자들의 비판이 정당하지 않다는 것을 알 수 있을 것이다. 학문의 세계에선 자신이 실수를 저질렀다는 것을 인정하고 그에 대해 사과하는 진실성과 용기를 지닌 사람은 매우 드물다. 그러나 노이스너는 에르핫손의 책이 지니는 뉘앙스를 이해하지 못한 채 스미스를 따랐다고 인정하면서 자신이 놀라운 진실성과 용기의 소유자임을 보여주었다. 나는 노이스너를 여러 이유로 존경하며 에르핫손의 책을 오도한 것에 대한 그의 겸손하고 진심 어린 사과문을 읽었을 때 더욱 더 존경스러웠다. 노이스너는 스미스가 전적으로 "신랄한 욕설"을 퍼부으려고만 했음을 깨닫고 『기억과 기록』의 1998년 재판본을 위해 서술한 서문에서 스미스를 비판했다. 그는 서문에서 자신의 실수에 대해 해명하는 한편 에르핫손에게 분명히 사과했고, 그의 정직함은 칭찬받을 만하다. 그의 서문을 인용하자면, "스미스는 … 거만하며 오해를 불러일으키는 논평들을 다수 써냈다. 특히 그중에는 에르핫손이 정확히 짚어냈듯이 『기억과 기록』을 '희화화하고 오도하며' 고려할 가치가 없는 것으로 일축하여 해명할 기회조차 주지 않았던 논평도 있었다. 그러므로 '책에 대한 와전과 스미스의 너무나도 단순화하는 반론은 수많은 비평가들에 의해 그보다도 더 단순화된 형식으로 반복되어왔다'는 에르핫손의 고발에 대해 나의 죄를 인정하겠다. 나는 그러한 비평가들 중 하나였으며, 에르핫손을 직접 만나서 사과했고, 여기 서문에서도 그에게 사죄한다."[4]

노이스너가 지적하듯이, 에르핫손이 실제로 그의 1961년 판본과 이어지는 책들에서 무엇을 얘기했는지를 이해하는 것이 중요하다. 많은 학자들은 단순하게 스미스가 이끄는 대로 따라왔으며, 에르핫손이 서기 135년 이후에 발명되었던 랍비들의 방식을 서기 70년 이전으로 끌어오려 했다고 믿었다. 그러나 에르핫손은 2세기 랍비들의 완성된 방식을 서기 70년 이전까지 거슬러 추적할 수 있다고 주장하지 않았다. 물론 그렇다고 해서 1세기 팔레스타인에는 성경의 보존과 전달의 관습이 존재하지 않았다는 말은 아니다. 서기 135년 후에 완성된 랍비식 기법이 아무것도 없는 상태에서 완벽히 새롭고 즉발적으로 탄생한 발명일 가능성은 낮다. 오히려 그것은 "성스러운 말"을 신중히 보존하기 위해 사용했던 기존의 방식에서 유래됐을 가능성이 더 높다. 보이드가 서술하듯이, "그것들은 의심할 여지없이 보다 더 전에 널리 퍼져있던, 종교적 전통을 존중하는 유대인들의 태도에서 유래했다. 그리고 예수가 엄밀하게 말해서 랍비는 아니었지만 그는 분명 선생이었으며, 따라서 그가 유사한 교수법을 사용했을 가능성은 높다. 무엇보다도 고대 유대교의 교육제도가 구전 및 문자적 전승의 암기에 길을 열어줬음을 인식하는 것이 중요하다."5

나는 '선생으로서의 예수'라는 주제로 다시 돌아오겠으나, 지금 이 시점에서는 에르핫손이 시대착오적인 주장을 한 것이 아님을 강조하고 싶다. 그는 단지 2세기 랍비들과 비교하면서 그들의 암기 방식과 전승 방식을 하나의 예로써 사용하고 있었을 뿐이다. 비록 고도의 랍비식 기법이 2세기와 3세기에 더 완전하게 보완되기는 하나, 1세기 팔레스타인에 이보다는 덜 발전되었지만 여전히 중요한 보존과 전승의 전통이 존재하지 않았다고 추정할 수는 없다. 이와 관련하여 라이스너는 우리에게 소중한 증거를 제공한다. 그러나 라이스너의 논지를 보기에 앞서, 먼저 에르핫손이 자신의 입장을 해명하는 아래의 인용문을 살펴보겠다.

전통의 전수를 위한 전체 체계는 성전 시기에 완성되지 않았다. 교수법은 서기 70년과 135년 이후에 더 체계적이고 효율적이며 보편적으로 사용할 수 있도록 정제되었다. 그러나 개개의 지도 원칙들은 – 내가 '랍비식 전승법의 정수들'이라고 부르는 것들은 – 대부분 오래되었으며, 많은 경우 확실히 아주 오래되었다. 이를테면 암기, '일단 배운 후 그 다음에 이해하라'는 원칙, 간결함, 짧고 내용이 가득 담긴 텍스트들로 자료를 간추림, 시적 기교, 리듬, 가락을 붙여 노래를 만듦, 연상법, 필기의 사용, 성실한 반복학습 등등이 있다. 그러므로 후기에 완전히 발달된 기법을 최종 형태로 가정하는 한편, 전승의 기본 원리들을 하나하나 살펴보면서 그것들이 성전 시대의 초기 기독교 선생들에 의해, 혹은 예수 본인에 의해서도 적용되지는 않았는지 묻는 것이 완전히 시대착오적일 수는 없다. 신약 해석학자로서 우리는 당연히 그 시대로까지 거슬러 올라가려고 노력해야만 한다. 만일 전체 제도가 성전의 몰락 이전에 존재했다면 우리는 이러한 의문을 논할 필요조차 없을 것이다. 물론 그것은 존재하지 않았지만 말이다.[6]

에르핫손의 관심은 주로 구전의 전수라는 행위 혹은 그가 붙인 이름을 따르자면 '주님의 말씀에 대한 초기 기독교의 작업'에 있었다. 그는 이 활동이 보존적이면서도 창조적이며 또한 견고하면서도 유연하다고 보았다. 에르핫손은 예루살렘교회와 다른 초창기의 교회들에서도 지도자 집단(랍비식 학교가 아닌)이 성경과 예수의 기억을 토대로 구전을 보존하고 연구하며 토론하고 적용했다고 보았다. 12사도들은 이 지도층의 권위자들이었으며, 초기교회에서 전통이 원형대로 전수되고 보존되도록 지키는 역할을 했을 것이다. 바울이 고린도전서 11:2, 23과 15:2~3에서 전승의 "전함"과 "받음"이라는 전문적인 용어를 사용할 때 이미 이러한 권위를 가진 집단이 존재했던 것으로 보인다. 에르핫손은 최근에 발표한 글에서 예수 전승이 보호 아래 신뢰할 수 있는 방식으로 전수되었다고 그 어느 때보다 더 확신하는 듯하다.

신약에서 바리새인들의 랍비식 전승과 초기 기독교 전승에 관해서 찾을 수 있는 언급들은 이 전승들에 대해 동일한 유사전문(quasi-technical) 용어들(paradidomi, paralambano, paradosis)을 적용한다. 바울은 자신이 초기 기독교 전승을 전수받고 전수했음을 언급한다. 나는 바울이 과거에 랍비였던 배경을 생각했을 때, 비록 이전과는 꽤나 다른 전승을 대중들에게 전파했다고 하더라도, 그가 전승을 지칭하는 용어들을 과거에 배운 방식대로 사용하지 않았을 거라고 생각할 수 없다.[7]

비록 보캄과 타이센(Gerd Theissen)과 헹엘 등을 포함하여 많은 학자들이 에르핫손과 동의하고 있지만, 그의 작업이 구전과 전승이라는 아주 복잡한 분야에서 제기되는 모든 질문들에 대해 완벽한 답은 아니다. 예를 들어 만약 기억화가 암기에 의한 것이고 언제나 정확했다면, 공관복음서들의 병렬되는 기록들에는 왜 다양한 세부 내용들이 존재하는가? 예수는 엄밀한 의미에서 랍비가 아니었는데, 그렇다면 어떻게 예수가 암기와 전승을 권장하는 2세기와 3세기 랍비들의 관행을 따랐다고 주장할 수 있는가?

나는 에르핫손을 비판하는 사람들이 그가 전승과 관련해 융통성을 허용하고 있다는 사실을 간과하고 있다고 이미 지적했다. 그러므로 공관복음서들 사이에서 세부 내용들의 차이는 사실 그리 큰 문제는 아니다. 또한 예수가 엄밀한 의미에서 랍비는 아니었다는 지적에 대해 답하자면, 사복음서는 모두 예수를 선생(didaskalos)이라고 지칭했으며 이 용어는 아람어에서 원래 "나의 위대한 자"를 뜻했다. 1세기에 랍비라는 용어는 학문적으로 훈련을 받거나 임명받은 사람을 위해 정해진 명칭이 아니었다. 랍비는 선생을 의미했으며, 1세기 말에 랍비주의를 토대로 유대교가 형성되고 나서야 학문적으로 훈련받은 서기를 의미하기 시작했다.

　라이스너 역시 예수가 선생이었다는 사실의 의의를 강조한다. 그러나 그의 연구는 예수가 단순히 선생에 불과했다는 것을 의미하지는 않으며, 1세기 교육에 대한 라이스너의 법의학적 조사는 에르핫손이 마련한 초석을 부분적으로나마 발전시킨 것이다. 라이스너는 『선생으로서의 예수』에서 기독교 이전 시대에 가정과 초등학교와 공회에서 이루어졌던 전승의 과정을 설명하고, 랍비식 전승의 방식이 오직 학문계의 전유물이었다는 노이스너의 초기 이론을 반박한다. 기독교가 탄생하기 이전의 이스라엘과 기타 장소들에서 발견한 증거들은, 랍비들의 방식이 오래되긴 했지만 대부분 개량하기만 하면 됐던 전승 방법이었다는 입장을 지지한다. 또한 라이스너는 이 증거를 토대로 서기 70년 이후의 랍비들이 기독교 탄생 전에 존재했던 기존의 방식들과 무관하게 완전히 새로운 구두 교수법과 전승의 방식을 만들어냈다는 노이스너의 주장을 반박했다. 다시 말해 라이스너는 초기 유대교와 기독교의 교육 방식이 랍비식 기법보다 오래되었음을 보여준 것이다. 이 방식들은 랍비식 기법보다 훨씬 오래전에 물증으로 발견되며 예수의 시대에도 사용되었다. 라이스너는 스미스와 노이스너를 반박하면서 이러한 기법들이 당시 상류층이었던 랍비들만의 전유물이 아니라 초등학교와 가정과 공회에서 이미 수세기에 걸쳐 사용되었던 보편적인 방법들이었다는 것을 보여주었다.

라이스너는 예수의 추종자들이 그의 언행을 보존하고 전수하는 일에 세심하게 주의했던 이유를 다음과 같이 여섯 가지로 제시한다. (1) 예수의 어록은 선지자의 위격을 지닌 것으로 간주되었는데, 역사적으로 선지자들은 구약에서 가장 신뢰할 수 있는 부분에 속했다. (2) 예수는 자신을 메시아로 나타내었으며 이에 대해 모호하게 암시만 할 때도 그랬다. 메시아는 지혜를 지닌 선생일 것으로 생각되었으므로 제자들은 그의 가르침을 보존하려고 했을 것이다. (3) 80퍼센트가 넘는 예수의 어록이 시처럼 기억하기 쉬운 형태로 되어있었다. (4) 예수는 자신의 가르침을 배우고 전수할 것을 권장했다(마가복음 6:7~13, 마가복음 9:31, 13:28, 누가복음 10:1~17, 누가복음 11:1~13). (5) 예수의 시대에 이스라엘의 남자 아이들은 12세까지 의무적으로 초등교육을 받았다. 따라서 예수와 제자들은 학교에서 암기를 통한 교육을 받았을 것이다. (6) 그리스-로마 사회에서 선생들은 대부분 자신과 함께 다니며 배우고 가르침과 생활방식을 이어나갈 제자들을 모았다. 예수 또한 선생이었기 때문에 이러한 흐름을 따랐던 것으로 보인다.[8]

이어서 나는 선생으로서의 예수와 1세기 팔레스타인에서 선생이라는 신분이 어떤 지위를 가졌는지에 대해 계속해서 초점을 맞추겠다. 라이스너의 연구는 우리에게 예수의 언행이 어떤 역사적 환경에서 보존되어 왔는지에 대해 소중한 통찰을 제공한다.

5.2 예수가 선생으로서 지녔던 권위는 제자들이 그의 가르침을 더욱 정확하게 보존하고 전수하도록 독려했을 것이다.

라이스너는 그의 연구에서 1세기 유대교의 암기문화를 자세히 밝혀냈으며, 1세기 유대의 초등교육제도가 반복에 의한 암기를 강조했다는 점을 입증했다. 제자들은 선생의 가르침을 전심으로 받들며 방대한 양의 가르침들을 암기할 수 있도록 정신을 단련했다. 예수가 사도들과 맺은 관계가 선생과 제자의 관계였다는 것은 잘 알려진 사실이다. 그들은 비단 예수와 같이 생활하며 여행 다녔을 뿐만 아니라 예수를 극히 존대하고 그의 말을 굉장히 중요하게 받아들였다.

예수의 말은 대단한 권위를 지녔으며, 여느 선생들과는 달리 다른 이들을 인용하지 않고 스스로를 권위로 내세웠다. 지상 사역동안 예수에게 주어진 특별한 존경심은 그를 동시대의 다른 선생들과 구분한다. 이를테면 제자들의 초점은 예수 본인에게 있다. 다른 선생들은 타인을 인용했으나 예수는 스스로 권위를 지닌 자로서 이야기했다. 마태복음 23:8은 "그러나 너희는 랍비라 칭함을 받지 말라 너희 선생(didaskalos)은 하나요 너희는 다 형제니라"고 예수가 제자들에게 주는 특이한 지시를 기록한다. 예수의 이러한 높임 받음은 매우 색다른 것이었으며, 제자들로 하여금 그의 가르침을 더욱 정확하게 보존하고 전수하도록 독려했을 것이다. 에르핫손이 이에 대해 고찰하듯이,

이에 대해 생각하면 할수록 예수의 추종자들이 그의 가르침을 보존하고 그의 행적을 기억 속에 새기려 하지 않은 적이 단 한 번이라도 있었을 거라고 상상하기란 매우 어렵다. 그리고 만일 우리가 역사 속으로 스스로를 투사(投射)하여 유대 환경에서 자란 학생들이 선생의 가르침에 귀 기울이고 올바로 살아가기 위해 선생의 행적을 따라했던 것을 생각해본다면, 예수의 제자들이 그의 가르침을 귀담아 듣고 그의 행적을 따라하며 이 모든 것들을 그들의 기억 속에 담아내려고 했던 노력이 그보다 덜했을 것이라 믿기는 매우 어려워진다.[9]

제자들은 십중팔구 권위를 지닌 어록을 수정하고 왜곡하기를 꺼려했을 것이다. 예수가 십자가형을 당하고 나서 그의 행적이 처음 기록되기까지는 상대적으로 짧은 시간이었다. 나는 선생의 가르침에 그렇게나 헌신적이었던 제자들이 그토록 짧은 시간 내에 예수의 가르침을 급진적으로 수정했을 거라는 의견은 타당하지 않다고 생각한다. 에르핫손 역시 제자들이 선생의 말을 수정하고 왜곡하기를 꺼려했을 것이라고 지적한다. "결론부터 얘기하자면 예수의 언행은 제자들의 기억 속에 각인되어 있었다. 선생에 대한 유대 학생들의 태도를 염두에 두었을 때, 그 짧은 수십 년이 흐르는 동안 확고한 기억이 망각이나 신앙적인 망상으로 인해 많은 변형을 일으켰다고 주장하는 것은 비현실적이다."[10]

메츠거는 예수의 언행에 관하여 어떤 실질적인 와전이 있었을 경우 그것을 정정할 수 있었던 증인들의 존재(누가복음 1:2)를 언급했다. 그는 (1) 예수가 제자들로 하여금 그의 말을 기억하기 용이하도록 교수법을 사용했으며, (2) 사도행전이나 신약의 서신서들에서 우화를 전혀 찾아볼 수 없다는 점을 지적했다. 두 번째 지적은 복음서들에 담긴 우화들이 초기 기독교 공동체의 창작물이 아님을 의미하며, 첫 번째 지적은 메츠거에 의하면 제자들이 예수의 가르침을 전수할 때 "매우 충실했다"는 뜻이다.[11]

5.3 신약 문서들은 율법(Torah)의 전통을 암시하고 있다.

사도행전과 공관복음서들 및 바울의 서신들은 모두 초대교회에서 율법 교육의 과정이 전통의 일부였다는 증거를 제시한다. 사도행전 22:3에서 바울은 자신이 가말리엘의 문하에서 율법의 전통을 교육 받았다고 설명한다. 바울은 그가 "우리 조상들의 율법(ho patroos nomos)"의 엄밀함에 따라 교육받았다고 강조한다. 또한 사도행전 28:17에서 "우리 조상의 관습(ta ethe ta patroa)"에 반하는 짓은 결코 하지 않았다고 주장하며, 갈라디아서에서는 "내 조상의 전통(hai patrikai mou pardoseis)"에 대한 열성을 얘기한다.[12] 사도행전과 갈라디아서에 덧붙여 마태복음과 마가복음도 율법 전통에 대한 전문 용어를 언급한다. 에르핫손이 지적하듯이, "전문 혹은 유사전문적 성질을 가진 유대교 전통의 다른 용어들도 찾을 수 있다. 이를테면 "전하다"(전통으로서, *paradidonai*, 마가복음 7:13), "받다"(전통으로서, *paralambanein*, 마가복음 7:4), 전통을 "계속하다"(*terein*, 마가복음 7:9), 전통을 "지속하다"(*kratein*, 마가복음 7:3, 8), 전통을 "유지하다"(*histanai*, 마가복음 7:9 var.), "준행하다"(*peripatein kata*, 마가복음 7:5), 전통을 "범하다"(*parabainein*, 마태

복음 15:2) 등이 있다."¹³

바울이 율법 전통 안에서 자랐으며, 고린도전서 11:2과 데살로니가후서 2:15, 3:6에서 전통에 대해 전문 용어들(*paradosis, pradoseis*)을 사용했고, 초대교회의 전승을 "전함(*paradidonai*)"과 "받음(*paralambanein*)"에 대한 전문적인 설명을 해주고 있다는 것을 고려해 볼 때, 바울은 스스로 초대교회의 신성한 전승을 전수하는 과정에 참여하고 있다는 사실을 명확하게 인식하고 있었다고 생각할 수밖에 없다. 다시 말해 바울은 전통의 전수와 관련하여 전문적인 용어들을 사용함으로써 예수 전승에 관련된 중요한 정보가 신뢰할 수 있는 방법으로 보존되고 정확하게 전수되고 있음을 설명해준 것이다.¹⁴

바울과 마태복음과 마가복음의 서술 사이에 전승에 대한 용어 사용의 유사성은 매우 뚜렷하다. 앞선 마가복음과 마태복음의 구절에 기록된 전승의 전수 과정은 바울의 서신들에도 기록되어 있다. 에르핫손은 "초기교회들은 이 전승들을 '보존'하고 '고수'하며 '지켜'야 했다. 여기서 많은 동사들이 사용되었으며 그 중에는(앞서 언급한 마가복음과 마태복음 사이의 용어 사용의 유사성을 주의하라) *kratein*(데살로니가후서 2:15), *katechein*(고린도전서 11:2) 그리고 *hestekenai*(고린도전서 15:1) 등이 있다. 우리는 또한 이 전통들을 '따라 걷다'*라는 표현도 찾아볼 수 있다(*peripatein kata*, 데살로니가후서 3:6)"¹⁵며 언어학적 분석을 통해 이를 확증한다. 따라서 초기교회는 신뢰할 수 있는 방식으로 전통을 전수하려는

---

* 원문은 'to walk according to'. 개역개정에서는 NIV의 번역을 따라 '유전대로 행하다'라고 되어 있다.

의식이 매우 강했다고 보아야 한다. 이는 기독교 초기에 그리고 복음서들이 기록되기 이전에 이미 정립된 방식이었다. 2장에서 설명한 바와 같이, 바울은 고린도전서 15:3~8과 고린도전서 11:23~25에서 그가 믿음의 선배들로부터 전승을 이어받아 전수하고 있음에 대해 명확하게 의식하고 이를 강조했다. 보캄이 서술하듯이,

> 바울은 교회들을 설립하였을 때 그들에게 전달하였던 다양한 전승들을 언급하며 이 전문 용어들을 사용했다. 이 용어들은 틀림없이 복음의 '선교용 요약본'(이에 대한 최적의 증거는 고린도전서 15:1~8이다), 윤리적 지시, 공동체의 질서와 예배형식의 정립에 대한 지시 및 예수 전승들(이에 대한 최적의 증거는 고린도전서 11:23~25이다)을 포함하는 것이었다. 바울이 바리새인으로서 전승을 지시할 때 익숙하게 사용했던 전문 용어들을 끌어들였다는 것은 명백하다. 그러나 그렇기 때문에 바울만 이러한 용어들을 사용했거나 용어의 사용이 바울로부터 유래한 것은 아니며, 이 점을 명확하게 하기 위해 바울 서신들 이외의 초기 기독교 문서들에서 이 전문 용어들에 대한 증거가 충분하다는 점을 언급하는 것이 중요하다(*유다서 3장, 누가복음 1:2, 사도행전 16:4, 디다케서 4:13, 바나바서 19:11*). 전문 용어는 굉장히 중요한데, 이는 전승을 '전수함'이 단순히 전승을 얘기해주거나 말하는 것이 아니고 전승을 '전수받음'이 단순히 이를 듣는 것이 아니기 때문이다. 그와는 반대로 전승을 전수함은 '*한 사람이 다른 사람에게 그것을 소유할 수 있도록 넘겨주는 것*'을 뜻하며, 전승의 전수받음은 '*한 사람이 그것을 소유하는 방식으로 넘겨받음*'을 뜻한다. 전승의 전수과정

이 반드시 토씨 하나 틀리지 않는 암기를 수반하지는 않았지만, 전달하는 내용이 여전히 유지되도록 가르침과 배움의 과정을 어느 정도 수반하는 것이었다.¹⁶

복음서들을 살펴보면 정경복음서들의 기록 과정에서 이 전통이 지켜졌다는 증거를 발견할 수 있다. 예를 들어 누가는 그가 전승을 전수하고 있다고 강조했다. 그는 누가복음의 서문에서 아래에 이탤릭체로 강조한 전문 용어를 사용한다.

우리 중에 이루어진 사실에 대하여 처음부터 목격자와 말씀의 일꾼 된 자들[*autoptai kai hyperetai tou logou*]이 전하여 준 [*paradidonai*] 그대로 내력을 저술하려고 붓을 든 사람이 많은지라 그 모든 일을 근원부터 자세히 미루어 살핀 나도 데오빌로 각하에게 차례대로 써 보내는 것이 좋은 줄 알았노니 이는 각하가 알고 있는 바를 더 확실하게 하려 함이로라

누가가 전승을 전수하고 있다는 것을 지시할 때 *paradidonai*라는 동사를 사용하는 것에 주의하라. 누가는 증인들을 언급할 때 예루살렘교회의 중심인물들인 열두 제자와 예수의 지상 사역 때 함께 있었던 자들을 암시한다. 에르핫손은 누가가 예루살렘교회를 처음 형성한 자들과 예수의 지상 사역 때 가까이 있었던 자들로부터 시작된 전승을 전수하고 있다고 지적한다.

누가는 주로 열두 제자들을 염두에 두고 있다. 열두 제자는 "주 예수께서 우리 가운데 출입하실 때에(사도행전 1:21)" 함께 있

었던 자들의 핵심이었으며, 후에 "말씀 사역(diakonia tou logou, 6:4)"에 헌신하였다. 그들은 "예수의 이름으로(사도행전 3:6; 4:10, 18; 5:28, 40, 등등)" 설파하고 가르치며 병을 고쳤다. 그들은 증인 중의 증인으로서 예수의 부활에 대해서도 증인들로 나타난다. 신자들을 서로 결속시킨 것은 "사도의 가르침(he didache ton apostolon, 사도행전 2:42)"이었으며, 예루살렘에 형성되었던 초기 기독교 공동체는 - 즉, 초대교회 자체가 - 열두 제자와 예수의 어머니와 형제들을 중심으로 자라났다.[17]

5.4 예수가 선생으로서 지녔던 지위와 1세기 유대교 회당에서 그가 설교자로 참여했다는 사실은 제자들이 예수의 가르침을 암기했다는 추가 증거다.

앞서 언급하였듯이, 제자들은 자주 예수를 "랍비"라고 불렀으며 예수는 네 정경복음서 모두에서 "선생(didaskalos)"이라고 칭해진다. 예를 들어 누가복음 20:21과 마태복음 22:16 그리고 마가복음 12:14에서 바리새인들은 예수에게 "우리가 아노니 당신은 참되시고 진리로 하나님의 도를 가르치시며 아무도 꺼리는 일이 없으시니 이는 사람을 외모로 보지 아니하심이니이다(마태복음 22:16)"라고 말하며 그를 "선생"이라고 불렀다. 앞서 말했듯이 라이스너는 예수가 선생으로서 받아들여지고 칭해졌다는 사실을 지적했다. 예수가 선생으로 불렸다는 것은 그가 일정 부분 1세기 유대교의 선생들처럼 행동했다는 증거다.[18]

이 단락에서 나는 예수가 회당에서 가르쳤다는 사실에 집중하려 한다. 네 정경복음서 모두 예수가 회당에서 설교했다고 언급한다.[19] 마가복음 1:21~39은 예수가 가버나움의 회당에 들어가 가르쳤다는 전승을 기록한다. 당시 회당에 참여했던 사람들은 모두 그의 가르침에 놀라움을 금치 못했는데, 이는 그가 서기관들이 일반적으로 했던 것과는 다르게 스스로 권위 있는 자로서 가르쳤기 때문이다. 서기관들은 다른 사람들을 인용하곤 했으나, 예수는 스스로를 권위 있는 자로 제시했다. 마가복음은 뒤이어 예수가 베드로의 장모와 병든 자들을 치유하고 이른 아침에 한적한 곳에서 홀로 기도하였으며 갈릴리 온 지역을 다니며 "그들의 여러 회당에서 전도하였다"고 기록한다.

라이스너는 마가복음에 기록된 이 전승이 "궁극적으로는 베드로의 개인적인 회고로 거슬러 올라간다"[20]며 예레미아스와 입장을 같이한다. 그는 예수가 회당의 교육과 설교 제도에 참여한 의의를 강조한다. 1세기 갈릴리와 팔레스타인 전 지역의 회당들은 경전의 암기와 토론을 장려하는 교육기관으로서의 역할을 했다. 오늘날 민간전승 및 다른 이야기들이 전파되는 현대 구전 전수의 방식에 대해 크로산이 설명한 것과 비교할 때, 우리는 회당의 교육제도에서 구전의 전수와 궁극적으로는 구전 복음 전통의 전수라는 형식에 훨씬 더 충실한 양태를 찾아볼 수 있다. 오늘날 구전을 통한 민간전승의 전수 방식은 1세기 유대교 회당에서 정립된 전통이나 과정과는 거리가 멀다. 라이스너는 로마 군단에게 포위당하여 죽음을 피할 수 없게 된 마사다의 열심당원들이 율법 전통을 가르치고 전수하는 학교를 열기 위해 회당을 짓기로 결정했던 것을 지적한다. 또한 그는 예수가 아직 지상 사역을 하던 시절에 구전이 전수되던 방식의 신뢰성과 관련해서 회당이라는 환경이 중요하다고 얘기한다.

나는 복음 전통의 형성과 전수 과정의 배경으로 회당 교육제도의 중요성을 아무리 강조해도 지나치지 않다고 본다. 회당은 나사렛과 같은 갈릴리의 작은 마을에서도 일종의 일반적인 교육 체계를 제공하였다. 많은 유대인들이 글을 읽고 쓸 수 있었으며 경전을 암기하고 해석하는 데 익숙했다. 예수는 사람들이 구약을 알고 있다는 것을 전제할 수 있었으며, 이는 그가 왜 성경을 분명하게 인용하는 일이 드물고 다만 몇몇 구절들에 대해 암시만 했었는지를 설명하는 것이기도 하다. 전문교육을 받은 예루살렘의 서기관들과 비교하여 갈릴리 지역의 추종자들은 대부분 제대로 된 교육을 받지 못한 것으로 보이나(사도행전 4:13 참조), 로마 제국의 기타 민족들과 비교하였을 때 유대인들의 교육 수준은 매우 높은 편이었다 … 예수 전승이 최초로 실생활에 적용된 것은 일반적인 민간전승이나 모험담으로서가 아니라 가르치고 배워야 할 내용으로서였다.[21]

5.5 예수의 제자들은 예수가 갈릴리와 예루살렘에서 사역할 때 그의 가르침을 암기하고 전파하는 학습자들이었다.

예수의 제자들은 예수의 가르침을 암기하고 전파하는 것을 그들의 진정한 일로 받아들였다는 의미에서 스스로를 학습자 (mathetai)로 생각했다.[22] 예수는 자주 그의 추종자들 중 최측근

들을 "제자"라고 불렀다.*,23 예수가 그의 제자들을 전도하러 보냈을 때 그들이 그의 가르침을 받은 그대로 전달하도록 보냄 받았다는 점을 이해하는 것이 중요하다. 라이스너가 지적하듯이, "고대 셈족의 중요한 관습과 법도 중 하나는 전령이 그를 보낸 자의 말을 들은 그대로 전달하는 것이었다."24 이는 예수의 삶에 대한 내력을 저술한 것이 데오빌로로 하여금 그가 알고 있는 바를 더 확실하게 하려 함이라고 누가가 단언하는 이유이기도 하다.25

에르핫손은 이 입장에 동의하는 것으로 보이며, 예수의 제자들이 부활절 전에 이미 구전 전수의 과정을 수행하고 있었다는 점을 쉬르만(Heinz Schurmann)이 입증했다고 언급한다. 예수가 갈릴리 지역과 예루살렘에서 사역하는 동안 제자들은 그의 어록을 암기하고 있었을 것이다. 에르핫손은 이에 대해 쉬르만의 논문을 논평하면서 다음와 같이 지적한다.

> 저자는 순수한 형식비평적인 관점에서도 *예수의 추종자들이 이미 어록을 부활절 전에 보존하기 시작했다*는 사실을 염두에 두어야 한다고 강조한다. 그는 무엇보다도 복음서들에 의하면 예수가 갈릴리 지역에서 사역하는 동안 제자들로 하여금 전도하고 병을 고치도록 보냈다는 사실을 언급한다. 예수가 제자들을 보낸 사건은 전통 속에 매우 강력하게 자리 잡고 있으며, 이는 모든 정황을 고려해볼 때 단순히 부활절 이후에 개시된 초기 기독교 선교

---

* 원문에는 "learners"와 "disciples"의 차이가 있으며, NIV 성경에서는 "student"와 "disciple"의 차이가 있으나 개역개정에서는 "제자"라고만 나온다.

사역의 유래로서만 볼 수는 없다(마가복음 6:7~13과 비유들, 누가복음 10:1~16). 쉬르만은 예수가 미숙하고 배우지 못한 제자들을 보내기에 앞서 무엇을 설파할지 자세히 지시했을 것이 분명하다고 지적한다. 그렇다면 여기에는 예수가 제자들의 머릿속에 그의 가르침을 새겨놓았다고 추정해야만 하는 정황이 놓여있다 … 이 어록들이(예수의 어록들이) 부활절 이후에야 관심의 대상이 되었다고 제시하는 기록은 어디에도 없다. 그와는 반대로 모든 증거는 헌신적이었던 제자들이 예수가 갈릴리 지역과 예루살렘에서 사역하는 동안 이미 어록들을 암기했다는 점을 제시한다.[26]

5.6 예수의 어록은 아람어로 재번역될 때 뚜렷한 시적 형식을 띤다.

예레미아스는 예수의 어록이 아람어로 재번역될 때 탁월한 두운과 모음운(母音韻)과 언어유희의 성격을 지닌다는 점을 처음 발견한 사람으로 블랙(Matthew Black)을 지목한다. 이러한 문학적 장치들은 청자들이 어록을 더 잘 기억할 수 있도록 도와준다. 예수가 사용한 시적 형식은 단순한 산문보다 훨씬 더 기억하기 쉽다. 예수 어록의 문학적 형식을 살펴보면 그것이 소통하고 전수하는 데 놀라울 정도로 암기하기 쉬운 방식으로 되어있음을 발견할 수 있다. 에르핫손은 예수의 어록이 설교나 교리에 대한 담론과 같이 기억하기 어려운 것이 아니며, 제자들(disciples or learners)이 기억하고 다른 이들에게 전할 수 있는 방식으로 구성되어있다고 지적한다.

그것들은 짧고 간결하며 균형 잡힌 말들로 이루어져 있고, 명확한 개요, 풍부한 내용 그리고 미적 형식을 지닌 날카로운 표현들로 이루어져 있다. 이 문학적 장치들은 어록의 헬라어본 형식에서도 명확하게 드러난다. 이를테면 그림 같이 생생한 내용, 유절적(有節的, strophic) 구성, 문법적 평행법(parallelismus membrorum), 축어의 반복 등등이 있다. 이 요소들은 아람어로 재번역할 때 더욱 더 명확해지며, 재번역한 예수의 어록에서는 리듬과 모음운 그리고 두운 등의 특징들을 볼 수 있다. 이것들은 여러모로 깊이 생각하고 의도적으로 형식화한 표현들이 분명하다.[27]

예레미아스는 프린스턴대학의 강의에서 헬라어로 된 예수의 가르침들을 아람어로 재번역해보면 청자들이 더 쉽게 기억할 수 있는 형식을 지니고 있음을 보여주었다. 에르핫손 또한 예수가 사용했던 갈릴리 지역의 아람어로 그의 어록을 보면 두운, 모음운, 리듬, 운율 등의 시적 기법들과 함께 문법적 평행법이 많이 발견된다는 점을 보여주었다. 이러한 특성들은 예수의 말을 더욱 쉽게 기억할 수 있게 해주며, 라이스너도 예수가 제자들과 추종자들이 쉽게 암기할 수 있게 어록의 시적 구조를 설계했다고 지적한다.

예수 어록의 시적 구조는 구약 선지자들의 우화처럼 온전히 보존될 수 있게 기억하기 쉽도록 되어 있다. 어록의 형식은 그 자체로도 그것을 기억할 수밖에 없도록 되어 있다. 기억의 심리학적 관점에서 연상법의 사용이 연구되는 일은 아주 드문 것 같지만, 우리는 경험상 방대한 양의 자료가 시적 형식으로 되어 있을 시

그것을 얼마나 쉽게 배우고 심지어는 재구성할 수 있는지를 알 수 있다.[28]

시를 낭송하거나 운율을 사용하여 노래를 불러본 사람이라면 누구나 잘 알겠지만, 일정한 형식은 내용을 훨씬 더 쉽게 기억할 수 있게 해준다. 우리는 일상생활에서 인기 가요나 찬송을 부를 때 이것을 경험한다. 시적 형식은 구약 시가들의 특징이었으며, 구약에 정통했던 예수는 시가의 사용이 제자들로 하여금 그의 어록을 더 쉽고 정확하게 기억할 수 있도록 도와줄 거라고 생각했을 것이다. 부르스(F. F. Bruce)가 말하듯이,

> 우리가 사복음서에 담긴 주의 말씀을 모두 아람어 원어로 재구성할 때 발견되는 또 다른 사실은 이 말씀의 대다수가 시적 요소를 드러내 보인다는 것이다. 우리는 번역본에도 구약 시가들에서 지속적으로 발견되는 특징인 대구법이 도처에 널려 있는 것을 알 수 있다. 그 자체로도 좋기는 하지만, 우리는 아람어로 재번역할 때 말씀들이 규칙적인 시적 리듬을 지니고 있으며, 심지어 어떤 경우에는 운율의 특성을 지니고 있는 것을 알 수 있다. 이 점은 별세한 버니(C. F. Burney) 교수가 『우리 주의 시편』(The Poetry of Our Lord, 1925)에서 자세히 논증했다. 쉽게 파악할 수 있는 형식을 갖춘 담론은 보다 쉽게 기억되며, 예수님께서 그의 가르침이 기억되기를 바라셨다고 할 때 그가 시문(詩文)을 사용하신 것 또한 쉽게 설명된다. 게다가 예수님은 그의 동시대인들에게 선지자로 받아들여졌으며, 구약의 선지자들은 그들의 계시를 시적 형태로 표현하는 일에 익숙했다. 우리는 [복음서들 안에] 이 형식이

보존된 곳에서 예수님의 가르침이 주어진 원래의 형태대로 우리에게 전수되었다고 한층 더 확신할 수 있다.²⁹

예수 어록의 기억하기 쉬운 형식과 1세기 팔레스타인의 회당 중심의 교육 환경을 결부시킬 때, 제자들이 어록을 기억할 수밖에 없었다는 점은 더더욱 당연해진다. 암기에 대한 강조와 예수 어록의 시적 특성은 부활절 전에 이미 그의 어록의 정확한 구전 전승이 이루어졌음을 지시한다.

보캄 또한 최근의 연구를 통해 예수의 가르침이 기억하기 쉬운 성격을 지니고 있다고 강조하여 앞선 결론을 지지한다.

구전(口傳)이 두드러진 사회에서는 사람들이 기억하려고 애쓸 뿐만 아니라 선생들 또한 그들의 가르침을 쉽게 기억할 수 있도록 구성한다. 학자들은 공관복음에서 예수의 가르침이 전형적으로 보여주는 형태가 쉽게 기억할 수 있게 하는 많은 요소들을 갖고 있다고 자주 지적해왔다. 경구는 대부분 간결하고 명쾌하며, 비유들은 분명하고 상대적으로 단순한 줄거리를 지닌다. 우리가 갖고 있는 공관복음의 유일한 형식인 헬라어 번역본에서도 예수의 어록은 특히 대구법을 자주 사용하는 등 눈에 띄게 시적이며, 많은 학자들은 아람어 원문 역시 두운, 모음운, 리듬, 운율 그리고 언어유희 등으로 가득 차 있을 것이라고 추정한다.³⁰

5.7 예수는 쉽게 기억될 수 있는 경구, 메샬림(meshalim), 격언 등을 자주 사용했다.

예수가 경구와 메샬림을 많이 사용했다는 것은 에르핫손과 라이스너에 의해 밝혀졌다. 경구와 우화는 암기와 암송을 향상시키기 위해 계획된 것으로 나타난다. 예수가 메시지를 전달하기 위해 비유와 격언처럼 그림같이 생생한 형식의 담화를 사용한 것은 잠언과 매우 유사하다. 구약의 잠언은 예수의 어록처럼 유대인들이 *메샬림*이라 일컫는 격언들을 담고 있다. 예수는 심지어 그의 지상 사역 동안에도 메샬림 형식을 사용하였다. 라이스너는 이에 대해 이러한 현상이 부활절 이전의 구전 복음 전승에서 드러난다고 지적한다.

예수는 그의 신학적, 윤리적 가르침의 요점들을 간략하게 경구적 메샬림으로 압축시켰다. 이것들은 즉흥이 아니라 의도적으로 미리 형성되어 구술되었다. 만일 예수가 그의 가르침을 위해 정밀한 공식과 시적 형식을 만들어냈다면, 이는 그의 청중들이 가르침을 잊게 하기 위해서가 아니라 기억하도록 하기 위해서였다. 이것은 대부분 어록의 고도의 시적인 형식을 통해 가능했을 것이며, 예수 자신이 권장했든 자발적으로 이루어졌든 암기 방식의 학습을 통해 뒷받침되었다 … 예수가 그의 핵심을 간단한 언명으로 압축했으며 이를 주도면밀하게 반복했다는 것은 케네디(George A. Kennedy) 등의 고대 수사학 전문가들이 강조한 바 있다. 비응창적(non-responsorial)인 *아멘(amen)*이라는 독특한 말은 특별한, 즉 계시적 성격의 언명들에 대한 또 하나의 지시어로써 사용되었을 것이다.[31]

5.8 예수의 어록은 뚜렷이 리드미컬한 양식을 지니고 있다.

예레미아스는 마태복음의 열 번째 장에 서술된 것처럼 예수가 제자들을 설파하러 보내는 장면에서 제자들에게 내린 지시의 아람어 단어들이 네 박자의 행으로 이루어져 있다고 지적한다. 이 리듬은 예수가 제자들에게 지시할 때 무척 자주 사용했던 리듬이다.32 예수의 어록을 아람어로 재번역하여 분석해보면(예레미아스는 예수의 모국어가 더 정확히는 서부 아람어의 갈릴리 방언이라고 결론 내린다)33 구약의 예언들과 유사하게 리드미컬한 형식을 지니고 있다. 버니는 예수의 어록에서 네 박자와 세 박자 그리고 키나 미터(kina meter) 등 세 종류의 리듬 양식을 발견했으며, 예레미아스 역시 두 박자 리듬을 찾아냈다. 각각의 리듬들은 특정한 생각을 나타내기 위해 서로 다른 분위기들 속에서 사용되었다.34 예를 들어 아람어 번역본에서 두 박자 리듬은 마태복음 11:5~6과 누가복음 7:22~23에서 발견된다. 마태복음의 구절은 다음과 같다. "예수께서 대답하여 이르시되 너희가 가서 듣고 보는 것을 요한에게 알리되 맹인이 보며 못 걷는 사람이 걸으며 나병환자가 깨끗함을 받으며 못 듣는 자가 들으며 죽은 자가 살아나며 가난한 자에게 복음이 전파된다 하라 누구든지 나로 말미암아 실족하지 아니하는 자는 복이 있도다 하시니라."35

이와 같은 리듬을 가진 언명들은 보다 더 쉽게 기억되고 다른 이들에게 잘 전달된다. 또한 위에서 언급하였듯이 예수의 어록은 대부분 간결하고 아람어에서 운율을 가진 단호한 말들로 되어있다. 이는 청자들이 들은 것을 잊지 않도록 기억력을 촉진시킨다. 예를 들어 예수가 사도들을 임명하고 내보낼 때, 그의 지시는 아람어로 일정한 리듬을 타는 단어들로 이루어져 있다. 이 간결한 율격은 마태복음 10:8인 "병든 자를 고치며 죽은 자를 살리며 나병환자를 깨끗하게 하며 귀신을 쫓아내되 너희가 거저 받았으니 거저 주라"36에서 나타난다.

예레미아스는 예수의 어록의 두 박자 리듬에 대해 많은 예들을 제시했다. 마태복음 25:35~36인 " … 내가 주릴 때에 너희가 먹을 것을 주었고 목마를 때에 마시게 하였고 나그네 되었을 때에 영접하였고 헐벗었을 때에 옷을 입혔고 병들었을 때에 돌보았고 옥에 갇혔을 때에 와서 보았느니라"에서 이 두 박자 리듬은 여섯 가지 사랑의 행위들을 열거할 때 나타난다.

예레미아스는 또한 아람어에서 두 박자 리듬의 몇 가지 특징들이 어떻게 청자들로 하여금 예수의 어록을 더 정확하게 전달할 수 있게 해줬는지 설명한다. 그가 서술하듯이, "두 박자 리듬의 행들은 짧기 때문에 그 희귀함과 단순함이 극도의 긴박함을 유발하는 간결하고 갑작스러운 언명들을 필요로 한다. 위에서 언급한 예들의 주제를 한층 더 살펴본다면, 예수가 두 박자 리듬을 사용한 것은 … 그의 메시지의 핵심을 청자들에게 각인시키기 위함이었음을 알 수 있다."37

예수의 말을 정확하게 전달할 수 있었다는 것은 그의 어록이 세 박자에서 갖는 특징들을 살펴보아도 마찬가지다. 세 박자 리듬은 구약의 지혜 문학(wisdom literature)에서 사용되었으며, 이는 예수가 경전을 전수하는 유대교 전통의 방식을 사용하고 있었음을 알려준다. 세 박자 리듬은 특히 경구나 묵상, 잠언 등을 전달하는 데 효과적이며, 예수가 가장 자주 사용했던 리듬이기도 했다. 예레미아스는 "그것은 예수의 어록에서 가장 자주 사용된 리듬이며 *그의 말들을 각인시키기 위해 사용되었다*"[38]며 구전(口傳)의 과정에서 세 박자 리듬이 갖는 효율성에 대해 평하였다.

예레미아스는 또한 예수가 "*내면의 격정을 표현하기 위해*"[39] 아람어로 키나(kina) 리듬을 사용했다고 지적한다. 이는 비단 훈계에서 나타날 뿐만 아니라 팔복을 비롯하여 구원을 언급하며 위로할 때에도 나타난다. 예레미아스는 오직 아람어로 예수의 어록을 읽을 때에만 이 리듬들의 위력을 실감할 수 있다고 강조하지만, 무엇보다도 아람어에서 그 리듬들은 서로 다른 복음서들의 기록에서도 뚜렷이 나타나는 한 사람의 어법(語法)을 보여주고 있다는 점이 중요하다. 즉, 이 리듬들은 복음서들이 서로 어록에 대한 기록 면에서 차이가 있기는 하지만 모두 한 사람의 어법을 기록의 근원으로 두고 있다는 점을 보여주고 있는 것이다. 이는 심지어 요한복음에서도 드러나며, 더욱이 이 어법과 리듬의 기원은 아주 오래된 것으로 나타난다. 예레미아스가 결론 내리듯,

> 종합해서 말하자면, 예수의 어록에서 리듬의 축적은 이 어록이 예수라는 인물의 개성과 관련이 있다는 결론으로 이끈다. 게다가 이 리듬들은 셈족 계열의 바탕을 암시하며, 어록이 오래되었다는 중요한 지표를 제공한다. 동시대의 다른 전승들과 비교했을 때, 예수의 어록이 헬라어로 번역되고 헬라적 환경에서 전수되면서 이 운율적인 언어의 대부분이 소실되었음을 알 수 있다.[40]

5.9 예수의 어록의 아람어 형식에 대한 연구는 더 많은 관심을 필요로 한다. 또한 신약학자들은 아람어 형식으로 된 예수의 어록을 재검

토해야 한다.

던은 복음서들의 구전에 대해 탁월한 입문서를 서술했다. 그는 『예수와 기독교의 기원』(*Jesus Remembered*)에서 에르핫손과 예레미아스의 연구가 많은 학자들이 제대로 고려하지 못한 증거들을 제시했다고 지적한다. 더욱이 정통 기독교의 구전 전승이 제시하는 기존의 증거들을 인정하지 않는 학자치고 1세기 팔레스타인이라는 환경과 일관된 구전 전수의 모델을 제시한 사람은 없다.

예를 들어 불트만과 그의 제자들은 결론이 이미 도출되는 의심스러운 가정들에서 논의를 시작한다. 비록 그들이 몇 가지 사항들에서는 서로 의견을 달리하지만, 그들이 세우는 *전제들*은 증거를 검토했을 때 나오는 결과를 이미 결정짓고 있다. 로빈슨(Bishop Robinson)은 동시대인들인 불트만과 예레미아스를 서로 비교하면서 예수가 특정 언행을 했는지의 문제에 대한 학자의 판단은 대부분 그가 입증 책임을 어디에 부과하고 있는가에 달려있다고 지적한다.

그러므로 오늘날 독일의 정황을 보면 위대한 신약학자인 불트만은 그의 논의를 부정적인 결론으로 이끄는 질문들로 시작하는 경향이 있었는데, 이를테면 "너는 베드로라 내가 이 반석 위에 내 교회를 세우리니"(마태복음 16:18)와 같은 언명들이 기독교 공동체가 아니라 예수에 기원을 두고 있다고 주장하는 사람들에게 입증 책임을 부과하는 식이었다. 마찬가지로 위대한 신약학자인 예레미아스는 논의를 긍정적인 결론으로 이끄는 질문들로 시작하는 경향이 있었는데, 구절들이 팔레스타인을 배경으로 하고 있음을 지적하면서 왜 그 구절들이 주님이 말씀하신 것이 될 수 없는지를 반문하는 식이었다.[41]

예레미아스가 불트만이 이끈 형식비판학파를 논박하는 유력한 논증들을 펼친 지도 거의 반세기가 지나갔다. 불트만은 어느 정도 실존주의적인 경향을 보이기도 했으나 감각을 통한 경험적 검증을 요구하는 칸트의 부적절하고 지나치게 규범적인 인식론을 받아들였다(칸트에 대한 나의 의견은 『신의 존재에 대한 논증』을 참고). 불트만의 연구는 초자연적 존재는 없다는 전제에 바탕을 두고 있는데, 이는 성경의 "탈(脫)신화화(demythologization)"를 요구한다. 예레미아스는 바로 이 *전제*를 의문시했던 것이며, 제자들이 더 쉽게 기억하고 재전달할 수 있었던 어록의 놀라운 특성을 불트만은 무시하고 있다고 비판했다.

예수의 구전과 관련해서 학자들이 해야 할 연구들이 아직 많다. 내가 프린스턴에서 예레미아스의 강의를 들은 지도 이미 43년이 흘렀다. 그의 연구는 마땅히 심도 있는 분석으로 다시 고찰되어야 한다. 에르핫손, 라이스너, 던 그리고 보캄 등의 연구와 더불어 예레미아스의 철두철미한 연구는 성육신의 문제와 관련해서 미심쩍은 가정들과 추측들로 난무하는 현대의 연구 정황에 대해 적절한 귀감이 된다. 다원주의 문화에서는 순전히 인간일 뿐인 예수가 훨씬 더 받아들여지기 쉽다. 그러나 학문은 시류에 따르는 수정주의(revisionism)에 편승할 것이 아니라 역사에 대한 정직한 연구를 반영하도록 노력해야 한다.

그럼에도 불구하고 예수 전승과 관련된 오늘날의 연구들은 여전히 예수의 가르침들의 아람어 형태를 고려하지 못하여 유효성과 깊이를 결여하고 있다.[42] 예수가 그의 제자들과 소통했던 방식, 즉 예수의 어법을 이해하려고 한다면 반드시 예수가 사용했던 아람어에 대해 고찰해야만 한다. 예레미아스는 예수의 어록이 아람어로 읽힐 때 가장 정확하다며 이를 이해하는 것이 중요하다고 누차 강조한다.

예수의 어록이 아람어 배경을 지니고 있다는 발견은 복음전통의 신빙성에 대한 의문과 관련하여 중요한 의의를 가진다. 이 언어학적 증거는 아람어 구전의 영역으로 우리를 인도한다. 이로 인해 우리는 예수의 어록의 내용을 비교하는 작업뿐만 아니라(지금까지 자주 그래왔던 것처럼) 그 증거들의 언어와 양식을 오늘날 유대교에 존재하는 셈어의 특성들과 비교하는 작업을 수행해야 할 필요성에 직면한다.[43]

던은 이 결론에 동의하면서 아람어 구전과 예레미아스의 통찰에 더 많은 비중을 두고 그의 심도 있는 학문을 재고해야 할 필요성을 강조한다.

우리는 우리에게 이어져 내려온 전통이 아람어에서 헬라어로 이미 한번 번역된 것임을 상기하는 데서 출발해야 한다. 바로 이 지점에서 "역사적 예수에 대한 탐구"의 모든 단계들, 즉 예수의 가르침에 대한 대부분의 연구들이 또 하나의 기이한 맹점을 보인다. 나는 예수의 가르침이 지녔을 아람어 형식에 대해 주의를 기울이지 못하는 것을 말하고 있다. 이에 대한 탐구 없이는 예수의 가르침의 최초 형태들에 대한 어떤 주장도 미심쩍을 수밖에 없다 … 여기서 우리에게 더 중요한 것은 아람어 전문가들이 예수의 가르침의 특성과 관련하여 제시한 분석들이다. 아람어 전문가들은 모두 예수의 가르침이 헬라어 형식으로도 아람어에서의 구전 전수의 흔적을 지니고 있다고 지적했다 … 예레미아스는 예수의 가르침에 등장하는 많은 단어들이 아람어에 기원을 두고 있다는 것과, 예수의 어록이 번리와 블랙이 이미 지적했던 특징들을 비롯하여 "신적 수동태(divine passive)"를 포함한 독특한 성질들을 다수 지니고 있다는 점을 압축함으로써 일생에 걸친 연구의 정점에 이르렀다.[44]

예레미아스는 이른 나이부터 연구 과정 전반에 걸쳐 아람어에 대한 이해를 수반한 보기 드문 학자였다. 앞서 언급하였듯이, 예레미아스의 부친은 예루살렘 리디머 교회의 목사였으며, 이는 예레미아스가 10세부터 15세까지 예루살렘에 사는 동안 아람어를 배울 수 있는 기회를 제공했다. 이 고대 언어에 대한 지식은 그가 예수의 어록의 밑바탕이 되는 아람어 기층(基層)을 재구성하고 '예수가 한 말 그 자체(*ipsissima vox*)'를 발견할 수 있게 해주었다. 그는 이를 통해 신약학자들이 신학 연구의 기초로써 예수 어록의 아람어 형태를 복구해야 할 필요성을 주장했다. 예레미아스는 비범하고 철저한 연구를 통해 사해문서들과 히브리어 성경, 위경과 당시의 랍비 문서들에 대해 광범위하게 조사하고 1세기 아람어가 사용된 배경을 검토하였다. 이에 대한 발견들은 『신약의 핵심 메시지』(*The Central Message of the New Testament*), 『예수의 비유』(*The Parables of Jesus*), 『성찬에서의 예수의 말씀』(*The Eucharistic Words of Jesus*), 『예수의 기도』(*The Prayers of Jesus*), 『신약신학』(*New Testament Theology*) 등 그의 연구서들에 잘 설명되어 있다. 이 연구서들은 세심하게 검토할 만한 가치가 있다. 역사적 예수와 그의 어록의 진정성에 대해 진지하게 탐구하는 학자라면 예수가 원래 사용했던 아람어를 무시해서는 안 될 것이다.

5.10 예레미아스는 예수의 독특한 어법을 강조하는 한편 우리가 그의 진언(眞言, *ipsissima vox*)을 발견할 수 있다고 강조했다.

위에서 언급하였듯이, 예레미아스는 예수가 그만의 독특한 어법을 가지고 있었으며 그가 가르치던 방식이 공관복음은 물론 요한복음에서 내세우는 인물과도 일관된다고 자주 강조했다. 그는 *하나*의 예수 어록이 *다른* 헬라어 형태들로 우리에게 전수되었음에도 불구하고, 어록이 보여주는 억양과 양식 및 기타 특이 사항들이 동일 인물을 이 어록의 근원으로 지목한다고 지적했다. 다시 말해 예수는 자신만의 고유한 어법을 가지고 있었으며, 각각의 복음서들은 예수의 가르침을 표현하기 위해 서로 다른 단어들을 선택했지만, 그 배후에 여전히 고유한 어법을 가진 동일한 사람이 있다는 점을 암시하고 있는 것이다.

당시 예레미아스가 위의 요점들을 설명하자 한 대학원생이 강의가 끝난 뒤 공관복음과 요한복음에서 예수의 어록이 갖는 양식의 유사성과 특이점들을 찾아볼 수 없다면서 그의 결론을 반박했었다. 예레미아스는 정중하게 그 학생이 어떤 언어로 복음서들을 읽었는지 물어보았고, 학생은 헬라어 원문으로 복음서들을 읽었다고 자랑스럽게 대답했다. 그러자 예레미아스는 예수가 갈릴리 지방의 아람어로 말했기 때문에 어법의 유사성을 발견하기 위해서는 갈릴리 지방의 아람어로 어록을 읽어야 한다고 부드럽게 타일렀다.

예레미아스의 강의록은 후에 『신약의 핵심 메시지』라는 제목으로 출간되었다. 그는 예수의 어록을 아람어 방언으로 재번역할 때의 높은 개연성과 신약복음서들이 예수의 진언에 대한 기록으로서 정확한 지를 확증하는 데에 있어 재번역의 효율성을 지적하고, 갈릴리 지방의 아람어에 대한 연구가 신약학에서 갖는 유용성을 언급했다. 예레미아스는 주지하듯 예수가 하나님과 자신의 친밀성을 인식하고 있었다는 점이 드러나는 아바(Abba)라는 단어의 사용과 아람어 용어인 아멘(Amen)에 대한 독특한 용법 등 어록의 아람어 형태들을 연구함으로써 역사 속의 예수에게 더 가까이 다가갈 수 있다고 확신했다. 그가 서술하듯이,

> 그러나 이제까지의 (갈릴리 지방의 아람어에 대한) 연구들은 세심한 문헌학적 조사가 얼마나 유용한 지 이미 입증하였다. 우리는 단지 예수의 동일한 어록이 얼마나 많이 서로 다른 헬라어 형태로 전수되어 왔는지 상기하기만 하면 된다. 우리는 대부분의 경우에 있어서 변형된 번역들을 상대하고 있는 것이며, 이들은 다양한 형태들의 근간이 되는 아람어 형태의 어록을 재구성하는 데 믿을 만한 보조 역할을 하고 있다. 예를 들어 헬라어 번역에서 마태복음과 누가복음 간에 많은 차이를 보이는 주기도문의 경우, 이 방법을 통해 높은 개연성으로 예수의 모국어로 재번역할 수 있다.

번역을 해본 사람이라면 누구나 다 번역이 결코 원본을 대체할 수 없다는 사실을 잘 알고 있으며, 헬라어 전통의 근간을 이루는 아람어 원어를 높은 개연성으로 되찾는 일의 중요성을 잘 알 것이다. 그러나 초기 기독교 공동체 역시 아람어로 소통했다는 사실을 잊어서는 안 되며, 따라서 모든 아람어본(本)이 진위를 가려내는 증거가 되는 것은 아니다. 어쨌든 간에 우리가 헬라어 형태 이전의 전승을 재발견하는 데에 성공할 때 우리는 예수의 본 모습에 더 가까이 다가가는 것이다. 바로 그러한 의미에서 문헌학적 연구가 예수의 언명들에 관하여 동시대에서는 찾아볼 수 없는 특이점들을 밝혀낸다는 점이 특별히 중요하다. 하나님을 칭하는 한 형태로써 "아바(Abba) 아버지"라는 말은 후기 유대 경건문학을 통틀어서도 유례가 없다. 이와 유사하게 예수의 동시대인들 중 스스로의 언명에 대해 "아멘(Amen)"을 도입부로 사용한 경우는 없다. 예수의 "진언"의 이 두 가지 독특한 요소들은 간단히 말하자면 자신의 메시지와 권위에 대한 자각(自覺)을 함축하고 있다고 볼 수 있다.[45]

예레미아스가 구전의 정확성과 전승의 기록에 대해 보여주는 통찰은 중요하다. 이것은 신약복음서들의 정확성을 신뢰할 수 있다는 추가적인 증거이기 때문이다. 그는 복음서들에서 예수의 말 그 자체(*ipsissima verba*)는 아닐 지라도 목소리 그 자체(*ipsissima vox*)는 실질적으로 입증할 수 있다고 확신했다.

에레미아스는 구전을 통해 전해 내려온 특정 어법이 (예수) 한 사람의 목소리를 들려주고 있으며, 서로 다른 수많은 사람들이 후에 지어낸 것들을 예수라는 사람의 입을 빌려 말한 것이 아닐 가능성이 높다고 주장했고, 던 역시 이에 동의한다.

이 증거는 여지까지 주어진 것보다 더 많은 비중을 둘 필요가 있다. 물론 이러한 요소들은 구전은 물론 기록에서도 공통되는 것들이다. 또한 아람어 구절은 전승이 아람어로 떠돌던 때의 (부활절 이후) 초기 전수 과정에 대한 증거에 불과할 수도 있다. 그러나 아람어 전문가들이 결론내리듯이, 만약 특정한 요소들이 일관되게 전승 안에 흔적을 남겼다면, 수많은 아람어 구전의 전수자들이 동일한 요소들을 갖고 있었다기보다는 이 요소들이 한 사람의 특징일 가능성이 높다고 판단해야만 한다. 예레미아스가 예수의 ("말 그 자체(*ipsissima verba*)"와는 별개인) "목소리 그 자체(*ipsissima vox*)"라고 말했던 것을 전승에서 들을 수 있다는 가능성은, 예레미아스가 이 주제에 대하여 마지막으로 서술한 시점으로부터 30년이 지나는 동안 고려되었던 것보다 한층 더 진지하게 재고되어야만 한다.[46]

예레미아스는 현대의 신약학이 재고할 필요가 있는 강력한 논증을 제시했다. 그는 초기교회가 예배에서 사용했던 예배의식을 통해 예수의 어록이 보존되어왔음을 발견했다. 주기도문이나 최후의 만찬에서의 언명들에 대한 기록 등 초기교회의 예배에서 되새겨졌던 어록들은 예수 본인에게로 이어지는 정통성을 반영한다. 다시 말해 오늘날 우리가 예배하고 주기도문을 외우며 성찬식에 참여할 때, 우리는 예수의 말을 우리의 모국어로 반복하고 있을 가능성이 높다. 이러한 어록들이 나타내는 구전은 예수의 십자가형보다 시기상 앞서며 공동체의 정기적인 예배행사들을 통해 전달되어 왔다. 예레미아스, 던, 라이스너, 에르핫손, 보캄 등등의 철저한 연구는 오늘날의 학자들이 내리는 추정적인 분석과는 달리 신약복음서들의 정통성과 신빙성을 확증하고 있다. 던이 결론 내리듯이, "오늘날 우리가 복음서들에서 마주치게 되는 것은 파고들면 들수록 근원을 파악할 수 없는 지층들의 표층(즉, 최종 편집본)이 아니라, 지금까지 이어져 내려와 놀랍도록 즉각적으로 예수에 대한 최초의 기억의 핵심으로 이끄는 기독교의 살아 숨 쉬는 기념행사이다."[47]

에르핫손 역시 신약복음서들에서 예수의 목소리를 들을 수 있다고 확신하였다. 그는 "십자가에 못 박히고 부활하였으며 교회의 살아계신 주님에 대해 가능한 한 모든 것을 알 수 있도록"[48] 예수의 추종자들이 주(主)로부터 받은 메시지들을 보존하길 원했고 이에 헌신했다고 강조했다.

5.11 제자들은 유일하게 높이 받든 지도자(예수)로부터 배운 것들을 "거룩한 말"로 받들어 전수하였기 때문에, 그것이 왜곡되었거나 다른 사람의 창작물일 가능성은 낮다.

고대 사회의 구전시가(詩歌)에 관한 전문가인 피네건(Ruth Finnegan)은 『구전시가의 본질과 의의와 사회적 맥락』(*Oral Poetry: Its Nature, Significance and Social Context*, 1977)에서 고대 문화에서는 (1) 언명을 표한 사람이 신적 영감을 받은 것으로 간주되고, (2) 구두 내용이 시가와 같이 알아볼 수 있는 형태로 되어있으며, (3) 구전의 전수라는 작업을 위해 훈련 받은 사람들에 의해 구두 내용이 전해진다는 조건들이 충족되는 경우, 종교적·의례적 언명들의 축어적 암기와 정확한 구전 전수의 과정이 흔한 일이었다고 주장했다.⁴⁹

우리가 앞서 살펴보았듯이, 라이스너는 뒤의 두 조건들이 예수의 지상 사역 동안에 충족되었으며 실재했다는 점을 입증했다. 그는 첫 번째 조건에 대해서는 예수의 권위가 서기관이나 다른 종교 지도자들과는 다르게 유일한 것으로 받아들여졌다고 지적한다. 라이스너는 이 조건을 검토하는 과정에서 예수가 다른 선생의 권위를 빌려온 증거가 없다고 지적한 에르핫손과 기타 학자들에게 동의한다. 제자들이 심지어 구약보다도 더 위에 있는 유일한 선생으로서 예수에게 집중한다는 점은 그를 다른 선생들과 구분 짓는 중요한 차이점이다. 더욱이 아람어 단어인 아멘(amen)에 관한 독특한 사용법은 예수의 언명들이 신적 영감을 받은 것으로 간주되어야 한다는 점을 시사한다.⁵⁰ 따라서 예수의 독특함은 그가 메시아이거나 메시아일 지도 모른다는 생각과 함께 그의 언명들이 보존됐을 가능성을 더욱 더 높여주었다. 라이스너가 결론짓듯이, "예수의 지상 사역에는 메시아적인 권위가 깃들어 있었으므로 부활절 이후 예수의 언명들을 보존하는 것이 더욱 더 중요하게 자리매김했을 것이다 … 예수의 말이 중요했던 것은 비단 그것이 유용하기 때문만이 아니라 하나님이 인정한 메시아의 말이었기 때문이다."⁵¹

만약 예수의 부활이 최소한 사도들은 실제로 일어났다고 믿었던 사건이라고 한다면, 그들이 어떤 방식으로 예수의 언명들을 새롭게 조명하고 해석했는지 이해할 수 있다. 그렇다고 해서 이 언명들을 편집하는 데에 있어서 그들이 예수의 언명을 새롭게 만들어냈다는 뜻은 아니다. 에르핫손은 이 중요한 차이를 다음과 같이 지적한다. "전승이 전수과정에서 거쳐간 사회적 환경의 흔적을 담고 있다고 말하는 것과 그것이 단지 이 부차적인 환경 속에서 만들어졌다고 말하는 것은 별개다. 예수에 대한 기억은 너무도 명확했고, 이 기억은 그와 연관된 전승들의 밑바탕에 너무나 확고하게 자리 잡아서 변화의 여지가 매우 적었을 수밖에 없다."52

가장 영향력 있던 추종자들(베드로나 요한과 같은)의 어떤 언명도 예수의 가르침에 대한 출처로서 엮이는 일이 없었고 그의 가르침이 극히 높이 받들어졌다는 점을 고려해 볼 때, 예수의 가르침이 특별히 주목받았으며 따라서 그것을 암기하는 일과 전수하는 일은 가장 신중하게 이루어졌을 것이라고 이해할 수 있다. 오늘날 일부 학자들은 예수를 유일무이한 존재로 경외했던 제자들이 "거룩한 말"로서 배운 것들을 전수할 때 보여주었던 방식과 현대의 구전 전달과정 사이의 유사성을 보여주려고 시도한다. 그러나 앞서 제시한 사실은 이런 학자들의 추측이 제자들의 전수 방식과 전혀 비교 가능하지 않으며 제자들이 전승을 전수하던 방식에 대해 어떠한 정보도 제공하지 않는다는 것을 의미한다.

나는 지금 예수의 모든 언행에 관해 완벽한 복사본을 갖고 있다고 주장하는 게 아님을 분명히 밝힌다. 나는 그러한 복사본이 기독교의 핵심 교리의 신빙성을 위해 필요하다고 생각하지 않는다. 내가 말하고자 하는 바는 이 핵심이 우리에게 신뢰할 수 있는 방식으로 전수되었으며 정통 기독교의 본질을 유지하기에 충분하다는 것이다.

5.12 초대교회의 어떤 인물도 예수의 가르침을 가감할 수 있는 권위가 없었으며, 이들은 오직 예수에게만 집중했다. 누군가 예수와 관련된 전통을 만들어내고 예수가 하지 않은 말을 그가 한 것처럼 꾸몄을 수도 있다는 생각은 예루살렘교회의 지도층에 대해 우리가 알고 있는 것과 상반된다.

"12사도"와 예수의 어머니로 구성된 초대 예루살렘교회가 예수에게 바친 경외는 그들이 예수의 가르침을 유지하고 보존하는 일에 특별한 주의를 기울였다는 증거를 추가로 제시한다. 1세기에 이 교회의 세 기둥으로 알려진 자들은 베드로와 야고보와 요한이었다. 그러나 이들은 예수처럼 높임 받거나 예수와 동일한 권위를 지니고 있지는 않았다. 초기교회는 애초에 예수 중심이었다. 예수는 아닌 게 아니라 "유일한 선생"이다. 소위 세 기둥 중 그 누구도 예수의 가르침을 가감할 수 있는 권위는 없었다.

에르핫손은 교회사의 초기에 예수의 가족들을 비롯하여 예수와 가장 가까이 지냈던 제자들이 그의 행적에 대한 증인이자 전통을 지키는 자들로서 교회의 지도층을 형성하고 있었다고 지적한다. 누군가가 예수와 관련해서 전통을 만들어내고 예수가 하지 않은 말을 한 것처럼 꾸밀 수 있다는 추측은 예루살렘교회의 지도층에 대해 우리가 알고 있는 것과 상반된다.[53]

사료(史料)들은 사도 전통(Apostle-traditions)이 초기교회에서 자라났음을 보여준다. 그러나 이 위대한 자들도 예수 그리스도와 비교하면 그들의 권위나 원숙함, 지식과 지혜 및 통찰 등은 아무런 영향력이 없었다. 단 한순간도 우리는 "유일한" 선생과 다른 사람들 간의 차이를 잊어서는 안 된다. 초기교회가 시중에 떠돌아다니는 어록을 가지고 예수가 말한 것으로 둔갑시켰으며 그들 자신이 예수의 "어록"을 임의로 만들어내고 초기 기독교 선지자들의 어록을 예수의 삶에 투영했다는 등 예수 전승이 초기교회의 임의적인 모음집이라고 주장하려는 학자들과 맞닥뜨릴 때 이 점을 숙지하고 있어야 할 것이다.[54]

다시 말해 예수의 추종자들은 예수의 언행 중 초기교회의 입장에서 꺼려지는 것들조차, 이를테면 아이들이나 동물에 대한 그의 태도 등도 전수하길 원했다. 메츠거는 복음 전승이 신실하고 정확한 방식으로 전달되었다고 확신한다. 그는 초기 기독교 공동체가 그들의 문제들을 해결하려고 예수의 어록을 만들어내지 않았다는 입장을 견지한다.

증거의 실제 양태에 대한 조사는 복음서 기록들 내에 이질적인 자료들의 대량 유입이 없었다는 결론으로 이끈다 … 복음서들에 이질적인 자료들이 어느 정도로 유입되었는지에 대해서는 간단한 실험을 통해 알 수 있다. 사도 바울은 초기교회에서 가장 영향력 있는 인물들 중 한 사람이었다. 복음서 전통들이 대부분 형태를 갖추기 시작한 시기로 연대가 추정되는 그의 서신서들은 손쉽게 예수가 말한 것처럼 꾸며져 하나님의 말씀들로 제시할 수 있는 함축적인 문장들과 신령한 통찰들로 가득 차 있다. 그러나 이런 과정이 정확히 몇 번 이루어졌는가 물어본다면 대답은 반드시

'단 한 번도 없었다'이다!⁵⁵

보캄은 그의 최신작 『예수와 증인들』(*Jesus and the Eyewitnesses*)에서 예수의 삶과 가르침에 대한 증인들(예수와 가장 가까웠던 제자들을 포함하여)이야말로 예수의 언행에 대한 신성한 구전의 권위 있는 정보원이자 보증인들이었다고 논증한다. 다른 지역에서 자라나고 있던 기독교 공동체들에서도 전승을 신실하게 보전하는 데에 신경을 썼던 증인들이 예루살렘교회를 중심으로 구전을 규제하였다. 이 증인들은 개척 교회들에 대해 강한 영향력을 지니고 있었다. 초기교회들은 지리적으로 분산되어 있는 공동체들 사이에서 서로 자주 방문하고 위로하는 지도자들과 교인들을 통해 긴밀한 연락망을 구성하고 있었다. 더욱이 초기 유대계 기독교 신자들은 예루살렘을 중심으로 유대교 축제에 참여했으며, 따라서 열두 사도가 예수와 함께 했던 삶과 예수가 부활한 뒤 그들에게 나타났던 경험담을 직접 들을 수 있었다. 예루살렘으로의 방문은 또한 예수와 관련된 예배 전통을 보존하고 전수 과정을 규제하는 하나의 수단을 제공했을 것이다.⁵⁶

보캄은 예수와 가장 친밀했던 사람들이 신성한 구전의 전수를 규제했을 가능성이 높다고 강조한다. 예루살렘교회의 열두 지도자들은 정형화된 예수 전승들을 전수하는 규칙을 세웠을 것이다. 1세기 유대 회당의 교육제도로 보아 이 전승은 오늘날 일부 형식비평가들이 상정하는 것보다도 훨씬 더 신중한 방식으로 보존되고 신실하게 전수되었으리라고 예상할 수 있다.

5.13 예수의 십자가형과 공관복음서들의 작성 사이의 시간차는 매우 짧으며, 예수 경배의 양식은 그의 어록을 크게 바꾸거나 새로 지어내는 일 없이 보존될 수 있도록 초대교회의 핵심 인물들(베드로, 야고보, 요한)에게 권위를 주는 형태를 취했다.

예수의 십자가형과 복음서들의 작성 사이의 시간차는 매우 짧다. 정경복음서들은 서술하고 있는 사건들로부터 수십 년 내에 기록되었을 가능성이 매우 높다. 우리는 사건들로부터 수백 년 이후의 기록들(도마복음과 같은 영지주의 복음서들)을 다루고 있는 것이 아니다. 증인들은 여전히 살아있었으며, 전승은 신뢰할 수 있는 방식으로 전수되었고, 예루살렘교회를 구성하는 지도층(베드로를 비롯한)은 누가랑 마가와 연락을 주고받고 있었다. 이 지도층은 이 시기에 예루살렘과 팔레스타인에서 거룩한 전승을 다루던 자들이 지시한 방식대로 전승을 전수하였을 가능성이 높다.

제자들이 신뢰할 수 있는 구전의 전통을 이어왔다는 증거는 명확하다. 예수의 가르침과 지시 사항들을 비롯하여 예수에 관한 구전이 마침내 문서로 기록되었을 때, 그들은 "전수하고" "전수 받는" 유대교적 맥락을 따랐다. 에르핫손은 예수의 십자가형과 예수 전승의 문서화 사이의 상대적으로 짧은 시간 안에 독립적인 구전 전수의 과정이 이루어졌다는 것을 검토할 때, 우리가 예수 경배의 양식을 잊어서는 안 된다고 상기시킨다(2장에서 내가 다룬 것을 참고). 그는 공관 전통을 다루는 사람이라면 반드시 고려해야 할 두 가지 사항을 지적한다.

여기에 잊어서는 안 되는 두 가지 사항이 있다. 즉, (1) 초기 기독교의 관점에서 예수는 유일하고 비교 불가능한 존재, 만왕의 왕이요 만주의 주였으며, 선지자들의 선지자, 선생들의 선생, 메시아, 하나님의 아들, *하나님*(Kyrios)으로서 그와 동일한 이는 아무도 없다는 것과 (2) 초기 기독교 신앙의 중심이 지혜로운 선생이나 선지자 또는 기적을 행하는 자로서의 예수가 아닌, 십자가형을 당하고, 부활하였으며 살아계신 주, 유일한 구세주이자 세상의 구원자로서의 예수였다는 것이다.[57]

물론 그렇다고 해서 제자들이 부활절 이전에 예수에 대해 분명하게 이해했다는 뜻은 아니다. 오히려 그들은 부활절 이후에야 예수의 삶과 사역과 부활의 의미를 이해하게 되었다. 부활절 이후 예수에 대한 제자들의 이해는 점점 더 명료해졌으며, 이 성숙한 이해도는 예수의 어록과 그의 전통에 대한 해석에 영향력을 끼쳤다. 그러나 이 이해도는 단지 예루살렘교회에서 지도층의 위치를 다지는 데 도움을 주었을 뿐이다. 부활절을 감안했을 때 예수의 어록을 매우 정확하게 보존하고 전수하는 것이 한층 더 강조되었을 것이다. 전승의 전수는 권위를 가진 지도자가 부재하는 공동체에 의해 이루어진 것이 아니다. 베드로, 야고보, 요한 등을 포함한 열두 사도들이 초기교회의 권위자들이었다. 복음서들은 이 지도자들의 권위 아래 매우 신중하게 보존된 자료들을 반영한다. 에르핫손은 예수와 가장 가까웠던 제자들이 심지어 예수가 살아있던 당시에도 그의 언행을 보존하려고 했을 가능성이 있다고 강조한다.

초기 기독교 시대에 그 누구도 임의로 예수가 이런저런 말을 했다고 주장할 수 없었다는 점을 우리는 증거를 통해 알 수 있다. 나는 예수와 가장 친밀했던 제자들이 – 베드로, 야고보, 요한, 그 외의 열두 사도들이 – 공관 전통의 시작점에서 많은 관여를 했을 것이 분명하다고 생각한다. 그들은 예수의 잠언들을 – 예수가 한 말, 비유 등을 – 보존했으며 부활절 이전에 예수가 아직 그의 사역을 행해나가고 있을 당시에도 이미 그의 활동을 전파하고 다녔다.[58]

복음서들에 기록된 전승들은 예수가 이 땅에 살던 시기로까지 거슬러 올라간다. 위에서 언급했듯이, 그것들은 예수의 부활을 기점으로 초기 기독교 지도자들에 의해 어느 정도 명확해지고 해석이 주어졌을 수도 있다. 부활은 그들로 하여금 예수라는 사람을 정확하게 인지하고 크게 높임 받아야 할 자로 볼 수 있도록 해준 사건이었으나, 해석상의 변화라는 것은 예수가 결코 하지 않았던 말을 그가 한 것처럼 꾸미는 것과는 거리가 멀다. 오히려 부활에 대한 그들의 확신과 예수가 부활 이후 그들에게 나타난 사건은 그들로 하여금 예수가 지상 사역 동안에 실제로 말했던 것들을 굳게 붙들어 더욱 신중하게 보존하도록 장려했을 것이다. 부활절을 통해 그들이 예수의 말을 해석할 수 있었다고 말하는 것과 그들이 새롭게 예수의 말을 만들어냈다고 혐의를 제기하는 것은 완전히 다른 의미다. 그들이 예수라는 사람 안에서 새롭게 가진 관점, 즉 거룩하고 높임 받아야 하는 자로서의 예수라는 관점을 생각했을 때, 그가 실제로 말했던 것과 관련 없는 말들을 지어낸다는 것은 매우 가능성이 낮을 수밖에 없다.

5.14 예수에 관한 이야기나 그의 어록에 대해 부정확한 개작이 있었을 시, 초대교회의 공동체와 지도자들은 이를 정정했을 것이다. 또한 핵심 내용은 구전 전수과정이 규제됨으로써 변함없이 유지되었을 것이다.

위에서 언급했듯이, 예수 어록의 구전 전수과정은 그가 갈릴리에서 사역하던 시기에 발생했다. 베일리(Kenneth Bailey)는 1세기 갈릴리 지방의 마을들과 유사한 중동 지역 마을들의 구전에 대해 30년간 분석한 경험을 되돌아보면서, 초기 기독교 공동체 내에 존재하는 갈릴리 지역의 촌(村)문화가 예수에 관한 이야기를 임의적으로 개작하지 못하게 방지하는 역할을 수행했다고 결론 내린다. 그는 이러한 규제가 이야기의 핵심이 아닌 것들에 대해서는 어느 정도 융통성을 허용했으나, 이야기의 중심점과 핵심단어들은 유지하도록 만들었다고 지적한다. 베일리는 그의 마을 생활 경험을 통해 예수 생전에 이루어졌을 구전 전수과정과 유사한 것으로 보이는 구전 전수과정에 대해 증언한다. 제자들의 삶 속에서 예수가 지녔던 의의를 생각했을 때, 우리는 예수와 함께 했던 제자들이 예수의 언행을 개작하는 과정에 대해 규제하려고 했을 것이라고 추정할 수 있다.[59]

한편 보캄은 베일리의 통찰력을 인정하면서도 그가 구전을 규제하는 공동체에 대해 강조하느라 초기 기독교에서 증인들이 갖는 중요성을 간과했다고 지적한다. 이 증인들은 지상 사역의 "시작점에서부터" 예수와 함께 했던 자들이며, 예수에게 일어난 중요한 사건들을 함께 경험하고 그가 하는 말을 직접 들었던 자들이다. 보캄은 베일리가 구전의 규제자로서의 기독교 공동체 일반에 대해 강조하는 것은 예수와 친밀했던 자들이 교회에서 지녔던 지도력을 무시하는 것이라고 지적한다. 보캄은 에르핫손과 동의하면서 예루살렘교회의 세 기둥을 포함한 열두 사도라는 지도층이 신성한 구전에 대해 기독교 공동체 일반보다 더 큰 통제력을 행사했다는 중요한 증거들을 제시한다.[60]

5.15 예수의 언행과 사도들의 행적이 구전에 보존되어 있음을 세 가지 사례들이 입증한다.

나는 일부 신약학자들이 추정하는 것과는 달리 제자들이 예수의 어록이나 이야기의 중요 맥락을 변형시켰을 가능성이 꽤 낮다는 점을 많은 역사적 증거들을 통해 논증해왔다. 베일리, 에르핫손, 라이스너, 던, 보캄 및 예레미아스 등의 연구는 모두 예수의 어록이나 이야기의 핵심 요소들이 규제를 통해 변함없이 보존되었다고 결론 내린다. 이는 사도행전에 세 차례 기록된 사울/바울의 개종에 대한 이야기와 일관된다. 이 이야기에 대한 세 기록들은 사도행전 9:1~22, 22:1~21 그리고 26:9~23에 나타난다. 비록 누가가 사건을 세 가지 다른 방식으로 연관 짓고는 있지만, 이야기의 중심 가닥은 모두 동일하다. 즉, 사울이 초기교회의 일원들을 박해하려 다메섹으로 향하고 있는 도중 하늘에서 빛이 그를 둘러 비추고, 한 목소리가 그에게 "사울아, 네가 어찌하여 나를 박해하느냐?"라고 물으며 사울이 "주여 누구시니이까?"라고 대답하자, 목소리가 "나는 네가 박해하는 예수라"

라고 응답한 후 그에게 "일어나라"고 말한다.

  비록 덜 중요한 세부 사항들에서 이 세 가지 기록들이 서로 다르기는 하나, 세 기록에서 사울과 부활한 예수 간의 대화를 묘사하는 단어들은 모두 동일하다. 이는 보조하는 내용들에서는 융통성을 허용하는 한편 이야기와 어록의 중요한 맥락이 정확하게 고정되어 있다는 결론을 지지한다.[61] 던이 보여주듯이, 동일한 단어들을 진한 이탤릭체로 강조하여 이 이야기들을 나란히 펼쳐 놓으면, 누가 같은 이야기를 서로 다른 방식들로 전하고 있지만 이야기의 핵심은 세 가지 기록에서 모두 정확하게 일치한다는 점이 생생하게 드러난다(표 5.1).

  던은 구전 형성의 과정에 대해 흥미로운 책을 서술했으며, 그의 연구와 발견에 대해 일일이 소개하는 것은 이 전승의 의의를 전달하려고 한 그의 노력을 되풀이하는 것밖엔 되지 않을 것이다. 그러나 그가 제시한 예들의 일부를 제시하는 것만으로도 그가 수행한 연구의 중요성과 현대 학자들이 1세기 구전의 신빙성과 진정성을 이해하기 위해 더 주의를 기울여야 할 필요가 있다는 점을 보여주기에 충분할 것이라 생각한다.

  던의 분석은 마태와 누가가 Q문서에 의존하고 있다는 것과 마가복음이 가장 먼저 기록된 복음서라는 현대 학자들의 가정에 대해 일정 부분 의문을 제기하게 한다. Q문서란 대부분의 학자들이 마태복음과 누가복음에 사용된 것으로 생각하는 가상의 자료집을 말한다. 만약 이러한 자료집이 존재했다면, 이는 누가복음과 마태복음 사이에 공유되는 이백여 가지의 구절들로 이루어져 있을 것이다. 나는 이것이 이 책의 주요한 논제라고 생각하지 않으며, 또한 Q문서의 존재에 대한 찬반론 두 진영의 논거

표 5.1. 사울/바울의 개종

사도행전 9:3~6	사도행전 22:6~10	사도행전 26:12~16
사울이 길을 가다가 다메섹에 가까이 이르더니 홀연히 하늘로부터 빛이 그를 둘러 비추는지라 땅에 엎드러져 들으매 소리가 있어 이르시되 사울아 사울아 네가 어찌하여 나를 박해하느냐 하시거늘 대답하되 주여 누구시니이까 이르시되 나는 네가 박해하는 예수라 너는 일어나 시내로 들어가라 네가 행할 것을 네게 이를 자가 있느니라 하시니	가는 중 다메섹에 가까이 갔을 때에 오정쯤 되어 홀연히 하늘로부터 큰 빛이 나를 둘러 비치매 내가 땅에 엎드러져 들으니 소리 있어 이르되 사울아 사울아 네가 왜 나를 박해하느냐 하시거늘 내가 대답하되 주님 누구시니이까 하니 이르시되 나는 네가 박해하는 나사렛 예수라 하시더라 나와 함께 있는 사람들이 빛은 보면서도 나에게 말씀하시는 이의 소리는 듣지 못하더라 내가 이르되 주님 무엇을 하리이까 주께서 이르시되 일어나 다메섹으로 들어가라 네가 해야 할 모든 것을 거기서 누가 이르리라 하시거늘	그 일로 대제사장들의 권한과 위임을 받고 다메섹으로 갔나이다 왕이여 정오가 되어 길에서 보니 하늘로부터 해보다 더 밝은 빛이 나와 내 동행들을 둘러 비추는지라 우리가 다 땅에 엎드러지매 내가 소리를 들으니 히브리 말로 이르되 사울아 사울아 네가 어찌하여 나를 박해하느냐 가시채를 뒷발질하기가 네게 고생이니라 내가 대답하되 주님 누구시니이까 주께서 이르시되 나는 네가 박해하는 예수라 일어나 너의 발로 서라 내가 네게 나타난 것은 곧 네가 나를 본 일과 장차 내가 네게 나타날 일에 너로 종과 증인을 삼으려 함이니

에 모두 충분히 공감한다. 던은 어째서 마태복음과 누가복음에 공유되지만 마가복음과는 관련 없는 자료들이 Q문서에 연관되

어야 하는지 묻는다. 구전의 핵심 사항들에서 요구되는 정확성과 비본질적인 사항들에서 허용된 융통성에 대해 고려할 때, 마태복음과 누가복음에는 공유되지만 마가복음과 관련 없는 자료들의 유일한 근거로서 Q문서를 상정하는 것은 타당하지 않을 수도 있다. 많은 점에서 구전의 형성 과정은 Q문서를 상정할 필요 없이 그 자체로 복음서들 간의 표현의 차이를 설명하는 데 충분하다.

나는 던의 예들을 제시할 때 공관복음의 본문들을 병렬하는 그의 방식에 더해 이탤릭체와 강조를 통해 공유되는 단어들을 병렬하겠다. 첫 번째 예는 예수가 가버나움에 들어갈 때 백부장의 종을 치유한 이야기이다. 마태복음과 누가복음은 아래에 제시된 것처럼 서로 다른 기록을 보여주며 공유된 부분은 강조된 이탤릭체로 표시했다(표 5.2).

마태복음과 누가복음 모두 이야기의 핵심과 본질은 동일한 것을 분명하게 알 수 있다. 예수가 가버나움에 들어가고 한 백부장이 그에게 자신의 하인을 낫게 해달라고 청한다. 두 복음서들 사이에서 백부장의 말에 대한 예수의 대답과 예수의 말에 대한 백부장의 대답은 단어 하나하나 정확히 일치한다. 두 이야기는 오직 세부 사항에서 차이를 보일 뿐이다. 여기서 핵심이 되는 것은 백부장과 예수의 대화다.

두 번째 예로는 마가복음과 마태복음 및 누가복음에서 폭풍을 잠잠케 하는 예수의 이야기를 들겠다. 동일한 단어들은 역시 강조된 이탤릭체로 표시했다(표 5.3).

여기서도 핵심 내용은 똑같다. 폭풍이 일어나고, 제자들은 "우리가 죽겠나이다"라고 말하며 예수를 깨운다. 이에 예수가 일어

표 5.2. 가버나움에서 백부장의 하인을 치유함

마태복음 8:5~10	누가복음 7:1~9
예수께서 **가버나움에 들어가시니 한 백부장이 나아와** 간구하여 이르되 주여 내 하인이 중풍병으로 집에 누워 몹시 괴로워하나이다 이르시되 내가 가서 고쳐 주리라 백부장이 대답하여 이르되 주여 내 집에 들어오심을 나는 감당하지 못하겠사오니 다만 말씀으로만 하옵소서 그러면 내 하인이 낫겠사옵나이다 나도 남의 수하에 있는 사람이요 내 아래에도 군사가 있으니 이더러 가라 하면 가고 저더러 오라 하면 오고 내 종더러 이것을 하라 하면 하나이다 예수께서 들으시고 놀랍게 여겨 따르는 자들에게 이르시되 내가 진실로 너희에게 이르노니 이스라엘 중 아무에게서도 이만한 믿음을 보지 못하였노라	예수께서 모든 말씀을 백성에게 들려 주시기를 마치신 후에 **가버나움으로 들어가시니라 어떤 백부장**의 사랑하는 종이 병들어 죽게 되었더니 예수의 소문을 듣고 유대인의 장로 몇 사람을 예수께 보내어 오셔서 그 종을 구해 주시기를 청한지라 이에 그들이 예수께 나아와 간절히 구하여 이르되 이 일을 하시는 것이 이 사람에게는 합당하니이다 그가 우리 민족을 사랑하고 또한 우리를 위하여 회당을 지었나이다 하니 예수께서 함께 가실새 이에 그 집이 멀지 아니하여 백부장이 벗들을 보내어 이르되 **주여 수고하시지 마옵소서 내 집에 들어오심을 나는 감당하지 못하겠나이다** 그러므로 내가 주께 나아가기도 감당하지 못할 줄을 알았나이다 말씀만 하사 내 하인을 낫게 하소서 나도 남의 수하에 든 사람이요 내 아래에도 병사가 있으니 이더러 가라 하면 가고 저더러 오라 하면 오고 내 종더러 이것을 하라 하면 하나이다 예수께서 들으시고 그를 놀랍게 여겨 돌이키사 따르는 무리에게 이르시되 **내가 너희에게 이르노니 이스라엘 중에서도 이만한 믿음은 만나 보지 못하였노라 하시더라**

나 바람과 바다를 꾸짖으니 잔잔해졌으며, 제자들은 예수가 누구기에 바람과 바다도 그를 순종하는가 하며 기이하게 여긴다. 여기서도 세세한 사항들에서는 융통성이 보이나, 이야기의 핵심은 그렇지 않다. 비록 던은 마태복음과 누가복음이 단지 마가복음의 기록을 편집한 것일 수도 있다고 인정하지만, 그보다는 복음서들 간의 차이가 핵심 사항들은 엄격히 준수한 반면 중요하지 않은 사항들에 대해서는 융통성을 허용한 것에서 비롯된 구전의 다양성에 기인한다는 설명이 더 설득력 있다고 보았다.[62]

마지막 예는 예수가 배신 당하기 전에 그의 제자들과 마지막 만찬을 함께 했다는 기록에서도 구전 전승이 핵심 사항들을 그대로 유지했다는 것을 보여준다(표 5.4). 마태복음과 마가복음과 누가복음을 고린도전서와 비교해 볼 때, 우리는 고린도전·후서에서 성찬을 기념하던 초기교회가 얼마나 정확히 중심 사항들을 고수했는지 또 한 번 볼 수 있다. 위에서 언급했듯이, 바울은 고린도전서 11:23에서 이 전승을 전수 받았다고 서술하면서 앞서 설명한 구전 전수과정의 전문 용어들을 사용한다("전수받음" 또는 헬라어로 *parelabon*, "전수함" 또는 *paredoka*).

마지막 만찬에 대한 이야기가 오직 기록으로만 소통되었다고 하는 가정은 의문스럽다. 그보다 더 분명한 답은 마지막 만찬에 대한 이야기가 그들의 예배 양식의 일부이자 구전 전수과정의 일부였기 때문에 초기교회가 이를 알고 있었다는 것이다. 보캄이 결론짓듯이, "고린도전서 11:23~25와 누가복음 22:19~20 간의 긴밀한 언어적 유사성은 문서들 간의 공유로는 타당하게 설명할 수 없는데, 이는 바울이 누가의 복음서를 구할 수 없었으며 누가 또한 바울의 서신들에 대해 알고 있었다는 단서를 전혀

표 5.3. 폭풍을 잠잠케 함

마태복음 8:23~27	마가복음 4:35~41	누가복음 8:22~25
배에 오르시매 제자들이 따랐더니 바다에 큰 놀이 일어나 배가 물결에 덮이게 되었으되 예수께서는 주무시는지라 그 제자들이 나아와 깨우며 이르되 주여 구원하소서 우리가 **죽겠나이다 예수께서 이르시되 어찌하여 무서워하느냐 믿음이 작은 자들아** 하시고 곧 일어나사 바람과 바다를 꾸짖으시니 아주 잔잔하게 되거늘 그 사람들이 놀랍게 여겨 이르되 **이이가 어떠한 사람이기에 바람과 바다도 순종하는가** 하더라	그 날 저물 때에 제자들에게 이르시되 우리가 저편으로 건너가자 하시니 **그들이 무리를 떠나 예수를 배에 계신 그대로 모시고 가매 다른 배들도 함께 하더니** 큰 광풍이 일어나며 **물결이 배에 부딪쳐** 들어와 배에 가득하게 되었더라 예수께서는 고물에서 **베개를 베고 주무시더니** 제자들이 깨우며 이르되 **선생님이여 우리가 죽게 된 것을 돌보지 아니하시나이까** 하니 예수께서 깨어 바람을 꾸짖으시며 바다더러 이르시되 **잠잠하라 고요하라** 하시니 **바람이 그치고 아주 잔잔하여지더라** 이에 제자들에게 이르시되 **어찌하여 이렇게 무서워하느냐 너희가 어찌 믿음이 없느냐** 하시니 그들이 심히 두려워하여 서로 말하되 **그가 누구이기에 바람과 바다도 순종하는가** 하였더라	하루는 제자들과 함께 배에 오르사 그들에게 이르시되 호수 저편으로 건너가자 하시매 이에 떠나 행선할 때에 예수께서 잠이 드셨더니 마침 **광풍이** 호수로 내리치매 배에 물이 가득하게 되어 위태한지라 제자들이 나아와 **깨워** 이르되 주여 주여 **우리가 죽겠나이다** 한대 **예수께서 잠을 깨사** 바람과 물결을 **꾸짖으시니 이에 그쳐 잔잔하여지더라** 제자들에게 이르시되 너희 믿음이 어디 있느냐 하시니 그들이 두려워하고 놀랍게 여겨 서로 말하되 **그가 누구이기에** 바람과 물을 명하매 **순종하는가** 하더라

표 5.4. 마지막 만찬

마태복음 26:26~29	마가복음 14:22~25
그들이 먹을 때에 예수께서 **떡을 가지사 축복하시고 떼어** 제자들에게 주시며 이르시되 받아서 먹으라 이것은 내 몸이니라 하시고 **또 잔을 가지사 감사 기도 하시고 그들에게 주시며** 이르시되 **너희가 다 이것을 마시라 이것은** 죄 사함을 얻게 하려고 **많은 사람을 위하여 흘리는 바 나의 피 곧 언약의 피니라** 그러나 **너희에게 이르노니 내가 포도나무에서 난 것을** 이제부터 내 아버지의 나라에서 새것으로 너희와 함께 **마시는 날까지 마시지 아니하리라** 하시니라	그들이 먹을 때에 예수께서 **떡을 가지사 축복하시고 떼어** 제자들에게 주시며 이르시되 받으라 이것은 내 몸이니라 하시고 **또 잔을 가지사 감사 기도 하시고 그들에게 주시니 다** 이를 마시매 이르시되 **이것은** 많은 사람을 위하여 **흘리는 나의 피 곧 언약의 피니라** 진실로 **너희에게 이르노니 내가 포도나무에서 난 것을** 하나님 나라에서 새 것으로 마시는 날까지 다시 **마시지** 아니하리라 하시니라

누가복음 22:17~20	고린도전서 11:23~26
이에 잔을 받으사 감사 기도 하시고 이르시되 이것을 갖다가 너희끼리 나누라 내가 너희에게 이르노니 내가 이제부터 하나님의 나라가 임할 때까지 포도나무에서 난 것을 다시 마시지 아니하리라 하시고 또 **떡을 가져 감사 기도 하시고 떼어** 그들에게 주시며 이르시되 **이것은 너희를 위하여** 주는 **내 몸이라 너희가 이를 행하여 나를 기념하라** 하시고 **저녁 먹은 후에 잔도 그와 같이** 하여 이르시되 이 잔은 내 피로 세우는 새 언약이니 곧 너희를 위하여 붓는 것이라	내가 너희에게 전한 것은 주께 받은 것이니 곧 주 예수께서 잡히시던 밤에 **떡을 가지사 축사하시고 떼어** 이르시되 **이것은 너희를 위하는 내 몸이니 이것을 행하여 나를 기념하라** 하시고 식후에 또한 **그와 같이 잔을** 가지시고 **이르시되 이 잔은 내 피로 세운 새 언약이니** 이것을 행하여 마실 때마다 나를 기념하라 하셨으니 너희가 이 떡을 먹으며 이 잔을 마실 때마다 주의 죽으심을 그가 오실 때까지 전하는 것이니라

보여주지 않기 때문이다. 오직 (헬라어로 암기된) 엄격한 구전만이 이들 사이의 상당한 언어적 유사성을 설명할 수 있다."63

Q문서의 존재 여부는 정확성 및 신빙성과 관련하여 아무런 문제가 되지 않을 수도 있다. 구전 전수과정은 우리에게 신약의 기록들을 믿을 수 있는 충분한 근거를 제시한다. 만약 Q문서가 존재했다면 그것은 마가복음의 기록 이전, 즉 매우 이른 시기에 작성된 것이어야만 한다. Q문서가 존재했든 존재하지 않았든 초기교회의 구전 전수과정과 기록된 문서들을 믿어야 하는 이유들은 많다. 그것들은 예수의 언행의 핵심을 제시하는 데에 있어서 일관되기 때문이다.

예레미아스는 던이 문서의 존재에 대해 의심을 제기하기에 앞서 이미 Q문서가 구전 형태로서만 존재했다고 가정했었다. Q문서를 구전으로 취급하는 부분적인 이유는 Q문서를 문서의 형태로 재구성하는 데에 따르는 어려움에 있다. 비록 예레미아스는 학자들이 대부분 공관복음서들 간의 유사성과 관련하여 이출전설*을 지지한다는 점을 잘 알고 있었지만, 본인은 이출전설의 근거가 미심쩍다고 생각했다. 그가 보기에 Q문서와 마가복음이 두 복음서의 출전이라는 생각은 문제를 지나치게 단순화하는 것이다. 그는 누가복음 안의 자료가 독립적인 배경으로부터 유입되지 않았으며, Q문서로서 확고히 기록되기 전에 이미 누가복음에 기록되었을 가능성이 높다는 것을 토대로 이출전설의 허점을 지적했다.64 예레미아스의 관점에선 Q문서가 문서로서 존재

---

*二出典說, 마태복음과 누가복음이 두 가지 문서, 즉 마가복음과 Q문서를 바탕으로 기록되었다는 가설이다.

했는지에 대해서 상당히 의심스러운 부분이 있을 수밖에 없다.

게다가 그는 마태복음과 누가복음의 어록 중 20퍼센트는 거의 문자 그대로 동일하지만, 대부분의 경우 이 어록들은 쉽게 암기할 수 있는 짧은 우화들과 평행대구들 및 비유들로 이루어져 있다고 지적했다. 다시 말해 문자 그대로 동일한 어록들은 유대교 전통에서도 일반적으로 문자 그대로 암기할 수 있게 공식화된 종류의 어록이라는 것이다.

예레미아스로 하여금 Q문서의 존재를 회의적으로 보게 만들었던 또 다른 측면은 바로 마태복음과 누가복음 사이에 어록의 순서가 많이 다르다는 점이다. 두 복음서 간에 서로 상반되는 순서는 "Q문서에서 비롯된 것만큼이나 구전에서 비롯된 것일 가능성이 있다."[65]

예레미아스는 이를 마태복음과 누가복음에서 동일한 예수의 어록이 자주 "서로 다른 접속어로 이어져 있다"는 점과 결부시킨다. 접속어의 사용은 어록이 구전에서 비롯됐다는 점을 시사하는데, 이는 접속어의 사용이 연상기법의 일환으로 1세기에 흔히 사용되었기 때문이다. 요컨대 마태복음이 예수의 어록에 대해 연상법의 일환으로 한 단어를 접속어로써 사용할 때, 누가복음은 동일한 어록의 암기를 돕기 위해 다른 단어를 접속어로써 사용한다. 이는 십중팔구 두 복음서의 저자들이 이와 관련하여 어떠한 편집도 수행하기 이전에 다수의 동일한 내용에 대해 보여주는 차이들이 생겼을 것이라는 점에서 중요한 의미를 지닌다. 예레미아스가 동일한 예수의 어록에서 나타나는 접속어의 차이에 대해 지적하듯이, "이 결론은 마태복음과 누가복음에서 나타나는 어록(*logia*) 간의 차이를 언어학적 증거 없이 그저 두 저자의 편집 작업에 기인하는 것으로 볼 수 없게 한다는 점에서 중요하다. 대부분의 차이는 전승의 성립 과정에서 매우 초기에 형성된 것이다."66

이는 마태복음과 누가복음 사이에 공유되는 어록이 *어쩌면* Q문서가 아니라 구전에서 유래됐을 수도 있다는 의미다. 하지만 우리는 이에 대해 확실하게 알 수 없으며, 예레미아스 본인도 이에 관해 깊게 다루지는 않았다. 그러나 Q문서가 문서라는 형태로 존재했던 적이 없었을 수도 있다는 점은 반드시 고려해보아야 한다. 어쨌든 우리는 마태와 누가가 예수의 언명들을 최고의 경의를 가지고 다루었다는 점을 알고 있으며, 누가가 그의 복음서를 구성하면서 자료를 "덩어리째(in blocks)" 작업한 기법은 그가 전수받은 자료에 대해 많은 변화를 주기 꺼려했다는 점을 입증한다. 이는 누가복음의 구절들과 마가복음의 많은 "덩어리들"을 구절 별로, 거의 단어 별로 비교한 예레미아스의 분석에서 잘 드러난다.67

그러므로 내용을 보증할 수 있었던 증인들의 시대로 정경복음서의 연대를 잡을 수 있다는 것과 더불어 예수의 이야기와 어록들에 대해 정확한 구전 전수과정이 이루어졌다는 증거들이 정경복음서들의 신빙성에 대해 확고한 근거를 제시한다.

주

1 메츠거는 신약의 신빙성과 에르핫손의 연구가 드러내는 복음 전승의 본질적인 충실함에 대해 다음과 같이 서술했다.

> 고대 유대교와 초기 기독교 전승의 전수 방식에 대한 연구들 중 주목할 만한 것으로는 에르핫손의 기념비적인 연구서 『기억과 기록: 랍비 유대주의와 초기 기독교 내에서의 구전과 필기를 통한 정보전달』(*Memory and Manuscript: Oral Tradition and Written Transmission in Rabbinic Judaism and Early Christianity*)이 있다. 그는 이 작품에서 형식비평적인 접근방식으로부터 벗어나 복음서들의 초기단계에 대한 성경학적 연구를 수행한다. 에르핫손은 예수 전승을 전수하던 초기 기독교의 1차적 환경은 전승 그 자체라고 주장한다. 에르핫손의 후속작들, 특히나 『복음 전승의 기원』(*The Origins of the Gospel Traditions*)은 성경 연구에 있어서 형식비평학에 대한 북유럽적 대안을 제시한다. 그는 초기 기독교 해석의 창조성을 인정하면서도 "전승 자료들을 전수하는 책임들을 진지하게 맡았다고 하는 것과, 초기교회가 초기 기독교 선지자들과 선생들의 말을 예수의 것으로 만드는 등 예수 전승을 자유롭게 구성했다고 가정하는 것은 꽤나 차이가 크다"고 지적한다.

Metzger 2003, 103~106.

2 McGrath 1997, 59. 1세기에 속기법과 필기를 사용했다는 점 또한 고려해야할 것이다. 속기법은 특정한 문서를 암기하는 데에 도움을 주기 위해 학교와 같은 교육제도에서 자주 사용된 일종의 빠른 글쓰기 기법이다. 이것들은 교육제도의 한 부분으로써 일종의 회고록이라고 생각할 수 있다. 예수의 제자들은 산상수훈과 같이 좀 더 긴 담론을 경청할 때 이러한 형식의 글쓰기를 사용했을 것이다.

3 보캄이 서술하듯이, "고대 세계에서 암기는 보편적이었다. 배움은 상당 부분 암기를 의미했다." Bauckham 2006, 280. 1980년대에 영국의 배우였던 맥코웬(Alec McCowan)은 브로드웨이와 케네디 센터에서 마가복음을 암송했었다. 윌링(Wib Walling)과 바루흐는 그의 놀라운 공연을 이렇게 회상한다. "그는 의자 하나와 책상 그리고 물 한 잔 외에는 아무 것도 준비하지 않았으며, 중간에 한 번 휴식 시간을 취한 후 곧바로 중지한 곳에서부터 끝까지 복음서를 암송하였다." 바루흐는 이를 보고 "마술 같다"고 평했으며, 이 경험을 통해 고대 음유시인들이 호메로스의 시들을 암송했다는 이론들이 타당하다는 점을 배울 수 있었다고 한다.

4   Gerhardsson 1998, xxvi.

5   Boyd 1995, 121.

6   Gerhadrsson 1998, xii.

7   Gerhardsson 2005, 9 (강조는 덧붙임).

8   Blomberg 1987, 29.

9   Gerhardsson 2001, 28.

10 Gerhardsson 1998, 329.

11 Metzger 2003, 103~106.

12 갈라디아서 1:14과 바울이 그의 훈련과 율법 전통에 대한 열정을 암시하고 있음을 다룬 Gerhardsson 2001, 14를 참고.

13 Gerhardsson 2001, 14~15.

14 고린도전서 11:23과 고린도전서 15:3(2장을 참고)의 선재했던 신조들에서 제시된 *paradidonai*(전통을 전수함)과 *paralambanein*(전통을 전수받음)이라는 용어들을 설명할 때 다루었듯이, 바울은 신중한 방식으로 전승을 전수하고 있다는 것을 나타내기 위해 전문 용어를 사용한다. 이 전문 용어는 또한 갈라디아서 1:9, 빌립보서 4:9, 데살로니가전서 2:13, 4:1 그리고 데살로니가후서 3:6에서 나타난다. 이 전수 과정에 담긴 정성과 정밀함을 과소평가해서는 안 될 것이다.

15 Gerhardsson 2001, 15.

16 Bauckham 2006, 265.

17 Gerhardsson 2001, 38.

18 Wansbrough 1991, 188에 Riesner 서술.

19 요한복음 18:20, 마가복음 1:21, 마가복음 6:2, 마태복음 4:23, 마태복음 9:35, 누가복음 4:15, 31, 누가복음 13:10 참고.

20 Wansbrough 1991, 189에 Riesner 서술.

21 Wansbrough 1991, 191에 Riesner 서술.

22 Dunn 2003, 224 참고.

23 마태복음 10:24~25, 누가복음 6:40, 마태복음 10:42, 누가복음 14:26 이하 참고. Wansbrough 1991, 197에 Riesner 서술.

24 Wansbrough (ed.) 1991, 198에 Riesner 서술.

25 누가복음 1:4과 Wansbrough 1991, 197~198에 Riesner 서술 참고.

26　Gerhardsson 2001, 45 (괄호는 덧붙임).

27　Gerhardsson 2001, 42.

28　Wansbrough 1991, 202에 Riesner 서술.

29　Bruce 1960, 39~40.

30　Bauckham 2006, 282.

31　Wansbrough 1991, 204~205에 Riesner 서술.

32　Jeremias 1971, 23.

33　Jeremias 1971, 4.

34　Jeremias 1971, 20.

35　마태복음 11:5~6.

36　킹제임스 흠정역. ※역자는 개역개정을 기준으로 함.

37　Jeremias 1971, 22.

38　Jeremias 1971, 27.

39　Jeremias 1971, 27.

40　Jeremias 1971, 27.

41　Robinson 1977, 23.

42　Dunn 2003, 225.

43　Jeremias 1971, 8.

44　Dunn 2003, 225.

45　Jeremias 2002, 9~10.

46　Dunn 2003, 226.

47　Dunn 2003, 254.

48　Gerhardsson 2001, xxiv.

49　Wansbrough 1991, 207~209에 Riesner 서술 참고.

50　Wansbrough 1991, 207~209에 Riesner 서술.

51　Wansbrough 1991, 209에 Riesner 서술.

52　Gerhardsson 2001, xii.

53　　복음서들은 시간이 지나면서 교회의 입장에서 점점 더 당혹스러워지던 예수의

어록들을 다수 보존하고 있다. 예를 들어 "내가 진실로 너희에게 이르노니 이스라엘의 모든 동네를 다 다니지 못하여서 인자가 오리라(마태복음 10:23)"라든지 "내가 진실로 너희에게 이르노니 여기 서 있는 사람 중에는 죽기 전에 하나님의 나라가 권능으로 임하는 것을 볼 자들도 있느니라(마가복음 9:1)"와 같이 난해하며 매우 가까운 시기의 종말을 예언하고 있는 듯한 예수의 어록들은 그대로 유지되어 왔다. 분명 시간이 흐르면서 많은 이들이 그들 스스로 반드시 성취될 것이라 생각한 것처럼 이루어지지 않음에 따라 당혹스러웠을 것임에도 불구하고 말이다. 초기교회는 이러한 어록들을 기억 속에 묻어버릴 수도 있었으나, 그것들을 수정하거나 잊어버려야 한다는 압박에도 불구하고 모든 어록들을 신실하게 보존해왔다.

Metzger 2003, 103~106.

54　Gerhardsson 1968, 42~43.

55　Metzger 2003, 104~105.

56　Bauckham 2006, 306.

57　Gerhardsson 2001, 75.

58　Gerhardsson 2001, 50.

59　Dunn 2003, 206~207.

60

그러나 베일리는 분명 상당한 수를 이루었던(고린도전서 15:6이 언급하는 500인도 포함하여) "중요하지 않은" 증인들과 예수의 사역과 그 외의 모든 과정들을 포괄적으로 지켜볼 수 있었던 예수의 사도들, 즉 "시작에서부터" 증인들이었던 자들을 따로 구별하지는 않는다. 더욱이 팔레스타인 근교의 기독교 집단들에 대한 그의 묘사는 부분적으로는 "시작에서부터" 증인들이었던 열두 사도와 베드로라는 지도층 덕에 특별했던 예루살렘교회의 독자적인 권위에 대해서는 도외시하고 있다. 이러한 증인들은 분명 전승의 권위적인 보증인으로서 베일리의 이론이 허용하는 것보다 더 중요한 역할을 담당했을 것이다.

Bauckham 2006, 262.

61　Dunn 2003, 211~212.

62　어째서 마가의 기록을 따온 마태와 누가가 이미 작성된 문서로부터 그렇게나 임의적으로 벗어나는지 의문을 제기해야만 한다.

다시 한 번 말하지만 마태와 누가가 (자신의 목적에 맞게) 마가의 원본을 이용해 편집했다고 하는, 즉 순전한 문서상의 연관성에 대한 가정은 꽤나 가능성 있다. 그러니 순전한 문시성의 연관성이라는 가정이 지니는 문제섬은 대부분의 차이점들이 너무나도 중요하지 않다는 것이다. 예를 들어 어째서 문서의 편집자들은 배가 전복될 위험에 대한 묘사를 서로 다르게 하며(각각 서로 다른 동사를 사용한다) 예수가 자고 있음을 서로 다르게 기록하고 제자들의 두려움과 믿음이 적음을 서로 다르게 기록할 필요가 있었는가? 마태와 누가가 각기 자신들만의 (구전) 이야기 형태를 알고 있었으며 이를 주로 사용하거나 혹은 마가복음과 함께 사용했다고 추측하는 것이 더 타당하지 않은가? 그게 아니라면 그들이 마가복음을 구전의 형태로 따랐을 수도 있다. 즉, 그들이 마가복음을 (다른 부분에서 그러한 것처럼) 그대로 옮긴 것이 아니라 이야기꾼이 그러하듯 핵심을 따오는 한편 이야기를 재구성하고, 이야기의 정체성을 구성하는 상수항들은 유지하면서 핵심 사항 위에 그들만의 독자적인 강조점을 덧붙여 드러냈다는 것이다.

Dunn 2003, 218.
63 Bauckham 2006, 281~282.
64 Jeremias 1971, 38~41.
65 Jeremias 1971, 39.
66 Jeremias 1971, 39.
67 누가의 "덩어리들" 기법에 대한 추가적인 논의는 Jeremias 1971, 39~41 참고.

제6장

부활은 일어날 수 있는 사건이다

제6장

부활은 일어날 수 있는 사건이다

6.1 기독교는 어떻게 예수의 십자가형과 거의 동시에 신속하고 강력하게 부상할 수 있었는가?

오늘날 우리는 수많은 사람들이 도처에서 기독교 신앙을 고백하는 것을 본다. 내가 계속해서 설명하듯이, 기독교의 기원을 1세기 예루살렘에서 예수가 십자가에 못 박혔던 때와 거의 동시대로 추적할 수 있다는 것은 분명하다. 무엇이 이 새로운 신앙을 일으켰는가? 예수의 부활을 선언하기 위해 자신들의 목숨을 기꺼이 바친 자들과 함께, 기독교가 신속하고 강력하게 부상할 수 있었던 이유는 무엇인가? 이는 반드시 답해야만 하는 역사학적 질문이다. 라이트(N. T. Wright)가 명확하게 지적하듯이, 기독교 신앙이 탄생했던 주말, 즉 부활절을 살펴보면 기독교 최초의 회중이 지녔던 두 가지 신념을 발견할 수 있다. 이 두 가지 신념이란 (1) 부활절 아침에 예수의 무덤이 비어있는 채로 발견되었으며, (2) 예수가 그의 제자들에게 살아있는 육신으로 나타났다는 것이다. 만일 두 신념 중 하나라도 제외시킨다면 초대 기독교인들의 신앙은 이해할 수 없게 된다.¹

이어지는 부분에서 나는 나사렛 예수의 부활에 대한 믿음이 타당하고 합리적인지, 그러니까 부활이 실제로 일어났다는 충분한 증거가 있는지 살펴볼 것이다. 죽은 자가 부활했다는 믿음은 한 사람의 세계관에 대한 도전을 야기할 수도 있다. 그러나 만일 부활이 기독교의 기원에 대해 가장 사실적이고 역사적인 설명이라면, 어쩌면 우리의 미래는 *우리가 현재 알고 있는* 우주의 궁극적인 종말에도 불구하고 그렇게 암울하지 않을지도 모른다.* 다시 말해 우리는 1세기에 일어났던 부활이 예시로서 주어진 새 창조에 대한 희망을 가질 수 있다. 그리고 부활이 사실이라면 이는 나사렛 예수의 삶과 가르침과 주장들을 입증하는 신의 "징표(徵表, signature)"이기 때문에, 부활은 예수가 스스로 칭신(稱神)했다는 문제와도 깊은 연관이 있다.²

6.2 부활의 가능성을 받아들일 수 있는 지의 여부는 신(神)존재의 가능성을 어떻게 받아들이느냐에 달려있다.

부활을 믿기 위해서는 반드시 초자연적인 사건들의 가능성을

---

*저자가 말하는 궁극적인 종말의 의미는 아마도 천체물리학에서 얘기하는 우주의 종말(우주 축소)이나 태양의 죽음 등을 말하는 것으로 보인다. 즉, 이 물리적 세계를 창조한 신이 있다면, 세계가 어떻게 되든지 우리에겐 영생의 희망이 있다는 의미다.

열어두어야 한다. 또한 초자연적인 사건들의 가능성을 열어두기 위해서는 신이 존재하며 물리적 세계에서 활동할 수 있다는 가능성을 열어두어야 한다.『신의 존재에 대한 논증』에서 나는 우주(혹은 다중우주)를 포함하여 모든 필멸의(contingent) 존재자나 사물들이 필수적으로 그것들을 유지, 보존해주는 존재를 요구한다고 논증했다.* 신이 우리의 존재 자체를 보존하기 위해 끊임없이 활동한다는 점을 고려하고 우리의 호흡 하나하나가 신의 유지적(維持的) 활동을 요구한다는 점을 깨닫는다면, 신이 세계 안에서 활동할 수 있다는 생각은 전혀 이상하지 않다.

나사렛 예수의 부활을 믿는 데에 있어서 한 가지 문제점은 부활이 우리의 일상을 벗어나 있다는 것이다. 많은 사람들이 "죽은 자는 되살아나지 않는다"라는 선입견 때문에 부활을 믿지 않는다. 불트만 역시 부분적으로나마 역사 속에서 초자연적인 사건들이 일어날 수 없다는 선입견을 토대로 그의 연구를 진행했기 때문에 동일한 입장을 고수했다. 즉, 그는 초자연적인 사건들은 일어날 수 없다는 선입견에서 예수의 부활이라는 문제를 다루었기 때문에 "부활이 실제로 일어난 사건일 수도 있다는 것은 전혀 상상할 수 없다"는 단언에서 논의를 시작한다.

신의 존재를 가정한다고 했을 때, 신이 역사 속에서 활동할 수 있다는 가능성을 완벽하게 부정하는 반증은 없다. 증거를 조사하고 분석하기에 앞서 신의 존재와 활동을 부정하는 입장은 역사적 탐구의 정당성을 결여한다. 증거를 객관적으로 조사하려

---

*옮긴이는 신적 존재와 인간과 같은 유한한 존재들을 구분하기 위해 존재와 존재자의 구분을 차용하였으나, 이는 결코 하이데거가 존재와 존재자를 구분할 때의 철학적 함의를 내포하지 않는다는 것을 주의하라.

면 신적 활동의 가능성을 배제하여 의문의 여지를 남기는 선입견을 토대로 해선 안 되며, 증거가 어떤 결론으로 이끌든지 간에 그대로 따라갈 수 있어야 한다. 객관적인 연구는 증거를 조사하기에 앞서 증거가 어느 결론으로 향해야 하는지 미리 결정지어선 안 된다. 이것이 바로 아무리 많은 증거가 있더라도 죽은 자의 부활을 믿을 수는 없다고 가정했던 흄(David Hume)이 저지른 실수였다. 흄은 이제는 쓸모 없게 된 뉴턴 물리학을 기반으로 이러한 전제를 내세웠으며, 죽은 사람이 다시 살아날 수 있다는 것을 배제함으로써 증거를 분석하는 일 역시 배제했을 뿐만 아니라, 신이 인류 역사에 개입할 수 있으며 실제로 개입한다는 관점을 배제함으로써 부활이 이미 일어났다는 믿음을 검토할 생각조차 하지 않았다.[3]

만일 흄의 아주 협소한 인식론, 즉 신의 존재에 대한 가능성을 배제하는 한편 우리는 오감(五感)의 한계 내에서만 대상에 대해서 지식을 가질 수 있다는 관점을 고집한다면, 이는 이미 자연주의*를 선제조건으로 수용하는 것이며 자연 외적인 것을 증거와 상관없이 모두 배제하게 된다. 이 전제를 따른다면 우리는 우주 안의 파인튜닝(fine tuning)**과 자각적인 생명의 출현이 삶에는 궁극적인 이유가 있다고 제시함에도 불구하고 언제나 어떤 힘도 궁극적인 의미도 없는 죽은 우주라는 막다른 결론에 다다르게 될 것이다. 그리고는 목적성이 보이는 것은 일종의 환상

---

* Naturalism. 자연을 유일한 현실로 받아들이는 사상.
** 우주가(작게는 태양계가) 생명체의 탄생과 유지를 위해 미세한 부분들(법칙 등)까지 목적론적으로 설계되었다는 이론.

이며, 모든 사람의 모든 행동에는 어떠한 궁극적 가치도 없다는 결론에 도달할 수밖에 없을 것이다.

그러나 우리는 확실해서가 아니라 *믿음에 의해서* 이런 결론에 도달한다는 것을 알아야 한다. 순전한 자연주의의 입장은 오직 인식론적인 전제에 대한 *믿음*을 통해 도달할 수 있는 하나의 세계관이다. 이는 다른 말로 하면 신의 존재에 대한 완벽한 논증이 없듯, 신의 비존재에 대한 완벽한 논증 또한 없다는 것이다. 만일 신의 존재를 믿는다면 이는 믿음에 의한 것이다. 만일 자연의 존재만을 믿으며 그 너머의 것을 배제한다면 이 역시 믿음에 의한 것이다. 세계관들은 확실성이 아닌 믿음에 근거하며, 각 사람은 자유롭게 이에 대해 선택한다. 우주에 궁극적인 의미가 있는지에 대해서는 실질적으로 믿음의 도약을 통해서 결정해야만 한다. 그러나 『신의 존재에 대한 논증』에서 제시한 모든 이유들을 고려했을 때, 유신론자의 입장에서 이는 어둠이 아닌 빛으로의 도약이다. 우리에겐 고려해야만 할 증거가 있으며, 이 증거는 신의 존재에 대한 믿음의 타당성을 지지한다. 그러나 이 증거는 신을 반드시 믿어야만 한다는 입장을 강요하지 않으며, 다만 신의 존재에 대한 믿음이 타당하고 합리적이라는 점을 제시한다.

만일 무에서 유로 정교하게 조정된 우주를 이끌어낸 신의 존재를 받아들인다면, 그 존재가 역사 안의 기타 놀라운 사건들에 개입할 수 있다는 가능성을 고려할 수도 있다. 그리고 만일 인간과 우주 그리고 모든 필멸의 존재자가 보존해주고 유지해주며 붙잡아주는 존재를 필수적으로 요구한다면, 인류 역사의 특정한 사건에서 그러한 존재가 활동했을 수도 있다는 가정은 합리적이다. 이 전제들을 받아들인다면 나사렛 예수의 부활은 가능하며 있음직한 사건이 될 수 있다. 그러므로 여기서 핵심 질문은 기적이 일어날 수 있느냐가 아니라 증거가 기적이 일어났다는 가정을 지지하느냐이다. 이는 구체적으로 예수의 부활에 대한 믿음이 타당하고 합리적인지 그 증거를 조사해야 한다는 의미다. 그렇다면 우리 수중의 역사적 증거들은 과연 어느 입장으로 이끈단 말인가?4

오늘날 지성인들은 부활한 몸이라는 개념을 정말로 그렇게 받아들이기 어려운가? 현재 당신의 몸엔 5년 전에 존재했던 세포는 거의 없다. 당신의 몸은 정적인 사물이 아니다. 그것은 정보를 보유하고 있는 패턴이 죽어가는 세포에서 새로운 세포로 전송되면서 연속성을 유지하는, 역동적이고 끊임없이 갱생하며 변화하는 실체(entity)다. 당신의 몸은 지방과 단백질과 많은 화학성분으로 구성되어 있지만, 이 화학성분들을 보유하고 교환하는 세포들은 끊임없이 변화하며 죽어가고 갱생한다. 맨해튼의 의사인 로지(Henry Lodge)는 우리 몸을 구성하는 세포들(과 원자들)의 끊임없는 변화와 교체에 대해 다음과 같이 말한다.

> 당신의 넓적다리의 근육 세포들은 밤낮을 가리지 않고 하나하나씩 4개월마다 완전히 교체된다. 일년에 세 번씩 완전히 새로운 근육이 되는 것이다. 당신이 어린 시절부터 굳건히 섰던 튼튼한 다리는 작년 여름부터 대부분 새로 바뀐 것이다. 당신의 혈구는 매 3개월마다 교체되며, 혈소판은 매 10일마다, 뼈는 2년마다 교체된다. 당신의 미뢰(味蕾)는 매일 교체된다 … *그리고 이것은 수동적인 과정이 아니다.* 당신은 한 부분이 닳아버리거나 부서질 때까지 기다리지 않는다. 당신은 그것을 계획된 수명에 따라 파괴하

며 새롭게 교체한다 … 오늘날 생물학자들은 당신의 몸 안에 있는 대부분의 세포들이, 당신이 새로운 상황에 적응할 수 있도록 그리고 오래된 세포들은 암에 걸리는 경향이 있기 때문에 상대적으로 짧은 수명을 거치고 떨어져나가도록 설계되었다고 믿는다. 불멸의 세포는 생각보다 좋은 아이디어가 아니다. 결과적으로 당신은 항상 능동적으로 당신 몸의 큰 부분을 파괴하고 교체하고 있는 것이다.[5]

지금의 당신은 5년 전과 같은 물질로 이루어져 있지 않다. 당신의 세포 속의 물질들은 5년 전 당신 몸을 구성하던 물질과 다르다. 이것은 "당신"이란 실제로 무엇인가라는 질문을 야기한다. 과학적, 수학적인 관점에서 보면 "당신"에게 있어 연속적인 것은 죽어가는 세포들의 DNA의 지시에 따라 새로운 세포들 속의 DNA로 전이하는, 정보를 보유한 패턴이다. 당신 몸의 죽은 세포들을 계속해서 교체하는 새로운 세포들은 다른 사람과 구별된 "당신"이라는 연속성을 구성하는 정보나 지시들을 전달받는다.

우리 몸부터가 살아있는 동안 계속해서 원자들을 대체하고 새로운 세포들을 만들어내고 있는데(특정한 심장세포나 두뇌 세포들을 제외하고), 물질을 창조한 신이 한 사람에게 완전히 새롭게 변모된 몸을 주었다는 것을 믿지 못할 이유는 없다. 더욱이 우리는 아직도 물질이 무엇으로 이루어졌는지를 밝혀나가는 중이다. 양자역학은 "비어있는" 공간과 확률의 이상야릇한 성질들과 비물질적 정보들이 우리가 확고한 물질이라고 인식하는 것들의 밑바탕임을 보여준다(이에 대한 논의는 『신의 존재에 대한 논증』을 참고).

이러한 물리적 성질들의 기이한 양상들 배후에 존재하는 신은 분명 부활을 일으킬 만한 능력이 있을 것이다. 왜 우리는 모든 물리적 존재들의 근거가 되는 초현실적인 확률들과 비물질적 정보의 네트워크라는 모델을 과학이 실질적으로 입증해주었음에도 불구하고 몸의 부활이라는 개념에 그렇게 놀라워하는가? 어째서 우리는 아주 이상한 성질들을 지니면서도 대단히 성공적인 양자역학의 모델을 보면서 무엇이 가능한 지에 대한 이해를 이토록 제한하는가?

유대인 신약학자이자 랍비인 라피데(Pinchas Lapide)는 예수의 부활을 믿었으며, 부활에 대한 희망이 선험적(a priori)으로 배제할 수 없는 "합리적인 믿음"이라고 이해한다.

나무 한 그루와 꽃 한 송이, 아이들 하나하나가 다 신의 기적이 아닌가? 그러나 일상생활 속에서 녹슬고 때 묻음으로 인해 우리는 너무 완악해져서, 경탄에 대해 다시 배우기 위해서는 셰익스피어와 요한 세바스찬 바흐와 반 고흐를 필요로 한다. 어째서 한 개인이 죽은 후 부활했다는 사실이 무기물인 수정란으로부터 차차 각성하게 되는 인간이라는 존재보다 더 기적적이어야 하는가? 물리학자 역시 이 무한히 큰 우주에서 단 한 움큼의 물질도 손실 없이 단지 형태를 바꿀 뿐이라고 인정할진대, 어찌 신이 우리에게 주기를 원하는 가장 소중한 선물, 즉 그의 불꽃, 그의 영혼의 숨결이 우리의 육체적 죽음 이후에 흔적도 없이 사라지겠는가? 이와 다르게 주장하는 것은 비단 모든 구원의 확신을 거짓으로 만들 뿐만 아니라 자연과학의 기본적인 논리에도 모순된다. 그러므로 부활에 대한 소망은 이 땅에서 의미 있고 충족된 삶을 살아가

기에 충분한 합리적인 믿음이다.⁶

예수의 십자가형으로부터 몇 년 지나지 않아 교회의 구성원들이 만들어내고 되새겼던 가장 오래된 기독교 신조는 "그리스도께서 우리 죄를 위하여 죽으시고 장사 지낸 바 되셨다가 성경대로 사흘 만에 다시 살아나사 게바에게 보이시고 후에 열두 제자에게 … 보이셨"다고 진술한다.

예루살렘교회를 이끌었던 최초의 신앙인들은 부활절 주일날 예수의 시신에 갑자기 새로운 세포들의 교체나 창조와 같은 일이 일어났다고 주장했다. 초대 기독교인들은 모두 십자가형으로부터 삼일 후에 하나님이 예수를 새롭고 변화된 물리적 존재로 일으켰다고 끊임없이 주장했다. 다시 말해 예수의 부활은 육*체적인* 부활로 받아들여졌던 것이다. 이어서 논의하겠지만, 이는 부활(*anastasis*)이라는 용어로 육체적인 죽음에서 되살아남을 지시했던 유대교 사상과 일관된다. 바로 이것이 1세기 유대교에서 지배적인 소망이었다. 역사학자들은 죽은 자들 가운데서 변화된 육체로 되살아남을 뜻하는 1세기의 부활개념과는 다르게, "영적인" 경험을 함의하는 부활 개념은 오직 1945년에 발견된 나그함마디 장서(the Nag Hammadi Library)와 영지주의 문서 등 2세기 자료들에서만 찾을 수 있다고 지적한다. 그러나 7장에서 논의하고 있는 것처럼 이는 2세기 사상이며, 초기교회의 견해나 1세기에 지배적이었던 유대교 사상에 포함되지 않는다.

6.3 신이 존재한다면 부활은 일상적인 경험에 반하더라도 가능한 일

이다.

신의 존재를 받아들인다면 우리는 도덕적 가치와 궁극적인 의미와 기적들이 가능한 근거를 찾을 수 있다. 만일 신이 존재하고 우주를 창조했다면 신약에 묘사된 어떤 기적도 있을 법하며, 나사렛 예수가 모든 존재자들의 배후에 있는 신성한 존재의 육적 현현이라면 더욱 그러하다.

분명 우리의 일상에서 "죽은 자는 살아나지 않는다." 그러나 경험적으로 볼 때 생명을 위해 미세하게 조정된 우주 또한 우연히 존재하게 되지 않는다. 만일 신이 우주가 존재하게 된 배후에 있고 예수가 스스로 주장했던 것처럼 하나님이라고 한다면, 그의 부활은 당연히 가능한 일이다. 이는 분명 생소한 생각이며 우리의 일상에 반하지만 어쨌든 가능한 것이다. 그리고 생명과 우주의 의미를 알기 위해 무한한 존재가 필요하다고 한다면, 부활 서사는 우리가 우주의 파인튜닝과 생명의 존재를 가능케 하는 물리·화학 법칙의 작용에서 볼 수 있는 목적성과 일관된다.

1세기인들도 죽은 자는 살아나지 않는다는 것을 알고 있었다. 이것은 현대적인 관념이 아니다. 오늘날의 사람들이 육체적 부활은 21세기의 사상에 비추어 볼 때 명백히 불가능하며, 1세기인들은 미신적이었다고 주장하는 것은 정확하지 않다. 고대인들도 죽은 자는 무덤에 죽은 채로 있다는 사실을 아주 잘 알고 있었다. 한 사람이 육체적으로 부활했다는 생각은 1세기에도 21세기만큼이나 논란의 여지가 있었다. 라이트가 언급하듯이, "죽은 자는 죽은 채로 있다는 것은 계몽주의시대의 철학자들이 처음 발견한 게 아니다."[7] 따라서 역사적으로 볼 때 설명되어야 하는 점은 당시 낙담했던 추종자들이 어째서 예수가 변화하여 육체적 존재로 부활했다고 고수하게 되었는가이다.[8]

6.4 1세기 유대교에서 부활은 막연한 영적 경험이 아닌 물리적이고 육체적인 부활을 의미했다.

우리는 이미 신약 문서들과 이 신약 문서들에 인용된 찬양, 신조 그리고 예배의식적 문구들을 포함하여 이 문서들의 근거가 되는 구전이 신뢰할 수 있고 진실을 담고 있음을 논의했다. 앞서 언급하였듯이, 1세기의 원시 기독교 공동체는 부활을 물리적이고 육체적인 부활로 받아들였다. 오늘날 일부 뉴에이지 사상과 영지주의 사상은 기독교적 의미의 부활을 왜곡시키고 있으며, 일부 사상가들은 예루살렘 어딘가에 예수의 시신이 유골과 함께 땅에 묻혀있다는 막연하고 불확실한 주장을 펼친다. 그러나 1세기 유대교와 원시 기독교 공동체에서 부활은 어떤 신비적이고 "영적인" 승화가 아니라 죽은 육체의 물리적인 변화를 의미했다.

6.4.1 1세기 유대교와 원시교회는 부활을 물리적이고 육체적인 변화로 보았다.

예수가 십자가에 못 박혔던 시기의 유대인들은 부활에 대한 초점을 유골에 두었다. 1세기 유대교의 부활 개념은 개인의 육체의 부활을 의미했다. 이것은 육체에서 분리된 영혼이 죽음을 초월한다는 헬라 사상과는 다르다. 하나님은 종말 때에 전(全)인류를 부활시키기 위해 육체를 다시 사용해서 각 사람을 재창조할 것이다. 바로 이것이 죽은 자의 유골을 납골당에 모시는 이유였으며, 고고학적 발견을 통해 잘 기록되어 있는 1세기 유대교의 관습이었다. 이러한 생각은 마른 뼈들의 골짜기에 대한 에스겔의 환상에 반영되어 있다. 에스겔의 환상에서 마른 뼈들은 힘줄과 살이 붙으면서 생전에 지녔던 육체와 동일성을 지니는 새로운 육체로 되살아난다. 육신은 소멸하는 것으로 간주되었으나, 바로 이런 육적 부활에 대한 믿음 때문에 죽은 자의 유골은 세상의 종말에 일어날 부활을 기다리며 납골당에 모셔졌다.

그러나 예수의 추종자들이 주장했던 부활은 죽은 육신의 소생(resuscitation)이 아니었다. 나사로는 죽은 후에 다시 살아났다고 주장되지만, 부활의 개념은 죽은 육신이 새로운 물리적 존재의 양태로 변화하는 것을 의미했다.* 또한 구약이 엘리야와 에녹에 대해 묘사하듯 육신을 지닌 채로 하늘로 들려지는 것은 부활이 아니었다. 유대인들은 이를 부활이라고 생각하지 않았으며, 1세기 유대교에서 소생, 승천과 부활의 차이는 매우 분명하고 엄밀했다.

따라서 초대 제자들의 부활 신앙이 "제자들의 믿음 속에" 살아있는 그리스도에 대한 신앙이었다고 주장하는 현대 사상가들은 매우 잘못 생각하고 있는 것이며, 이는 1세기 유대교와는 전혀 일관되지 않는다. 1세기 유대교는 결코 *anastasis*라는 단어를

---

*후에 더 자세히 설명하겠지만, 부활은 죽은 육신이 또 다시 죽을 육신으로 되살아나는 것을 뜻하지 않았다. Resurrection과 resuscitation은 바로 이 점에서 분명히 구분된다.

모호한 영적 믿음을 묘사하는 데 사용하지 않았을 것이다. 1세기 유대인들에게 부활은 죽은 육체가 물리적으로 다시 살아난다는 의미였다. 옥스퍼드대학의 학자 워커(Peter Walker)가 서술하듯이,

"부활(헬라어로 *anastasia*)"은 이미 명확한 뜻을 지닌 단어였다. 이 단어는 하나님이 선택한 자들이 이 세상에서 육체적으로 다시 살게 되는 것을 의미했다 – 즉, "마지막 날에" "의로운 자들의 부활" 말이다(마태복음 22:28, 요한복음 11:24 참조). 그러므로 제자들이 예수의 부활을 주장한 것은 하나님께서 종말에 모든 신실한 백성들을 위해 하실 것이라고 기대했었던 일을 한 사람을 위해 하셨다고 주장한 것이다(바울은 이를 이스라엘의 "소망"이라고 언급한다[사도행전 23:6; 26:6]). 만일 제자들이 예수가 죽임당할 이유가 없었고 사후에도 사람들에 대해 분명 영향력을 끼칠 좋은 사람이었다고 말하려 했다면, 그들은 다른 단어들을 사용했을 것이다. 그들은 육체적인 죽음으로부터 다시 일으키시는 하나님의 행위만을 의미하는 이 단어를 감히 사용하려고 하지 않았을 것이다. 이 단어는 바로 그러한 의미다. 그러므로 사람들은 그들이 뜻하는 바가 곧 부활이라고 이해했을 것이다.[9]

라이트는 또한 초대 기독교인들이 부활이라는 용어의 의미를 아주 명확하게 사용했다고 지적한다. 부활은 육체적인 부활을 의미했지만 엘리야가 되살린 사람처럼 단순히 이전의 육체적 존재로 되살아나는 것이 아니라, 새로운 형태의 육체적 생명으로의 변화를 의미했다.[10]

6.4.2 고린도전서 15:42~50에서 "신령한 몸(spiritual body)"에 해당하는 헬라어 용어는 하나님의 성령에 의해 점(占)해진 육신을 의미했다.

몇몇 학자들은 *anastasis*의 명확한 의미에도 불구하고 예수의 부활이 육체적인 부활이라기보다는 "영적인" 나타남이며, 초대 기독교인들이 어떤 특별한 방식으로 예수의 영광 받음과 승천을 믿었다는 잘못된 주장을 펼친다. 이들은 초대 기독교인들이 시간이 지나고 나서야 "부활"이라는 단어로 그들의 뜻을 전달하려 했다고 가정한다. 그리고 그들이 그러한 뒤에야 무덤이 비었다든가 예수가 사후에 나타났다고 얘기하기 시작했다는 것이다. 이러한 나타남은 결국 환각이나 환상으로 설명되며, 요지는 예수가 죽은 자 가운데서 다시 살아나지 못했다는 것이다.

이러한 학자들 중 일부는 바울이 고린도전서에서 부활의 특성에 대해 묘사하는 구절을 언급한다. 오늘날까지도 많은 사람들이 15:42~50의 단락에서 헬라어 원어로 된 구절의 의미를 이해하지 못해서 부활의 속성을 혼란스러워 한다. 이와 관련하여 더 잘 알고 있어야 할 일부 학자들조차 "신령한 몸"이라는 용어가 비(非)물리적인 육체를 뜻한다고 주장하지만, 이 용어는 자세히 분석해보면 하나님의 성령에 의해 점해졌기 때문에 죽음이나 부패에 구속받지 않는 변화된 육신을 뜻한다.[11]

"신령한 몸"의 헬라어 용어는 *soma pneumatikon*이다. *Soma*라는 말은 물리적 육신을 뜻한다. 이 용어는 물리성을 부정하지 않으며, 새로운 육신의 변화된 속성과 성령의 내재함에 강조점을 둔다. 여기서의 구분점은 영적인 비육체적 존재와 육체적 존재가 아니라 성령에 의해 변화된 부활한 육신과 그저 물리적이

며 아직 변화되지 않은 육신 사이에 있다.[12]

"물리적"의 헬라어 용어는 *psychikon*이며, 이는 영혼이나 생명을 뜻한다. 이것은 "신령한"의 헬라어 용어인 *pneumatikon*과는 달리 "자연적"으로 해석될 수 있다. 여기서의 차이점은 성령에 의해서 움직이는 사람과 오직 자연적 생명력에 의해 움직이는 사람에 있다.[13] 다시 말해 (1) 자연적이고 인간적인 생명력이 있는 육신과 (2) 성령에 의해 변화되고 움직이는 부활한 육신 간의 차이다. 후자는 죽었던 사람과 연속성을 가지지만 그럼에도 불구하고 성령에 의하고 성령과 함께 움직인다.[14]

고린도전서 15장의 단락은 단순히 영적인 존재가 아니라 하나님의 성령에 의해 변화된 물리적 육신을 말하고 있다. 이 단락은 변화가 필요하다고 언급하는데, 이는 단락의 마지막 문장에 적혀있듯이(50절) 현재의 물리적 육신(살과 피)은 하나님과의 영생에 부적합하며, 따라서 성령에 의해 부활한 영생의 육신으로 변화될 필요가 있기 때문이다. 53절에서 읽을 수 있듯이 "이 썩을 것이 반드시 썩지 아니할 것을 입겠고 이 죽을 것이 죽지 아니함을 입으리로다."[15]

1세기 유대교의 부활 사상에 비추어 볼 때 부활절 이전의 예수의 육적 삶과 부활절 이후의 예수의 육적 삶은 결코 완전히 분리될 수 없다. 바울이 심어진 씨앗에 대해 설교할 때 묘사한 것처럼, 유대교의 부활 사상은 육신 안에 연속성을 수반한다. 그러므로 이미 변화한 나사렛 예수의 물리적 육체는 미래의 변화체에 대한 모델이다. 이 육신은 이전의 육신과 유사성을 지녀서 연속성과 비유사성이 변화체에 동시에 있게 된다.

라피데는 예수의 부활이 육체적인 변화였다고 강조하면서 예수의 현세적 육체만이 중요하며 그의 부활은 단지 "영적"이었다고 주장하는 학자들을 비판한다. 또한 라피데는 예수의 부활이 실제 역사적 사건이며 그저 제자들의 마음과 정신에만 존재하는 사건이 아니라고 믿는다.[16] 그는 1세기 유대교의 부활 관념이 부활절 이전 예수의 육적 삶과 부활절 이후 예수의 육적 삶 간의 분리를 허용하지 않는다고 강조했다. 유대교의 부활 개념은 육신 안에 연속성을 수반한다. 그러므로 라피데는 물리적으로 부활한 예수의 육체와 부활절 이전의 육체적 삶 사이의 연속성을 강조하면서, 예수가 십자가형 이후에 이스라엘을 향해 보여준 사랑과 그가 유대인들에게만 특별히 나타났던 것에 대해서도 지적한다.

신약에서 나사렛인(the Nazarene)의 부활에 대한 가장 오래된 보고들은 이 널리 받아들여진 의견에 대한 밑바탕을 제공해준다. 그들은 반복해서 부활한 예수의 육체성을 강조할 뿐만 아니라 이스라엘 백성들을 위해 헌신하며 투쟁했던 과거의 나사렛 예수와 끊이지 않은 동일성을 강조한다. 그리고 십자가 위에서 죽은 후 부활한 이의 수많은 목격자들 중에는 이방인들이 없었으므로 그는 최종적으로 유대인들에게만 나타났다 … 부활한 이는 이스라엘을 축복하기 위해 온 것이다 … 부활 신앙(Easter faith)은 - 예수 자신이 그러했듯이 - 이스라엘에서 탄생했으며, 그곳에서 전 세계로 퍼져나갔다. 이 부활 신앙에 대해 정당하게 판단하고 그것의 역사적 기원을 제대로 논의하기 위해서는 나사렛인의 시대와 환경으로 돌아갈 필요가 있다. 오직 유대적 조건의 재현만이 교회의 출생신고서가 된 예루살렘에서의 그 부활을 우리 가까이로

이끌어낼 수 있을 것이다.[17]

6.5 유대교의 인간의 본성 및 사후세계에 대한 관점과 헬라사상의 관점 사이의 전반적인 차이점은 부활이 물리성과 육성(肉性)을 내포하는 개념임을 지시한다. 또한 유대교에서 부활 사상이 발전해온 과정 역시 물리적이고 육체적인 부활의 개념을 지시한다.

6.5.1 기독교가 탄생하기 전에 1세기에는 사후세계에 대해 다양한 믿음들이 존재했다.

초대 기독교인들은 모두 예수의 부활이 육체적 부활이라는 점에 대해서 동의했으나, 기독교 이전의 유대교 사상에는 한 사람이 죽은 후에 무슨 일이 생기는가에 대해 다양한 생각들이 존재했다. 모든 헬라인들이 불멸의 영혼을 믿었고 모든 유대인들이 하나님에 의한 부활을 믿었다고 말하는 것은 역사에 대한 과도한 단순화다. 헬라사상과 유대사상에는 사후세계에 대해서 서로 다른 믿음들이 적지 않게 있었다. 인간의 본성과 사후세계에 대한 고대 유대사상과 헬라사상의 전반적인 구분 또한 언제나 지나친 단순화일 수 있겠지만, 그럼에도 이는 부활과 불멸에 관한 유대교와 헬라사상 간의 전반적인 차이점들을 제시하는 데 유용할 것이다.

6.5.2 플라톤 철학에서 한 사람은 육체와 불멸하는 영혼의 구성으로 정의되는 반면, 고대 유대교에선 심신의 통일체 혹은 생기가 있는 육

체로 정의된다.

플라톤 철학에서 한 사람은 육체와 불멸의 영혼으로 구성되어 있다. 플라톤주의자들은 육체를 악으로 보지는 않았지만(2세기 영지주의자들이 그러했듯이), 육체는 영혼의 더 중요한 발전에 대한 장애물로 생각되었다. 플라톤주의에서 육체는 일시적인 거처이며, 진정한 세계는 본래적이고 영구적인 세계다. 이 세계야말로 영혼이 육체의 죽음 후에 합류하게 되는 영원한 실재다.[18] 플라톤은 『파이돈』(*Phaedo*)에서 소크라테스의 죽음을 다루는 한편 영혼이 육체와 다르며 영원하다고 주장하면서 불멸하는 영혼에 관한 학설을 꽤나 정교하게 서술했다. 쿨만(Oscar Cullmann)은 하버드대학에서의 잉거솔 특강(Ingersoll Lectures)에서 플라톤의 관점을 다음과 같이 요약했다. "육신은 우리가 살아있는 한 단지 영혼이 자유롭게 움직이고 영원한 본질과의 합일 안에서 살아가는 것을 방해하는 외복일 뿐이다. 육체는 영혼에게 적합하지 않은 법칙을 강제한다. 육체 안에 제한된 영혼은 영원한 세계에 속한다. 우리가 살아있는 한 우리의 영혼은 감옥 속에 있음을, 즉 본질적으로 생소한 육체 안에 있음을 발견하게 된다. 죽음은 사실 위대한 해방자다. 죽음은 영혼을 육체의 감옥으로부터 탈출시키고 영혼의 영원한 고향으로 인도하므로 [육체의] 사슬을 끊어준다."[19]

유대교에서 "영혼"에 해당하는 히브리어 단어는 한 사람의 생명이나 활력을 의미하는 네페시(*nephesh*)다. 유대교에서 사람은 일반적으로 불멸의 영혼이 물리적 육신에 갇혀있는 이원론적 결합이 아니라 생기를 불어넣은 육신으로 정의된다. 유대교에서 한 사람의 영혼, 즉 네페시는 그 사람이 살아가는 본성으로 여겨졌으며, 사람은 생기 있고 활력 있는 육신으로 이루어져있다고 생각되었다. 또한 존재의 물리적 양상은 사람을 제한하는 것이 아니라 좋고 유익한 것이라고 받아들여졌다.

6.5.2.1 전인류의 부활은 역사의 마지막 날에 일어날 사건이었다.

유대교에서 부활은 원래 이스라엘이 완벽하고 강력한 민족으로 회복되는 역사의 마지막 날에 일어날 일반적인 부활의 개념으로서 탄생했다. 부활은 의로운 자들의 부활에 대한 희망과 관련된 종말론적인 개념이었다. 세상의 마지막 날 이전에 일어날 부활에 대한 개념은 없었다. 1세기 유대인들은 부활이 인류 역사 속에서 한 사람을 위해 일어날 사건이 아니라, 마지막 시대에 모든 하나님의 백성들을 위해 일어날 보편적인 사건으로 생각했다. 예레미아스는 프린스턴대학의 강의에서 역사 속의 사건으로서의 부활이라는 개념이 예수와 동시대에 살던 유대인들에게는 전혀 생소한 것이었다고 강조했다. 부활은 집단적인 사건으로 생각되었으며, 역사의 *마지막*에 일어날 의로운 자들의 부활이었지, 역사의 과정에서 죽은 한 사람을 위해 일어날 사건이 아니었다.

6.5.2.2 1세기 유대교는 인간의 본성과 사후에 대해 다양한 믿음들을 내포하고 있었다.

위에서 언급했듯이, 1세기 유대인들은 인간의 본성과 사후에 관해 다양한 관점들을 갖고 있었다. 다니엘 12:2~3의 구절들은 비록 육체적 부활을 지시하고 있지만, 1세기 이전의 유대인들이 사후에 관해 얼마나 다양한 믿음들을 가졌는지 단서를 제공한다. 다니엘 12:2~3은 다음과 같다. "땅의 티끌 가운데에서 자는 자 중에서 많은 사람이 깨어나 영생을 받는 자도 있겠고 수치를 당하여서 영원히 부끄러움을 당할 자도 있을 것이며 지혜 있는 자는 궁창의 빛과 같이 빛날 것이요 많은 사람을 옳은 데로 돌아오게 한 자는 별과 같이 영원토록 빛나리라"

유대교가 1세기에 들어설 무렵에는 사후세계에 대해 아주 다양한 관점들이 존재했다. 사두개인들은 사후세계의 존재를 일체 부정했으며, 다른 이들은 헬라 사상이 말하는 것과 유사한 존재를 생각했고, 바리새인들은 마지막 때에 완전한 물리적, 육체적 부활이 일어날 것이라고 믿었다. 물론 이외에도 부활에 대해 다양한 생각들이 존재했다.[20]

그러나 이러한 관점들 중에서도 바리새파의 사상이 지배적이었으며, 그들은 육신에 갇힌 영혼의 불멸성이 아니라 하나님을 믿음으로서 죽음을 극복하고 영생을 소망할 수 있다고 보았다. 이 믿음은 한 사람의 영원한 존재가 *사랑을 베푸는 하나님의 능력과 마음*에 궁극적으로 달려있음을 의미했다. 유대인들은 죽음이 우주 너머의 하나님과 맺은 우정이나 교감을 갈라놓을 수 없다고 확신했으며, 죽음은 존재의 종말을 의미하지 않는다고 보았다.

6.5.2.3 1세기 유대인들은 대부분 죽음 뒤의 삶이 하나님께 달려있으며 하나님 안의 믿음에 근거한다고 생각했다.

1세기 유대인들은 사후세계가 불멸하는 영혼의 본성이 아니라 하나님 안의 믿음에 의존한다고 생각했다. 그레고리대학의 신학자 오콜린스(Gerald O'Collins)는 종말 때 죽은 자들이 부활할 것이라는 신앙을 낳게 된 유대인들의 확신에 대해 다음과 같이 설명한다. "이스라엘 사람들은 야훼가 생명과 정의와 능력과 성실의 하나님이라고 믿었다. 하나님은 여러 방식을 통해 개개인과 백성들에게 생명을 주고 회복시켜 주었다. 그들은 또한 야훼가 끊임없이 스스로를 궁극적으로 정의롭고 능력 있으며 신실한 하나님으로서 드러냈다고 믿었다. 하나님에 대한 이 오래된 신념들은 하나님의 능력이나 성품이 아니라 다른 것들에 근거하는 믿음들에 의해서도 지지되었을 것이며, 결과적으로 많은 유대인들이 종말 때에 육적 부활이 일어나리라고 기대하게 되었다."[21]

　그러므로 유대인들의 부활 소망은 우주와 모든 존재를 창조하고 지탱하며 그 배후에 있는 일자(一者)에 대한 믿음을 근거로 한다. 하나님은 마치 어둠 속에서 빛을 불러냈듯이 죽은 자를 다시 생명으로 불러낼 수 있다. 부활 소망은 하나님의 능력과 백성들을 향한 하나님의 일관된 관심에 대한 믿음을 근거로 한다. 신실한 1세기 유대인들은 모든 현실의 근원으로서 하나님의 전능하심을 바라보았다. 하나님이 그의 지속하는 힘을 거둔다면 우주는 사라질 것이다. 공중의 새들을 위한 양식이나 꽃의 피어남 등 삶의 모든 미덕들은 하나님의 지속적인 의지에 달려있다.[22]

　하나님은 명백히 죽음보다 강력하며 하나님과의 우애와 교감은 육적 죽음에 의해 무효화될 수 없다. 한 사람의 존재는 그의 백성에게는 영원히 현존하는 하나님에게 처음부터 끝까지 완전히 의존한다.[23] 사후세계에 대한 근거를 하나님에게 두는 것은 플라톤주의가 불멸하는 영혼을 주장하는 것과는 꽤나 다르다. 유대 사상에서 한 사람의 현존과 미래의 존재는 그 자신의 불멸하는 속성보다는 하나님의 끊임없는 사랑과 신실하심을 소망의 근거로 삼는 것이었다.[24]

6.5.2.4 고대 유대교는 죽음 바로 뒤의 존재 단계에 대한 믿음이 있었으며, 부활은 이 존재 단계 후의 육체적 삶을 의미했다.

1세기에 *anastasis*라는 용어의 의미가 부활의 육적 속성을 강조했다고 해서, 당시 죽음 바로 뒤의 존재 단계에 대한 믿음이 전혀 없었다는 뜻은 아니다. 유대인들은 부활을 부정했던 소수의 사두개인들을 제외하고 일반적으로 "사후"[25]를 뜻하는 중간적 상태(intermediate state)를 믿었다.

죽은 자는 이 중간적 상태에서는 천사나 영(spirits)이나 영혼(souls)처럼 하나님의 능력에 의해 존재를 유지하고, 하나님이 이스라엘과 세상을 향한 그의 목적을 완성할 때 이루어지는 재육화(再肉化) 이전에는 하나님의 현존이라는 낙원에서 휴식을 취한다.[26] 당시 유대인들이 지녔던 부활 신앙은 사람이 죽어서 천국에 간다는 오늘날의 관점과는 달랐다. 그들의 관점에선 죽음과 부활(*anastasis*) 사이에는 중간적 상태가 있었으며, 부활은 물리적 재육화를 필요로 했다.

사후의 중간적 상태에 대한 믿음은 다양했으며, 그 중에는 죽음 뒤 일시적인 비물질적 존재에 대한 믿음과 일시적인 비물질적 비존재에 대한 믿음 등이 있었다. 그러나 어느 쪽이든 간에 유대인들은 비물질적 상태가 마지막 때에 일어날 부활에서 재육화로 이어진다고 생각했다.

죽음 뒤 일시적인 비물질적 존재를 믿는 자들은 육신과 육신 없이 일정 기간 동안 존재할 수 있는 비물질적 영혼으로 구성된 것이 완전한 사람이라고 이해했다. 이 비물질적 존재는 불완전한 형태의 존재이며 종말 때에야 제 모습을 찾게 된다. 즉, 하나님이 육체를 변화체로 되살리고, 육체와 영혼을 재결합시켜서 죽었던 자와 동일성을 지니면서도 변화된 사람으로 되살릴 때 온전하게 되는 것이다. 유대교에서 말하는 비물질적 존재는 플라톤주의의 불멸하는 영혼과 근본적으로 다르다. 플라톤주의와는 다르게 유대교에선 한 사람이 완전하기 위해선 재육화를 필요로 하고, 육신은 영혼의 감옥이 아니라 긍정적인 것이며, 비물질적 존재, 즉 죽음 뒤의 존재 단계는 영혼의 자연적이고 불멸하는 고유 속성이 아니라 하나님의 능력과 신실하심에 의존한다.[27]

부활 사상의 발전과정에서 고대 유대인들의 관심은 죽은 후에 무슨 일이 일어나는지와 저승(Sheol)의 존재에 대한 논의에서 사후의 삶 뒤에는 무슨 일이 일어나는지에 대한 논의로 옮겨갔다. 라이트의 연구는 1세기에 부활(*anastasis*)이 언제나 일정 기간 죽은 상태로 지낸 후에 주어지는 삶을 의미했다는 점을 잘 보여준다. 부활은 "사후의 삶 뒤의 삶"을 의미했으며, 이 최종적인 삶은 육적인 삶으로 생각되었다. 따라서 부활은 죽은 자들이 물리적 육체와 함께 다시 살아날 미래의 모습을 포함했다.

6.5.2.5 1세기에 부활은 이스라엘의 회복에 대한 은유로써도 사용되었다.

1세기에 "부활"이라는 용어는 단지 한 사람의 회복과 재육화에 대해서 뿐만 아니라 이스라엘의 회복과도 관련 있었다. 제2성전시기 유대교에서 이스라엘의 회복이라는 개념과 하나님의 백성인 유대인들의 새로운 육적 삶에 대한 믿음은 밀접한 연관을 가지고 있었다. 이 위대한 사건들은 역사의 마지막 때에 일어나리라 생각되었다. 유대인들은 마지막 날에 율법(Torah)을 지키고 이스라엘의 하나님을 따르기 위해 순교했던 자들이 하나님의 모든 백성들과 함께 부활하고 이스라엘은 해방될 것이라고 믿었다.[28]

부활이라는 용어는 대체로 이스라엘의 회복과 유배로부터의 귀환에 대한 은유로써 사용되었다. 예루살렘의 몰락은 유대인들을 뿔뿔이 흩어지게 만들고 절망케 했는데, 에스겔서의 예언은 유대인들에게 이스라엘이 소생되며 땅을 회복하리라는 메시지를 주었다. 부활은 마른 뼈들의 골짜기에서 뼈들이 살점이 붙으면서 다시 살아나는 장면인 에스겔 37:1~14에서 이스라엘의 회복에 대한 은유로 사용된다. 이 단락은 이스라엘 백성들이 무덤에서 건져지고 땅을 회복할 것이라고 선언한다.

여호와께서 권능으로 내게 임재하시고 그의 영으로 나를 데리고 가서 골짜기 가운데 두셨는데 거기 뼈가 가득하더라 나를 그 뼈 사방으로 지나가게 하시기로 본즉 그 골짜기 지면에 뼈가 심히 많고 아주 말랐더라 그가 내게 이르시되 인자야 이 뼈들이 능히 살 수 있겠느냐 하시기로 내가 대답하되 주 여호와여 주께서 아시나이다 또 내게 이르시되 너는 이 모든 뼈에게 대언하여 이르기를 너희 마른 뼈들아 여호와의 말씀을 들을지어다 주 여호와께서 이 뼈들에게 이같이 말씀하시기를 내가 생기를 너희에게 들어가게 하리니 너희가 살아나리라 너희 위에 힘줄을 두고 살을 입히고 가죽으로 덮고 너희 속에 생기를 넣으리니 너희가 살아나리라 또 내가 여호와인 줄 너희가 알리라 하셨다 하라 이에 내가 명령을 따라 대언하니 대언할 때에 소리가 나고 움직이며 이 뼈, 저 뼈가 들어 맞아 뼈들이 서로 연결되더라 내가 또 보니 그 뼈에 힘줄이 생기고 살이 오르며 그 위에 가죽이 덮이나 그 속에 생기는 없더라 또 내게 이르시되 인자야 너는 생기를 향하여 대언하라 생기에게 대언하여 이르기를 주 여호와께서 이같이 말씀하시기를 생기야 사방에서부터 와서 이 죽음을 당한 자에게 불어서 살아나게 하라 하셨다 하라 이에 내가 그 명령대로 대언하였더니 생기가 그들에게 들어가매 그들이 곧 살아나서 일어나 서는데 극히 큰 군대더라 또 내게 이르시되 인자야 이 뼈들은 이스라엘 온 족속이라 그들이 이르기를 우리의 뼈들이 말랐고 우리의 소망이 없어졌으니 우리는 다 멸절되었다 하느니라 그러므로 너는 대언하여 그들에게 이르기를 주 여호와께서 이같이 말씀하시기를 내 백성들아 내가 너희 무덤을 열고 너희로 거기에서 나오게 하고 이스라엘 땅으로 들어가게 하리라 내 백성들아 내가 너희 무덤을 열고 너희로 거기에서 나오게 한즉 너희는 내가 여호와인 줄을 알리라 내가 또 내 영을 너희 속에 두어 너희가 살아나게 하고 내가 또 너희를 너희 고국 땅에 두리니 나 여호와가 이 일을 말하고 이룬 줄을 너희가 알리라 여호와의 말씀이니라[29]

이 단락의 예언은 개개인의 부활을 강조하고 있는 것이 아니라 이스라엘 백성들의 회복을 암시한다.30 또한 이 구절은 이스라엘이 유배로부터 돌아오고 그들의 땅을 회복하리라고 말한다. 이스라엘 사람들은 그들의 나라가 회복되고 하나님과 그의 율법에 충성을 다한 자들이 죽은 자들 가운데서 일어나 이스라엘의 회복에 참여하게 되기를 소망했다. 1세기 유대인들은 부활에 대한 초점을 유배와 회복에 두었다. 고문으로 고통당한 순교자들은 회복된 육체를 받음으로써 보상받을 것이다. 이처럼 유대인들은 이스라엘의 하나님이 그의 백성들을 회복시키고 율법에 충성을 다한 자들을 보상하리라고 믿었다.

6.6 유대교에서 부활한 메시아라는 개념은 없었다.

제자들이 예수의 부활을 주장한 것이 얼마나 급진적이었는지를 제대로 인식하기 위해서는 이 새로운 선언의 전례 없는 성격을 파악해야 하며, 그러므로 예수를 따랐던 제자들이나 대중들이 역사 안에서의 부활을 결코 생각해 본 적이 없다는 것은 재차 강조할 만하다. 부활은 종말에 일어날 집단적인 사건이었다. 이것을 염두에 둔다면 우리는 제자들이 예수의 빈 무덤을 발견했을 당시 겪었던 혼란을 이해할 수 있다. 부활한 메시아는 유대교에서 완전히 생소한 개념이었다.31 유대인들의 입장에선 종말에 앞서 한 개인의 부활을 선포한다는 것 역시 새로운 생각이었다. 메시아의 역할에 부활이라는 개념은 포함되어 있지 않았으며, 유대인들은 오직 종말에 일어날 보편적인 부활만을 기대하고 있었다. 어떤 유대인 집단도 메시아에 의한 부활, 즉 종말에 앞서 일어날 한 개인의 부활에 대해 생각한 적이 없었다.[32] 이는 역사의 진행과정에서 부활이 일어난다거나 부활한 메시아에 대해 생각해보지 않았던 예수의 추종자들이, 어째서 예수가 부활절 주일에 부활했으며 그가 곧 메시아라고 주장했는가라는 질문을 야기한다. 그들은 어째서 부활에 대한 생각을 바꾸고 예수의 육체가 종말에 일어날 부활에 앞서 이미 부활했다는 믿음을 위해 살다 죽었는가? 그들은 왜 메시아에 대한 생각을 바꾸게 되었는가? 도대체 무엇이 그들의 생각을 급진적으로 전환시켰으며, 예수의 부활에 대해 대담하고 확신에 찬 지지자들로 변모시켰는가?

6.7 1세기 유대인들은 메시아를 무적의 정복자이자 그들을 다스릴 왕이라고 생각했다.

유대인들은 메시아가 다윗의 후손으로서 무적의 정복자이고 승리하는 왕이라고 생각했으며, 이방인들인 로마의 권세 아래 치욕스러운 죽음을 맞이할 고통 받는 종이라고는 생각하지 않았다. 제자들은 예수가 메시아로서 힘으로 로마인들을 정복하고 하나님의 나라 안에 이스라엘을 이전의 강성함으로 회복시킬 것이라 기대했다. 그는 결단코 패배 당하고 평범한 범죄자처럼 십자가형에 처해질 사람이 되어선 안됐다. 예수가 붙잡혀 고문 당하고 결국 십자가형에 처해진 것은 하나님의 백성들을 이끌고 권세로 회복시킬 승리하는 메시아에 대한 유대인들의 생각과 완전히 상반되었다.

　예수의 제자들과 추종자들은 메시아에 대한 예언으로 간주된 구약의 구절들, 즉 그가 대적하는 자들을 모두 짓밟고 전 세계에 평화를 가져올 것이라는 구절들 때문에 낙담하고 실망했다. 이 메시아는 초자연적인 힘으로 모든 이스라엘의 대적들을 멸하고 예루살렘을 기반으로 하는 하나님의 지상 왕국에서 이스라엘을 권세로 이끌어야 했다. 유대인들은 그가 힘 있는 지도자로서 예루살렘을 타락시키는 이방인들을 제거할 것이라고 생각했다. 그러므로 메시아는 고통 받고 십자가 위에서 굴욕적인 죽음을 당할 사람이 아니었다. 물론 이사야 53장에는 고통 받는 종에 대한 구절들이 있지만, 이 구절들은 유대교에서 메시아를 지칭한다고 해석된 적이 결코 없었다.

　바로 이것이 예수가 잡혀갔을 때 제자들이 그를 버린 이유다. 그들은 대적들을 멸하는 정복자로서의 메시아라는 관념을 너무도 확신했기 때문에, 예수가 로마인들의 힘없는 죄수로서 채찍질 당하고 피를 흘리며 평범한 범죄자처럼 십자가 위에 못 박혀서 죽는 것을 보았을 때, 그가 무적의 정복자인 메시아라는 희망이 무너졌던 것이다. 예수가 사로잡히고 채찍질 당하며 십자가형에 처해진 것은 이스라엘의 운명을 짊어지고 이방인들을 무찌르며 예루살렘에 하나님의 나라를 물리적으로 재건할 메시아와 일치하지 않았다. 예수가 메시아라면 힘으로 이방 정복자들을 전복시켰어야 했다. 제자들은 예수가 그 역할을 담당할 수 없다는 것을 보았을 때 도망쳤던 것이다. 그리고 그가 죽음으로 인해 환상이 깨지고 엄청난 충격을 받았을 때, 제자들은 그의 부활을 기대하고 있지 않았다.

그들은 같은 운명이 그들에게 닥칠 수도 있다는 두려움에 예루살렘에 숨었지만, 이렇듯 비겁하고 두려움에 떠는 모습을 보인지 얼마 지나지 않아 예수의 부활에 대해 담대히 선언하기 위해 기꺼이 고통 받고 죽기를 원했다. 그리고 그들은 예수가 십자가에 못 박혔던 도시에서 이렇게 행했다. 무슨 일인가 그들에게 일어나서 예수가 살아있으며 죽음을 정복하였고, 그가 곧 메시아라는 극적인 믿음을 그들 안에 강력하게 심어놓게 된 것이 틀림없다. 희망이 깨지고 두려움에 떨며 낙담했었던 제자들이, 새로운 믿음을 위해 고문 받고 죽임 당하기를 마다하지 않는 대담하고 용기 있는 지지자들로 바뀌게 된 계기들은 과연 무엇일까? 무엇이 그들로 하여금 메시아에 대한 생각을 바꾸고 적대적이고 위험한 환경에서 새로운 신앙을 선포하게 만들었을까? 다시 말해 제자들의 극적인 변화는 도대체 어떻게 설명해야 하는가?33

라피데는 역사적인 증거가 예수의 부활을 뒷받침한다고 확신한다. 제자들의 변화는 그 자체로 이 증거에 속하는데, 이는 부활을 제외하곤 그들의 변화를 설명하기 어렵기 때문이다. 라피데는 이에 대해 다음과 같이 논증한다.

> 두려움에 떨면서 절망 속에 모든 것을 내팽개치고 갈릴리로 도망치려 했을 제자들, 즉 그들의 주를 배신하고 부정하였으며 완전히 실망시킨 농부와 양치기와 어부들이, 하룻밤 사이에 구원의 확신에 차 있고 부활절 이전보다 이후에 더 많은 성공을 이룰 수 있게 된 선교 단체로 변할 때, 어떤 환상이나 환각도 가히 이렇듯 혁명적인 변화를 설명하기에는 충분하지 않다. 어떤 집단이

나 학파나 단체에 대해서는 어쩌면 단 하나의 환상으로도 충분히 설명할 수 있을 지도 모르겠다 – 그러나 부활절 신앙 덕에 서양을 정복할 수 있었던 세계 종교에 대해서는 그럴 수 없다 … 만일 낙담하고 절망에 빠진 제자들이 하룻밤 사이에 자기암시와 자기기만에 의해 믿음의 승리자들로 변할 수 있다면 – 그렇다면 이는 부활 그 자체보다도 더 큰 기적이라 할 수 있다.[34]

제자들의 변화에 대한 증거는 매우 강력하다. 야고보는 예수를 형제이자 떠돌아다니는 선생 이상으로 보지 않았으며, 어떤 경우에는 적대하기도 했었다. 그러나 예수가 자신을 믿지 않았던 사람들에게도 나타났었다는 것은 기록을 통해 알 수 있다. 기록에는 예수가 도마와 야고보와 바울에게 나타났다고 언급되어 있으며, 이들은 예수가 그들에게 나타나기 전에는 모두 믿지 않는 자들이었다. 그러므로 역사적 증거와 야고보가 지도자로 있었던 예루살렘교회의 탄생은 그 자체로 부활이 실제로 일어났다는 것을 지시하고 있다.

6.8 유대인들이 부활에 대해 다양한 믿음들을 지니고 있었던 와중에 기독교가 선포했던 부활의 의미는 단일했으며, 이 사실은 예수의 부활이 초기 기독교 신앙의 핵심이었다는 점을 뒷받침한다.

위에서 언급했지만 1세기 유대교에는 사후에 대해 다양한 믿음들이 있었다. 따라서 라이트가 지적하듯 기독교가 다양한 믿음들 사이에서 태어났으므로, 이 신생 종교 역시 사후에 대해 다양한 믿음들을 가지고 있을 것이라 생각할 수도 있다. 그러나 초기교회들에서 이러한 현상은 찾아볼 수 없다. 그와는 반대로 우리는 사후에 대해 모두가 동일한 믿음을 지녔음을 발견하게 된다. 이와 관련해 라이트는 다음과 같이 질문한다. "기독교는 어떻게 사후에 대한 믿음에 있어서 실질적으로 단일성을 유지할 수 있었으며, 이방인들은 일어날 수 없는 일이라 치부하는 한편 유대교의 한 분파(비록 지배적이었던 분파이긴 하지만)는 마지막 날에 일어날 것이라고 강력히 주장하던 것, 즉 부활에 대해 거의 절대적으로 확언할 수 있었는가?"[35]. 초대 기독교인들은 사후에 대해 *단일한* 관점을 지니고 있었다. 그들은 일관되게 몸의 부활을 확신했으며, 다양한 믿음들 속에서 혼란스러워하지 않았다. 라이트는 이에 대해 다음과 같이 결론짓는다.

> 초기 기독교인들이 유대교도들과 이교도들 사이에서 나타났다는 것을 고려해 볼 때, 당신은 아마 첫 2세기 동안 서로 다른 기독교 집단들 사이에서 온갖 사후세계에 대한 믿음들이 생겨났을 것이라 생각할 지도 모르겠다. 놀라운 사실은 그렇지 않다는 것이다. 바울은 물론 신약 전체를 놓고 볼 때, 그리고 사도 교부들(Apostolic Fathers)로부터 2세기 말의 위대한 신학자들에 이르기까지(이를테면 이레나이우스와 테르툴리아누스와 오리겐 같은), 우리는 하나님의 백성들이 사후에 궁극적으로 어떤 일을 겪게 되는지에 대해 놀라울 정도로 일관된 믿음의 체계를 발견하게 된다 … 초기 기독교인들은 미래에 대해 부활의 소망이라는 관점을 고수했다. 그들은 단순히 어떤 정신적인 의미에서 사후세계를 믿은 것이 아니며 … 핵심은 사람이 사후에 어디로 가게 되는지가 아니었

다. 보다 중요한 점은 하나님의 새로운 세계, 새로운 창조, 새 하늘과 새 땅에서 당신이 어떤 존재가 되는지에 있었으며, 그들은 그 세계에서 새로이 육체를 입고 온전한 자신이 될 것이라 믿었다. 초기 기독교인들은 바리새주의자들이 그러했듯이 미래에 대해 두 단계에 걸친 믿음을 고수했다. 먼저 임시적인 대기 기간에 대해, 그리고 다시 새로 만들어진 세계에서의 새로운 육체적 존재에 대해서 말이다. 다시 한 번 강조하지만 이방 종교에 이와 같은 믿음은 결코 찾아볼 수 없다.[36]

초대 기독교인들이 믿음의 중심을 예수의 부활에 두었다는 점을 이해하는 것이 특히 중요하다. 초기 기독교 신앙은 무엇보다도 부활에 대한 신앙이었다. 십자가는 속죄를 제공하므로 매우 중요하다. 그러나 중점은 언제나 부활에 있었다. 부활은 기독교가 예수의 십자가형 이후의 주간에 폭발적으로 퍼져나가게 된 근원이며, 초대교회들은 부활의 의미를 아주 명확하고 상세하며 단일하게 유지했다.

라피데는 십자가형과 부활이 기독교 신앙의 두 근간이라고 주장하면서도 부활이 가장 중요하다고 확신한다. 그는 예수의 십자가형은 그가 부활하지 않았다면 로마인들에 의해 집행된 수많은 유대인들의 십자가형처럼 잊혔을 것이라고 말한다. 그는 예루살렘이 함락되었을 때 디도가 집행한 집단 십자가형을 목격했던 요세푸스를 다음과 같이 인용한다. "병사들은 유대인들에 대한 분노와 증오에서, 그들이 잡은 자들을 조롱하며 십자가에 이런저런 방식으로 한명한명 못 박았다. 그 수가 너무 많아 시체를 위한 방이 따로 있을 정도였다 … "[37]

라피데는 이 유대인들이 예수와 같은 방식으로 살해당했음에도 불구하고 아무도 이들의 이름과 삶을 기억하지 않는다고 지적한다. 라피데에 의하면 예수는 십자가형으로부터 사흘 째 되는 날 육신이 다시 부활했다는 점에서 특별하다. 그가 보기에 기독교 신앙은 예수의 십자가형이 아니라 "셋째 날"[38]의 경험에 "근거하는 것"이며, 이 경험은 곧 예수의 부활이다.

초대교회에 대한 증거를 살펴볼 때 우리는 라피데의 통찰이 옳다는 것을 알 수 있다. 예수의 부활은 예루살렘교회의 근간이었다. 부활은 이 초기 공동체에서 다양했던 믿음들 중의 하나가 아니라 교회가 전파한 메시지의 초석이다. 최초의 선언의 핵심은 예수의 위대한 가르침이 아니라 부활이었으며, 또한 예수의 부활은 새로운 공동체의 출발점이었다.[39] 신약학자 래드(George Ladd)가 서술하듯이, "예수의 삶도 그의 가르침도, 심지어는 죽음을 통한 그의 희생도 기독교가 최초로 선포한 내용의 중심이 아니었다는 점은 분명하다. 핵심은 의심의 여지없이 예수의 부활이다."[40]

6.9 예루살렘 교회의 중심 토대(※부활)를 둘러싼 증거를 분석해보면, 이 교회의 두 가지 핵심 신념이 진실일 가능성이 꽤 높다는 것을 알 수 있다.

부활절 주말에 무슨 일이 있었는가에 대한 증거를 살펴볼 때, 복음서들이 제공하는 (가장 오래된 신약 서신들에 인용된 신조가 확증하는) 기록들은 교회의 신학적 반성의 산물이 아니라 오히려 초기 교회가 발생하게 된 근원으로 보인다. 확실히 예루살렘교회의 두 가지 핵심 신념이 진실일 가능성은 매우 높다. 다시 언급하지만 이 두 신념은 (1) 부활절 아침에 예수의 무덤이 비어있었으며 (2) 예수가 육체적 형태로 살아서 나타났다는 것이다.[41] 나는 먼저 빈 무덤에 대한 증거를 다루고 나서 예수가 부활한 후 사람들에게 나타났다는 증거를 논하겠다.

6.9.1 예수의 빈 무덤에 대한 증거는 매우 유력하다.

6.9.1.1 아리마데의 요셉은 당시 공회의 실제 일원이었는데, 예수의 시신이 십자가형 이후 요셉의 무덤에 장사지내졌을 가능성은 높다.

제자들의 변화에 대한 근본적인 원인들 중 하나는 예수의 무덤이 부활절 아침에 비어있었다는 것이다. 우리는 무덤이 비어있었다는 것에 대해 유력한 증거를 갖고 있다. 만약 예수의 시신이 여전히 무덤에 있었다면, 예수를 죽이고 그의 사역을 중지시키려고 많은 노력을 들인 유대 지도자들은 시신을 제시함으로써 교회의 탄생과 예수의 부활에 대한 선언을 막을 수 있었을 것이다. 복음서들은 아리마데의 요셉이 예수의 시신을 무덤에 두었다고 기록한다. 요셉은 부유한 사람이자 예루살렘의 지도자들 70명의 단체인 공회의 일원으로 묘사된다. 공회에 소속된 사람들은 예루살렘에서 모두 잘 알려진 인물들이었으므로, 아리마데의 요셉은 실제 (1) 공회의 일원이었으며 (2) 예수를 장사지낸 사람이었을 가능성이 높다. 만일 요셉이 허구의 인물이라면, 초기 기독교를 적대했던 사람들이 공회에서 그가 차지하고 있던 지위와 예수의 시신을 무덤에 장사지냈다는 이야기에 대해 신속하고 단호하게 부정했다는 증거를 찾을 수 있어야 한다.

따라서 아리마대의 요셉이 실제 공회의 일원으로서 예수의 시신을 무덤에 장사지냈다는 것과 매장지가 예루살렘에서 잘 알려진 곳이었을 가능성이 훨씬 더 크다. 마태복음 28:11~15에서 우리는 사도들이 예수의 시신을 훔쳤다는 이야기를 퍼트림으로써 예루살렘의 지도자들이 빈 무덤에 대해 설명하려고 시도했다는 초기 서사를 볼 수 있다. 만일 무덤이 비어있지 않았다면 그러한 이야기를 가공해내거나 초기교회의 시대에 그 이야기를 계속해서 주장할 이유가 없었을 것이다.

6.9.1.2 "부활"이라는 용어의 의미와, 무덤이 정말로 비었는지에 대해 논쟁했다는 증거가 전혀 없다는 점 그리고 제자들이 예수의 시신을 훔쳤다고 주장하는 적대자들이 있었다는 것과, 예수가 부활했다는 선언을 막으려고 했음에도 불구하고 그의 시신을 제시하는 것에 실패했다는 점 등은 무덤이 비어있었다는 의미다.

위에서 언급했듯이, 제자들은 예수의 부활을 선언할 때 *anastasis*, 즉 모호한 영적 체험이 아니라 몸의 부활을 의미하는 용어를 사용했다. 내가 논의한 바와 같이 1세기 유대인들은 이 점에 대해서 매우 구체적이었다. 부활은 재(再)육화를 뜻했으며 변화된 물리적 존재를 의미했다.[42] 따라서 바리새인으로서 교육 받은 바울이 고린도전서 15:3~5에서 예수가 죽은 자들 가운데서 다시 살아났다고 말할 때, 그가 예수의 시신은 여전히 무덤에 남아있다는 뜻으로 말했을 리가 없다. 바울이 그의 서신에서 인용한 신조는 예수의 죽음과 장사지냄과 부활을 묘사하는데, 이는 예수의 시신이 무덤에 남아있다는 주장과 완전히 모순된다. 이 신조는 예수를 장사지냈다고 진술함으로써 무덤이 비어있었음을 암시하고 있다. 그러므로 이것은 예수의 시신이 부활절 아침 무덤에 있지 않았다는 아주 초기의 증거다.

더욱이 기독교 초기에 예수의 시신이 정말로 무덤에 없었는지 논쟁했다는 증거는 없다. 무덤이 비었는지에 대해 논쟁했다는 증거를 담은 사료는 단 하나도 없다. 논란은 빈 무덤에 대한 설명에 있었다. 즉, 논쟁은 무덤이 왜 비었는가에 대한 것이었지 비었는지의 여부에 대한 것은 아니었다. 이는 마태복음 28:11~15에서 명백히 알 수 있다.

여자들이 갈 때 경비병 중 몇이 성에 들어가 모든 된 일을 대제사장들에게 알리니 그들이 장로들과 함께 모여 의논하고 군인들에게 돈을 많이 주며 이르되 너희는 말하기를 그의 제자들이 밤에 와서 우리가 잘 때에 그를 도둑질하여 갔다 하라 만일 이 말이 총독에게 들리면 우리가 권하여 너희로 근심하지 않게 하리라 하니 군인들이 돈을 받고 가르친 대로 하였으니 이 말이 오늘날까지 유대인 가운데 두루 퍼지니라

대제사장들의 주장은 빈 무덤을 설명하려는 시도였으며 기독교가 막 탄생했을 때 제시되었다. 이 설명의 존재 자체가 무덤이 비었다는 증거다. 만일 무덤이 비어있지 않았다면 이 이야기를 만들어낼 이유가 없었을 것이다. 예수의 시신이 왜 무덤에 없는지에 대해 유대인들이 설명하려 했다는 점은 시신이 무덤에 있

지 않았다는 중요한 증거다.

게다가 만일 무덤이 비어있지 않았다면, 왜 아무도 예수의 시신을 제시하지 않았는가? 그의 시신을 제시했다면 제자들이 예수의 부활을 선포할 때 사람들이 이를 믿는 것으로부터 막을 수 있었을 것이다. 시신을 제시했다면 모든 기독교 운동은 중지되고 교회는 오늘날 존재하지 않았을 것이다. 누구도 대중 앞에 시신이 공개된 상황에서 몸의 부활을 믿지 않았을 것이다. 마태복음에서 발견되는 논쟁의 증거력*과, 무덤이 비었는지에 대해 논쟁했다는 증거가 없다는 것 그리고 예수의 시신을 제시하는 데에 실패했다는 점은 설명을 요구한다.[43] 부활 신앙의 전파는 유대 지도자들에게 예수의 시신을 제시해야 할 매우 강력한 동기였다. 이 새로운 운동은 당시의 권력층을 위협했으며 예루살렘을 뒤흔들었기 때문이다.[44]

6.9.1.3 제자들이 예수의 시신을 훔쳤을 가능성은 꽤나 낮다.

제자들이 예수의 시신을 훔쳤다는 주장은 그다지 설득력이 없다. 만일 제자들이 그랬다고 해도, 그들 모두가 사실을 알고 있는 상황에서 부활이 일어났다는 음모를 유지하려고 했을 가능성은 매우 낮다. 고문과 순교를 눈앞에 두고 누군가는 이를 피하기 위해 거짓을 밝혔을 것이다. 스타(William Starr)가 강조하듯이, "당신은 어떨지 모르겠지만 만일 누군가가 나를 돌팔매질

---

* 원문은 evidentiary force. 어떤 자료가 법적 신빙성을 지님으로써 증거로 받아들일만한 실질적인 가치를 말한다.

하거나 내 손에 못을 박으려고 한다면, 또한 누군가 예수의 시신을 훔쳤다는 것을 내가 알고 있다면, 나는 엄청난 고통과 죽음을 피하기 위해 최소한 예수가 죽은 자들 가운데서 살아났다는 것에 그다지 확신이 없다는 암시라도 줬을 것이다."[45] 그러나 제자들 중 누구도 그렇게 했다는 기록은 없다. 반대로 역사는 예수의 부활을 지지하는 많은 사람들이 고통 받았으며, 부활을 부정하느니 죽음을 택했다는 것을 명확히 보여준다. 스톳(John Stott)은 제자들이 예수의 시신을 가져간 다음 그들 스스로 거짓임을 알고 있는 환상을 퍼트리기 위해 고문과 죽임 당하길 마지않았다는 주장은 현대 심리학적 관점에서 볼 때 회의적이라고 말한다.[46] 워커 역시 제자들이 예수의 부활에 대해 확신을 가지고 있었다는 것에 동의하며, 이를 다음과 같이 설명한다.

그들이 죽음에 이르기까지 [거짓을] 고집하는 일은 있음직한가? 왜냐하면 그로부터 이어지는 기간 동안 제자들은 - 순교를 포함하여 - 많은 고통을 당했기 때문이다. 이 모든 것이 그저 한낱 장난질에 불과했었는가? 그들의 거듭난 용기는 뻔한 거짓말에 기반을 두는가? 그렇다면 그들 중 한 명은 압력이 가해질 때 비밀을 폭로시킬 만하지 않은가? 아니다. 겁쟁이를 용기 있는 자로 바꾸는 것은 뻔한 거짓말이 아니라 확고한 사실에 기반을 둔 확신이다. 다른 사람들은 그들이 틀렸다고 생각할 수 있겠지만, 예수의 부활을 전파했던 제자들은 그들이 옳다는 것에 확신을 갖고 있었다.[47]

6.9.1.4 만일 빈 무덤이 허구적으로 꾸며낸 주장이라면, 어째서 복음서의 저자들은 1세기 유대교에서 법적 권리를 가지지 못했던 여자들을 증인으로 내세우는 이야기를 꾸며냈는가?

부활 서사가 진실성을 담고 있다는 또 다른 면은 여자들이 빈 무덤의 목격자였다는 점이다. 1세기 유대교에서 여자들은 법적 증인으로 행사할 수 없었다.[48] 만일 복음서 기록들이 신화를 꾸며낸 자들의 창작물이라면, 왜 저자들은 빈 무덤의 증인이라는 역할을 모두 여자들에게 부여했는가? 있음직한 이야기를 만들어내려고 하는 사람은 증인의 역할을 남자에게 주려고 했을 것이다.[49]

또한 여자들이 다른 무덤으로 갔을 가능성 또한 낮다. 만일 그들이 다른 무덤에 가서 시신이 없는 것을 발견했다면, 유대 지도자들은 단순히 예수의 무덤으로 가서 그의 시신을 제시하여 부활의 선언을 막을 수 있었을 것이다. 그럼에도 불구하고 부활 서사는 기독교 초기에 예수의 부활을 믿게 된 수천 명의 사람들과 함께 예루살렘 한가운데서 널리 퍼져나갔다.[50]

6.9.1.5 예수가 죽지 않고 무덤에서 회복했을 가능성은 매우 낮다.

예수가 십자가에서 내려졌을 때 실제로 죽지 않았다고 주장한다고 해도 부활에 대한 증거가 부정되진 않는다. 매질과 십자가형을 당한 사람이 삼일 뒤에 제자들에게 찬양받기에 합당한 주로써 나타난다는 것은 불가능하다. 그의 모습은 영광스럽고 변화체를 입은 정복자가 아니라 두들겨 맞아 반죽음당하고, 약하며 고통 받는 사람의 모습이었을 것이다. 이는 철저한 비(非)기독교인이었던 슈트라우스(D. F. Strauss)*가 내린 결론이기도 하다.51

6.9.1.6 우리 수중의 가장 오래된 신조는 예수가 부활한 이후 사람들에게 나타났다고 설명한다. 이 신조는 아마 부활의 증인들이 지도자들로 있었던 예루살렘교회로부터 바울에게 전해졌을 것이다.

우리는 바울의 서신들보다 시기상 앞서며 고린도전서 15:3~8에서 발견되는 신조에 대해 논했다(※2장 참고). 이 신조는 중요한 구전들을 전달하는 신뢰 가능한 과정을 통해 바울에게 전달된 것으로 보인다. 이 구전에 나타나는 증거들의 초기성과, 그것이 예수의 죽음과 장사지냄과 부활 및 예수가 부활한 후 나타났다는 것을 언급하기 때문에, 부활에 대한 우리의 논의와 연결하여 이 신조를 다시 한 번 인용하는 것은 그만한 가치가 있다.

내가 받은 것을 [*paralamblano*] 먼저 너희에게 전하였노니 [*paradidomi*] 이는 성경대로 그리스도께서 우리 죄를 위하여 죽으시고 장사 지낸 바 되셨다가 성경대로 사흘 만에 다시 살아나사 게바에게 보이시고 후에 열두 제자에게와 그후에 오백여 형제에게 일시에 보이셨나니 그 중에 지금까지 대다수는 살아 있고 어떤 사람은 잠들었으며 그후에 야고보에게 보이셨으며 그후에

---

* 다비드 슈트라우스(1808~1874)는 독일의 신학자이다. 『예수의 생애』(*Das Leben Jesu, kritisch bearbeitet*)를 저술하였으며, 복음서들은 역사적 사실성을 결여하고 있고 예수의 생애는 '무의식적'으로 형성된 '신화'라고 주장했다.

모든 사도에게와 맨 나중에 만삭되지 못하여 난 자 같은 내게도
보이셨느니라

　　마지막 세 문장이 신조에 포함되는 지에 대한 문제를 제외하
고, 학자들은 일반적으로 이 구절의 첫 부분이 예수의 삶에 대
한 언급들 중 가장 오래되었다고 결론 내리며 이는 중요한 의미
를 지닌다. 이 신조는 또한 예수의 죽음과 부활에 대한 가장 오
래된 구전이기도 하다. 이 신조는 처음에는 예수의 동시대인들
사이에서 구두로 전달되다가 바울의 서신들, 즉 우리 수중의 가
장 오래된 문서들에 인용되었다. 바울은 여기서 *paradidnomi*와
*paralambano*라는 용어를 사용함으로써 구전의 전수함과 전수
받음이라는 전문 용어를 쓴다.

　　우리에겐 부활의 목격자들이자 예수를 가장 가까이 따랐던
사람들과 제자들로 이루어진 예루살렘 최초의 교회가 신조의
근원이라는 유력한 근거가 있다. 앞서 언급하였듯이, 이 시대의
교육이란 기록이 아니라 주로 구전의 암기를 통해 이루어졌다.
이 신조의 언어는 바울이 이것을 만들지 않았다는 결론을 지시
한다. 다시 한 번 말하지만, "우리 죄를 위하여", "사흘 만에",
"보이시고" 그리고 "열두 제자"와 같은 어법은 베드로의 헬라어
이름이 아닌 아람어 "게바"의 사용과 더불어 예루살렘을 신조의
근원으로 가리키는 비(非)바울적 어법들이다. 바울은 아마도 개
종하고 나서 예루살렘을 방문했던 30년대 초반에 이 신조를 전
수받았을 가능성이 높다. 독일의 저명한 학자인 판넨베르크 역
시 이 신조가 오래되었고 예루살렘교회와 긴밀히 연관되어 있
다는 점을 볼 때, 아람어를 사용했던 예루살렘교회의 일원들이

실제로 예수의 나타남을 경험했다는 결론은 불가피하다고 말했다.52

모든 증거들을 미루어 볼 때, 바울은 예루살렘에서 베드로와 야고보가 속해있던 교회로부터 직접 이 신조를 전수받았을 가능성이 높다. 이 신조는 사도행전에 기록된 대로 제자들과 사도들이 부활을 선언할 때 사용했던 용어들과 일관된다. 이 신조의 내용과 복음서 기록들과 사도행전의 설교문 간의 일관성은 놀라울 정도이며, 핵심은 모두 동일하다. 그러므로 이는 의심의 여지없이 목격자들의 증언이다. 우리가 복음서들과 사도행전의 연도를 어떻게 측정하든가에 관계없이, 이것은 복음서 기록들을 확증하는 목격자들의 증언이다. 이 신조는 예수의 부활한 육체를 실제로 보았던 증인들, 즉 목격한 사건들에 대한 증언으로서 이 신조를 만들어내고 바울에게 전하였던 예루살렘교회의 고백으로 보인다. 우리는 복음서들의 연대에 대한 논쟁에 휘말릴 필요가 없다. 이 목격자들의 증언은 부활 주일의 사건들과 거의 동시대로 연대를 잡을 수 있으며, 부활 주일과 관련된 신약 복음서들의 핵심을 확증해주기 때문이다.

라이트는 이 신조가 정경복음서들과 입장을 같이 하며 복음서들의 기술과 일관된다고 결론짓는다. 그의 말에 따르면 이 신조는 부활절 사건의 "다섯 번째 증인(fifth witness)"이며,53 이 신조에서 우리는 기독교의 초대교회가 세워지게 된 기초를 볼 수 있다. *Paradidomi*와 *paralambano*라는 용어들이 중요한 구전을 전달하는 진지한 과정을 지칭하므로, 이 신조는 가볍게 받아들여져서는 안 된다. 이 신조가 전달 과정에서 눈에 띌 만큼 변형됐을 가능성은 매우 낮다. 라이트가 결론짓듯이, "이것이야말로 한 공동체가 함부로 고칠 수 없는 형태의 기원설화다. 바울이 전수 받았을 때 이 신조가 이미 공식화된 형태로 있었으므로, 이 신조는 아마도 부활절 이후 2년 내지 3년 안에 형성되었을 것이다. 여기서 우리는 바울이 이 서신을 쓰기 20여 년 전에 이미 구술되던 가장 오래된 기독교 구전 전통과 맞닿아 있다."54

6.9.1.7 예수의 나타남이 환각이었을 가능성은 낮다.

바울이 고린도전서 15장에서 묘사하는 바와 같이 제자들과 500명의 사람들에게 나타났던 예수가 환상이거나 환각일 가능성은 매우 낮다. 예수는 서로 다른 시간대에 서로 다른 장소에서 서로 다른 사람들에게 나타났다. 제자들은 분명 예수가 그들에게 나타났다는 것을 믿었으며, 완전히 변모하여 자신이 이전에 말살시키려 했던 복음을 널리 퍼트렸던 사울 역시 그랬다. 사울에게 복음을 탄압하는 것은 파트타임 임무가 아니었다. 그는 예수의 부활을 선언하는 자들을 잡아들이고 심지어 죽이려고 했었다. 그런데 무엇인가 그의 삶을 바꾸어놓고 그를 헬라 세계에 복음을 퍼트리는 사도 바울로 변화시켰다. 환각은 이렇게 다양한 장소와 시간에서 일어나지 않는다.

또한 환각은 기본적으로 기대심리에 원리를 두고 있다는 것이 정설이다. 그러나 위에서 지적하였듯이, 사도들은 예수가 메시아로서 이방인들을 예루살렘에서 쫓아내고 이스라엘을 회복시킬 것이라고 기대했다. 그들은 십자가형에 처해지고 능멸당하는 메시아에 대해 기대하지 않았으며, 메시아의 부활에 대해서도 전혀 기대하지 않았다. 당시엔 메시아라는 개념과 부활의 개념이 한 번도 서로 연결된 적이 없었다.

더욱이 부활은 종말에 전인류를 위해 일어날 사건이지, 역사 속에서 한 사람을 위해 일어날 수는 없다고 생각되었다. 그들은 예수 한 사람만의 부활을 기대하고 있지 않았다. 그렇기 때문에 그들은 빈 무덤에 대해 의아해 했다. 그러므로 환각은 예수의 나타남을 해명할 수 없으며, 그럼에도 불구하고 만일 누군가가 제자들이 설명할 수 없는 어떤 이유로 환각에 빠졌다고 주장한다면, 그는 여전히 예수의 빈 무덤에 대해서 설명해야 할 것이다. 어째서 무덤은 비어 있었으며, 왜 부활과 메시아에 대한 제자들의 이해가 부활절 아침을 기점으로 그렇게나 급진적이며 신속하게 바뀌었는가? 부활이 아니라면, 도대체 무엇이 원시교회를 탄생시킨 화산 폭발과 같은 이 사건을 일으켰단 말인가?

6.10 복음서들이 몇 가지 사항들에서 다르기는 하지만, 구전 신조들에서 나타나는 초기의 증거들은 복음서들이 예수의 부활을 지지하는 중요한 증거들에 관해서 모두 동의한다고 확증해준다.

때때로 복음서들이 서로 다르며 완벽하게 같지 않기 때문에 그것들이 서로 완전히 다른 이야기들에 연관되어 있으며, 따라서 예수에 관한 이야기의 핵심은 진실일 수가 없다는 비판을 들을 때가 있다. 그러나 이는 바울의 기록들과(그가 서신들에 인용한 신조들을 포함하여) 복음서들이 서로 놀라울 정도로 일치한다는 사실을 무시하는 것이다. 복음서들 사이에 일치하지 않는 사항들 때문에 복음서들이 진실성을 지니고, 전반적으로 일관되며, 역사적으로 가치 있는 자료들이라는 점을 간과해서는 안 된다.

공관복음서들의 가장 중요한 부분들은 명백히 통일성을 지닌
다. 라이트는 복음서들이 서로 일관된다는 점의 중요성을 다음
과 같이 언급한다.

> 사실 일반적으로 말해서 복음서들은 그것들 모두를 왜곡하지
> 않는 하나의 이야기로 요약할 수 있다. 네 복음서 모두 중요한
> 사건들이 한 주의 첫째 날의 이른 아침이자 예수의 사형으로부
> 터 셋째 날에 일어났다고 기록한다. 네 복음서 모두 막달라 마리
> 아가 무덤에 있었다는 점에 동의한다. 마태와 마가와 누가는 다
> 른 여자가 거기 있었다는 점에 동의하며, 마가와 누가는 또 다른
> 이들을 추가한다. 네 복음서 모두 입구를 막은 바위가 명백한 문
> 제를 야기했으며, 이는 여자들과 아무런 관계없이 해결됐다는 점
> 에 동의한다. 네 복음서 모두 한 이상한 낯선 이, 천사나 그와 비
> 슷한 존재가 여자들과 만나고 얘기했다는 점에 동의한다. 마태와
> 요한은 막달라 마리아가 그후 예수를 만났다는 점에서 일치한다
> (물론 마태복음에선 또 다른 마리아가 그곳에 같이 있다). 마가복음
> 을 제외한 복음서들 모두 마리아가 (그리고 어떤 경우에는 다른 여
> 자들도) 제자들에게 말하러 갔다는 점에 동의한다. 또한 누가복음
> 과 요한복음은 베드로와 다른 제자가 그후 직접 무덤을 보러 간
> 다는 점에서 동의한다.[55]

래드는 독자들이 역사적으로 신뢰할 수 있다고 여길 수 있
을 만큼 공관복음서들이 중요한 점들에서 서로 일치한다고
주장한다. 이 중요한 점들은 다음과 같다. 예수는 죽었고 장
사지내졌다. 제자들은 예수가 십자가형을 당하는 것이 아니

라 메시아로서 정치적인 왕이 되기를 기대했다. 그의 치욕스런 죽음에 제자들은 혼란스러워 했다. 부활절 아침에 그의 무덤은 빈 채로 발견되었다. 마리아는 그의 시신이 도난당했다고 생각했다. 제자들은 죽은 자들 가운데서 다시 살아난 예수를 보았다고 주장했다. 제자들은 예수가 십자가형을 당했던 곳, 즉 예루살렘에서 예수가 부활했다고 선언했다.[56]

요약하자면, 신조와 찬양과 가장 오래된 기독교 공동체들의 예배 방식의 일부였던 고대 예배의식적 문구들을 포함하여, 공관복음서들의 부활에 대한 서술과 교회의 발전을 둘러싼 증거들은 부정할 수 없는 것처럼 보이는 두 사건들, 즉 빈 무덤과 예수의 나타남을 지시한다. 증거들에 대한 객관적인 분석은 이 두 사건들이 진정한 역사의 흔적을 담고 있다고 지시한다. 왜냐하면 기독교 신앙의 탄생은 결코 그것들을 제외한 채 설명할 수는 없기 때문이다.[57]

주

1 Wright 2003, 10.
2 요한복음 20:28, 즉 도마의 고백 "나의 주님이시요 나의 하나님이시니이다"는 예수의 부활이 신의 "징표"임을 확증한다. 요한복음은 1세기 문서일 가능성이 매우 높다(라일랜즈 사본(Rylands fragment)의 연대가 서기 125년으로 추정되므로, 요한복음의 연대가 2세기 중반일 수는 없다). 나는 이미 요한복음이 보여주는 고등기독론이 우리 수중의 가장 오래된 예배의식적 문구의 기독론과 일치한다고 지적했다. 바루흐는 또한 예수가 도마의 고백을 반박하지 않았다고 지적한다. 그 자리에 있었던 모든 사도들은 예수가 "하나님"의 칭호를 받아들였음을 알고 있었다. 그렇기 때문에 그들은 부활을 선포할 때 도마의 고백에 대해서도 분명하게 언급한 것이다.
3 O'Collins 1978, 142.
4 오컬린스는 한 사람이 상정하는 전제들의 중요성에 대해 고찰하면서, 부활에 대한 증거를 조사하기 전에 부활의 가능성을 제외하지 말라고 주의한다.

> 예수의 부활에 대한 믿음은 인류 역사에 개입할 수도 있고 개입하고도 있으며, 이스라엘 역사의 현장에 이미 특별하게 참여하고 활동하며 스스로를 드러낸 하나님에 대한 믿음을 상정한다 … 이러한 신적 개입을 체계상에서 제외함으로써 이신론(理神論, Deism)을 따르는 자들(불드민과 그의 수많은 제자들)은 예수라는 개인의 육적 부활뿐만 아니라 그 밑바탕이 되는 이스라엘의 역사 속 하나님의 특별한(계시적이고 구원적인) 활동에 대한 어떤 증거도 선험적으로 제외시킬 것이다.

O'Collins 1987, 136 (첫 괄호는 덧붙임).
5 Crowley and Lodge 2006, 64.
6 Lapide 1983, 150~151.
7 라이트가 지적하듯이, "죽은 자는 일반적으로 다시 살아나지 않는다는 사실은 초기 기독교 신앙에서 부정되지 않으며 그 자체 신앙의 일부이다. 초기 기독교인들은 바로 그렇기 때문에 예수에게 일어난 일이 새로운 일이며, 확실히 새로운 존재의 양태, 즉 새로운 창조의 시작이라고 주장했다. 예수의 부활이 예나 지금이나 유일무이한 사건이라는 사실은 초기 기독교의 주장에 상반되지 않는다. 이는 오히려

기독교 주장의 일부이다." Wright 2003, 10.
8   Wright 2003, 712.
9   Walker 1999, 63.
10 Wright 2003, 273.
11 고린도전서 15장에서 바울이 "신령한 몸"을 언급한 구절의 의미는 다음과 같다.

> 죽은 자의 부활도 그와 같으니 썩을 것으로 심고 썩지 아니할 것으로 다시 살아나며 욕된 것으로 심고 영광스러운 것으로 다시 살아나며 약한 것으로 심고 강한 것으로 다시 살아나며 육의 몸으로 심고 신령한 몸으로 다시 살아나나니 육의 몸이 있은즉 또 영의 몸도 있느니라 기록된 바 첫 사람 아담은 생령이 되었다 함과 같이 마지막 아담은 살려 주는 영이 되었나니 그러나 먼저는 신령한 사람이 아니요 육의 사람이요 그 다음에 신령한 사람이니라 첫 사람은 땅에서 났으니 흙에 속한 자이거니와 둘째 사람은 하늘에서 나셨느니라 무릇 흙에 속한 자들은 저 흙에 속한 자와 같고 무릇 하늘에 속한 자들은 저 하늘에 속한 이와 같으니 우리가 흙에 속한 자의 형상을 입은 것 같이 또한 하늘에 속한 이의 형상을 입으리라 형제들아 내가 이것을 말하노니 혈과 육은 하나님 나라를 이어 받을 수 없고 또한 썩는 것은 썩지 아니하는 것을 유업으로 받지 못하느니라

고린도전서 15:42~50.

12 데이비스(Stephen T. Davis)는 이 구절의 의미를 다음과 같이 설명한다.

> 그러므로 우리는 바울이 사용한 "신령한 몸"이라는 용어를 오해해서는 안 된다. 그는 애매모호하게 "영적으로 형성된" 혹은 "영적인 질료로"만 들어진 몸이 아니라, 하나님에 의해 이제는 영광 받고 변화되었으며, 성령의 힘에 의해 완전히 통치 받는 몸을 말하려고 이 용어를 사용한다. *Soma*라는 단어 자체가 바울에게 있어서 물리성을 강력하게 함축하기는 하나, *pneumatikou*라는 단어가 "비육체적임"을 뜻하지 않는다는 점이 더 중요하다. "신령한 몸"이란 성령의 가르침과 인도를 받으며 성령에 의해 살아 있는 사람을 말한다(고린도전서 2:15, 14:37; 갈라디아서 6:1을 참고). 부활에 대한 바울의 관점이 육적인 관점이라는 것은 명확하다. 그리고 이로부터 바로 육적 부활의 이해가 (자주 의혹받듯이) 신약 전승에 대한 후기 개입이 아니라는 중요한 결론이 도출될 수 있다.

Davis 1993, 56~57.

13 고린도전서 2:14, "육에 속한 사람은 하나님의 성령[※*pneumatikos*, 영문의 God's

Spirit에서 Spirit을 지칭한다]의 일들을 받지 아니하나니 이는 그것들이 그에게는 어리석게 보임이요, 또 그는 그것들을 알 수도 없나니 그러한 일은 영적으로 분별되기 때문이라" 참고.

14 래드(George Ladd)는 "신령한 몸"의 의미를 명확하게 서술한다.

> 바울은 "육의 몸으로 심고 신령한 몸으로 다시 살아나나니(44절)"라며 그의 논지를 요약한다. 이 단어들은 오해의 대상이 되곤 하며 부활이 "영적", 즉 비(非)물질인 육체로 이루어진다고 받아들여지게 되었다. 그러나 바울이 그것을 의미하고 있을 리가 없다. 이 단어에 대한 번역은 *psychikon*인데, 이는 생명이나 영혼을 의미하는 프시케(*psyche*)로부터 파생되었다. 물리적 -즉 필멸의- 육체는 프시케로 이루어져있지 않다. 이는 단지 프시케에 의해 살아있는 육체일 뿐이다. 이와 동일하게 부활한 육체는 프뉴마(*pneuma*), 즉 영으로 이루어져 있지 않을 것이다. 몇몇 헬라 철학자들은 우리가 그러하듯이 프뉴마를 비물질적인 것으로 간주하지 않았다는 점은 사실이다. 그들은 프뉴마가 매우 순수하고, 보이지 않으며, 우주적인 물질이어서 모든 다른 형태의 존재를 통철(通徹, interpenetrate)할 수 있다고 생각했다. 그러나 이러한 개념이 바울에게서 발견되지는 않는다. 바울에게 프뉴마란 하나님의 프뉴마, 즉 성령을 의미한다. 부활체는 완벽하게 하나님의 영에 의해 살아있고 힘이 부여된 육체다 … 그러므로 *pneumatikon soma*란 내세(the Age to Come, ※누가복음 18:30 참고)의 새로운 질서에 걸맞도록 생명의 근원인 하나님의 영에 의해 변화된 존재로서의 육체를 말한다. 아담을 묘사하는 단어는 말 그대로 "생령(*psyche*)"이다. 아담의 존재는 전적으로 프시케의 영역, 즉 자연적이고 인간적인 삶에 속해있었다. 그러한 의미에서 아담은 -그리고 아담의 모든 자손들은- "자연적인(*psychika*)" 육체를 지니고 있다. 그리스도는 부활을 통해 내세라는 새로운 존재의 영역, 즉 하나님의 보이지 않는 세계와 다를 바 없는 새로운 질서 속으로 들어섰다. 바로 이러한 의미에서 바울은 예수를 "살려주는 영"이라 칭한 것이다. 예수는 그의 부활한, 영광 받은 육체를 지니고 영의 세계에 들어갔다.

Ladd 1975, 116~117.

15 글래스고대학의 교수인 바클레이(John Barclay)는 "혈과 육은 하나님 나라를 이어받을 수 없"다는 개념이 비물질적인 부활을 의미하지는 않는다며 다음과 같이 서술한다.

> 50절은 현세의 물리적 육체("혈과 육")가 "하나님 나라"에 부적합하다는

점을 명시하고는 있지만, 하나님 나라에 들어가는 것이 현세의 육체가 변화한다는 뜻인지 아니면 본질적으로 새로운 육체를 허락한다는 뜻인지는 이 단락에서 정의되어 있지 않으며, 본문 외에 다른 곳에서 지속적으로 다루어지지 않는다(로마서 8:11, 빌립보서 3:21, 고린도후서 5:1~11을 비교하라). 45~49절은 두 종류의 몸에 대한 예들을 언급하면서 그 차이를 보여주고 있다. 즉, 인류의 조상인 아담은 흙으로부터 나왔으며 살아있는 (그러나 필멸인) 프시케(창세기 2:7)였고, 완전한 아담이자 하늘에서 온 그리스도는 생명을 주는 (그리고 불멸인) 프뉴마이다. 우리가 지닌 현세의 육체는 아담과 같이 흙으로 돌아갈 것이다("[우리는] 하늘에 속한 이의 형상을 입으리라(49절)).

    Barton and Muddiman, 1132.

16 Lapide 1983, 16. (라피데는 예수가 육적으로 부활했다는 점은 받아들였지만 예수를 메시아로서 받아들이지는 않았다.)

17 Lapide 1983, 46 (강조는 덧붙임).

18 Ladd 1975, 44.

19 Cullman 1958, 19~20.

20 1세기에 존재했던 다양한 관점들에 대해 라이트는 다음과 같이 요약한다.

    그러므로 부활은 제2성전시대의 유대교가 지닌 혁신적인 세계관에 속한다. 부활은 유대인들이 사후세계에 대해 무엇을 기대하도록 만들었는가? 유대교에는 죽은 사람 일반과, 특히 유대인들이 죽은 후 어떻게 되는지에 대해 상당히 광범위한 믿음들과 추측들이 존재했다. 그 한 극단에는 사후의 존재에 대한 교리를 전면 부정했던 것으로 보이는 사두개인들이 있었으며, 다른 쪽 극단에는 사후에 형체를 지닌 존재를 확신했으며 최소한 사람들이 육적 죽음과 육적 부활 사이의 기간 동안 어떻게 존재를 영위하는가에 대한 이론들을 만들어내기 시작했던 것으로 보이는 바리새인들이 있었다. 그 외의 믿음들도 물론 있었다. 어떤 기록은 무형(無形)의 지복 속에서 지내는 영혼들에 대해 얘기하며, 또 다른 기록은 영혼이 천사나 영체 등등의 존재라고 추측한다. 그러므로 우리는 단순히 헬라인들이 [영혼의] 영원성을 믿었으며, 유대인들이 부활을 믿었다고 말할 수는 없다. 상황은 결코 그렇게 간단하지 않았다.

    Wright 1998, 3.

21 O'Collins 1987, 138.

22 전(前) 함부르크대학의 신약학 교수였던 빌켄스(Ulrich Wilckens)는 유대인들의 부활 소망의 토대로써 믿음의 중요성을 강조한다.

> 구약 신앙에는 그 자체로 존재하는 "자연", 영구불변한 우주, 불변하는 자연법칙에 의해 영원히 회귀하는 만물과 같은 개념은 존재하지 않는다. 사람들이 삶을 영위하는 "실재(reality)"는 하나님의 주권적인 의지에 의해 성립되어 있으며, 하나님의 의지는 항시 작용하고 있고 자유자재로 그리고 즉각적으로 통제하며, 이는 사람으로서 헤아릴 수 없지만 반드시 믿어야만 하는 것이다. 그러므로 근본적으로 믿음이나 신앙이야말로 실재에 가장 부합하는 합리적인 자세이다. 세계는 우리의 환경으로서 경이로울 뿐만 아니라 무엇보다도 일상의 중심에서 헤아릴 수 없이 경이롭다. 왜냐하면 하나님의 불변함과 신실함, 생명과 존재를 허락하는 하나님의 일관적이고 변함없는 창조적인 선함 덕분에 사람과 그의 세계가 존재하고 있기 때문이다. 그러므로 유대교에서 [종말에 일어날] 죽은 자들의 부활은 한 번도 들어보지 못했었을 그런 개념은 아니며, 오늘날 많은 사람들이 느끼거나 생각하는 것처럼 의심해야할 만큼 완전히 비현실적인 것도 아니다. 물론 유대인들에게도 죽은 자의 부활이라는 사건이 일상에서 경험할 수 있는 일에 속하지는 않았으며, 하나님이 베풀어주길 희망하는 일에 속했다. 그러나 이러한 극적인 믿음은 평범한 일상 속의 믿음의 결과로서만 자라나는 것이다. 일상에서 실재에 굴하지 않는 믿음을 영위했던 사람은 그의 삶속에서 지금까지 겪어왔던 모든 것들을 직면하여도 그 믿음을 영위할 것이다. 바로 이렇듯 하나님에 대한 유대교의 믿음을 밑바탕에 두어야만 예수의 부활이 하나님의 주권적인 사역이었다는 원시기독교의 담론을 이해할 수 있다.

Wilckens 1977, 17 (괄호는 덧붙임).

23 시편에 적혀있듯이, "주께서 생명의 길을 내게 보이시리니 주의 앞에는 충만한 기쁨이 있고 주의 오른쪽에는 영원한 즐거움이 있나이다" 시편 16:10.

24 스올에 버려지는 영혼(*nephesh*)에 대해 언급하고 있는 시편 16:10에서 유대교의 부활사상의 발전을 찾아볼 수 있다. 죽음은 개별적 존재의 종말을 의미하지 않는다. 잠언 9:18 "오직 그 어리석은 자는 죽은 자들이 거기 있는 것과 그의 객들이 스올 깊은 곳에 있는 것을 알지 못하느니라"는 죽은 자들이 "그림자[*rephaim*]"처럼 존재하는 것에 대해 묘사한다. 예를 들어 *rephaim*은 다음과 같이 사후세계를 묘사하고 있는 이사야 14:9에서 언급된다.

> 아래의 스올이 너로 말미암아 소동하여 [그림자들이, *rephaim*] 네가 오는

것을 영접하되 그것이 세상의 모든 영웅을 너로 말미암아 움직이게 하며
열방의 모든 왕을 그들의 왕좌에서 일어서게 하므로

그림자나 영혼으로서 존재하는 사람은 현세에서의 사람과 동일하지 않으며, 오직 그들 존재의 그늘로서만 존재하게 된다. 유대인들은 사랑의 하나님과의 우정이나 관계가 죽음에 의해 단절될 수 없다는 점을 깨닫기 시작했으며, 그것을 믿음으로써 영원한 삶을 희망하기 시작했다. "스올에 내 자리를 펼지라도 거기 계시니이다"라는 고백처럼, 하나님은 무소부재하여서 스올도 예외는 아니다. 하나님은 명백히 죽음보다 강하므로, 하나님과의 교제는 육적 죽음으로 무효화될 수 없다. 개인의 존재는 시작부터 미래까지 전적으로 그의 백성들에게 영원토록 허락된 하나님의 현존에 달려있다. Ladd 1975, 45, 시편 139:8 참고.

25 라이트는 다음과 같이 설명한다.

훗날 부활에 대한 믿음이 널리 퍼짐에 따라 자연스럽게 중간적인 상태에 대한 믿음이 생기게 되었다. 이를 표현하는 방식은 여러 가지가 있었다. 어떤 때에는 심지어 플라톤주의라고 할만한, (자주 제기되었듯) 어떤 구속이나 모순 없이 영속하는 영혼에 대한 이론처럼 보이기도 한다. "부활"은 어떤 형태든 지간에 영속적인 사후 존재에 대한 믿음을 수반한다. 그러나 이는 모든 인간이 플라톤주의적인 의미에서 불멸하는 영혼을 가지고 있다는 믿음을 반드시 의미하지는 않는다. 왜냐하면 죽은 자들이 개체 스스로의 분리될 수 없는 어떤 속성 덕이 아니라 신적 능력에 의해 어떤 형태든지 지속적인 존재를 유지한다는 점은, 부활을 믿기 위해선 필수적인 창조주 야훼에 대한 믿음으로 충분히 설명할 수 있기 때문이다.

Wright 2003, 203.

26 Wright 2003, 203.

27 데이비스는 일시적인 탈육체화(脫肉體化)의 특징들에 대해 설명하면서 이러한 차이점들에 대해 다음과 같이 언급한다.

인간이 육체 없이 존재하는 상태는 비정상적인 상태다. 바로 이것이 일시적인 탈육체화와 영혼의 불멸성 사이의 명백한 차이들을 지시하는데, 후자의 교리는 (적어도 플라톤의 영향을 받은 형태에 있어서는) 탈육체화야말로 인간의 진정한, 혹은 알맞거나 이상적인 상태라는 점을 수반한다. 그러나 우리가 살펴보고 있는 이론은 탈육체화한 영혼이 인간의 정상적이며 합당한 성질들이나 능력들을 상당수 결핍하고 있다고 주장한다. 탈육체화한 존재란 일종의 최저의 존재인 것이다. 그러므로 일시적인 탈육체화는 인간의 영혼이 정상적인 현세의 육체와 영광 받은 부활체 모두를 취

할 수 있다는 점을 수반한다. 두 육체 간의 연속성은 동일한 영혼에 의해, 그리고 두 육체를 구성하는 동일한 질료에 의해 보장된다. 성 아우구스티누스는 "인간의 필멸하는 육체를 구성하는 현세의 질료들도 결코 사라지지 않는다"며, "비록 그것이 흙과 먼지로 스러지거나 수증기나 안개처럼 녹아내릴지라도, 비록 그것이 다른 육체의 재료로 변환되거나 원소들로 분해될지라도, 비록 그것이 짐승이나 사람의 먹을 것이 되어 그들의 육체로 변하게 될지라도, 그것은 때가 되면 그것을 맨 처음 살아 움직이게 하고 삶을 영위하고 자라나게 하여 사람이 되도록 만든 영혼에게 돌아간다"고 주장했다. 아우구스티누스는 우리가 현세에 지닌 육체의 질료들이 부활 때에 다른 방식으로 배열될 수도 있으나 어쨌든 질료들은 되찾게 될 것이라고 말한다.

Davis 1997, 94.

28 Wright 2003, 203, 205.

29 에스겔 37:1~14.

30 Pannenberg 1994, 348.

31 라이트가 다음과 같이 강조하듯이,

그러나 누구도 어떤 개인이 이미 되살아났거나 종말에 앞서 되살아날 것이라고 상상조차 하지 않았다. 새로운 육적 삶으로 되살아난 선지자들에 대한 전승은 찾아볼 수 없으며, 이에 가장 가까운 예로는 죽음을 겪지 않고 하늘로 올라갔으며 새로운 시대를 예고하기 위해 돌아올 것이었던 엘리야를 들 수 있다. 메시아가 죽음에서 되살아나리라는 전승은 존재하지 않는다. 이 시기 대부분의 유대인들은 부활을 소망했으며, 많은 유대인들이 메시아를 소망했지만, 누구도 초기 기독교인들이 나타나기 전까지는 이 두 소망을 하나로 합해서 바라지는 않았다.

Wright 2003, 205.

32 오컬린스는 유대인들 중 그 누구도 메시아라는 개념과 부활의 개념을 연관시켜본 적이 없다고 단언한다. 우리가 예상하는 모든 것과는 다르게, 초대교회가 선포했던 것은 독자적이고 완전히 새로운 개념이었다. 오컬린스가 서술하듯이, "당시의 유대교는 죽었다가 되살아나는 메시아의 개념을 갖고 있지 않았으며, 종말이 도래하지 않았는데도 특정 인물이 최종적이고 영광스러운 부활을 누릴 것이라고 생각하지도 않았다. 제자들의 부활 신앙은 완전히 새로운 믿음이었다. 이는 유대교나 이교에서도 그 근원을 찾아볼 수 없다. 게다가 십자가 위에서의 죽음이 예수가 그

의 추종자들에게 끼쳤던 영향을 무색하게 하는 경향이 강했기 때문에, 예수의 삶과 가르침이 그를 따랐던 자들에게 끼쳤던 영향과 관련해서도 설명하기가 어렵다." Davis 1997, 184에서 발췌.

33 폴킹혼은 그들의 변화가 갖는 의의를 다음과 같이 설명한다.

> 수난일과 오순절 사이에 어떤 일이 일어났다는 점은 명백하다. 스승이 사로잡히고 처형당했으므로 제자들의 사기가 떨어져 있었던 것은 부정할 수 없는 사실이다. 마찬가지로 그로부터 얼마 지나지 않아 바로 그 제자들이 이전에는 굉장히 위협적이라고 여겼던 권위자들에 저항하기 시작했으며, 버림받고 치욕 속에 죽임 당했던 자를 주님이자 그리스도(하나님이 선택하시고 기름 부은 자)로 선포하기 시작했다는 것 역시 부정할 수 없는 사실이다. 이처럼 엄청난 변화에는 그에 상응하는 원인이 있기 마련이다.

Polkinghorne 1994, 109쪽.

34 Lapide 1983, 125~126.

35 Wright 2003, 209.

36 Evans and Wright 2009, 82~84.

37 Lapide 1983, 33~34에서 발췌.

38 Lapide 1983, 34.

39 라이트는 이렇게 강조한다. "초기 기독교는 하나부터 열까지 '부활'에 대한 운동이어서 실로 '부활'이 무엇을 뜻하는지 오늘날보다 훨씬 더 정확히 얘기했었다(부활은 죽음을 겪은 후 그 너머의 새로운 육적 존재로 변하는 것과, 예수가 먼저 오고 나머지 모두가 후에 오는 두 단계로 일어나는 것을 의미했다). 둘째로, 초기 기독교인들이 선포했던 말 그대로의 '부활'은 확고히 미래의 일로 남아있었지만, 한편으론 오늘날을 살아가는 기독교인들의 삶에 영향을 끼치고 기독교인으로서의 자세를 갖추게 하는 개념이다."

Wright 2003, 210.

40 Ladd 1975, 40.

41 Wright 2003, 211.

42 Wright 1997, 50.

43 워커가 서술하듯이,

> 빈 무덤에 대해 질문을 제기하는 것은 충분히 자연스러운 일이다. 그러나 놀랍게도 (우리가 가지는 있는 증거들로 미루어 보아) 1세기 예루살렘

의 회의주의자들은 이러한 의문을 제기하지 않았다. 빈 무덤에 대한 유일한 루머는 제자들이 분명 "시체를 도적질했다"는 혐의뿐이었다(마태복음 28:11~15). 다시 말해 빈 무덤에 대한 소문을 어떻게든 방지하려고 했을 자들도 무덤이 비었다는 사실은 수긍했다. 유일한 논쟁거리는 이 빈 무덤을 어떻게 설명할 것인가 뿐이었다. 예루살렘의 많은 사람들이 시체를 제시하거나, 혹시라도 무덤을 혼동했을 경우 정확한 무덤을 보여줌으로써 부활에 대한 얘기가 가짜라는 사실을 증명하고 싶어 했다. 그러나 그들은 그러지 않았다. 왜냐하면 그럴 수 없었기 때문이다.

Walker 1999, 57.

44 스톳이 서술하듯이,

우리는 이미 예수의 죽음으로부터 몇 주 안 돼서 기독교인들이 그의 부활을 담대하게 선포했던 것을 살펴보았다. 부활의 소식은 순식간에 퍼져나갔다. 이 새로운 나사렛파(Nazarene) 운동은 유대교라는 방벽을 무너트릴 만큼 위협적이었으며, 평화로운 예루살렘을 어지럽게 만들었다. 유대인들은 기독교의 전향을, 로마인들은 폭동을 두려워했다. 권력층에게는 한 가지 명백한 방침이 있었다. 바로 시신을 제시하는 것이다 … 그러나 그들은 침묵을 고수했으며 폭력에 호소했다. 그들은 사도들을 체포하고 협박하고 채찍질했으며, 감옥에 가두고 비난하고 음모를 꾀하며 사형에 처했다. 그러나 이 모든 것은 그들이 예수의 시신을 갖고 있었다면 불필요한 일이었다. 교회는 부활 위에 세워졌다. 그러므로 부활이 일어나지 않았다고 입증했다면 교회는 무너졌을 것이다. 그러나 그들에겐 시신이 없었기에 그렇게 할 수 없었다. 권력층의 침묵은 부활에 대한 사도들의 증언만큼이나 호소력 있는 증거다.

Stott 1958, 51.

45 William Starr speech, Mount Princeton August 1960.

46 스톳이 서술하듯이,

그렇다면 우리는 그들이 스스로 교묘한 거짓말이라고 알고 있었던 것을 선포하고 있었다고 믿어야 하는가? 만약 그들이 스스로 예수의 시신을 가져갔다면, 예수의 부활을 전하는 것은 주지하는 바 계획된 거짓을 퍼트리는 일과 다르지 않다. 그들은 부활을 전했을 뿐만 아니라 이를 위해 고난 받았다. 즉, 그들은 한낱 동화를 위해 감옥에 갇히고 태형을 당하며 사형에 처해질 준비가 되어있었던 것이다. 이는 전혀 진실처럼 들리지 않는다. 이것은 너무나도 가능하지 않아 사실상 불가능하다. 복음서들과

> 사도행전에서 명백한 점이 하나 있다면, 그것은 사도들이 진실했다는 것이다. 당신이 원한다면 그들이 속았을 수도 있다고 말할 수 있겠지만, 그들은 결코 속이는 자들은 아니었다. 위선자들과 순교자들은 본질적으로 다르다.
>
> Stott 1958, 50.

47 Walker 1999, 59.

48 래드는 여자들이 법적 증인으로서 자격이 없다는 구약적 근거를 다음과 같이 설명한다.

> 여자는 증인이 될 권리가 없었는데, 이는 창세기 18:15에서 여자가 거짓말쟁이라고 결론지어졌기 때문이다. 여자는 극히 이례적인 경우에만 증인이 될 수 있었다. 이 점을 고려해보면 복음서들에서 빈 무덤과 부활이라는 두 가지 사건 모두에 대해 여자들의 증언이 이토록 중요한 위치를 차지하고 있다는 점은 확실히 놀라운 일이다. 만약 특정 집단의 믿음이 부활 사건의 기록에 주요하게 개입했다고 한다면, 여자들이 아니라 *사도들이 주요 증인들로 내세워졌어야 한다.* 여자들의 증언이 우선되었다는 점에 대해 유일한 합리적인 설명은 이 증언이 역사적으로 타당했다는 것이다. 그러므로 이는 예수가 갈릴리와 예루살렘에서 동시에 나타났다는 것을 믿을만한 좋은 근거가 된다.
>
> Ladd 1975, 90.

49 오컬린스는 빈 무덤의 기록에서 여자들이 차지하는 중심 역할에 대해 다음과 같이 논평한다.

> 더욱이 빈 무덤의 이야기에서 여자들이 중심 역할을 차지하고 있다는 점은 이 이야기들의 역사적 신빙성을 대변해준다 … 만약 이 이야기들이 단순히 초기 기독교인들이 지어낸 전설에 불과하다면, 그들은 여자들이 아니라 남자였던 사도들이 빈 무덤을 발견했다고 했을 것이다. 1세기의 팔레스타인에서 여자들은 사실상 유효한 증인이 될 수 없었다. 빈 무덤에 대한 전설을 지어내는 사람에게 있어서 자연스러운 것은 여자가 아니라 남자가 무덤을 발견했다고 말하는 것이었다. 이야기를 꾸미는 자들은 일반적으로 쓸모없을 요소들을 만들어내지 않는다.
>
> O'Collins 1987, 126.

50 사도행전을 참고하라.

51 스톳은 이에 대해 다음과 같이 동의한다.

그렇다면 우리는 진지하게 예수가 그 모든 시간동안 단순히 기절해 있었다고 믿어야 하는가? 그 모든 가혹 행위와 재판과 모욕과 태형과 십자가 형의 고통을 겪은 후, 36시간 동안 온기나 음식은 물론 어떤 치료도 없이 돌무덤 안에서 생존할 수 있었다는 것을? 그후 원기를 충분히 회복하여 로마 병사들이 알지 못하게 무덤 입구를 막고 있었던 돌을 움직일 만큼의 초인간적인 솜씨를 부렸다는 것을? 그후 약하고 병들고 배고픈 채로 제자들에게 그가 죽음을 정복했다는 인상을 줄 수 있는 방식으로 나타날 수 있었다는 것을? 그리고 나서 그가 죽음 가운데서 살아났으며, 제자들을 모두 세상 가운데로 보내어 종말까지 그들과 함께 할 것이라고 약속하는 등 계속해서 자신의 주장을 펼칠 수 있었다는 것을? 그후 그가 어딘가에 숨어서 40일을 지내며 간간히 기습적으로 나타나고, 최종적으로 아무런 설명 없이 사라질 수 있었다는 것을? 이를 믿는다는 것은 도마가 예수를 불신했던 것보다도 더 경이롭다고 할 수밖에 없다.

Stott 1958, 50.

52 Pannenberg 1977, 91.

53 Wright 2003, 317.

54 Wright 2003, 319.

55 Wright 2003, 613. 대부분은 이 사실들을 인정한다. 부활 서사들 간의 차이점들은 자주 지적되었지만, 언급한 사실들은 정경 기록들의 가장 중요한 부분들이 놀라울 정도의 통일성을 담고 있다는 것을 의미한다. 데이비스가 확인해주듯이,

> 복음서 기록들은 모두 예수가 죽었으며, 아리마대 사람 요셉이라는 자가 제공한 예루살렘 근처의 무덤에 장사지내졌고, 안식일 다음날 이른 시간에 예수와 함께 했던 몇몇 여자들(그들 중 막달라 마리아도 있었다)이 무덤으로 가서 무덤이 비어있음을 발견했으며, 한 명 혹은 둘 이상의 천사들을 만나서 예수가 죽은 자들 가운데서 다시 살아났다는 사실을 들었거나 알아차렸고, 그후 몇 차례에 걸쳐 예수가 몇몇 여자들과 제자들에게 나타났다는 점을 단언한다. 부활에 대한 문서들 중 이 항목들에 의문을 제기하는 기록은 없는 것으로 보인다. 게다가 기록들 간의 차이점들은 역으로 핵심 이야기의 정확성을 증명해준다. 만약 예수의 부활이 후기 교회나 교회의 특정 인물들이 지어낸 이야기라면, 이러한 모순은 허용되지 않았을 것이다. 성경의 기록들은 거짓이나 음모의 흔적을 찾아볼 수 없다.

Davis 1993, 181.

56 Ladd 1975, 93~94. 데이비스 역시 부활에 대한 믿음이 모든 학자들 사이에서 널리 받아들여지는 사실들에 근거한 합리적이고 타당한 믿음이라고 생각한다. 데이비스는 대다수의 신약학자들과 역사학자들이 동의하는 여섯 가지를 다음과 같이 제시한다.

> 사실상 예수의 부활을 다루는 모든 학자들은 (어떤 의미로든) 부활이 일어났다고 그들 스스로 믿든 안 믿든 간에, 모두 (ㄱ) 1세기 초의 유대인들이 메시아를 기대하고 있었으나 죽었다가 되살아나는 메시아라는 개념은 그들에게 새로운 것이었고, (ㄴ) 나사렛 예수가 죽었으며 무덤에 장사지내졌고, (ㄷ) 예수의 제자들이 그로 인해 낙담하고 실의에 빠졌으며, (ㄹ) 예수를 장사지내고 얼마 안 되어 그의 무덤이 비었다는 주장이 제기되었고, 제자들 중 몇몇이 되살아난 예수와의 조우라고 받아들이게 된 사건을 경험을 했으며, (ㅁ) 이러한 경험들이 그들로 하여금 예수가 죽은 자 가운데서 되살아났다고 믿게 했고, (ㅂ) 그들이 급성장했으며 예수가 죽은 자들 가운데서 되살아났다는 믿음에 근거한 운동을 시작했다는 점 등에 동의한다.

Davis 1993, 180.

57 Wright 2003, 709.

제7장

신구(新舊) 영지주의는 역사적 사건들이 아닌
허구에 기반을 두고 있다.

제7장

신구(新舊) 영지주의는 역사적 사건들이 아닌 허구에 기반을 두고 있다.

최근 들어 상당히 많은 출판물들이 영지주의적 "대체 기독교(alternative Christianity)"를 장려하는데, 이는 놀라운 현상이다. 이 책들은 전통·정통 신앙과 신약의 기록들이 진정한 기독교 형식으로 채택할 수 있는 다양하고 동일하게 정당한 믿음들 중 하나에 불과하다고 주장한다. 이러한 대체주의적 믿음들은 기본적으로 지난 세기에 발견된 특정 문서들에 의해 대변되고 있으며, 보통 그 성격상 영지주의적이다. 이 새로운 관점의 진정성을 평가하기 위해, 나는 "신구 영지주의"라 이름 붙인 이 현상과 관련해서 가장 중요한 증거들을 살펴보겠다.

7.1 신구 영지주의는 2세기 중후반의 작품들에 기반을 두는데, 이 작품들은 1세기 정통 기독교의 핵심 신앙을 왜곡하는 공상문학에 속한다. 또한 이 작품들은 나사렛 예수와 관련해서 1세기로 확실히 연대를 추정할 수 있는 문서들과는 전혀 관련이 없다.

7.1.1 영지주의 사상에서 중심 테마들은 명백하다.

영지주의란 그노시스(gnosis)를 강조하는 다양한 종교 교리들을 지칭하기 위해 학자들이 만들어낸 용어이며, 그노시스는 헬라어로 개개인의 앎을 통해 얻는 지식을 뜻한다. 영지주의에서 이러한 종류의 지식은 개인의 신성한 기원(起源)이나 내면의 신성한 불꽃에 대한 신비로운 이해를 뜻한다. 대부분의 영지주의 작품들은 그노시스가 모두에게 주어지는 것은 아니고, 오직 그것 없이는 자신들의 신성한 불꽃에 대해 무지한 채로 남아 있을 몇몇 엘리트들에게만 주어지는 것이라고 얘기한다. 이 지식은 지적이기보다는 신비적이며, 『신의 존재에 대한 논증』에서 키에르케고르를 다룰 때 언급한 면식(面識, acquaintance)으로서의 지식과 유사하다. 그노시스는 다르게 표현하면 참여적이고, 내적이며, 실존적인 지식이다. 하지만 키에르케고르가 말한 정통 기독교의 켄스캅 지식(kendskab knowledge)[1]은 "완전히 다른" 하나님을 알아가는 지식이라는 점에서 영지주의의 그노시스와 차이가 있다. 영지주의에서 그노시스란 개인의 내적 신성성(神聖性)에 대한 지식을 강조하는 개념이다. 다시 말해 정통 기독교와 유대교는 이스라엘의 하나님에 강조점을 두는 반면, 영지주의는 개인의 신성한 속성에 강조점을 두고 있는 것이다.

킹(Karen King)은 『영지주의란 무엇인가?』(What is Gnosticism?)에서 "영지주의"는 정의내리기에는 너무 다양하다고 주장한다.2 그러나 학자들은 대부분 영지주의가 영지주의라는 특성으로 하나의 문서를 작성할 수 있을 정도의 핵심적인 주제들은 갖고 있다고 생각한다. 고전 철학과 고대 기독교 분야의 저명한 역사학자인 시몬느 페트르망(Simone Petrement)은 영지주의를 하나의 사상으로 정리하는 일은 어렵다고 인정한다. 그녀는 한편으론 다양한 가지각색의 "영지주의적" 운동들을 언급하고, "영지주의"가 현대적인 용어라는 점에서 킹과 동의한다. 그러나 또 한편으로는 영지주의에는 다양한 종파들이 있지만 이들이 특정 신학적 핵심을 공유한다는 학자들과도 동의한다.

영지주의는 하나의 종파가 아니었다. 이 명칭은 수많은 다양한 종파들을 포괄한다. 영지주의는 현대 학자들이 만들어낸 개념이며, 고대인들은 시몬파(Simonians), 메난드리안파(Menandrians), 스투르닐리안파(Sturnilians), 바실리디안파(Basilideans), 카르포크라테스파(Carpocratians), 발렌티누스파(Valentinians), 마르시온파(Marcionites), 오파이트파(Ophites), 세트파(Sethians) 등등에 대해 말했다. 그럼에도 이들에게 영지주의라는 이름을 적용할 수 있는 것은, 이 분파들의 교리들이 서로 굉장히 다르긴 해도 모두 특정한 공통 속성들을 배척하고 있기 때문이다. 따라서 이러한 특징들을 공유하고 있는 한, 그것들은 같은 장르와 같은 이름으로 부를 수 있다.3

그러므로 킹이 영지주의 종파의 다양성을 강조하는 것은 일리가 있지만, 영지주의의 중심 테마들은 명백하다. 예를 들어 악한 물질 세계(물질계)와 영적 세계의 대립은 영지주의의 중심 테마들 중 하나다. 영지주의의 교리는 정통 유대교나 기독교의 교리들과 매우 다르다. 영지주의에 의하면 물질계는 궁극적 실재(ultimate reality)인 신이 아니라 데미우르고스(demiurge)라는 하급신에 의해 창조되었다. 이 하급신은 꽤나 무능하여 물질계를 창조할 때 많은 실수들을 저질렀다. 그는 세계를 영원히 존재하고 고통이나 무지, 부패함 등이 없는 곳으로 만들려고 했으나, 그렇게 할 수 없었다. 이 하급신은 무능함에도 불구하고 인간들에게 숭배받길 원한다. 영지주의자들은 자주 유대의 신, 즉 야훼를 이 하급신과 동일하게 취급하므로 야훼를 숭배하지 않는다. 어떤 영지주의 교리에서는 야훼가 아니라 소피아(Sophia, 지혜)가 본래적으로 악한 창조에 대해 비난 받는다. 영지주의에서 진정한 신은 결코 언어로 표현할 수 없는 궁극적 실재이며, 인간적인 지식을 모두 넘어서고, 일체의 물리성을 혐오한다.

영지주의자들은 구약에 기록된 유대인들의 신이자 이스라엘의 하나님인 야훼를 거부한다. 모든 것을 감안했을 때 영지주의자들은 반유대주의*자들이었으며, 이스라엘의 하나님은 엉터리에다가 경우에 따라서는 악의적인 존재라고 생각했다. 영지주의 신화에 의하면 정통 유대교는 완전히 틀렸다. 영지주의자들은 유대교와 구약을 모두 거부했다. 에르만은 다양한 영지주의 신화에서 "최우선시 되는 요점"을 다음과 같이 설명한다. "이 세

---

* 원문은 anti-Judaism이다. 그러나 여기서 반유대주의는 인종차별주의가 아니라 유대교에 반대한다는 의미다.

계는 진정한 유일신의 창조물이 아니다. 이 세계를 만든 신, 즉 구약의 신은 이차적이며 열등한 신이다. 그는 모든 이들 위에 계신 찬양받아야 할 신이 아니다. 그는 오히려 피해야 할 존재다. 신성한 영역에 관한 진리와 악한 세계에 대해, 그리고 우리가 이 악한 세계에 구속되어 있다는 것과 어떻게 하면 이곳에서 탈출할 수 있는 지를 배움으로써 말이다."4

영지주의에 의하면 이 하급신이 세상을 만들 때 저지른 실수들 중 하나는 신성의 흔적 또는 신성의 작은 불꽃(small sparks of the divine)을 몇몇 인간들과 그 후손(※영지주의자들이 엘리트라 부르는 자들)에게 남겨두었다는 것이다. 인간은 악한 물질로 창조되었으므로, 엘리트들은 그들 안에 존재하는 신성한 불꽃을 발견하고 스스로의 신성성을 발양하여 그노시스를 얻고 구원받을 수 있다. 다시 말해 엘리트들은 내재된 신성성에 대한 지식(gno-sis)을 얻는다면 하급신이 남긴 신성한 불꽃을 증대시켜 더욱 신성해질 수 있고, 그런 면에서 이 엉터리 하급신의 실수는 그들에게 이점이 되었다.

앞서 언급했듯이, 영지주의에서 신성성은 모든 이에게 주어지는 것이 아니다. 오직 선택된 소수만이 신성한 불꽃을 지니고 있다고 간주되었다. 나머지 인류는 소멸하거나 그보다도 안 좋은 상태로 떨어지게 된다. 영지주의자들의 이러한 엘리트주의에 대해 캠브리지대학의 채드윅(Henry Chadwick)은 다음과 같이 설명한다. "영혼과 물질, 정신과 육체의 이원주의가 숙명론이라는 강력한 결정주의와 결합되어 있다. 영지주의자들(혹은 '지식을 가진 사람들')은 선택된 자들이며, 그들의 영혼은 신성의 조각이다. 따라서 그들은 물질과 행성들의 영향으로부터 벗어나야 한다. 반면 인류의 대부분은 어떤 희망도 가질 수 없는 흙덩어리일 뿐이다."5

만약 어떤 사람이 하급신이 실수로 남긴 신성성의 흔적을 지닌 행운의 소수에 속한다면, 그는 내면의 신성한 불꽃을 발견하고 자기실현의 과정을 거침으로써 구원받을 수 있다. 자기실현화를 달성할 경우, 이 선택받은 자는 육체라는 악한 물리성을 벗어나서 진정한 신과의 합일로 상승할 수 있다(다만 악한 영혼들의 영역을 통과할 수 있어야 한다). 영지주의 사상에선 물질이 악으로 간주되기 때문에 진정한 신에게로의 상승은 완전히 영적인 승천이며 육체적인 부활일 수 없다. 목적은 악한 물리적 세계에서 탈출하는 것이므로, 육체의 부활은 영지주의적 세계관에서는 터무니없는 소리다.

영지주의 구원 설화에서 예수는 자기실현이나 구속(救贖)이라는 신비한 경험을 가르치러 영적 세계에서 내려온 자다. 그는 엉터리 하급신인 *야훼*가 보낸 자가 아니다. 예수는 *야훼*보다 상위의 계층에 속하며, 진정한 신에게서 더 가까운 영역에서 내려왔다. 그는 십자가 위에서 죽지 않았는데, 이는 그가 물질적인 육신을 가지기에는 극히 영적이었기 때문이다. 물질은 그와 같은 영적인 수준에 도달한 자에겐 매우 악하고 열등한 것이다. 예수는 실제로 물리적인 육신을 가지고 있지 않았거나, 육신을 취했다고 해도 오직 십자가형 이전까지만 물리적인 육신을 사용했다. 따라서 그의 "부활"은 영적인 것일 수밖에 없다(6장에서 다루었듯이, 영적인 부활의 개념은 1세기 유대교 사상에서는 모순어법(oxymoron)이다. 1세기 유대인들에게 부활은 물리적인 육체의 부활을 의미했다).

영지주의 신화에서 예수는 엘리트들의 내면에 감추어진 신성한 불꽃을 일깨워주고, 그들이 신성성을 더 충만하게 키울 수 있도록 도와주는 신성한 계시자(啓示者)로서 받아들여졌으며, 영적 영역에서 온 신성한 사자(使者)로 생각되었다. 그러나 이 신성함의 정확한 속성은 잘 묘사되어 있지 않다.[6]

2장에서 보았던 최초의 신조와 예배의식적 문구들과는 반대로, 영지주의는 예수의 죽음을 속죄로 받아들이지 않는다. 예수는 십자가에 못 박히거나 인류의 죄를 사해주거나 죽은 자들 가운데서 다시 살아나기 위해 이 땅에 온 것이 아니다. 그는 엘리트들에게 내면의 감춰진 신성성에 대한 그노시스, 즉 내적 지식을 주기 위해 지상을 방문했다.

영지주의가 예수를 바라보는 시각은 물론 그가 하나님의 아들이자 인자(人子), 즉 완전한 신이자 완전한 인간이라는 점을 고수하는 정통 기독교의 시각과는 꽤나 다르다. 정통 기독교에 의하면 예수는 인류의 모든 죄를 용서하기 위해 고통 받고 십자가 위에서 죽었으며, 육체적으로 부활했다. 가장 오래된 기독교 문서들은 예수가 신의 화신(化身), 즉 인간의 몸을 완전히 취한 신이라는 관점을 따른다. 예수의 몸은 죽은 지 사흘 뒤에 되살아났다. 그를 믿고 따랐던 자들은 영화를 입은 완벽한 몸으로 다시 살아날 것을 기대했다. 예수의 부활은 물리적으로 부활한 몸의 예시로 볼 수 있으며, 이것이 바로 기독교 신앙의 전통 교리이다.

반면에 영지주의는 자기숭배나 자기신격화의 한 형태로 볼 수 있다. 영지주의는 한 사람이 신성할 수 있고 신처럼 될 수 있다는 생각에 호소하므로 매력적이다. 그러나 이것은 아담과 하와가 에덴동산 중심에 있는 나무의 과일을 먹으라고 유혹 당했을 때, 결국 첫 번째 죄를 짓게 되는 이야기의 부분적인 메시지다. 뱀은 여자에게 과일을 먹으면 그녀의 눈이 밝아지고 지혜롭게 되며 "하나님과 같이 되어 선악을 알"[7]게 되리라고 말했다. 영지주의는 인간의 감춰진 신성성에 집중하기 때문에 하나님과 같이 되려는 욕망은 당연히 매력적이다. 영지주의에 의하면 한 사람은 신성한 내면에 집중해야 하는데, 이는 실질적으로 자기 자신의 신성성에 대한 숭배에 다름 아니다. 몇몇 수정주의(revisionist) 서적들은 영지주의자들을 계몽주의자들이자 공동체를 사랑했던 자들로 묘사하고 싶어 하지만, 현실 속의 그들은 엘리트에 속하지 않은 이들에겐 어떤 관심도 보이지 않았으며, 비정상적으로 자기 자신의 신성성에 집중했던 이기적인 자들이었다. 세계는 악하며 탈출해야 되는 곳으로 간주되었다. 영지주의자들은 세계를 변화시킨다거나 더 좋은 곳으로 만드는 일에는 전혀 관심이 없었다. 그들에게 물리성은 악한 것이었기 때문이다. 이 엘리트 집단에 속해있었던 사람은 자신 안의 신성한 불꽃에 집중하고 물리적인 영역에서 벗어나 순수한 영적 영역으로 상승하기를 원했을 것이다.

    정통 기독교인들의 입장에서 하나님과 같이 되려는 생각은 비뚤어진 욕망이며 위험하다. 영지주의가 신과 동등해지는 것을 목적으로 삼는 반면, 정통 기독교는 그러한 동등성을 추구하는 욕망이 인간의 존재 이유에 대한 왜곡으로 본다는 점에서 영지주의와 기독교는 서로 다르다. 휴스턴(James Houston)이 서술하듯이, "'하나님처럼 되려는(eritus sicut dei)'욕망은 본질상 우리의 존재이유에 대한 왜곡이다. 이는 인간이기를 거부하는 것이며, 이것이 바로 죄의 의미이다. 피조물이 아닌 다른 존재가 되려는 우리의 망상과 행동의 왜곡 … 다른 이들보다 우월해지길 원하고, 하나님과 동등하기를 원하며, 하나님과 종교적인 '거래'를 시도하고, 만인 앞에서 영광받길 끊임없이 욕망하는 것이 바로 우리 내면의 사악한 유혹이다."[8]

7.1.2 레이튼(Bentley Layton)은 영지주의 신화에 대한 도표에서 영지주의 사상의 특징에 대해 귀중한 통찰을 제공한다.

예일대학의 학자 레이튼은 『영지주의 경전』(The Gnostic Scriptures)에서 "영지주의 신화의 전형"[9]이라는 유용한 도표를 선보인다. 레이튼의 도표는 창세기의 몇 가지 측면들과 『티마이오스』의 창조 신화에 기반을 둔 전형적인 영지주의 신화를 묘사한다. 그는 영지주의자들이 대부분 사복음서가 기록된 지 대략 100년 후쯤인 2세기 중반에 활동했다고 설명한다.[10]

이 도표는 영지주의 신화를 이해하는 기본 틀을 제공하므로, 나는 도표의 핵심 요소들에 더해 레이튼이 신화의 내용을 보충하여 설명한 몇 가지 논평들을 제시하겠다. 그리고 나서 『요한에 의한 비밀서』(The Secret Book According to John)에서 따온 레이튼의 도표가 최근에 발견된 유다복음서의 바탕이 되는 신화와 동일하다는 것을 논하겠다.

레이튼은 영지주의 신화에 대한 도표(도표 7.1)를 기본적으로 아래와 같이 요약한다.

1. 전체(the All) 혹은 전부(the Entirety)의 제1원리는 지성(知性, intellect)이며, 말로 설명할 수 없고 인간의 이해를 초월한다.

제1원리는 본질적으로 2세기에 유행했던 플라톤주의의 신론(神論)과 일관된다. 제1원리는 바르벨로(Barbelo)[11]라는 제2원리로 유출(流出, emanate)되는데, 제2원리는 이온(aeon)이라는 다른 존재들을 발산한다. 이온들은 영역(realms)이나 장소이며, 또한 "영생"과 같은 추상적인 개념들이기도 하다. 소피아(지혜)는 마지막 이온이며, 이스라엘의 신인 야훼로 자주 언급되곤 하는 엉터리 창조신의 어머니다.

2. 네 이온들은 영역(realms)과 속성들(characters)인 루미너리들(luminaries)이다. 이 이온들은 게라다마스(Geradamas 혹은 Adamas)와 셋(Seth)과 셋의 후손과 엘레레트(Eleleth)라는 네 전형들(archetypes)의 거주지들이다. 이 이온들은 순수한 영혼의 세계를 완성시킨다.

3. 영혼 세계가 완성된 이후 물리적 세계의 창조자인 이알다바오트(Ialdabaoth, 이스라엘의 하나님인 야훼와 자주 동일시되는 존재)가 등장한다. 레이튼은 이 존재가 명백히 플라톤의 창조신화에서 유래했다고 지적한다. 이알다바오트는 영적 우주의 패턴을 모방하여 "능력들(powers)", "악마들(demons)", "지배자들(rulers)" 그리고 "천사들(angels)" 등의 자손을 낳는다. 비록 이 창조자는 완전히 악하지는 않지만 여전히 불완전하며, 자기중심적이고 무지하며, 서투르고 음탕하다. 레이튼이 서술하듯이, "그는 영적 영역의 패턴이 좋다는 것을 인식하며 자연스럽게 패턴들에게 이끌린다. 그러나 이 이끌림은 또한 신성을 향한 무지하고 이기적이며 성적인 욕망, 심지어는 강간하려는 욕구다."[12] 이알다바오트의 불완전성은 그의 어머니이자 이온 중의 하나인 소피아(지혜)의 욕정에서

비롯되는 것으로 보인다.

4. 위에서 다루었듯이, 영지주의자들에게 유대인들의 신인 *야훼*, 즉 이스라엘의 하나님은 궁극적인 신이 아니라 매우 불완전하며 거의 악에 가까운 어릿광대이다. 레이튼이 서술하듯이, "영지주의자들은 이스라엘의 신을 제1원리와 동일시하지 않았다. 오히려 이스라엘의 신은 불완전한 기능공인 이알다바오트나 이알다바오트의 첫째 자손인 사바옷(Sabaoth)과 동일한 존재로 여겨졌다."[13]

5. 소피아(지혜)는 다른 이온들의 도움을 받아 이알다바오트가 훔쳐간 힘을 영적 세계에 다시 되돌려주려고 시도한다. 그녀는 성공하지 못하며, 그가 훔쳐간 힘은 이알다바오트의 일부 자손들, 특히 셋과 그 후손들에게 흘러간다. 셋의 후손들은 내면의 신성한 힘에 대한 그노시스(지식)를 얻는다면 영적 세계로 돌아갈 수 있는 영지주의자들이다.

6. 신화의 마지막 장은 천상의 구세주를 언급하며, 이 구세주는 셋의 후손들에게 그노시스를 주라고, 즉 그들이 악하고 물리적인 세계로부터 탈출하여 영적인 세계로 돌아갈 수 있도록 가르치라고 보냄 받았다. 또한 이 구세주는 흔히 나사렛 예수로 여겨진다.[14]

영지주의는 대부분의 경우 유대교에 대해 부정적인 시각을 취한다. 영지주의는 다양한 사상들의 절충과 혼합으로 인해 그 기원을 추적하기 어렵다. 영지주의는 일부 플라톤주의와 신플라톤주의의 이원론을 취하고 유대교의 창조론과 종말론을 거부한다. 비록 영지주의 종파들은 종류가 다양했으나, 정통 기독교와 비교했을 때 역사성의 측면에서 동등한 타당성을 지니지 못하며, 오히려 초대 기독교인들이 제시한 예수의 초상을 왜곡하는 모습만을 보여준다.

도표 7.1

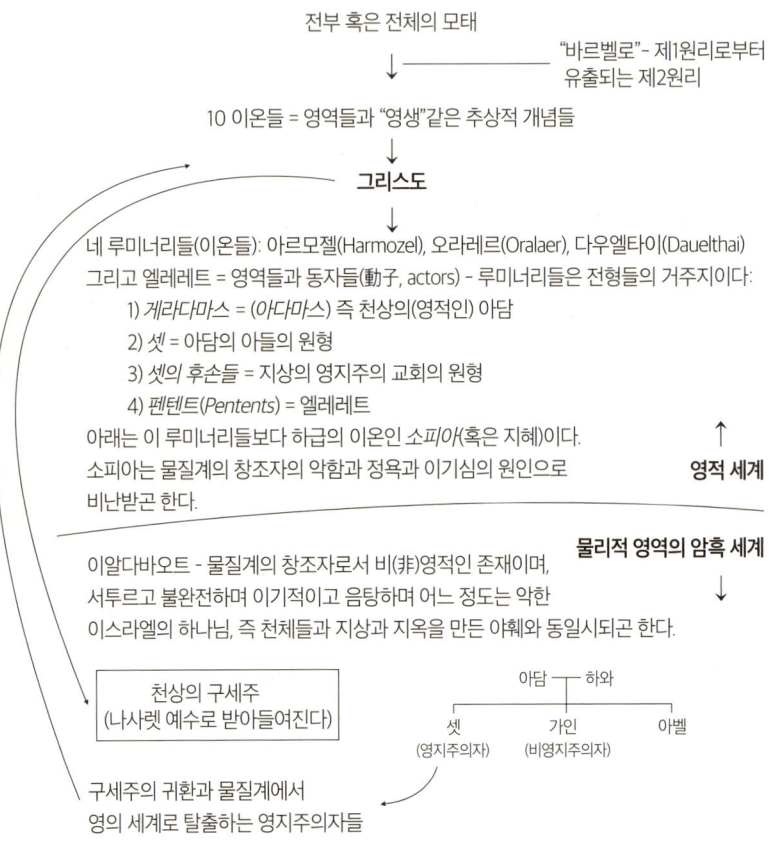

7.2 2세기 영지주의 문서들에 대해선 세 가지 고고학적 발견들이 중요한 정보를 제공한다.

오늘날 학자들이 영지주의에 보이는 관심을 이해하려면 지난 세기에 이루어진 세 가지 고고학적 발견들을 먼저 다루어야 한다. 처음의 두 발견들은 1979년 페이절스(Elaine Pagels)의 『영지주의 복음서들』(The Gnostic Gospels)이 출간되기 전까지 신약학자들 사이에서 별반 영향력이 없다고 취급되었다. 비록 그녀의 주장은 신약학자들 사이에서 널리 받아들여지지는 않았지만, 정통 기독교에 대한 대안을 찾고 싶어 하는 자들에게 매력적일 만한 제의를 담고 있다. 이를 이해하기 위해 1897년에서 1970년대 후반 사이에 이루어진 세 가지 발견들에 대해 살펴보자.

7.2.1 옥시링쿠스(Oxyrhynchus) 파피루스 문서들을 분석해보면, 오늘날의 허황된 가설들(modern rubbish)은 고대의 쓰레기더미(ancient rubbish)에서 유래된 것을 알 수 있다.*

그랜펠(Bernard Grenfell)과 헌트(Arthur Hunt)는 옥스퍼드대학 퀸스칼리지의 장학생 출신으로 가까운 사이가 되었다. 그들은 런던 이집트 연구회(Egyptian Exploration Society of London)로부터 자금을 지원받은 후, 파라오 시대에 19번째 주(州)의 주도(州都)로써 번영했던 옥시링쿠스의 고대 유적들을 발굴하기 시작했다.[15]

---

* 원문은 In the Oxyrhynchus papyri, modern rubbish may be derived literally from ancient rubbish이다. 저자는 언어유희를 통해 옥시링쿠스 파피루스 문서와 이들을 옹호하는 가설들을 비꼬고 있다.

옥시링쿠스 근방은 비가 내리지 않기 때문에 도시의 쓰레기 더미가 그대로 보존된다. 따라서 이곳은 비교적 발굴하기 쉬운 매력적인 유적지다. 건조한 기후 덕분에 지상에서는 부패하기 쉬운 것들도 옥시링쿠스의 약 9미터 깊이의 쓰레기 더미 속에 잘 보존되어 있다. 그렌펠과 헌트는 겨울엔 이 더미들을 발굴하고 발견한 것들을 과자통에 담아 옥스퍼드로 운송하는 한편, 여름엔 옥스퍼드에서 유물을 검토하고 정리하면서 옥시링쿠스 시민들의 놀라운 삶과 소포클레스, 에우리피데스, 메난드로스, 유클리드 등의 단편(斷片)들을 포함하여 상당한 양의 문학적 수집품들을 발굴해냈다.

그들은 1897년과 1901년 사이에 세 가지 다른 버전의 헬라어 단편들을 찾아내면서 가장 중요한 발견을 해낸다. 이 단편들은 도마복음의 114개의 구절들 중 20개를 담고 있었다. 옥시링쿠스 파피루스의 제1편("p.Oxy 1")은 26~30절과 77절 및 30~31절을 담고 있다(콥트어로 된 나그함마디 버전과는 꽤나 다른 순서이다). 77절은 "예수께서 이르기를, 나는 곧 모두 위의 (주재하는) 빛이라. 내가 곧 전부(the entirety)니, 나에게서 전부가 왔으며, 내게로 전부가 가노라"는 구절로 되어 있다.

다음의 문장들은 콥트어 버전 77절의 마지막 구절들이며 제1단편 30절의 일부분이다.16 "나무 한 조각을 잘라볼지라, 내가 거기 있나니. 돌 하나를 들어볼지라, 그리하면 너는(복수형) 나를 찾을 것이라."

77절은 이 단편의 저자가 예수를 신성한 존재로 생각했음을 명백히 보여준다. 레이튼은 "제2원리보다 낮은 이온들의 전체 체계는 '전부(the entirety)'의 부분"17이라며 이 "전부"가 순수하게 영적이라고 지적한다. 전부는 전체(the All) 혹은 신성한 존재들의 영적 세계다.[18] 위에서 언급했듯이, 영지주의 사상의 특징 중 하나는 예수가 혹여 인간의 모양을 취했다면 오직 일시적으로 그랬던 것뿐이며, 그는 순수하게 영적이고 신적인 존재라는 관점을 드러낸다는 것이다. "그리스도는 최고신의 사자(使者)로서 '그노시스'를 가져오는 자이다. 그는 엄밀히 말해 신성한 존재로서 인간의 몸을 취하지도 죽지도 않았으며, 예수라는 한 인간을 잠정적으로 취하였거나 단순히 인간의 외양을 한 환영으로 나타났을 뿐이다."[19]

77절은 콥트어 버전의 도마복음을 분석할 때 더 자세히 다루겠지만, 여기서는 다만 가장 오래된 도마복음의 사본이 예수를 신성한 존재로 묘사하며, 이는 예수로부터 '전체'가 생기기 때문임을 언급해두겠다.

다른 두 옥시링쿠스 파피루스 단편들 중 p.Oxy 654는 도마복음의 1~7절을 담고 있으며 p.Oxy 655는 36~40절을 담고 있다.

이 구절들의 헬라어 버전과 콥트어 버전 사이의 차이점은 레이튼이 『영지주의 경전』에서 제시한 번역문에서 분명하게 드러난다. 지금까지 학자들은 일반적으로 도마복음 원본이 시리아, 즉 에데사라는 도시에서 만들어졌다고 동의해왔다. 그렌펠과 헌트는 파편들의 연대를 약 서기 200년 정도로 추정했지만, 도마복음 원본의 연대는 일체의 설명이나 증거도 제시하지 않은 채 서기 140년으로 측정했다. 이 추정의 근거가 단 한 번도 해명되거나 논증에 의해 지지된 적은 없지만, 기이하게도 그들이 제시한 연대가 대다수의 학자들이 작업하는 기준이 되어버렸다. 이는 정확한 연대 측정의 중요성을 생각했을 때, 그리고 도마복음이 우리에게 예수에 대하여 역사적으로 믿을 만한 정보를 단 하나라도 독자적으로 줄 수 있는가라는 질문을 다루는 데에 있어서 놀라운 일이 아닐 수 없다.[20]

7.2.2 나그함마디 장서의 문서들은 2세기 영지주의 신화를 담고 있다.

1945년까지 도마복음에 관한 사료(史料)들 중 발견된 것은 옥시링쿠스 파피루스뿐이었다. 그 해 12월, 상이집트에 위치한 나그함마디의 마을로부터 멀지 않은 절벽 근처에서 비료를 파던 한 농부가 크고 붉은 도기 항아리를 발견했다. 항아리 안에는 12권의 필사본과 13번째 필사본의 8쪽이 담겨 있었다. 이 필사본들은 이교와 유대교 및 기독교 문헌들로 다양한 수준의 영지주의 사상을 담고 있었으며, 서로 다른 45편의 논문으로 되어 있고(사본은 제외하고) 하나의 장서를 구성하고 있었다.[21]

이 장서는 몇몇 학자들에 의해 영어로 번역되었다. 그 중 클레어몬트 대학원의 고전 및 기독교학회의 회장이자 나그함마디 프로젝트의 총괄인 로빈슨(James M. Robinson)이 번역한 『나그함마디 장서』가 나그함마디 자료들에 대한 연구에 있어서 유용하다. 그리고 이 나그함마디 문서들 중 가장 많이 화제가 된 것이 바로 이 도마복음이다.

7.2.3 "유다복음(the gospel of Judas)"은 1970년대에 발견되었지만 2004년에야 대중의 관심을 받았다. 그러나 대부분의 학자들은 이 복음이 역사 속의 예수와 관련하여 독자적인 정보를 담고 있지 않은 2세기 문헌이라고 동의한다.

1970년대 중후반에 한 농부 집단이 이집트 중부 나일강 근처에 위치한 제벨 카라라(Jebel Qarara) 산속의 동굴에 들어갔다. 그들은 동굴 안의 유골들 사이에서 콥트어로 쓰인 파피루스 필사본(가죽 장정의 책)을 발견했다. 그후 25년간 이 필사본은 경매에 붙여지고 특이한 장소에 보관되는 등 기이한 역사를 거치게 된다. 비록 20세기 후반 들어 예일대학의 학자들이 이 필사본이 유다복음이라는 것을 확인시켜주었지만, 이 필사본이 많은 대중적 관심을 받은 것은 2004년이 되고 나서였다. 그리고 같은 해, 내셔널 지오그래픽 협회가 문서의 보급과 출판에 관심을 보였다.

에르만은 가인파(Cainites)로 알려진 영지주의자들이 유다복음을 사용했었다는 증거를 이레나이우스가 제시한다고 지적했다. 가인파는 세상이 무지한 신, 즉 유대인들의 하나님인 야훼에 의해 창조되었다고 믿었다. 이 열등한 신은 진정한 유일신이 아니다. 가인파는 유대인들의 열등한 하나님을 모욕하는 자들을 존경했다. 그들은 동생 아벨을 죽인 가인을 존경했으며, 또한 소돔과 고모라 사람들을 존경했다. 전해진 바에 의하면 그들의 기이한 신학은 가룟 유다의 이름으로 쓰인 복음서에 바탕을 두었다고 한다. 유다는 예수의 뜻을 행하고 그의 가르침에 담긴 수수께끼를 이해한 유일한 제자로서 가인과 동일한 존경의 대상이었다. 그 외의 제자들은 가인파 공동체에서 모두 불명예스럽게 받아들여졌다.[22]

7.3 도마복음과 관련하여 세 가지 중요한 질문들을 다루겠다.

도마복음이 "대체 복음서들" 중에서 가장 화제가 되고 있으므로, 나는 이 "복음"에 관련하여 세 가지 중요한 질문들을 다루겠다. 즉, (1) 도마복음은 문학적 장르로 볼 때 복음이라 할 수 있는가? (2) 그것은 영지주의 신화를 담고 있는가? (3) 그것은 정경복음서들과 관계없이 역사 속의 예수에 대해 믿음직하고 정확한 정보를 주고 있는가?

결론부터 말하자면 도마복음은 문학적 장르로 볼 때 복음이 아니며, 영지주의 신화를 담고 있고, 우리에게 예수에 관하여 독자적이고 역사적이며 믿을 만한 정보를 전혀 제공하지 않는다. 도마복음은 네 정경복음서의 화합서인 시리아 합본 복음서로부터 파생된 2세기 후반의 저작이다. 그럼에도 오늘날 이 복음을 옹호하는 학자들은 구체적인 증거 하나 없이 2세기 신화를 1세기로 편입시키려고 하면서, 순전히 비일관적이고 복잡한 추측들에 의존하여 어마어마하게 과장된 주장들을 내세운다.

7.4 도마복음은 역사문학의 장르로 볼 때 복음서가 아니며 영지주의 신화의 테마를 담고 있고, 우리에게 예수에 관한 믿을 만하고 독자적인 역사적 정보를 전혀 주지 않는다.

7.4.1 도마복음은 문학적 장르로 볼 때 복음서인가?

도마복음은 사실 문학적 장르로 볼 때 복음서라 할 수 없다.

레이튼이 서술하듯이, "하나의 문집을 특성화하기 위한 '복음서'라는 용어의 사용은 뚜렷하게 기독교적이며, 기독교 문학에서 이 용어의 사용은 굉장히 드물다(비록 도마복음이 '복음'이라 명명되었지만, 그것은 이를테면 마가복음과 같이 이 이름이 나타내는 전기적 장르와는 전혀 관련 없다)."[23] 이 "복음서"는 어떠한 서사도 없이 단지 114절로 이루어져 있으며, 이 구절들의 절반 이상은 신약 복음서들에 담긴 예수의 어록과 유사하다. 도마복음의 저자는 정경복음서들의 구절들을 일부 차용하고 수정한 것으로 보인다. 따라서 도마복음을 복음서라고 지칭하는 것은 문학적인 관점에서 볼 때 부정확하다.

7.4.2 도마복음은 영지주의 신화를 담고 있는가?

노트르담대학의 신약학 교수인 마이어(John P. Meier)는 예수에 관한 그의 저명한 연구서 『변두리 유대인』(*A Marginal Jew*)에서 상당히 많은 영지주의 신화의 요소들이 도마복음 전반에 걸쳐 암시되어 있다고 강조한다. 마이어는 도마복음에 암시된 영지주의 신화를 다음과 같이 구체적으로 설명한다.

> 도마복음에 암시된 영지주의 신화에서 개개의 영혼들은 원래 빛의 왕국, 즉 "전부"의 제1원리(=영적 세계의 신성한 존재들)인 아버지의 나라에 거주하고 있었다. 이 영혼들은 본래의 속성에 의해 모두 신성과 결합되어 있었으며, 하나의 본질을 이루고 있었다. 그러나 태고의 재앙으로 인해 몇몇 영혼들은 물질세계라는 결핍으로 떨어졌고, 인간의 몸이라는 육성(肉性)에 갇히게 된다. 이 추

락과 감금은 그들을 영적으로 잠재우고 빛의 왕국에서의 진정한 기원을 망각하게 만들었다. 현재 그들은 어둠의 세계에 속해 있어서 마치 취한 자들과 눈먼 자들 같다. "살아있는" 예수는 (그러니까 불변하며 영원한 아들로서 물질로의 실제적인 현현도, 유대인들을 위한 기나긴 지상 사역도, 실제로 죽음과 진정한 육적 부활도 겪는 일 없이) 이 영혼들을 깨우고, 그들의 진정한 본질과 운명을 일깨우며, 그들이 육적 세계의 사망에 속해있다는 착각으로부터 해방시키기 위해 이 세상에 왔다 … 물질계와 물리적인 육신은 악한 것이므로 거부되었으며, 물질적인 것들은 가능한 한 멀리해야했다. 성(性)행위는 악한 일로 간주되었고, 새로운 영혼들을 육신 속에 감금시키는 여성의 역할은 특히나 비난받았다. 원리적으로는 금욕을 통해 영혼들은 이미 물리적인 죽음 뒤에 완전히 버려지게 될 육체를 뛰어넘는다 … 물리적인 죽음은 단순히 악한 물질계에서의 최종적인 해방일 뿐이다.[24]

마이어는 영지주의 신화에서 다신론과 금욕주의, 범신론과 신비주의 등이 혼합되어 나타난 사상만이 도마복음의 수많은 애매한 어록들을 해석하는 유일한 열쇠라고 지적한다. 그는 도마복음에 영지주의 신화가 암시되어 있다는 증거로서 다음의 구절들을 제시한다.[25]

(27) "네가 만일 세상에 대해 금식(금욕)하지 않으면, 너는 왕국을 찾지 못하리라." [영지주의 신화에서 "왕국"은 하늘 위에 있거나 미래에 일어날 어떤 것이 아니라, 신성한 불꽃을 지닌 엘리트들의 내면에 있는 영적 왕국을 말한다. 이 불꽃은 전체(the All)의 부분

이며, 그러므로 엘리트가 신성하다는 생각이 생겨난다.]

(29) "볼지라, 나는 부유함이 빈곤 속에 머물 곳을 찾았음에 놀라 나니." [부유함이란 몇몇 인간들에게 우연히 남겨진 신성한 불꽃을 말한다. 빈곤은 업신여겨지며 악으로 간주되는 육신의 물리성을 지칭한다.]

(30) "세 신성(gods)이 모인 곳에서, 그들이 곧 신이니. 둘이나 하나가 있는 곳엔, 내가 그와 함께 할지라." [엘리트들은 신성한 불꽃을 지니므로 신성하다. 그들은 신성한 본질에 있어서 예수와 하나다.]

(50) "그들이 네게 묻기를, '네가 어디로부터 오는가?'하면, 그들에게 대답하기를, 우리는 빛으로부터 오나니, 빛이 스스로 있게 되었으며 (스스로를) 세운 곳으로부터 왔노라 하라." [엘리트는 전체 혹은 전부, 즉 순수하게 영적인 세계로부터 왔다. 그들은 현재 그들의 물리적인 몸속에 갇혀있는 신성한 본질을 일부 지니고 있다.]

(77) "내가 곧 모두 위의 빛이라. 내가 곧 전부니. 나에게서 전부가 왔으며, 내게로 전부가 가노라. 나무 한 조각을 잘라볼지라, 내가 거기 있나니. 돌 하나를 들어볼지라, 그리하면 너는 나를 찾을 것이라." [예수는 신성이다. 전부 혹은 전체, 즉 영적인 세계는 그로부터 나왔으며 그는 어디에든지 존재한다.]

(108) "내 입에서 마시는 자는 나와 같이 될 것이라. 나는 그가 되리니 … "[예수는 엘리트가 자신의 신성한 존재와 본질적으로 하나라는 진정한 지식을 밝히고 있다.]

(114) "시몬 베드로가 그들에게 이르기를, '마리아로 우리를 떠나게 하라, 여인은 생명의 가치가 없느니라.'" "예수께서 이르시기를, '내가 그녀를 남성으로 만들려 그녀를 이끌 것이니, 이는 그녀로 너희 남성들을 닮아 살아있는 영혼이 될 수 있게 하려 함이라. 누구든지 여성으로서 스스로를 남성으로 만들려는 자는 천국에 들어갈 것이니'하니라"[사실(史實)추정의 원칙(Res ipsa loquitur). 114절은 마지막 구절이다. 비록 이와 반대로 주장하는 사람들이 있지만, 영지주의는 분명히 반여성적이었다.]

마이어는 이 구절들과 문서를 둘러싼 증거들을 검토한 후 다음과 같이 결론짓는다. (1) 도마복음은 영지주의 사상을 따라 서술되었으며, (2) 정경복음서들과 유사한 구절들은 영지주의 사상이 가미되었고, (3) 이렇듯 영지주의가 기독교를 철저히 왜곡시키는 일은 2세기 전까지는 이루어지지 않았으며, (4) 도마복음과 관련된 나그함마디 문서는 역사 속의 예수나 1세기 기독교의 가장 오래된 자료들에 대해 믿을 만한 정보를 주지 않고, (5) 도마복음은 2세기 영지주의 작품으로써 1세기가 아닌 2세기에 작성되었다.[26] 마이어는 또한 도마복음이 정경과 독립적으로 예수의 진정한 "어록"을 나타내고 있는지 의문을 제시하면서 그러한 어록은 존재하지 않는다고 단정한다.

에르만은 그의 최신작 『잃어버린 기독교의 비밀』(*Lost Christi-*

anities)에서 마이어의 다섯 가지 결론을 지지한다.27 도마복음이 오직 암시된 영지주의 신화와의 관계 속에서 이해될 수 있다고 마이어가 결론짓듯이, 에르만 또한 영지주의 신화가 도마복음의 편집자에 의해 *전제되어* 있다고 판단한다. 에르만은 페이절스나 킹처럼 도마복음을 해석할 때 영지주의 신화의 엘리트주의나 기이한 속성을 무시하려고 하는 학자들과 의견을 달리한다. 에르만은 명백히 영지주의 신화를 전제하는 도마복음의 구절들에 대해 자세히 분석하면서 도마복음이 오직 영지주의와의 관계 속에서만 이해될 수 있다고 주장한다. 그는 도마복음 1절 "이는 살아계신 예수의 숨겨진 가르침이며 디두모 유다 도마가 기록한 것이라. 예수께서 가라사대, '누구든지 이 가르침의 해석을 발견하는 자는 죽음을 맛보지 않으리라' 하시고"28를 인용하면서 논지를 시작한다.

이어서 그는 도마복음이 "*영지주의*라는 포괄적인 용어 아래 명백히 포함될 수 있는"29 다른 문서들과 함께 나그함마디에서 발견되었다고 지적한다. 또한 도마복음이 영지주의를 전제하며 독자들이 영지주의 신화를 염두에 두고 도마복음의 구절들을 해석해야 한다고 논증한다.30 에르만은 "전제된" 신화 혹은 마이어의 용어를 빌리자면 "암시된" 영지주의 신화를 염두에 두어야 나그함마디 문서에 담긴 구절들을 이해할 수 있다고 주장하며, 그 근거로 1, 3, 4, 11, 28, 29, 36, 37, 40, 49, 50, 56, 110, 그리고 114절을 인용·해설한다. 그의 주장에 관심 있는 독자는 도마복음을 해석하는 방법을 심도 있게 논의한 『잃어버린 기독교의 비밀』의 59~63쪽을 참고하라. 에르만은 마이어가 제시한 구절들에 더하여 도마복음에 깔려 있는 기이한 혼합주의적 신화

(syncretic myth)의 중요한 증거를 제시한다.

그러나 결국 도마복음을 영지주의 문서로 볼 것인가의 문제는 영지주의를 어떻게 정의하는가에 달려있다. 당연한 얘기지만 영지주의를 아주 좁게 정의하여 도마복음이 영지주의에 대한 설명에 들어맞지 않게 할 수도 있다. 예를 들어 드코닉(April DeConick)은 영지주의가 악한 창조자에 대한 언급이 있어야 한다고 정의한다. 그러한 언급이 비록 도마복음에서는 존재하지 않지만(따라서 드코닉으로 하여금 도마복음이 그녀의 정의 밖에 속한다고 간주할 수 있게 해주지만), 도마복음은 영지주의 신화와 다를 바 없는 많은 언급들을 담고 있다. 레이튼은 도마학파의 또 다른 문서인『진주의 찬가』(The Hymn of the Pearl)에서 도마복음이 전제하는 신화가 가장 극명하게 잘 표현되어 있다고 주장한다. 레이튼은 또한 예수가 말했다고 하는 어록이 오직 헬레니즘 신화의 테두리 안에서만 이해될 수 있다고 지적한다. 그는 도마복음에 담겨있는 애매한 구절들과 어록을 해석하는 열쇠에 대해 다음과 같이 서술한다.

> 도마복음의 첫 문단은 독자들의 관심을 예수의 말이 의미를 지니기 위한 해석의 필요성으로 돌린다("누구든지 이 가르침의 해석을 발견하는 자는 죽음을 맛보지 않으리라"). 숨겨진 의미에 대한 깨달음이 없다면 예수의 말은 단순히 "모호"할 뿐이다. 이 숨겨진 의미에 대한 해석의 단서는 (특히 도마복음 18, 29, 50절에서) 천상에서 옴, 추락, 화신(化身, incarnation), 자각 그리고 영혼의 귀환이라는 헬레니즘 신화를 통해 제공되었다. 이 신화의 구조는 도마의 다른 경전인『진주의 찬가』에서 더 일관된 형식으로 나타난다.

고대의 독자들에 의해 일단 신화가 인식되거나 재구성되고 나면, 그것은 다른, 조금 더 전통적인 구절들이 해석될 수 있는 골조를 제공했을 것이다.[31]

레이튼은 디두모 유다 도마[32]와 관련된 문서들에 대한 입문서에서 『진주의 찬가』로부터 파생되고 도마복음에서 전제된 이 이상한 신화를 다음과 같이 요약한다.

(1) 영적 세계의 (2) 제1원리는 신의 섭리에 의해 (3) 개개의 영혼을 (4) 천상의 몸을 지나쳐 (5) 물질적인 몸속에 현현하는 생으로 하강시키는데, 이는 (6) (구원을 얻는) 가르침을 받게 하기 위함이다. 영혼은 (7) 의식이 없고 무기력해지는데, 이는 (8) 물질 때문이다. 그러나 그것은 (9) 스스로를 물질로부터 떼어낸다. (10) 구세주 혹은 철학(지혜)의 메시지에 대한 반응으로 말이다. 영혼은 (11) 스스로를 그리고 자신의 경력을 깨닫게 되기 시작하며 (12) 형이상학적으로 (13) 자신과 재결합하고(즉, 완전해지고) (14) 제1원리와 재결합하여, (15) 진정한 안식을 얻게 된다.[33]

에반스는 도마복음의 밑바탕이 되는 이 "이상한 신화"가 "완전한 영지주의"의 극명한 예는 아닐지라도, 36, 37, 38, 39 그리고 77절의 구절들은 도마복음이 영지주의 문서임을 강력하게 제시한다고 지적한다. 그가 서술하듯이, "영지주의와 신비주의 사상에는 당연히 많은 변형들이 있었다. 그러나 영지주의는 일반적인 기독교 신앙의 형태에서 중립적으로 변형된 종교가 아니며, 단순히 신약 복음서들에서 용어들을 빌려오고 그 의미들을 바꾼, 본질적으로 기독교와 확실히 다르며 기독교에 적대적인 종교다. 바로 이 점을 주요하게 살펴봐야 한다. 도마복음이 비록 이렇듯 완전한 영지주의의 예는 아닐지라도, 거기에는 여전히 강력하게 영지주의화(化)하는 요소가 담겨 있다."[34]

전(前)성공회 정경연구 신학자인 페린(Nicholas Perrin)의 분석은 에반스의 결론을 지지한다. 페린은 도마복음이 역사 속의 예수에 대해 독자적이고 새로운 정보를 전혀 제공하지 않는다고 주장한다. 그가 제시한 증거는 이 문서가 원래 시리아어로 서술되었으며, 서기 170년 이후에 시리아의 "기독교" 공동체가 만든 것임을 보여준다. 페린은 한층 더 나아가 도마복음의 저자가 정경복음서들의 합본인 디아테사론(Diatessaron)을 사용했다는 중요한 증거를 제공한다. 디아테사론은 "넷을 통하여"라는 뜻이다. 이것은 네 정경복음서들의 합본으로, 타티아노스(Tatian)가 서기 165년 이후 로마에서 에데사로 돌아온 후 저술한 화합서이다.

7.4.3 도마복음은 정경복음서들과는 독립적으로 실제 예수의 언행을 담고 있는가?

도마복음을 옹호하는 자들은 그것이 정경복음서들과 함께 혹은 그보다도 더 정당한 복음서로 받아들여져야 한다고 주장한다. 그들은 심지어 도마복음이 영적으로 더 깊이 있는 이해 방식을 나타내고 있다고 주장한다. 그러나 도마복음의 정당성과 관련해서 핵심 논쟁은 그것의 최초 작성 시기이다. 만일 도마복음이 2세기 후반에 들어서야 작성되었다면, 그것은 실제 예수의 삶과 언행에서 시기상 멀리 떨어져 있으며, 1세기의 정경복음서들보다도 훨씬 더 멀리 떨어져 있는 것이다. 라이트는 도마복음의 작성 시기가 2세기 후반임에 대해서 확신한다. 그는 도마복음의 어록이 단순히 허구이거나, 기껏 해봐야 정경복음서의 어록에 대한 왜곡에 불과하다고 단언한다.

    나그함마디 문서들 중 가장 잘 알려져 있고 가장 긴 문서, 즉 예수가 말했다고 하는 구절들의 모음집인 도마복음을 살펴보자. 도마복음은 예수 본인에 대한 사료(史料)로써 정경복음서들과 최소한 동등하거나 더 우월한 것으로 볼 수 있으며, 그래야 한다고 자주 제시되었던 문서다. 대부분의 나그함마디 자료들과 마찬가지로, 현재 우리가 갖고 있는 판본은 그 시기에 이집트에서 사용된 언어인 콥트어로 쓰였다. 그러나 도마복음이 예수가 사용했을 것이 분명한 아람어와 꽤나 유사한 언어인 시리아어로부터 번역되었다는 사실은 이미 입증되었다 … 그러나 도마복음이 담고 있는 시리아 전승은 1세기가 아닌 2세기 후반으로 거의 확실하게 연대를 잡을 수 있다. 이는 예수가 살아있던 시대로부터 100년도 더 넘은 시기다 – 다시 말해 초기교회에서 공관복음서들이 널리 사용되었던 시기로부터 약 70년에서 100년 후라는 것이다.
    게다가 도마복음이 1세기에 작성되었다고 입증하려는 시도에도 불구하고, 도마복음에 담긴 예수의 어록은 이 동일한 어록이 정경복음서들 사이에 대응하는 구절들처럼 본래적이지 않다는 명백한 흔적을 남기고 있다. 도마복음의 어록은 많은 경우에 있어서 아주 다른 관점을 표현하기 위해 은밀하게 조작되어 있다.[35]

7.4.3.1 페린의 연구는 도마복음의 작성 연도가 2세기 극후반이라는 유

력한 근거다.

페린은 『도마와 타티아노스: 도마복음과 디아테사론의 관계』(*Thomas and Tatian: The Relationship between the Gospel of Thomas and the Diatessaron*)에서 도마복음이 디아테사론에 의존하고 있는가라는 질문에 답한다. 위에서 언급했듯이, 디아테사론은 서기 173년 즈음에 타티아노스가 저술한 화합복음서이자 최초의 시리아어 복음서이다. 페린은 이 연구서에서 도마복음이 디아테사론에 의존했다는 유력한 증거를 제시한다. 현재 우리가 알고 있는 바에 의하면 디아테사론은 2세기에 시리아어로 된 유일한 복음서였다.[36]

페이젤스는 『믿음을 넘어서』(*Beyond Belief*)의 첫 장에서 "*1세기에 작성되었고 나그함마디에서 발견된 또 다른 기독교 복음서들 중 하나인 도마복음이 제시하는 관점으로 모든 기독교 사료들 중 가장 익숙한 것들을 —신약의 복음서들을— 새롭게 바라보자*"[37]고 서술한다. 그러나 페린의 연구는 도마복음이 1세기에 작성되었다는 페이젤스의 추측을 반증한다. 그가 제시한 증거는 이 문서의 작성 연도가 *2세기 후반*임을 지시하기 때문이다.

페린은 도마복음의 원서가 시리아어로 작성되었다고 말한다. 나그함마디 장서에 담긴 콥트어 버전의 도마복음을 읽을 때, 예수가 말했다고 하는 114개의 구절들은 분간할 수 있는 양식 없이 완전히 무작위한 순서로 나타난다. 그러나 작품은 시리아어로 재번역되었을 때 신중히 배열된 문서가 되며, 뚜렷한 문학적·수사적 형식을 보여주는 단어들을 담고 있고, 이 단어들을 서로 연결시키는 역동성을 지닌다.[38] 다시 말해 나그함마디 장서에 담긴 콥트어 문서를 시리아어로 번역할 때, 도마복음은 "단어의 조합과 언어유희(paronomasia)라는 복잡한 형식으로 완전히 맞물리게"[39] 되는 것이다(paronomasia는 말장난(pun)이나 익살(word-play)을 의미한다).

페린은 도마복음을 시리아로 번역했을 때 운율이나 단어의 조합을 포함하여 500개가 넘는 "표어(catchwords)"가 드러나고[40], "시리아식 교정"(편집)과도 구성 단계에서 일관된다는 점을 보여준다. 따라서 도마복음은 시리아어로 작성됐다고 볼 수밖에 없다. 페린은 시리아어로 된 사료들 중 유일하게 사용가능했던 자료가 디아테사론, 즉 타티아노스의 화합복음서였을 것이라고 지적한다. 그가 서술하듯이, "구성 단계에서 '시리아식 교정'의 흔적들과 함께 반복되는 표어들의 사용으로 보았을 때 … 도마복음의 저자는 분명히 시리아어로 된 사료에 의지하여 공관복음서들을 접근했을 것이다. 타티아노스의 화합복음서가 짐작컨대 그 당시 시리아어로 된 유일한 복음서였으므로, 이는 도마복음의 저자가 디아테사론의 영향을 받았다는 증거가 아닐 수 없다. 이 결론의 정당성은 최종적으로 역사적, 본문비평적 그리고 자료비평적 관점에서 입증된다."[41]

페린의 통찰은 증거로서 정당성을 지니는데, 이는 이 표어들이 "리듬이나 모음운과 같이 효과적이거나 분별가능하기 위해선 반드시 원어로 보존되어야 하는 기술을 구성하고 있기 때문이다. 표어들이 언어유희, 즉 단어의 소리를 포함한 말의 놀이에 의존할 때, 그것들은 또한 언어적으로 조건 지어진 비유이다."[42] 다시 말해 콥트어로 된 도마복음을 시리아어로 번역했을 때 상당한 수의 (502) 표어들의 소리와 의미가 특수한 효과와 의미를 주는 것으로 드러난다. 이 단어들은 문장의 의미를 극대화하고 연결시키기 위해 저자가 사용한 문학적 장치인 언어유희를 구성한다. 언어유희로서 표어들을 사용하는 것은 2세기 시리아 문학의 방식이었다.[43] 저자는 특정한 의미를 달성하기 위해 (시리아어로) 소리가 유사한 단어를 사용했을 것이다. 이는 유머와 같은 특수한 효과를 이루기 위해 다의어나 동음이의어를 사용하는 것과 유사하다.

페린의 분석은 도마복음의 시리아어 문서본이 "음운적이고 의미론적인 표어들의 일관된 행렬"을 가지고 있음을 입증한다. 페린은 꼼꼼하게 표어가 될 수 있는 모든 콥트어와 헬라어 및 시리아어 용어들과 병렬 구조를 이루는 도마복음 영어본을 제시한다. 도마복음을 구절마다 따라 읽으면 시리아어로는 502개, 헬라어로는 263개 그리고 콥트어 문서에서는 269개의 동일한 표어를 찾을 수 있다. 또한 2행 연구(聯句)의 구절 내에서 시리아어 단어의 소리와 의미가 수렴될 때, 이 구절들의 시리아어 번역본은 "표어"라는 인상적인 형식에 의해 의도적으로 연결되어 있다. 페린은 문서를 구성하는 114개의 구절들 중에 3쌍의 연구를 제외한 (그리고 시리아어 단어의 발음을 잘못 이해했다는 것이 이 3쌍의 연구가 표어를 갖고 있지 않은 이유일 수도 있다) 모든 연구에서 표어들을 찾아냈다.

500개가 넘는 시리아어 표어들은 도마복음이 오직 114개의 구절들로 이루어져 있다는 점을 고려했을 때 의미심장한 숫자이다. 시리아어에서 이 표어들과 언어유희들은 매우 정연하며, 극명한 문학적 형식 안에서 구절들을 연결 짓는다. 위에서 언급했듯이, 이러한 형식은 영어나 헬라어나 콥트어에는 존재하지 않는다.

페린의 계량적·통계적 증거는 상당하다. 비록 그가 주관적으로 시리아어를 해석한 것이 아니냐고 반론을 제기할 수도 있겠으나, 번역자에게 선택할 수 있도록 주어지는 단어들은 한정적이다. 따라서 표어들의 방대한 숫자는 통계적으로 적절하다. 만일 그가 번역의 과정에서 표어들을 "만들어냈다"고 비판한다면, 시리아어로 된 표어들의 숫자가 어떻게 콥트어나 헬라어로 된 표어들의 숫자로 감소될 수 있는지 보여줄 수 있어야 한다. 페린의 번역이 유효하다고 볼 때, 시리아어는 헬라어나 콥트어 표어들의 두 배 가까이 되는 표어들을 지닌다. 만일 누군가가 도마복음을 시리아어로 번역할 때 *동등하게 정당한* 다른 단어들을 사용할 수 있으며, 그렇게 함으로써 표어들의 숫자를 백 개 정도 줄일 수 있다고 해도(나의 생각으로는 쉽지 않은 작업이겠지만), 페린에게는 아직도 400개가 넘는 표어들이 있을 것이며, 이는 통계적으로 그의 분석을 지지하기에 충분한 숫자다.

페린이 제시한 증거는 도마복음이 긴 시간동안 점차적으로 발생한 구절들의 축적물이 아니라 통일된 작품임을 보여준다. 도마복음의 통일성은 비통일성과 구전의 단계를 통한 축적을 가정하는 자들에게 입증책임을 부과한다. 단단히 짜인 형식은 시리아어로 *문서화된* 사료(史料)를 지시하며, 또한 이 사료가 신중히 배열된 순차를 지녔다는 것을 보여준다. 페린은 도마복음의 저자가 디아테사론에 친숙했으며, 이를 자신의 문서를 작성할 때 사용했음을 보여준다. 도마복음의 저자는 표어들을 연결하는 방식을 의도적으로 사용함으로써 디아테사론을 편집하고 수정했는데, 페린은 문학적·역사적 분석과 언어학적 증거를 조합하여 이를 입증하였다. 그는 도마복음의 원작자가 시리아어로 된 사료에 의존하였으며 "공관복음서들에 대한 수많은 인용과 암시로 미루어 보아, 도마복음의 저자는 분명히 디아테사론을 사용했을 것이며 … 이는 역사적, 본문비평적 그리고 자료비평적 분야에서 입증되었다"[44]고 결론짓는다.

위에서 지적했듯이, 페린은 도마복음을 분석할 때 디아테사론을 주목하는데, 이는 당시 디아테사론이 시리아어로 된 유일한 복음서였기 때문이다. 도마복음의 저자는 시리아어 문서에 의존하였으며, 도마복음의 배열과 디아테사론의 배열을 비교해보면 이는 더욱더 분명해진다. 페린이 서술하듯이, "도마복음의 저자는 어떤 경우에는 성경의 순서를 따르고 있기는 하지만, 인용구의 배열을 디아테사론의 순서에 더 가깝게 따랐던 것으로 보인다 … 이 공유된 구절들의 배열이야말로 나로 하여금 도마복음이 디아테사론에 의존하고 있다는 강한 확신을 갖게 한다."[45]

페린의 연구는 다음의 다섯 가지 요점들을 성립시킨다.

1. 도마복음은 본래 시리아어로 쓰였다.
2. 시리아어 문서는 오직 한 명의 원작자에 의해 쓰였다.
3. 시리아어 문서는 통일성 및 일관된 형식을 보여주는데, 이는 저자가 문서화된 시리아어 사료에 의존했음을 지시한다.
4. 도마복음의 저자가 사용가능한 것들 중 시리아어로 된 유일한 복음서는 디아테사론이었다.
5. 디아테사론은 정경복음서들에 기반을 둔 화합복음서였다.

이 다섯 가지 요점들은 중요한 의의를 지니고 있다. 이 요점들은 도마복음 원본의 작성연도가 디아테사론의 작성 연도로서 가능한 가장 빠른 연도인 서기 170년보다 앞설 수 없음을 의미한다. 이 요점들은 또한 도마복음이 나사렛 예수와 관련하여 역사적이고 독자적인 정보를 제공하지 않음을 의미한다. 페린의 분석을 고려할 때, 도마복음을 옹호하는 학자들의 논쟁은 굉장히 과장된 주장들을 담고 있는 것처럼 보인다. 이러한 학자들이 예수에 대한 비정통적인 관점과 관련해서 제시한 추측들은 정당한 역사적 바탕을 결여한다.

페린의 증거는 이 입장에 반박하는 자들에게 입증책임을 부과한다. 친(親)도마복음 학자들이 도마복음과 관련된 그들의 제안을 지지하기 위해선 위에서 열거한 요점들을 반증할 근거를 제시해야 한다. 그렇지 않을 경우 도마복음의 이른 작성연도나 초기 구전(口傳)들이 이 문서의 근거라는 제안은 고려할 가치가 없다. 도마복음은 *문서화된* 시리아어 사료에 의존하고 있기 때문에 이전에 존재했던 구전에 기초를 두었을 가능성은 낮다. 더욱이 도마복음에는 신약에서 발견되는 초기 신조와 찬양과 예배 의식적 문구와 같은 근거가 없다. 라이트[46]와 에반스는 페린의 연구가 도마복음이 2세기 후반에 작성되었고 "도마복음에 담겨있는 어떤 것도 독립적으로 1세기로 추적해 올라갈 수 없다"[47]는 강력한 증거라고 확신한다. 에반스는 많은 학자들이 연구 초기부터 도마복음에서 시리아 양식을 비롯하여 시리아어 정경복음서들이나 디아테사론과 일치하는 부분을 인지했다고 지적한다. 그는 페린이 제시한 증거가 도마복음이 화합복음서에 의존한다는 점을 강력하게 시사한다고 생각하며, 페린의 연구를 다음과 같이 요약한다.

페린은 비단 표어와 관련하여 도마복음 전체의 순서를 설명할 수 있을 뿐만 아니라 도마복음이 디아테사론에 담긴 자료들의 순서 및 배열과 유사한 부분이 어디인지 보여줄 수 있다. 도마복음을 구성하는 구절들의 배열에 관한 미스터리는 이제 풀린 것으로 보인다. 페린은 도마복음이 신약 복음서들에 의존하는 것은 확실하지만, 직접적으로는 아니라고 결론짓는다. 도마복음은 시리아어로 서술된 책인 디아테사론에서 재구성된 신약 복음서들에 의존하고 있다.

나는 크로산과 다른 자들이 신약 복음서들과 무관한 도마복음의 서술적 독립성을 지지하면서 내세운 주요 논점이 강력한 일격을 맞았다고 생각한다. 도마복음의 작성 배경에 어떤 식별할 수 있는 골조도 구성 원리도 없다고 말하는 것은 더 이상 정당화될 수 없다. 시리아어본(本)이 원작이라고 인정된 도마복음을 시리아어로 연구할 때, 거기에는 분명히 [식별되는 골조와 구성 원리가] 존재한다.

이와 마찬가지로 인상적인 점은 도마복음과 시리아 복음 전승과 기타 시리아 종교적 전승들 간에 많은 유사점들이 존재한다는 것이다. 우리가 반복해서 보게 되는 것은 도마복음이 신약 복음서들과 달리하는 곳이 바로 시리아 전승들과 일치하는 곳이라는 점이다. 크로산과 다른 자들은 바로 이 점을 충분히 고려하지 않았다.[48]

페린이 제시한 증거는 도마복음이 정경복음서들에서 도출해 낸 것 외에는 예수에 대해 1세기의 정보를 전혀 주지 않는다는 점을 성립시킨다. 그러므로 도마복음은 정통 기독교와 마찬가지로 정당하고 권위 있는 1세기 기독교 신앙의 형식을 대변하지 않는다. 이 논지를 더 깊이 연구하고 싶은 사람은 페린의 저서들과 에반스의 최신작 『만들어진 예수』(Fabricating Jesus)를 읽어보길 바란다. 에반스는 도마복음이 2세기에 기원을 두고 있으며, 역사 속의 예수에 관해 독립적인 정보를 하나도 담고 있지 않다고 주장한다.

나는 모든 적절한 증거들이 고려되었을 때 도마복음이 1세기 중반이 아닌 2세기 후반에 만들어졌다는 결론을 피하기 어렵다고 생각한다. 이 점을 보다 분명하게 하자. 모든 증거들은 우리를 다음과 같은 결론으로 이끈다. 즉, (1) 도마복음과 "디두모 도마" 간의 연관성, (2) 구절들을 연결 짓는 수백 개의 시리아어 표어들로 설명되는 구절들의 배열과 순서 그리고 (3) 헬라어 신약 복음서들의 해석과는 판이한 도마복음의 해석이 디아테사론 및 이 시기의 다른 시리아 기독교 작품들의 해석과 일관된다는 점은, 도마복음의 원본이 2세기 후반에 작성되었음을 강력하게 제시한다. 간단히 말해 무수히 많은 요소들이 동유럽의 시리아 교회, 즉 신약성서를 주로 - 어쩌면 전적으로 - 서기 170년 이전에는 작성되지 않은 디아테사론을 통해서 아는 교회를 [도마복음의 탄생지로] 지시하며, 도마복음은 예수의 삶과 가르침에 대한 연구에 있어서 독자적인 자료가 될 수 없다고 제시한다. 이 문서들에 의존한다는 것은 곧 역사 속의 예수에 대해 왜곡된 묘사를 하겠다는 것에 다름 아니다.[49]

이 요소들은 분명히 대체주의적인, "영지주의적" 예수를 주장하는 학자들에게 입증책임을 부과한다. 그들은 입증할 수 있는 역사적 토대 없이 예수의 초상을 만들어내려고 시도하지만, 그러한 추측들을 지지하기 위해선 이 강력한 증거에 대해 답변을 내놓아야 할 것이다. 영지주의가 주장하는 예수가 역사 속의 예수라고 바랄 수는 있겠으나, 원한다는 것이 그 자체로 진정하고(authentic) 진실한(truthful) 토대가 될 수는 없다. 따라서 정통적인 시각에 반대하여 논쟁하는 자들은 확고한 1세기의 증거를 제시해야 하며, 2세기의 영지주의적 왜곡을 기독교 신앙의 초기로 유입시키려고 시도해선 안 된다.

7.4.3.2 도마복음이 1세기의 사건이나 발언에 대해 독자적인 자료로서 정당성을 결여하고 있다는 점은 기타 사항들에서도 알 수 있다.

많은 사람들이 도마복음에 대해 과장된 주장들을 담고 있는 책들을 읽어보았겠지만, 모든 이들이 이 짧은 영지주의 문서를 읽어본 것은 아니다. 나는 당신이 도마복음을 읽고 정경복음서들과 비교해보기 바란다. 도마복음은 매우 짧은 문서이며 15분이면 전부 읽을 수 있다. 메츠거는 도마복음과 기타 나그함마디 문서들에 대해 다음과 같이 서술했다. "그러나 이 복음서들과 그것들의 신빙성에 대해 조금만 조사해도, 독자들은 어떤 특정 부류의 사람들이 이 문서들을 성경에서 제외시키지 않았다는 점을 납득할 수 있을 것이다. 이 문서들은 스스로 제외되었다."[50]

젠킨스(Phillip Jenkins)는 나그함마디 문서들을 신뢰할 수 있는가, 즉 이 문서들이 예수나 초기의 기독교 신앙에 대해 유효한 정보를 줄 수 있는가의 문제는 이 문서들의 원본이 언제 작성되었는지에 달려 있다고 강조해왔다. 만일 이 문서들이 2세기 이전에 작성되지 않았다면, 그것들은 서술된 발언이나 사건들과 시기상 아주 멀리 떨어져 있는 것이며, 모두 1세기에 작성된 네 정경복음서들보다도 더 멀리 떨어져 있는 것이고, 서신서들에 인용되었던 찬양과 신조와 예배의식적 문구들보다 훨씬 더 멀리 떨어져 있는 것이다. 2장에서 논의했듯이, 신약에 숨겨진 신조들 중 상당수는 그것들이 묘사하는 사건들과 거의 동시대로 연대를 추정할 수 있다. 예루살렘교회의 초기 문구들은 정통 기독교의 입장을 대변한다. 반면에 나그함마디 문서들에는 이와 비교할 만한 신조나 찬양과 예배의식적 문구가 없다. 상(上)이집트에서 발견된 이 문서들은 2세기 형식의 영지주의가 기독교 신앙을 왜곡한 형태를 보여주며, 이 왜곡된 신앙은 정통 신약 기독교(orthodox New Testament Christianity)의 세계관과 상호 배타적인 세계관을 대변하고 있다.

따라서 젠킨스는 나그함마디 문서가 최초의 기독교에 대한 단서라는 주장을 비판한다. 다시 한 번 말하지만 친(親)영지주의 입장의 정당성은 이 문서들이 1세기에 쓰였는지, 그리고 그것들이 우리에게 예수와 관련하여 정경복음서들과 관계없이 역사적으로 믿을 수 있는 정보를 줄 수 있는지에 달려있다. 현대 학자들은 이 문서들이 2세기 내지는 3세기에 기원을 두고 있다는 점에 동의한다. 나그함마디 문서들은 예수를 처음으로 따랐던 자들의 또 다른 목소리가 아니라, 교회의 가장 오래된 전통을 왜곡했던 후대 이단들의 작품인 것이다. 메츠거가 서술하듯이, "대부분의 잃어버린 복음서들은 예수를 처음으로 따랐던 자들의 또 다른 목소리가 아닌, 이미 성립된 정통 교회로부터 떨어져 나간 후대 이단들의 저술들로 보아야 한다 … 대체 문서들의 후대성(後代性)은 역사성과 신뢰성의 문제에 있어서 치명적이다. 역사학적 연구는 그 연구가 의존하고 있는 자료들을 신뢰할 수 있는 만큼만 신뢰할 수 있으며, 역사 속의 예수에 관한 탐구가 이 감추어진 복음서들에 기반을 두고 있는 한, 그것은 필연적으로 결함이 있다."51

앞에서 언급하였듯이, 최소한 도마복음에 담긴 절반 이상의 구절들은 네 정경복음서에 담긴 예수의 어록을 반영하고 있는 것으로 보이지만, 도마복음에서 제시된 구절들은 정경복음서들의 어록과 차이가 나며, 이는 도마복음의 저자가 정경복음서들에 의존하는 한편 특정 구절들을 2세기의 제설혼합적(syncretistic) 영지주의 양식의 신화를 반영하도록 수정했다는 사실과 일관된다. 라이트 역시 이 의견에 동의하며, 이에 대한 그의 분석은 다음과 같다.

1. 도마복음은 플라톤주의적 관점을 취함으로써 예수 사역의 유대적 배경, 즉 예수가 "진정으로 이스라엘의 하나님과 율법의 내재된 의미를 따르도록 유대인들을 돌이키며" 하나님의 나라를 선포하는 맥락으로부터 멀어진다. 더욱이 도마복음은 2세기 영지주의와 동일한 방식으로 반유대주의적 관점을 드러낸다. 라이트가 지적하듯이, "이것은 현재는 존재하지 않는 '예수 세미나(Jesus Seminar)'*를 비롯하여 불트만과 그

---

*예수 세미나는 크로산을 비롯한 자유주의 신학자들이 설립한 성서비평학 연구모임이다.

의 추종자들이 만들어낸, 대체로 비(非)유대적인 예수와 아주 깔끔하게 잘 맞아 떨어지지만, 진지하고 냉철한 역사학자들이 제시할 만한 예수의 초상은 결코 아니다."52

2. 도마복음은 예수에 대해 얘기하려는 게 아니다. 도마복음은 오히려 예수에게 전수받은 가르침을 얘기하려는 것이며, 예수라는 인물 자체를 주목하게 하는 구약의 유대적 배경은 물론 십자가를 비롯하여 유대인들 가운데서 인류의 구원을 일으키고자 한 하나님의 계획과 그것을 성취한 예수의 부활을 전부 무시한다.

3. 도마복음과 나그함마디 문서들은 예수를 오로지 선생이나 지식을 드러내는 자로 본다. 이 문서들에서 예수에 대한 메세지는 복음, 즉 역사 속에서 일어났던 어떤 사건의 "좋은 소식"(십자가 위에서의 속죄와 부활)이 아니라, 영적으로 우선순위를 어디에 두어야 하는지에 대해 예수가 전해주었다는 "유익한 충고"다(이 문서들에선 자신이 신성한 불꽃을 지니는 운 좋은 소수이길 바라는 약삭빠른 희망과 개인의 영성(靈性)에 대한 영지주의적 강조로 인해 역사는 중요하지 않다. 중요한 것은 자신이 진정한 불길로 신성성을 키움으로써 이스라엘의 하나님이 아니라 궁극적인 신으로 상승할 수 있는 사람들 중 하나임을 믿는 것이다).53

마이어는 라이트와 젠킨스에게 동의하면서 역사성의 기준에서 볼 때 "도마복음은 다시 바다 속으로 던져버려야 한다"54고 결론짓는다. 마이어는 예수가 영지주의 신화에 포함되길 바라는 것이 역사 속에서 그가 실제로 이 신화의 일부였다는 점을 의미하지는 않는다고 지적한다. 많은 개별적인 이유들로 인해, 일부 북미 학자들은 정통 기독교 신앙을 제외하곤 거의 아무거나 다 원하는 듯이 보이며, 그 결과 증거들에 대해 억지스럽고 대단히 난해한 해석에 도달한다.

7.5 유다복음(Gospel of Judas) 역시 2세기의 문서이며, 1세기 기독교에 대해 새로운 정보를 주지 않는다.

7.5.1 학자들은 대부분 유다복음의 작성연도를 2세기로 추정한다

기독교 신앙의 기원에 관련된 증거를 살펴보는 변호사로서, 유다복음의 발견을 둘러싼 매스컴의 극성은 영문을 모를 일이다. 가장 자유주의적인 학자들조차도 유다복음이 예수에 관하여 독자적이고 역사적으로 신뢰할 수 있는 정보를 전혀 주지 않는 2세기 문서라고 주장한다. 킹과 페이절스가 서술하듯이, "유다복음은 유다가 살아있던 시기로부터 약 1세기가 지난 서기 150년 전후에 쓰였기 때문에 유다가 이것을 썼을 리는 없다. 진짜 저자는 여전히 알 수 없다. 우리는 이 문서에서 다른 초기 기독교 문서로부터 이미 아는 것을 넘어서 유다나 예수에 대해 역사적으로 신뢰할 수 있는 어떤 것도 알 수 없다. 그 대신 유다복음은 2세기 기독교 종파들 간의 논쟁들에 대한 통로를 열어준다."[55]

로빈슨[56]은 보다 더 냉소적인 어조로 유다복음이 예수의 삶과 죽음과 부활의 시기, 즉 1세기 초에 관하여 새로운 정보를 전혀 주지 않는다고 지적한다. 교회가 탄생한 것은 30년대 초반이다. 기독교 신앙의 주장들과 관련된 증거들을 평가하기 위해서는 반드시 초대 구성원들의 최초의 예배 방식들로 거슬러 올라가야만 한다. 이는 예수의 십자가형으로부터 20년 내에 생긴 최초의 신조들과 예배의식적 문구들에 대한 검토를 요구하며, 이러한 신조들과 예배의식적 문구들은 1세기 문서들에서만 발견되고, 우리 수중에 있는 유일한 1세기 문서들은 신약이라는 정통 문서들이다.

유다복음의 작성연도는 마가복음보다 최소한 80년 후이며 또한 신약의 서신서들을 구성하는 초기 서신들보다 100년 정도 후이다. 로빈슨은 정통을 옹호하는 자는 아니지만, 유다복음이 1세기 초에 대해 새롭고 유효한 정보를 주는 것이 불가능하다고 인정한다. 그가 서술하듯이, "유다복음은 2세기 중반에 쓰인 영지주의 수필이므로 서기 30년 즈음에 예루살렘에서 무슨 일이 일어났는지에 대해 새로운 정보를 더해주지 않는다. 비록 이것이 나와 같은 2세기 영지주의 전문가들에게는 중요한 문서이기는 하나, 이 문서는 상업을 목적으로, 즉 스캔들을 일으키기 위해 과장되어 잘못 전해져왔다."[57]

로빈슨은 이어서 유다복음의 공개를 둘러싼 과장광고와 선정주의에 대해 "이 새로운 복음이 유다가 배신한 이유에 대해 정확한 역사적 보고가 될 수도 있다는 생각은 순전히 헛소리"[58]라며 생크스(Hershel Shanks)를 인용한다. 사실 우리는 유다복음의 존재에 대해서 꽤 오랫동안 알고 있었다. 유다복음의 발견은 놀라울 게 아무것도 없는데, 이레나이우스가 그것에 대해 서기 180년에 이미 자세히 서술했기 때문이다.

유다복음의 공개를 둘러싼 논란은 이 매우 짧은 문서를 읽고 난 후에는 더욱 이해하기 어려워진다. 남의 의견을 그저 따라가기보다는, 잠시 시간을 들여 유다복음을 읽고 그것의 정당성에 대해 당신만의 평가를 해보라. 유다복음을 정경복음서들과 비교해보라. 당신은 그것이 『요한에 의한 비밀서』와 관련해서 앞서 다루었던 신화와 아주 유사한 세트파(Sethian) 영지주의 신화를 반영한다는 점을 발견할 수 있을 것이다.

유다복음의 저자는 명백히 플라톤의 『티마이오스』의 영향을 받았으며, 이 영지주의 복음서는 강한 반유대적 세계관을 보여준다. 이 문서의 몇 가지 요점들에 대해 짧게 소개하는 것으로도 2세기 영지주의 문서가 어떤 속성을 지니는지 알 수 있다. 따라서 나는 유다복음의 몇 가지 주요 테마들에 초점을 맞춰보겠다. 이 문서의 초기 번역자들은 이 테마들을 세 가지 장면으로 묘사한다.

7.5.2 제1장 : 저자는 이스라엘의 하나님을 비웃는 예수를 묘사한다.

도입부에서 예수는 제자들에게 다가가 성찬을 기념하는 그들을 비웃는다. 제자들이 성찬에서 "감사를 드리는 것(eucharisti)"에 대해 왜 비웃는지 묻자, 예수는 제자들이 궁극적인 신이 아니라 이 세상의 지배자(유대인들의 입장에선 구약에 묘사된 이스라엘의 하나님인 야훼)를 경배하고 있기 때문에 웃는다고 대답한다. 유다복음에 담긴 세트파 영지주의 신화에서 이 세상의 창조자는 어설프고, 하급의, 심지어 반은 악한 이스라엘의 "하나님"이다. 이 문서의 3장에서 보겠지만, 예수는 『요한에 의한 비밀서』에서 언급되는 이름들과 유사한 목록에 따라 신성한 존재들의 우주기원론(cosmogony)을 제시한다. 영지주의에서 성찬의 개념은 비웃음거리가 되는데, 이는 부분적으로 빵과 포도주가 물질적인 질료로 만들어져 있기 때문이다. 이 신화에서 물질은 악으로 간주된다. 서투른 야훼는 어설프게 물질(영지주의자들에게 혐오스러운 것으로 간주되는)을 만들었다. 야훼는 그의 서투른 창조에서 실수로 소수의 인간들 안에 신성한 불꽃을 남겼다. 이들이 바로 가인이 아벨을 살해한 후 아담과 하와가 낳은 아들인 셋의 후손들이다. 셋의 후손이 아닌 사람은 죽은 뒤에 무(無)로 돌아갈 "한낱 흙"일 뿐이다. 반면에 셋의 후손들은 일단 그들 안에 내재된 신성성의 불꽃을 인식하기만 한다면 이를 더 크게 키울 수 있으며, 따라서 더 신성해질 수 있고, 멍청하고 악의적인 야훼를 넘어서 '궁극적 실재'에게로 상승할 수 있다.59

예수가 성찬을 기념하는 제자들을 비웃은 후, 1장의 끝부분에서 유다는 예수가 "바르벨로의 영역에서 왔"다고 선언한다. 세트파 영지주의자들은 바르벨로를 신성한 영역의 주요 신으로, 예수를 신의 아들(야훼가 아니라, "무한자(Infinite One)" 혹은 "궁극적인 실재"의 아들)로 생각했다.60

1장의 결말에서 예수는 조용히 유다에게만 "하나님 나라의 비밀들"을 알려주겠다고 말하며, 또한 누군가가 자신을 대신할 것이라고 말한다. 유다는 예수가 언제 이 일들을 알려줄 것인지 묻지만, 예수는 대답하지 않고 갑자기 사라진다.

7.5.3 제2장 : 예수는 열등한 야훼를 섬기는 제사장들을 비판하며 플라톤주의의 용어를 사용한다.

예수는 제자들에게 다시 나타나 그가 다른 영역(이 영역은 아마도 "위대하고 거룩한 세대"라는 영적인 영역일 것이다)에 있었다고 말한다. 제자들이 어떤 세대가 그들보다 우월한지 묻자 예수는 다시 웃으면서 이 이온(세대)에 속한 그 누구도 그 세대를 볼 수 없을 것이라고 대답한다. 그후 제자들이 성전을 언급하자 예수는 열등한 "하나님"(이스라엘의 하나님인 야훼)을 섬기는 제사장들을 비판하면서 성전의 행사에 대해 비유로써 해석한다. 에르만이 강조하듯이, "이 복음서 속의 예수는 그들(제자들과 본래의 정통 기독교인들)이 완전히 잘못 인도되었음을 보여준다. 그들은 유대의 하나님을 숭배하지만, 이 신은 무분별한 바보다. 유대의 하나님이 이 세상을 만들기는 했으나, 세상은 선하지 않고 불행과 고통의 장소일 뿐이다. 진정한 신은 이 세계와 아무런 관련이 없다. 이 세계는 포용해야 하는 곳이 아니라 반드시 탈출해야 하는 곳이다."[61]

예수는 그후 "너희 각 사람은 각인(各人)의 별을 갖고 있다"고 선언한다. 이는 『티마이오스』에서 각 영혼에게는 각각의 별이 배정되어 있다는 언급을 반영한 것으로 보인다.[62] 이후 예수는 유다에게 세대들 간의 차이를 알려주기 시작한다. 그는 더 나아가 3장의 끝부분까지 이 차이에 대해 자세히 설명한다. 여기서 주요 요점들 중 하나는 셋의 세대인 엘리트들만이 신에게 상승할 수 있는 유일한 자들이라는 것이다. 나머지 인간들은 무로 돌아갈 것이다. 엘리트(셋의 세대)가 가장 원치 않는 것이 바로 물리적으로 부활한 육신이다. 그들의 목표는 육신과 이 세계로부터의 탈출이다.[63] 예수는 "이 세대"(흙덩이들)와 "그 세대"(엘리트인 셋의 세대)를 구별한다. 오직 엘리트만이 영생을 얻을 수 있다. 에르만은 이에 대해 "어떤 사람들은 이 세대에 속하고, 어떤 사람들은 저 세대에 속한다. 신성한 요소를 지닌 자들은 저 세대에 속하며, 오직 그들만이 죽은 뒤에 구원을 얻을 수 있다. '이 세대'의 다른 자들에겐 죽음이 곧 그들의 결말"[64]이라고 설명한다.

7.5.4 제3장: 예수는 영지주의 신화를 따라 우주의 기원을 설명한다.

유다복음의 마지막 장에서, 예수는 이 문서가 바탕을 두고 있는 우주기원론(cosmogony)에 대해 설명한다. 이 우주기원론은 앞의 다이어그램(도표 7.1)에서 제시한 영지주의 신화와 유사한 신화를 반영하며, "스스로 발생한 자(the Self-Generated)", "엘(El)"(야훼에 대한 고대 셈어 명칭), "네브로(Nebro)", "이알다바오트(Yaldabaoth)", "사클라스(Saklas)"(세트파에서 이스라엘의 "하나님"을 묘사하기 위해 사용한 "바보"라는 뜻의 아람어 용어), "셋(Seth)", "하르마토트(Harmathoth)", "갈릴라(Galila)", "요벨(Yobel)", "아도나이오스(Adonaios)", "아담(Adam)", "하와(Eve)" 그리고 "조에(Zoe)" 등과 같이 고유한 영지주의적 용어를 사용한다. 오직 유다만이 예수가 바르벨로의 영역에서 왔으며, 어리석은 하급신인 이스라엘의 하나님이 속한 열등한 영역에서 온 것이 아니라는 점을 이해한다.[65]

이 세 가지가 유다복음 내의 주요 테마들이다. 앞서 『요한에 의한 비밀서』의 우주기원론에 대한 다이어그램에서 이 테마들을 쉽게 알아챌 수 있다. 몇몇 친영지주의 학자들은 유다복음을 영지주의 신화의 테두리 밖에서 해석하려 시도하며 이 문서의 신빙성을 주장하려고 억지를 쓰지만, 이 문서에서 영지주의 신화는 명백하며 중심을 이룬다. 페이절스와 킹 역시 유다복음이 역사 속의 예수에 대해 진정한, 독자적인 정보를 전혀 주지 않는다고 인정한다.

그러나 페이절스는 영지주의 문서를 한층 더 높은 차원의 영적 이해를 위해 정경복음서들과 함께 읽어야 한다고 제안했다. 유다복음과 도마복음을 비롯한 영지주의 문서들의 세계관은 정경복음서들의 세계관과 대립되는 데도 말이다. 영지주의 문서와 신약의 차이점들은 극명하고 논리적으로 해소할 수 없다. 라이트는 페이절스가 이 문서들의 세계관들이 서로 화합할 수 없다는 것을 인식하지 못하고 있다고 본다. 유다복음에서 묘사된 그리고 도마복음에서 암시된 영지주의는 역사적, 철학적, 영적으로 초대 기독교 신앙의 핵심 믿음들과 양립할 수 없다. 만일 영지주의가 사실이라면, 전통 기독교와 유대교가 거짓인 것이다.

페이절스의 언급은 꽤나 놀랍다. 그녀의 주장은 오직 정경복음서들에 대한 조직적이고 일관된 재독(再讀), 그리고 실제로는 오독(誤讀)에 의해서만 유지될 수 있다. 한마디로 요약하자면 마태와 마가와 누가와 요한은 예수가 정말로 이스라엘의 메시아였으며, 그가 진실로 유일한 창조주인 하나님의 나라를 하늘에 있듯이 땅에도 있게 하려고 왔다고 믿었다. "유다복음"은 "도마복음"과 기타 영지주의 문서들처럼 … 예수가 유대교로부터의, 즉 사악하게 창조된 질서로부터의 탈출로를 보여주고 다른 세계로 같이 가기 위해 이 세상에 왔다고 믿었다. 페이절스는 사실 이를 잘 알고 있다 ⋯ 이 두 믿음의 체계는 물과 기름과 같이 전혀 다르다. 만일 우리가 이를 알아채지 못한다면, 이는 단지 우리가 문서들에 주의를 기울이지 못하고 있는 것이다. 마치 같은 과목의 기본 과정에서 고급 과정으로 올라가듯이, 1세기로부터 2세기로의 진보가 있을 수도 있다는 생각은 2세기에도 오늘날에도 단순한 희망 사항일 뿐이다.[66]

유다복음은 도마복음과 마찬가지로 2세기 중반 이후에 작성되었다. 우리 수중의 모든 영지주의 문서들은 아무리 빨라야 2세기에 작성되었다. 반면에 신약 문서들은 모두 1세기에 작성되었다.[67] 만일 기독교의 기원과 나사렛 예수의 삶에 관한 역사적 문제를 풀고자 한다면, 우리 수중의 가장 오래된 증거들, 즉 1세기 정경 문서들과 2장에서 다룬 신조와 찬양과 예배의식적 문구들에 초점을 맞춰야 한다.

7.6 기타 증거들 역시 영지주의 "기독교"가 그보다 앞선 정통·전통 기독교 신앙과 동시에 발생하지 않았다고 말해준다.

7.6.1 "기독교적" 영지주의가 1세기 초에 탄생했다는 가설은 도마복음과 유다복음의 반유대주의와 모순된다.

도마복음은 물질계 및 이스라엘의 중요성과 구약을 거부한다는 점에서 전형적인 영지주의에 들어맞는다. 도마복음의 명백한 반유대주의를 고려했을 때, 역사적으로 도마복음의 구절들이 예루살렘의 초대교회로부터 유래될 수 있었다고 보기는 어렵다.

우리는 초대교회가 유대적 환경에서 탄생했으며 유대교 전통을 이어갔다는 것을 알고 있기 때문이다.

기독교 신앙의 첫 수십 년간 예루살렘교회의 신자들은 할례나 금식 등의 유대교 관습을 지켰다. 유대교 관습을 엄격하게 따르는 공동체가 유대교 관습과 믿음들과는 판이한 도마복음 같은 문서를 작성했을 가능성은 매우 낮다.[68] 라이트는 영지주의 세계관과 유대교 및 기독교 세계관 간의 차이를 이렇게 설명한다.

> 창세기를 비롯하여 랍비들과 그 외의 것들을 믿는 유대교는 창조된 세계의 선(善)함과 그 세계의 빛이 되도록 특별히 부름 받은 이스라엘에 대한 신앙이다. 영지주의는 창조된 세계의 근본적인 악(惡)함과 구약을 지침으로 삼는 자들의 어리석음과 세계로부터 구출될 신성한 불꽃, 즉 영지주의자들의 특별함을 믿는다. 특히 유대교는 이스라엘의 하나님이 선하며 지혜롭고 만물의 주가 되는 창조자임을 믿는 반면, 영지주의는 이스라엘의 하나님이 이 사악한 세계를 만든 무능하며 악의적인 데미우르고스라고 믿는다. 만일 영지주의가 진실이라면 유대교가 거짓인 것이고, 그 반대도 마찬가지다.[69]

7.6.2 생태계에 대한 무관심과 물질계에 대한 배제는 영지주의 사상의 일부였다.

비록 일부 사람들은 도마복음이 생태계에 대한 관심을 보여준다고 주장하려 하지만, 도마복음에 그런 관심은 결코 보이지 않는다. 도마복음에서 환경이나 지구에 대한 관심을 찾는 것은 헛된 일이다. 이는 영지주의 사상에서 세계를 바라보는 관점과 일관된다. 물질은 악한 것으로 간주되었다. 영지주의에는 세계를 보호하거나 구원하려는 관심은커녕 오히려 그곳에서 탈출하려는 생각밖에 없다. 영지주의는 물질로부터 탈출하여 순수한 영적 존재로 구원받는다는 이원론을 강조했으며, 영지주의자들은 물질과 물리적 세계를 혐오했다.

후에 도마복음을 믿었던 이들과는 달리, 예수는 이 세계에 대해 그리고 하나님 나라가 지상에 임하는 일에 관심이 있었으며, 아브라함과 이삭과 야곱의 하나님이 진정 거룩하고 유일한 하나님이라고 믿었다. 예수는 그가 가르친 기도문에서 자신을 따르는 사람들에게 하나님의 "뜻이 하늘에서 이루어진 것 같이 땅에서도 이루어지"게 기도하라고 촉구했다. 전통·정통 기독교에 의하면 기독교인들은 세상 안에 있어야 하며 여러 사명들을 감당해야 하지만, 특히 세상의 고통을 덜어내고 사랑으로 세상을 변화시켜야 한다. 그리스도가 누군가를 부르는 것은 오직 내적인 자기발견의 과제에 집중하거나 세상과 가난한 자들과 궁핍한 자들과 고통 받는 자들과 부당한 대우를 받은 자들은 물론 생태계에 대해서도 관심을 버리라고 부르는 것이 아니다. 하나님은 이 땅에 오셔서 십자가의 고난을 통해 세상이 본인과 화해할 수 있도록 속죄하셨으므로, 결코 세상을 버리시지 않았다. 이는 세상의 구원이며, 예수를 따르는 사람들이 세상과 더불어 살고 이곳을 사랑과 배려와 정의와 진리의 장소로 변화시키도록 부르는 것이다. 전통·정통 기독교 사상에 따르면 그리스도는 우리가 자신과 교우하여 변화하기를 원하며, 이 교우관계는 모든 것을 아우르는 그의 사랑과 세상에 대한 관심을 내포한다.

7.7 영지주의 문서에는 신약에 인용된 신조들과 고백들에 비할 만한 증거가 없다.

2장에서 자세히 다루었듯이, 기독교 신앙과 관련해서 가장 오래된 사료들은 이 사료들보다도 오래된 신조와 찬양과 예배의 식적 문구 등을 담고 있으며, 이 문구들은 전통·정통 신앙과 일관된 극(極)초기의 핵심 믿음들을 보여준다. 이 예배의식적 문구들과 관습들은 초대교회의 핵심 신앙을 개략적으로 담고 있으며, 교회 탄생의 첫 수십 년 내로 연대를 확실하게 추정할 수 있다. 보크는 극히 이른 시기에 존재했던 예배의식적 문구들과 이 문구들에 담긴 핵심 신앙을 다음과 같이 묘사한다.

교회의 고백문 혹은 짧은 신학적 서술들은 이 사료들에서 제시된 강력한 증거다. 이 짧은 신학적 개요들이나 찬양은 교회 교리의 신학적 핵심을 사람들에게 가르쳤다. 창조를 예로 들면 두 가지 사상이 일관되게 제시된다. 즉, (1) 하나님은 창조주이지 어떤 대리자적 존재가 아니며, (2) 예수는 그 창조에 참여하였고 창조물이 아니다 … 핵심은 이렇게 볼 수 있다. 태초에 유일한 창조주 하나님이 있었다. 예수는 인간이자 신이었으며, 실제로 고통당했고 육적으로 부활했다. 그는 또한 찬양받기에 합당한 자다. 구원은 적대적인 세력으로부터의 해방이지만 또한 죄와 용서에 대한 것이다 – 창조주 앞에서 각 사람을 죄 있게 만든 인류의 결점을 고쳐야 할 필요성 말이다. 구원은 하나님이 율법과 선지자들을 통해 세상과 이스라엘에게 주었던 약속의 실현이다. 예수 그리스도는 하나님을 향한 길을 밝히고 화해를 이루었을 뿐만 아니라, 죄를 위해 죽음으로써 그 길 자체를 제공하여 구원을 실현했다. 새롭게 영광 받는 영적 삶으로의 부활은 사람 전체의 - 정신과 영혼과 육신의- 구원을 수반한다. 예수를 통한 하나님의 사역을 믿는 것이 곧 구원이며, 결코 끝나지 않을 영적 생명을 수반한다. 이것이 가장 오래된 전통의 정설이었다.[70]

앞서 언급했듯이, 도마복음과 유다복음과 기타 나그함마디 문서에서 한 사람은 자신의 신성성에 대한 지식을 얻음으로써 스스로를 구원한다. 이는 자기발견과 자기발현을 통한 자기구원의 과정이며, 자기숭배와 이기심으로 이어지게 된다. 이는 우리 모두를 위해 죽었고 우리를 하나님 앞에서 흠 없게 만들어 준, 속죄의 희생양이었던 예수가 제공하는 구원과는 매우 다르다. 속죄의 희생양이라는 개념은 우리 수중의 가장 오래된 사료들과 이 사료들에 인용된 구전(口傳) 신조들 및 예배의식적 문구에 담긴 핵심 신앙이다. 다시 말해 예수의 십자가형의 구원적 특성에 대한 믿음은 십자가형으로부터 수년 이내로 연대를 추정할 수 있는 정통(원전(原傳)이든 전통적이든) 기독교의 핵심인 것이다.

모든 초기 전통 문서들의 핵심은 대다수의 새로운 자료들[영지주의 문서들]이 인정하지 않는 것, 즉 예수의 사역이 죄를 구속(救贖)하기 위한 희생임을 선언한다. 이 선언은 교리 개요와 성찬식을 포함하여 교회의 예배를 묘사하는 자료들에서 나타난다. 성찬

전승은 예수가 이 교리를 직접 전했다고 주장한다. 그렇다면 이 예배의 관례들은 우리 수중의 가장 오래된 자료들에 뿌리를 두고 있는 것이며, 따라서 이 관례들 역시 오래되었다고 입증할 수 있다. 반면 새로운 자료들[나그함마디 문서들]의 독특한 교리에 대해서는 이처럼 1세기 초와 확고한 연결고리를 찾을 수 없다.[71]

요컨대 예수가 도마복음에 함축된 영지주의 신화에 속하는 존재였다거나 자신에 대한 유다복음의 영지주의적 묘사에 동의했다고 하는 주장은 잘못되었다. 이는 예수에 대해 1세기로 정확하게 연대를 추정할 수 있는 다양한 자료들의 정보들과 반대되는 문맥 속에 그를 위치시키는 것이다. 이러한 주장은 예수의 죽음으로부터 50년 내에 전부 기록된 정경 복음서들에 반하며, 십자가형 이후 첫 20~30년 내에 초대교회의 예배 형식의 일부였던 신조와 찬양과 예배의식적 문구에서 볼 수 있는 예수의 초상과 예수 숭배에 반한다. 또한 이는 기독교에서 가장 오래된 문서인 신약의 서신들 속 예수의 초상과도 반대된다.

7.8 1세기 기독교는 "다양성의 혼돈" 속에 있었는가?

몇몇 학자들은 초기 기독교가 "다양성의 혼돈" 속에 있었다고 계속해서 주장해왔다. 이는 과장되었으며, 2세기 영지주의와 관련된 논쟁이 1세기에도 있었다고 암시하기 위해 자주 제시되는 관점이다. 이 관점을 옹호하는 자들은 신약의 몇몇 구절들에 대해 추측하면서 정경의 구절들을 1세기에 영지주의적 세계관이 존재했다는 증거로 재해석한다.

요한복음과 일부 서신서들, 이를테면 에베소서와 골로새서와 히브리서 등이 1세기의 영지주의적 경향을 드러내고 있다는 주장은 자주 제기된다. 그러나 이 문서들의 영지주의적 경향은 도마복음에서 나타나는 영지주의와는 유(類)를 달리한다. 이 차이는 중요하며 마이어는 이를 다음과 같이 잘 설명해준다.

> 나는 골로새서와 에베소서나 서신서와 히브리서, 그리고 특히 요한복음이 각기 1세기 기독교의 다양한 흐름 속에 존재했던 "영지주의화(化)하는 경향"을 반영한다는 점을 부정하지 않겠다. 그러나 이는 도마복음 최종본이 보여주는 영지주의, 즉 구원받은 자들의 영혼이 실제로는 신 안에 선재(先在)했지만 불행하게도 신성한 근원으로부터 분리되었으며, 비극적이게도 물질과 인간의 몸이라는 악한 세계로 들어오게 되었고, 구원받는 자들과는 사실 동질동체(同質同體)인 예수에 의해 이제는 그들의 신성한 기원과 본질에 대한 지식으로 다시 부름을 받는다고 주장하는 영지주의와는 동일하지 않다. 어떤 성생활도 거부하는 맹렬한 금욕주의와 신성한 본질로 만들어지지 않은 인간들은 구원으로부터 선천적으로 제외된다는 함의와 더불어, 이 모든 개념들은 결코 신약 정경의 명백히 다양한 관점들에 의해 제시되는 기독교가 아니다. 고린도에서 바울을 대적하던 자들[※고린도후서 11:1~4 참고]과 에베소서의 저자와 요한1서의 저자의 대적들[※요한1서 2:18~23, 4:1~3 참고]조차 도마복음의 편집자만큼 멀리 나아갔는지 의문이 들 수밖에 없다.[72]

초기 기독교가 서로 동등한 가치와 진실성을 지닌 다양한 믿음들을 두고 혼란스러워 했다는 주장은 우리가 가지고 있는 가장 유력하고 가장 오래된 증거들과 일관되지 않는다. 이러한 주장들은 불가피하게 1세기가 아닌 2세기에 생성된 정경 외의 자료들에 의존한다. 우리는 정경복음서들과 바울의 간증적인 서신들이 모두 1세기에 쓰였다는 것을 알고 있다. 일부 학자들은 그들의 주장에 타당성을 부여하기 위해 2세기 외경 복음서들이 1세기에 근거 자료들을 가지고 있다고 가정한다. 그러나 그들은 이 가정에 대해 실질적인 증거를 하나도 제시하지 못한다. 그들은 단순히 그들의 가정이 진실일 거라고 추정하며, 그들의 추정을 지지하기 위한 증거는 일절 제시하지 않은 채 이 가정에 대해 결론 내린다. 에반스는 그들이 대부분 과대 포장된 도마복음에 근거를 두며, 2세기에 작성된 문서들의 연대를 1세기로 지정함으로써 이러한 주장을 펼친다고 주장한다. 그가 서술하듯이, "그럼에도 몇몇 학자들은 이 문서들이 — 어쩌면 약간은 다르며 초기 가설의 형태로써 — 1세기에 작성되었으며 심지어 1세대 기독교인들에게까지 거슬러 올라갈지도 모르는 오래된 사상들을 반영한다고 설득하려 한다. 하지만 우리가 보았듯이 이러한 외경 문서들에 대해 이른 연대를 추정할 만한 설득력 있는 증거는 하나도 없다."[73]

1세대 기독교인들 사이에서도 의견 충돌과 논쟁이 있었지만, 이러한 논쟁들은 나사렛 예수에 대한 핵심 믿음들과는 관련이 없었다. 논쟁은 모세의 율법이 이방인 기독교인들에게도 적용되는가의 문제에 한정되어 있었으며, 그 외에는 사역과 믿음의 공인(公認)에 대한 문제를 포함했다. 그러므로 초기교회의 논쟁들을 "대체 기독교"의 형태로서 볼 수는 없다.

앞서 1세대 기독교인들의 예배 형식에서 발견되는 가장 오래된 증거들에 대해 다룰 때 보았듯이, 기독교의 초대 구성원들은 예수가 하나님의 아들이며 메시아로서 십자가 위에서 속죄를 위해 죽었고 사흘 만에 되살아났다는 핵심 믿음을 지니고 있었다. 초기 기독교인들은 모세의 율법이 이방인들에게도 적용되는가에 대해 의견충돌이 있었지만, *예수에 대해서는 그렇지 않았다.* 그들은 예수의 정체성과 사역에 대한 믿음에서는 단결했으며, 그들의 논쟁은 결코 "기독교의 분화"로 이어지지 않았다. 이방인 개종자들이 유대인들의 율법을 지켜야 하는가에 대한 논쟁 이외에, 초기 기독교인들의 핵심 믿음과 관련해서 주목할 만한 이론(異論)에 대한 증거 같은 것은 단 하나도 없다. 가장 오래된 교회가 다양한 믿음들의 혼돈 속에 빠져있었다는 주장을 뒷받침할 만한 어떤 증거도 없는 것이다. 물론 *2세기*에 핵심 교리들에 대한 왜곡들은 있었지만, 교회가 생긴지 수십 년밖에 되지 않았던 기간에는 핵심 교리들이 확고했었다. 에반스는 이에 대해 다음과 같이 서술한다.

> 내가 여기서 하고 싶은 말은 기독교 신앙의 핵심 교리와 관련된 중대한 논쟁에 대한 증거는 단 하나도 없다는 것이다. 바울과 베드로는 둘 다 예수의 죽음과 부활을 확언하고 구원 받기 위해선 믿음으로 반응해야 한다는 것을 단언했다 … 1세대 기독교인들은 예수가 - 이스라엘의 메시아이자 하나님의 아들이 - 인류의 죄를 위해 십자가 위에서 죽었으며 사흘 째 되는 날에 되살아났다는 핵심 믿음들과 관련해서 단결했던 반면, 유대인들이나 이방

인들과 관련해서 모세의 율법의 정당성과 적용에 속하는 문제들에 대해서는 논쟁했다 … 1세대 기독교인들의 논쟁은 예수에 대한 것이 아니었다. 예수는 모든 신자들 사이에서 이스라엘의 메시아이자 하나님의 아들이며 세계의 구원자라고 받아들여졌다. 논쟁은 비(非)유대인들(그러니까 이방인들)이 구원을 받기 위해선 반드시 유대교 개종자(그러니까 전향자)가 되어야하는가에 있었다 … 신약에서 확인되는 차이와 충돌들은 1세대 교회 내의 분화하는 "기독교들(Christianities)"에 대한 증거가 아니다 … 짧게 말해서, "잃어버린 기독교들"에 대해 주장하는 에르만 등은 오래 전에 널리 간증된 예수의 가르침과 1세대 신자들로부터 떨어져 나간 개인들과 집단들을 얘기하고 있는 것이다. 이들이 가정하는 기독교들은 1세기 중반에는 존재하지 않았다.[74]

이것이 초기 기독교의 다양성에 관한 증거다. 교회의 첫 수십 년 내에 다양한 "기독교 신앙들"에 대한 유력한 증거가 있다는 주장은 과장이다. 가장 오래된 교회의 구성원들은 오직 *2세기* 문서들에 의해서만 도전받았던 확고한 핵심을 고수했다. 우리가 지금까지 보았듯이, 이 문서들은 핵심 교리에 대한 왜곡이지 예수에게로 거슬러 올라가는 독자적인 전통이 아니다. 그것들은 역사 속의 예수에 대해 아무것도 알려주지 않는다. 이러한 외경적(extracanonical) 믿음들이 교회의 첫 수십 년 내에 존재했다는 유력한 증거는 하나도 없다. 에반스가 결론짓듯이, "분화한 '기독교'를 제시할 수 있는 유일한 길은 2세기 문서와 교리를 1세기 중반으로 끌어들여 오는 것뿐이다. 에르만이 『잃어버린 기독교의 비밀』에서 인용한 사례들은 2세기 인물들과 분파들이다.

그는 에비온파(Ebionites)와 마르키온(Marcion)과 그의 추종자들 및 영지주의에 대해 다루는데, 이는 모두 2세기에 나타났던 개인들과 집단들이다."[75]

주

1 예일대학의 종교(고대 기독교)학 교수인 레이튼(Bentley Layton)은 그노시스의 의미를 다음과 같이 명확하게 설명한다.

> 영지주의 문서들은 개인의 구원을 헬라어 단어인 그노시스로 설명하며, 영지주의자들 스스로 이름붙인 "영지주의 종파"라는 명칭은 그노시스에 도달할 수 있는 자신들의 능력을 말한다. 그노시스의 의미는 쉽게 알아챌 수 있다. 이 단어의 특이한 파생어인 *gnostikos*와는 다르게, *gnosis*는 일상생활과 종교(유대교와 기독교를 포함하여)에서 통상적으로 사용되던 헬라어 단어들 중 하나였다. 그노시스의 기본적인 해석은 "앎"이나 "안다(는 행위)"이다. 그러나 고대 헬라어에선 두 가지 앎이 자연스럽게 구분되었다(일례로 불어에서도 쉽게 동일하게 구분한다). 하나는 명제적 앎으로서 어떤 것이 사실임을 아는 지식("나는 아테네가 그리스에 있음을 안다")이다. 헬라어는 *eidenai*(불어로는 *savoir*)처럼 이러한 종류의 앎을 나타내는 몇 가지 단어들이 있다. 또 다른 하나는 주로 사람을 목적어로 하여 대상과의 개인적인 앎("나는 아테네인들을 잘 안다", "나는 수잔을 오래 알고 지냈다")을 말한다. 헬라어에서 이를 뜻하는 단어는 *gignoskein*이다(불어로는 *connaitre*이며, 영어에서 이러한 종류의 앎은 "acquaintance"라고 할 수 있겠다). 이에 상응하는 헬라어 명사가 바로 그노시스다. 예를 들어 만약 두 사람이 서로 소개 받았다면, 각각의 사람은 서로에 대해 그노시스 또는 앎을 주장할 수 있다. 만약 한 사람이 신을 만난다면, 그 사람은 신에 대한 앎을 가지고 있는 것이다. 고대 영지주의자들은 구원을 그노시스 또는 앎의 일종으로 설명하였으며, 이 앎의 궁극적 대상은 다름 아닌 신이었다.

Layton 1987, 9.

2 킹은 다음과 같이 말하며 역으로 영지주의의 단일 기원을 제시하여 꽤나 좁은 의미로 정의한다. "우리가 영지주의라고 할 때 단일 기원으로부터 펴져 나와 독특한 성질들을 지닌 어떤 고대의 종교 단체를 의미한다면, 영지주의라는 것은 전에도 없었고 지금도 존재하지 않는다. 오히려 영지주의는 정통 기독교의 경계를 정의하려는 목적을 위해 근대 초기에 발명된 용어다," King 2003, 1~2. 그러나 에르만은 영지주의라는 용어가 몇 가지 주요 테마를 가진 이 광범위한 교리들을 다루는 데에 있어 적절하다고 주장한다. 그가 서술하듯이, "영지주의 종파들은 상당수 존재

했으며, 그들은 크고 작은 많은 점들에서 서로 달랐다. 영지주의 종파들은 너무나도 다양해서 몇몇 학자들은 영지주의라는 용어를 더 이상 사용해서는 안 된다고 주장해왔다 … 개인적인 생각으론 이는 너무 멀리 나가는 것이며, 영지주의에 대한 담론은 지극히 타당하다고 본다." Kasser et al. 2006, 83에 에르만 서술.

3   Petrement 1984, 1~2. 복(Darrell Bock) 역시 영지주의 세계관에 공통되는 핵심이 존재한다는 점에서 페트르망과 에르만을 비롯한 여러 학자들과 동의한다.

> 이 주장[킹의 주장]은 문서들의 다양성에 너무 치중하여 문서들이 동일한 관심사를 가진 종교 집단의 사상들을 반영한다는 사실을 도외시하고 있다. 킹은 한 작품을 영지주의적이라고 칭하기 위해서 갖추어야 되는 단일 특성이 무엇인지 의문을 제기하며, 영지주의에 속하게 만드는 단 하나의 "놀라운" 특성은 존재하지 않는다고 주장하나, 학자들은 대부분 어떤 특성이 중요한가가 아닌 전체 작품이 무엇을 반영하는지가 핵심이라고 주장한다. 즉, 주어진 작품이 "영지주의적" 세계관을 반영한다고 할 수 있는 특성들을 지니고 있는가? 대다수의 학자들은 영지주의 작품들이 우리가 설명하고 정의할 수 있는 세계관 일반을 공유하고 있다고 주장한다.

Bock 2006, 18.

4   Kasser et al. 2006, 86에 에르만 서술.

5   McManners 1990, 26에서 발췌. 에르만은 엘리트주의가 영지주의 신화들에서 공통요소라는 채드윅의 주장에 동의한다. 그는 악한 물리적 세계와 육체라는 감옥으로부터 탈출함으로써 구원에 이른다는 영지주의적 관념을 설명하면서, 운 좋게 자신들 안에 어느 정도 신성한 불꽃을 지니게 된 선택받은 자들의 엘리트적 지위를 강조한다. 그가 서술하듯이, "모든 사람이 탈출할 방법이 있는 것은 아니라는 점을 강조해야 한다. 이는 모든 사람이 그들 안에 신성한 불꽃을 지니고 있는 것은 아니기 때문이다. 그저 몇몇만 그러할 뿐이다. 다른 이들은 이 세계의 하급신의 피조물이다. 그들은 지상의 다른 피조물들(개, 거북이, 모기, 등등)처럼 죽을 것이며, 그것이 그들에게는 궁극적인 결말이다." Kasser et al. 2006, 86~87에 에르만 서술.

6   에르만이 지적하듯이, "몇몇 영지주의자들은 그리스도가 천상으로부터 온 이온(aeon)이라고 가르쳤다. 즉, 예수는 창조자에게 보냄받고 이 세계에 육신을 입고 나타난 사람이 아니라, 오직 육체의 *외관*으로만 나타났다는 것이다. 다른 영지주의자들은 예수가 실제 사람이었으나 신성한 불꽃 중에서도 특별한 불꽃을 지니고 있었다고 가르쳤다. 즉, 그의 영혼은 예수라는 사람 안에 잠시 거주하기 위해 특별히 천상에서 내려온 신성한 존재로서, 그를 따르는 자들에게 필요한 진리를 드러내기 위해 예수를 전달체로 사용했다는 것이다." Kasser et al. 2006, 87~88에

에르만 서술.

7   창세기 3:4.
8   Houston 2006, 31~32.
9   Layton 1987, 12~13.
10 Layton 1987, 5.
11 Barbelo에 대한 논의는 Kasser et al. 2006, 140~141 참고.
12 Layton 1987, 16.
13 Layton 1987, 16.
14 Layton 1987, 12~17.
15 약 3만 명의 인구를 지닌 이 도시는 Permejed 혹은 Pemje라고도 알려져 있었다. 이 유적지는 알렉산드리아의 남쪽으로 약 300km 정도 떨어져 있으며, 나일강의 지류에 위치한 베메사라는 마을 근처에 있다. 옥시링쿠스는 이 도시에 정착했던 초기 헬라인들이 숭배한 강꼬치고기의 이름이다.
16 Layton 1987, 46.
17 Layton 1987, 18.
18 레이튼의 다이어그램 수정본을 참고.
19 영지주의 교리의 특징들에 대한 논의는 Cross and Livingston 2005, 687 참고.
20 페린의 논의를 참고.
21 나그함마디 장서의 발견에 대해서는 Meier 1991, 123 참고. 나그함마디 장서의 흥미로운 점들을 자세히 알고자 한다면 Pagel 1979, xiii~xvii; Ehrman 2003, 51~53 또한 참고.
22 Kasser et al. 2006, xvi~xvii에 에르만 서술.
23 Layton 1987, 378.
24 Meier 1991, 125~126.
25 이하는 모두 Robinson 1990으로부터 발췌.
26 마이어가 서술하듯이,

> 도마복음의 편집자의 주요 목적이 영지주의적이며, 공관복음서들과 유사한 어록들은 영지주의자들의 "진정한", 비밀스러운, 영지주의적 의미에 따라 (재)해석되었다는 점은 명백하다. 기독교를 이처럼 철저하게 "재해석"하는 종류의 영지주의 세계관은 2세기 전에는 사용되지 않았으므로, 콥

> 트 문서의 일부로서 도마복음 전체가 역사 속의 예수에 대해 신뢰할 수 있는 반영이 아니며 1세기 기독교의 가장 오래된 사료가 아닌 것은 의심의 여지가 없다. 확실히, 도마복음을 처음 (헬라어로) 증언한 옥시링쿠스 고문서의 가장 오래된 문서도 연대가 일반적으로 약 서기 200년으로 추정된다는 점은 의미심장하다. 우리가 현재 2세기 영지주의 기독교의 한 형태로서 알고 있는 도마복음이 작성된 것은 [1세기가 아닌] 2세기의 어느 한 시기였던 것이다.

Meier 1991, 127.

27 에르만 역시 도마복음의 연대를 2세기로 잡는다.

28 Ehrman 2003, 58.

29 Ehrman 2003, 59쪽.

30 에르만은 다음과 같이 서술한다. "나는 도마복음이 독자들에게 그러한 영지주의적 관점을 묘사해주거나 신화적 토대를 설명하려고 시도한다고 생각하지 않는다. 나는 도마복음이 그러한 관점을 *전제로 하며*, 만약 독자들이 이러한 전제들을 염두에 두고 문서를 읽는다면, 이 책에 담긴 난해한 구절들의 대부분을 이해할 수 있을 것이라고 생각한다." Ehrman 2003, 60쪽 (강조는 덧붙임).

31 Layton 1987, 376 (괄호는 덧붙임). 『진주의 찬가』는 다음과 같은 비(非)기독교적 우의(寓意)를 지닌 헬레니즘적 영지주의 문서다. "영적 세계의 제1원리는 신의 섭리에 의해 개개의 영혼을 천상의 몸을 지나쳐 물질적인 몸속에 현현하는 생으로 하강시키는데, 이는 (구원을 얻는) 가르침을 받게 하기 위함이다. 영혼은 의식이 없고 무기력해지는데, 이는 물질 때문이다. 그러나 그것은 스스로를 물질로부터 떼어낸다. 구세주 혹은 철학(지혜)의 메시지에 대한 반응으로 말이다. 영혼은 스스로를 그리고 자신의 경력을 알게 되기 시작하며 형이상학적으로 자신과 재결합하고(즉, 완전해지고) 제1원리와 재결합하여, 진정한 안식을 얻게 된다." Layton 1987, 367. 『진주의 찬가』는 아마도 2세기에 에데사에서 작성된 것으로 보이나, 정확한 연대나 작성된 장소는 확실치 않다.

32 페린은 "'디두모'와 '도마'라는 단어들은 각각 헬라어와 아람어/시리아어에서 '쌍둥이'를 의미한다."고 서술한다.

Perrin 2007, 77.

33 Layton 1987, 367.

34 Evans 2006, 66~67.

35 Wright 2006, 95~97 (강조는 덧붙임).

36 브루스는 디아테사론의 작성과 사용의 역사에 대해 다음과 같이 서술한다.

> 유스티누스의 제자인 타티아누스에게로 오면 한층 더 확고해진다. 유스티누스의 순교(서기 165년) 이후, 타티아누스는 그의 고향인 아시리아로 돌아가 나중에 수 세기에 걸쳐 엄청난 영향력을 행사하게 될 복음서들의 편집본인 디아테사론을 세상에 내놓았다. 디아테사론은 음악 용어로서 "넷의 화음"을 뜻한다. 이는 이 편집본이 무엇에 대한 것이었는지를 명확하게 보여준다. 디아테사론은 각각의 복음서들의 요소들을 연대순이라고 생각되는 순서에 따라 뜯어내고 재구성하여 이루어낸 하나의 연속적인 복음 서사이다. 요한복음은 마태복음과 마가복음과 누가복음의 요소들이 들어갈 골조를 이루었다. 디아테사론은 요한복음 1:1~5에서 시작하여 1:6(하나님께로부터 보내심을 받은 사람이 있으니 그의 이름은 요한이라)이 따라오는 대신, 요한의 탄생에 대한 누가복음의 기록(누가복음 1:5~80)을 재구성한다. 그러나 디아테사론은 요한복음의 구성 순서를 그대로 따르지는 않았다. 예를 들어 성전의 정화에 대한 기록은 요한복음 2:13~22에서처럼 예수의 사역 초기가 아니라 공관복음서들처럼 성주간(聖週間, 마가복음 11:15~17 등)에 자리 잡고 있다.

Bruce 1988, 127~128.

37 Pagels 2003, 29 (강조는 덧붙임).

38 Perrin 2002, 25.

39 Perrin 2002, 17. 몇몇 학자들은 도마복음의 어록이 특정 패턴을 따라 순서지어지지 않았다는 점을 들어 이 문서가 공관복음서들의 패턴과 독립적이라는 증거라고 주장해왔다. 그러나 내가 이에 대해 설명했듯이 페린의 분석은 그 반론에 대한 증거를 제공하는데, 이는 도마복음이 시리아어로는 빈틈없이 짜여 있으며, 고도의 구성력과 신중한 배열을 드러내는 통일된 패턴을 지니고 있기 때문이다.

40 나는 페린의 기본 논증을 설명하겠으나, 도마복음이 디아테사론에(그리고 디아테사론은 정경복음서들에) 의존하고 있다고 주장하는 결정적인 이유를 알고 싶은 사람은 페린의 저서 『도마와 타티아누스』(*Thomas and Tatian*)와 그의 최신작인 『도마: 또 하나의 복음서』(*Thomas: The Other Gospel*)를 읽어보길 권한다. 그는 "표어"를 "근접한 어록에서 발견되는 다른 단어와 의미론적, 어원학적 혹은 음운학적으로 연상시킬 수 있는" 단어라고 정의 내린다. Perrin 2002, 50.

41 Perrin 2002, 17.

42 Perrin 2002, 49.

43 또 하나의 2세기 시리아 문서인 『솔로몬의 시가』(Odes of Solomon)의 언어유희의 사용에 관하여서는 Perrin 2002, 192~193 참고.

44 Perrin 2002, 193.

45 Perrin 2002, 189.

46 라이트는 도마복음의 연대를 2세기 후반으로 추정할 수 있다는 점을 보여준 페린의 논증을 다음과 같이 요약한다.

> 현재 상황에 대한 강력한 지표로써 우리는 우리에게 주어진 대로의 "도마복음"의 언어가 당시의 이집트어였던 콥트어로 쓰여 있다는 점에 주목한다. 이 책은 단순히 예수가 말했다고 하는 어록들의 모음집이며, 콥트어 버전에선 이 어록들이 특정한 순서로 배열되어 있지 않다. 그러나 콥트어를 이 모음집의 원어(原語)였을 가능성이 높은 시리아어로 번역해보면, 우리는 앞뒤 문장들이 접속어로 연결된 세심한 패턴으로 예수의 어록이 수집되어 있음을 발견하게 된다. 그리고 문제의 시리아본과 어록들의 이와 같은 연접 방식은, 특히나 타티아누스를 중심으로 하는 2세기 후반 교회들의 어법 및 집필 방식과 상당히 밀접하다. 가장 유력한 설은 우리가 "도마복음"이라 부르는 이 모음집이 아무리 빨라도 예수의 시대로부터 약 200년 후에나 작성되었다는 것이다.

Wright 2005.

47 Evans 2006, 72.

48 Evans 2006, 73~74.

49 Evans 2006, 76~77.

50 Metzger 2003, 122.

51 Metzger 2003, 12~13 (강조는 덧붙임).

52 Wright, 1998.

53 마이어는 도마복음의 편집자가 정경복음서들의 저자들과는 다르게 역사적 정확성을 염두에 두지 않았다는 라이트의 확신에 동조하며 다음과 같이 말한다.

> 다시 말해 구원에 대한 도마복음의 관점은 비역사적이고 무시간적이어서, 도마복음의 편집자는 사복음서 내에서 그에 반대되는 것은 모두 제외시키고 있다. 예를 들어 세브린(Sevrin)은 도마복음의 편집자가 어떻게 구원사나 종말론적 관점을 지닌 암시나 언급을 모두 제외시키면서, 제63, 64, 65 번째 어록들의 세 가지 서로 다른 비유들(급사한 부자의 비유, 성만찬

의 비유, 포도원의 흉악한 농부들의 비유)을 결합하여 "자본주의"에 반대하는 그 자신만의 *영지주의적* 논점을 발전시키는지에 대해 설득력 있게 입증한다. 그 결과 도마복음에는 자기 이해와 물질계로부터의 금욕을 통한 탈(脫)역사적, 영구적 자기 구원의 메시지가 나타난다. 도마복음은 때때로 영지주의 전통에 대한 부연 설명을 도입하기도 하지만, 그것들 역시 항상 그의 신학적 목적을 따른다.

Meier 1991, 134.

54 Meier 1991, 140.
55 Pagles and King 2007, xiii, xiv, 강조는 덧붙임. 에르만 역시 유다복음의 작성 연대를 2세기 중반으로 추정한다. Kasser et al. 2006, 91에 에르만 서술 참고.
56 나그함마디 장서의 편집장이자 클레어몬트 대학원의 고전 및 기독교학회의 명예교수이다.
57 Robinson 2006, 1.
58 Robinson 2006, 1.
59 에르만은 유다복음에 대해 논평하면서 영지주의 신화에 관해 다음과 같은 핵심들을 제시한다.

> 이 세계는 진정한 유일신의 창조물이 아니다. 이 세계를 만든 신, 즉 구약의 신은 이차적이며 열등한 신이다. 그는 모든 이들 위에 계신 찬양받아야 할 신이 아니다. 그는 오히려 피해야할 존재다. 신성한 영역에 관한 진리와 악한 세계에 대해, 그리고 우리가 이 악한 세계에 구속되어 있다는 것과 어떻게 하면 이곳에서 탈출할 수 있는 지를 배움으로써 말이다 … 모든 사람이 탈출할 방법이 있는 것은 아니라는 점을 강조해야 한다. 이는 모든 사람이 그들 안에 신성한 불꽃을 지니고 있는 것은 아니기 때문이다. 그저 몇몇만 그러할 뿐이다. 다른 이들은 이 세계의 하급신의 피조물이다. 그들은 지상의 다른 피조물들(개, 거북이, 모기, 등등)처럼 죽을 것이며, 그것이 그들에게는 궁극적인 결말이다. 그러나 우리 중 몇몇은 갇혀 있는 신들이다. 그리고 우리는 하늘에 있는 우리 고향으로 돌아가는 방법을 배워야 한다.

Kasser et al. 2006, 86~87에 에르만 서술.
60 Kasser et al. 2006, 23n22에 에르만 서술.
61 Kasser et al. 2006, 115에 에르만 서술.
62 Kasser et al. 2006, 29n59에 에르만 서술.

63 Kasser et al. 2006, 110에 에르만 서술.

64 Kasser et al. 2006, 111에 에르만 서술.

65 이 세계의 창조신(야훼)을 열등한 신으로 이해하는 것은 예수가 유다에게 은밀히 모든 것을 설명해주는 신화에 가장 분명하게 서술되어 있다 … 이 세계의 창조신이 존재하기도 이전에, 셀 수 없이 많은 신적 존재들이 이미 존재했다. 예를 들어 각각 하나의 "루미너리"와 오계(五界)를 지니고 (총 360개의 하늘이 존재한다) 수많은 천사들이 경배하는 72명의 이온들이 있었다. 게다가 이 세계는 "지옥" 혹은 다른 말로는 "타락"의 영역에 속해 있다. 이 세계는 진정한 유일신의 선한 창조물이 아닌 것이다. 오직 다른 신성한 존재들이 생겨나고 나서야 엘(El)이라고 이름 붙여진 구약의 신이 생겨났고, 그를 따라 그의 조력자들, 피로 물든 반역자 이알다바오트와 어릿광대 사클라스가 생겨났다. 이 두 조력자들이 세계를 창조한 후 인간들을 만들었다. 제자들이 "그들의 신"을 숭배할 때, 그들은 이 빌어먹을, 무의미한 물질계의 창조자들인 반역자와 어릿광대를 숭배하는 것이다. 그들은 모든 이들 위에 계시며, 전지전능하고, 전적으로 영적인 존재이며, 반역자와 어릿광대가 만든 고통과 괴로움으로 가득한 이 필멸의 세계에서 완전히 분리되어 있는 진정한 유일신을 숭배하고 있는 것이 아니다.

Kasser et al. 2006. 105~106에 에르만 서술.

66 Wright 2006, 80~82.

67 Porter and Heath 2007, 106을 참고.

68 Jenkins 2001, 72.

69 Wright 2006, 111.

70 Bock 2006, 84~85. 보크는 초기 신앙의 핵심에 관해 설명하면서 다음과 같이 이어간다.

이 정통성은 무엇을 제외시키고 무엇을 포함시키는가라는 측면에서 서술할 수도 있다. (1) 하나님은 그가 창조주가 아니게 되는 방식으로 분리될 수 없다. 하나님은 만물의 창조주이시며, 그의 창조는 선한 것이었다. (2) 예수와 그리스도를 예수라는 인물과 그의 사역이라는 측면에서 분리시켜 받아들일 수 없다. 정통 기독교는 예수가 하나님이 보내신 하나님의 아들로서 진실로 육신을 입고 왔으며 진실로 고난 받았다고 믿는다. (3) 진정한 믿음은 영적 차원에 국한된 구원에 대한 것이 아니었다. 구원은 육적 부활을 포함하여 물리적 창조물들로 연장해나가는 것이다. (4) 예수는 단지 믿음으로의 길을 제시하거나, 선지자로서, 또는 단지 지혜를 가진 스승으로서나 신앙의 모범으로서 온 것이 아니다. 그의 사역은 그것을 넘어서 구원의 길을 열어주었다. 예수는 단순한 선지자 이상이었으며, 바로 그렇기 때문에 그는 하나님의 아들로서 하나님과 함께 경배 받고 영광을 함께하는 자로 받아들여진 것이다.

Bock 2006, 207~208.
71 Bock 2006, 190 (괄호는 덧붙임).
72 Meier 1991, 156~157.
73 Evans 2006, 9.
74 Evans 2006, 189, 193~203.
75 Evans 2006, 2.

제8장

모든 종교가 동일한 근원을 제시한다는 주장은 논리적으로 불가능하다

제8장

모든 종교가 동일한 근원*을 제시한다는 주장은 논리적으로 불가능하다

8.1 예수의 신성(神性)은 다른 종교들에 의문을 제기한다

나는 이 책에서 예수의 신성에 대한 논증을 제시했다. 이 논증은 제자들이 예수의 부활을 선포했다는 사실을 핵심으로 한다. 만일 그들의 주장처럼 부활이 실제 일어난 사건이라면, 이는 나사렛 예수가 신의 징표(signature, 徵表)를 지닌 자임을 보여준다. 사도들은 자신들이 예수의 부활에 대한 증인이라고 반복해서 증언했다. 그들은 감옥에 갇히기도 하고, 기적적으로 풀려나기도 했으며, 고문과 죽음의 위협에도 불구하고 예루살렘 성전

---

* 원문은 ultimate reality이며 우리나라에선 '궁극적 실재'라는 말이 더 자주 쓰인다. 이하 본문에서는 의미상 분명한 경우를 제외하곤 모두 근원이라 옮긴다. 근원과 궁극적 실재는 동일한 의미로 쓰였다는 점을 유의하기 바란다.

으로 돌아가서 부활 신앙을 선포했다. 그들은 다시 붙잡혀 매질 당하고 예수의 이름으로 전도하지 말 것을 강요받았다. 당시 매질은 굉장히 고통스러운 형태의 육체적 처벌이었으며, 1세기 초에 많은 사람들이 매질 당하여 죽었다. 그럼에도 사도들은 계속해서 예수의 부활을 선언하였다. 스데반은 신성모독죄로 기소된 후 돌팔매질 당하여 첫 번째 기독교 순교자가 되었다. 그러나 사도들은 한 치의 흔들림 없이 계속 부활을 선언했으며, 기독교는 예루살렘교회에서 놀라운 속도로 퍼져나가며 성장했다. 예수가 부활하여 자신들에게 나타났다는 것을 제자들은 확고히 믿었으며, 이는 증거가 뒷받침한다. 그들이 단순한 거짓말이나 불확실한 믿음을 위해 그토록 고통당했겠는가?

만일 제자들의 증언과 내가 예수의 신성에 관해 제시한 증거들을 받아들인다면, 이는 다른 종교들을 이해하는 데에 어떤 영향을 끼칠까? 이어지는 두 장에선 이 질문을 통해 제기되는 몇 가지 까다로운 문제들을 다루려 한다.

8.2 "종교"라는 용어를 정의하는 것은 간단하지 않다.

"종교"라는 용어가 무엇을 뜻하는지 정의하는 것은 쉬운 일이 아니다. 전(前)흠정강좌 신학 교수이자 옥스퍼드 신학대학의 학장이었던 워드(Keith Ward)는 비교종교학에 대해 높이 평가받은 5권짜리 시리즈를 썼다. 그는 『종교에 대한 논증』(*The Case for Religion*)에서 "종교"라는 용어를 정의하는 것은 쉬운 작업이 아님을 지적한다. 그가 서술하듯이, "미국과 유럽의 많은 대학들이

'종교'에 관한 강좌를 개설하고 있다. 이 강좌들은 보통 '종교란 무엇인가'라는 제목으로 개설된다. 강사들은 대부분 약 20여 개가 넘는 정의들을 살펴본 후, 아무도 종교가 무엇인지 모르거나 종교라는 것이 존재하기는 하는지조차 확신하지 못한다며 결론짓는다. 그럼에도 불구하고 이러한 강좌들은 여전히 종교학으로 불리는데, 이는 어쨌든 '나는 내가 무엇에 대해 얘기하는지 모른다'라는 강좌명보다는 '종교학'이란 명칭이 더 듣기 좋기 때문이다."[1]

워드는 영국 정부가 2001년에 실시한 인구조사에서 수많은 시민들이 종교란에 "제다이 기사(Jedi Knight)"라고 기입하면서부터 종교의 정의에 대한 논쟁이 시작되었다고 말한다. 제다이 기사들은 독특한 옷을 입으며 눈으로 볼 수 없는 "포스(the Force)"와의 영적 교감 속에 있고 꽤 많은 양의 구전 잠언들을 암송해야 하기 때문에, 그들의 입장은 충분히 "종교"로 볼 수 있을 만하다.[2] 그러나 이때 문제가 되는 것은 이 종교가 실재에 관해 무엇을 알려줄 수 있는가이다.

특정한 믿음 체계를 종교로 볼지의 여부를 결정하는 타당한 기준점은 없다. 예를 들어 수많은 종교들 중 보다 더 잘 알려진 종교들만 동일한 실재로 이끄는 종교들로 받아들인다면, "보다 더 잘 알려진"의 뜻을 정의해야만 한다. "보다 더 잘 알려짐"은 많은 수의 지지자를 요구하는가? "많은"이라는 말은 무엇을 의미하는가? 보다 더 잘 알려진 종교가 되기 위해 신도는 최소 몇 명이어야 하는가? 많은 종교들이 영적 교감이나 신과의 유대관계라는 것이 없으며 각기 다른 목표를 가지고 있다는 것을 깨달을 때, 종교를 정의하는 일이 어려움을 알 수 있다. 예를 들어 마술은 악한 영혼들을 조종하거나 달래는 것과 관련이 있다. 제국주의 종교는 일본 신도(神道)의 황제나 이집트의 파라오, 혹은 로마 황제나 독재자와 같은 정치적 인물에 대한 절대적 충성을 요구한다. 힌두교와 불교, 일부 뉴에이지 종교들과 영지주의는 모두 개인의 "자기실현"이나 일체의 이기심으로부터의 해탈에 관심을 둔다.

유사 이래로 무수히 많은 종교들이 있었다. 그것들이 모두 참일 수 있을까? 사탄을 숭배하는 것도 종교다. 그것 또한 유대교와 함께 동일한 근원으로 이끄는 종교일 수 있을까? 바이킹에게는 오딘과 토르와 프로이라는 세 명의 주신(主神)들이 있었으며, 제3제국은 "피의 연대(fellowship of the blood)"를 선전하면서 북유럽 신화를 아주 많이 차용했다. 그렇다면 이것 역시 하나의 종교였는가? 만일 특정 종교를 제외시킨다고 할 때, 비록 다른 모든 종교들은 동일한 근원으로 통하지만 그 종교는 그렇지 않다고 결정하는 선은 어디에다 그어야 하는가? 이렇게 결정할 수 있는 기준들은 무엇인가? 도대체 어떤 상위의 권위(higher authority)에 의거하여 이런 결정을 내릴 수 있는가? 이는 단순히 개인 취향의 문제인가? 앞서 말한 것처럼, 신도수에 의거하여 결정하는 것은 그 수가 유동적이기 때문에 성립할 수 없다. 애초에 무슨 근거로 신도수가 정당한 기준이라고 단순하게 결론 내릴 수 있겠는가?

8.3 각각의 종교들은 상호배타적인 철학적 입장들을 지니고 있다.

모든 종교들이 동일한 근원으로 통한다는 관념은 매력적이지만, 종교들 간의 차이를 살펴보고 역사적 갈등의 깊이와 양립할 수 없는 차이들을 인식한다면 논리적으로 유지할 수 없는 생각이다. 예를 들어 힌두교는 존재의 근원이 되는 궁극적 실재는 비인격적인 본질이나 신들의 집합이라고 얘기하고, 불교는 신이 존재하지 않거나 순전히 비인격적이라고 주장하며, 이슬람교는 근본적인 실재는 곧 알라이지만 그를 지각(知覺)할 수는 없다고 말하고, 기독교는 궁극적 실재가 인류에게 스스로를 드러낸 신이라고 믿는다.

인간의 본성에 대한 관점에 있어서 힌두교는 인간이 본질적으로 신성하다고 얘기하며, 불교는 인간이 개체적인 본질을 지니고 있지 않다고 인식하고, 이슬람교는 신이 인간을 창조했지만 인간이 신을 닮지는 않았다고 말하며, 기독교와 유대교는 신이 자신의 형상대로 인간을 창조했다고 믿는다.

인간의 악이라는 불완전성에 관하여 힌두교는 우리가 나쁜 업보에 의해 환상에 불과한 세계에서 윤회한다고 얘기하며, 불교는 우리가 존재(tanha)를 갈망하기 때문에 환생과 죽음의 순환이라는 고통(dukka) 속에 갇혀 있다고 주장하고, 이슬람교는 우리가 이슬람법(shari'a)을 지키지 못하기 때문에 알라의 심판을 받게 된다고 말하며, 기독교는 우리가 죄로 인해 인격적인 신과의 유대(紐帶)로부터 멀어져 신의 심판을 받게 된다고 믿는다.

악으로부터의 구원과 관련하여 힌두교는 윤회를 거쳐 소멸하는 것을 희망하며, 불교는 욕망을 소거하고 열반(nirvana)에 들어 윤회의 고리에서 해방되려고 노력하고, 이슬람교는 선한 행위가 악한 행위보다 많아질 수 있게 이슬람법을 엄격히 따름으로써 낙원을 추구하며, 기독교는 하나님의 은혜에 대한 믿음과 스스로를 속죄물로 드린 그리스도의 희생에 대한 믿음을 통해 심판으로부터 구제받는다고 믿는다.

사후세계에 대해서 힌두교는 형언할 수 없는 상태로의 소멸을 얘기하며, 불교는 고통과 욕망으로부터의 해탈 및 자아라는 환상의 소멸을 주장하고, 이슬람교는 낙원과 지옥을 말하며, 기독교는 천국과 지옥을 믿는다.

8.4 역사 속의 사건들에 대해 상호배타적인 근본 주장들을 펼치는 종교들이 모두 진실일 수는 없다.

종교들 간의 상호배타성은 역사성(예를 들어 역사 속의 사건들) 위에 토대를 세우는 종교들을 살펴볼 때 더욱 분명해진다. 역사에 기초한 종교가 실제로 일어났다고 주장하는 사건들이, 마찬가지로 역사에 기초한 다른 종교가 실제로 일어났다고 주장하는 사건들과 상호배타적일 때, 이 두 종교가 모두 참일 수는 없다. 둘 다 거짓일 수는 있지만, 둘 모두 참일 수는 없는 것이다. 예를 들어 이슬람교는 예수가 십자가 위에서 죽지 않았다고 말하며, 기독교는 그가 십자가 위에서 죽었다고 믿는다. 역사적으로 볼 때, 예수는 십자가 위에서 죽었거나 죽지 않았거나 둘 중 하나다. 역사 속의 사건에 대한 이 두 종교의 주장들이 모두 참일 수는 없는 것이다.

워드는 다른 신앙을 가진 사람들의 믿음을 존중하고 차별 없는 사랑으로 대할 필요가 있다고 강조한다. 그러나 그 역시 세계의 종교들에 대해 일평생 연구하고 가르치며 집필한 끝에, 모든 종교들이 동등하게 수용 가능한 진리를 설파한다고 보는 것이 아무리 매력적일지라도 논리적으로 불가능하다고 결론을 내린다.

> 그럼에도 불구하고 모든 종교를 동시에 믿는다는 것은 불가능하다. 의견의 차이 역시 종교의 일부이며, 모든 믿음이 동등하게 참되다고 주장하는 것은 잘못이다 … 종교적 믿음들은 서로 많은 점에서 차이를 보인다. 어떤 종교들은 부활을 믿는 한편, 다른 종교들은 지상에서의 일생(一生)만을 믿는다. 어떤 종교들은 신이 인격적인 존재라고 생각하고, 다른 종교들은 궁극적 실재는 세계 안에서 어떤 행동도 취하지 않는다고 생각한다. 어떤 종교들은 영혼이 불멸하다고 주장하는 데에 비해, 다른 종교들은 사후세계가 없다고 주장한다. 이 모든 믿음들이 다 정답일 수는 없다. 그러므로 우리는 궁극적 실재[※원문은 God이지만, 문맥상 "신"이라는 용어보다는 궁극적 실재가 더 적절하다고 보았다]가 인간의 보는 문화에 영향을 끼치고 있다고 확실하게 말할 수는 있겠으나, 궁극적 실재의 속성과 목적에 대한 인간의 모든 믿음들을 대략 동등하게 수용할 수 있다고 말할 수는 없다.³

8.5 자아가 환상에 불과하다는 불교의 믿음은 개별적 인간의 가치를 믿는 기독교적 사상과 양립할 수 없다.

인간 본성에 대한 불교의 관념을 더 깊게 살펴보고 그것을 개인에 대한 기독교적 사상과 비교할 때, 이 둘 사이의 해소할 수 없는 간격은 더욱 명백해진다. 앞서 지적했듯이, 불교는 자아가 환상이라고 믿는다. 기독교는 개인의 가치, 회개와 속죄의 개념들 그리고 인격적인 신과의 유대를 강조한다. 그러나 불교는 첫째로 고통(dukka)의 소멸을, 최종적으로는 열반에 듦으로써 윤회의 고리로부터 해방되는 것을 목표로 한다. 스마트(Ninian Smart)는 "비영속성의 관념, 불멸하는 개별적 영혼이라는 관념에 대한 거부, 우주적 인과성의 사상, 열반이라는 언어를 넘어선 궁극적인 상태 등이 붓다가 말하는 것들의 골자"[4]라고 불교사상의 정수를 설명한다.

붓다가 얘기한 사성제(四聖諦)의 네 번째 언명(言明)은 팔정도(八正道)[5]를 실천하는 것이 욕망을 소멸시키는 방법(괴로움에 대한 해결책)이라는 것이다. 팔정도에는 세 가지 주요 요소들이 있는데, 그 중 첫 번째는 바른 인식(正見)과 바른 사유(正思惟)를 포함하는 지혜(Panna)이다. 바른 인식은 무아(無我)의 교리를 담고 있다. 이 교리는 자아와 세계가 환상이며, "나(我)"라는 것은 실재로 존재하지 않는다고 주장한다. 불교에서 개인으로서의 인격은 실재로 존재하지 않는다. 자아는 그저 환상일 뿐이다. 폴킹혼(John Polkinghorne)은 이 믿음이 근동의 종교들과 상반되며 특히나 기독교와 상반된다고 주장한다.

> 근동의 모든 종교들(유대교, 기독교, 이슬람교)에서 아브라함과 이삭과 야곱의 하나님 보시기에 무한한 가치를 지닌 것으로 간주되는 한편, 불교에서는 무아의 교리에 비추어 볼 때 괴로움을 자아내는 환상에 지나지 않는 개인주의에 불과한 '개별적 인간'에서

부터 논의를 시작해보자. 물론 기독교는 하나님으로부터 소외된 자아의 모호한 성격을 인정한다 … 인간이 처한 상황에 대해 기독교는 죄(하나님으로부터의 소외)가 그 근본적인 문제이며, 회개하고 하나님에게로 신실하게 돌이키는 것을 이에 대한 해결책이라고 진단한다. 기독교적 소망은 무사무욕을 성취하는 것이 아니라 올바른 욕망, 즉 하나님을 갈망하는 영혼으로 이끄는 정화(淨化) 안에 있으며, 이는 아우구스티누스 사상의 핵심이기도 하다.[6]

기독교 신앙은 각 개인의 고유한 가치를 염두에 두고 있기 때문에 자아를 환영이라고 생각하는 종교와는 다르다. 기독교에 의하면 개별성과 물리적인 우주는 모두 실재하는 것들이다. 이렇듯 우리는 종교들 간의 극적이고 모순적인 속성들을 직시해야만 한다.

8.6 모든 종교가 참이라는 주장은 자기모순적이다.

모든 종교가 동일한 근원으로 이끈다는 입장은 그 자체 신앙적인 관점에서 받아들여지는 하나의 종교적인 믿음이다. 이 입장은 참이라고 증명될 수 없으며, 단지 종교적인 믿음으로서 받아들여질 수 있을 뿐이다. 만일 모든 종교가 참이라는 주장을 참된 진술이라고 가정한다면, 우리는 신앙의 관점에서(즉, 종교적 믿음의 차원에서) 모든 종교가 다 동일한 근원으로 이끄는 것은 아니라는 반대 입장을 고수하는 사람에 대해 뭐라고 할 수 있는가? 만일 모든 종교는 참이라는 주장에 일관되고자 한다면 우리는 반드시 그 사람의 종교적 믿음 또한 참이라고 간주해야 한다. 그러나 그 사람의 종교가 참이라면, 모든 종교가 참이라는 주장은 반드시 거짓이어야 한다. 바로 여기서 모든 종교가 참이라는 주장이 자기모순적임을 알 수 있다.

8.7 신실함은 종교에 대한 역사적 정당성의 기준이 될 수 없다.

현대 서구 사회에서는 자신의 믿음에 신실하기만 하면 그 사람이 무엇을 믿는지는 상관없다는 생각이 널리 받아들여지고 있다. 그러나 종교적 믿음을 평가하는 기준으로 신실함을 내세우는 것은 꽤나 경솔한 입장이다. 신실함은 믿음의 가치에 대한 검증이 될 수 없다. 옳고 그름의 문제는 신실함을 기준으로 삼아서는 해결할 수 없다. 나치 수용소의 집행인들은 자신들이 더 좋은 세상을 만들고 있다고 신실하게 믿었을 수도 있지만, 실제로는 인류를 상대로 끔찍한 범죄를 저지르고 있었다. 고대 그리스인들은 신들이 번개와 천둥을 일으킨다고 신실하게 믿었지만 이는 그릇된 믿음이었다. 로스쿨 입학시험을 준비하는 것이 의사자격증 시험을 위한 공부가 될 수 있다고 신실하게 믿을 순 있으나 이는 잘못 믿게 되는 것이다. 이처럼 신실함은 믿음의 체계를 평가하기 위한 좋은 기준이 아니다. 만일 천 달러와 오백 달러의 합이 삼천 달러라고 믿는다면 금융세계에서 잘할 수 있을 리가 없다. 이와 유사하게 종교계 인물에 대한 신실한 믿음은 정직하고 헌신적일 수 있지만 현실과는 연관이 없을 수 있다. 독을 탄 쿨에이드 음료를 마셔도 교주가 신성한 힘으로 자신들을 보호해 줄 것이라고 믿었던 광신도들은 실제와 상응하지 않는 신실한 믿음 체계의 희생자들이었다.* 진실은 중요하며, 진실이란 한 사람의 믿음과는 독립적으로 존재하는 실재와 상응하는 사실을 말한다.

8.8 모든 종교가 동일한 근원으로 통한다는 것을 입증할 수 있는 사람은 아무도 없다.

모든 종교가 동일한 근원으로 통한다는 입장을 옹호하는 사람들은 장님들이 왕궁 옆의 코끼리를 만지고 묘사하는 이야기를 매우 좋아한다. 이 이야기에서 코끼리의 코를 만진 장님은 그것을 뱀이라고 말하고, 꼬리를 만진 장님은 코끼리가 밧줄 같다고 말하며, 다리를 만진 장님은 나무 같다고 말한다. 장님들은 모두 같은 코끼리를 만졌지만, 코끼리에 대해 각기 다른 설명을 하게 된다.

이들은 결국 논쟁을 벌이게 되며, 서로 자신의 설명이 옳다고 다툰다. 논쟁이 격해지고 언성이 높아지게 되면서 결국 라자(※Rajah, 인도의 왕)를 잠에서 깨우게 되는데, 잠에서 깬 라자는 분노에 가득 차서 발코니로 나와 "코끼리는 큰 동물이다. 각 사람은 오직 한 부분만 만졌을 뿐이다. 너희는 모든 부분들을 합하여 코끼리가 어떻게 생겼는지 알아내야 할 것이다"라고 소리친다. 이에 장님들은 각기 코끼리의 일부분만 알 뿐이라고 인정하

---

*존스타운 집단자살 사건을 말한다. 1978년 11월 18일, 교주인 짐 존스가 신도 914명과 함께 독극물을 마시고 자살하였다. 이 사건은 광신의 위험성에 대한 예로 자주 언급된다.

고, 완전한 진실을 알기 위해선 그들이 서로 아는 부분들을 모두 합해야 한다고 동의한다.[7]

이 이야기는 각각의 종교가 오직 더 큰 진리의 일부분일 뿐이며, 모든 종교들은 동일한 근원으로 통한다는 관점을 지지하기 위해 자주 인용된다. 그러나 이 우화는 현실에 전혀 들어맞지 않는데, 이는 그 자신 장님이 아니면서 장님들이 단지 코끼리의 부분들만을 만지고 있을 뿐이고, 코끼리가 진짜로 어떻게 생겼는지를 알기 위해서 반드시 힘을 합쳐야 한다는 것을 파악할 수 있는 라자가 우리 인간들에겐 없기 때문이다.

인간들에겐 모든 종교가 동일한 근원으로 통한다는 것을 알려줄 라자가 없다는 점에서 이 우화는 현실에 전혀 들어맞지 않는다. 어째서 인간들에겐 이러한 라자가 부재하는가? 왜냐하면 이 우화가 궁극적 실재를 반영한다는 것을 알기 위해서는 마치 라자가 코끼리를 보았듯이 누군가 궁극적 실재를 보았어야 하기 때문이다(이 이야기에서 궁극적 실재에 대한 상징이 코끼리이지 라자가 아니라는 것을 기억하라). 그러나 누구도 라자의 입장에서 모든 종교가 더 큰 진리의 일부일 뿐이라는 것을 본 적은 없다. 아무도 이것을 경험적으로 파악할 수 없다. 만일 누군가 비록 나머지 인류는 모두 장님들이어서 그가 보는 것을 볼 수 없지만, 자신은 라자와 같아서 모든 종교가 하나로 통한다는 것을 볼 수 있다고 주장한다면, 이 사람이 옳다는 증거는 어디에 있는가? 다시 말해 그가 모든 종교가 하나로 통한다는 것을 볼 수 있는 라자라는 증거는 어디에 있는가?

열성적인 다원주의자는 문화적인 편견들이 모든 종교가 동일한 근원을 지시한다는 더 큰 진리에 대해 눈이 멀게 만든다고 주장할지도 모른다. 그러나 우리가 이를 알기 위해선 누군가는 반드시 아무런 편견 없이 진실을 보고 이것을 우리에게 알려줘야 한다. 하지만 이 이야기는 우리 모두가 장님이며, 누구도 궁극적 실재가 실제로 어떤지 알지 못한다는 것을 주장하고 있다. 이에 대해 다원주의자에게 다음과 같이 반문할 수도 있다. 당신은 이 이야기에서 어디에 위치하는가? 다원주의자는 장님들 중 하나인가 아니면 라자인가? 만일 그가 장님들 중 하나라면, 그는 어떻게 다른 모든 사람들의 눈이 멀었다는 것을 알고 있는가? 만일 그가 진짜로 눈이 멀었다면, 그는 어떻게 다른 모든 사람들의 분석이 틀렸다는 것을 알 수 있는가? 오직 라자의 입장에 있어야만 그는 이러한 지식을 소유할 수 있다. 그러나 만일 그가 라자라면, 그는 어째서 다른 이들을 눈멀게 하는 환상으로부터 홀로 자유로운 것인가? 모두가 장님이라는 것은 다원주의 세계관의 일부다. 그러나 그렇다면 다원주의자들은 자신들의 세계관이 진실이라는 것을 어떻게 아는가?

  흥미롭고 설득력 있는 것처럼 보이는 이 이야기를 반대신문을 통해 살펴보면, 이 이야기가 사실은 해소할 수 없는 모순들을 안고 있어서 현실을 있는 그대로 묘사하지 못한다는 것을 알 수 있다.[8]

8.9 한 사람이 특정 종교를 장려하는 특정 문화 안에서 자랐다는 사실은, 그 사람의 종교적 믿음이 참인지 거짓인지에 대해 아무것도 알려주지 않는다.

만일 한 사람이 특정한 믿음을 장려하는 특정 문화 안에서 자랐다면, 그는 다른 믿음보다 그 믿음을 따를 가능성이 높다. 한 번은 만일 내가 이슬람 국가에서 자랐다면 기독교 말고 다른 종교를 따랐을 것 같으냐는 질문을 받은 적이 있었다. 나는 확률적으로 보았을 때 내가 이슬람교도로 자랐을 것이고, 그 믿음을 바꾸어야 할 어떤 이유가 주어지지 않는 한 아마도 계속해서 이슬람교도였을 것이라고 대답했다. 그러나 이는 이슬람교와 기독교 중 어느 종교가 참인지에 대한 질문을 제기하는 것이 아니며, 나의 대답 역시 그 질문에 대해서는 답을 주지 못한다. 한 사람이 특정한 방식으로 자랐다는 것은 그 사람의 믿음이 참인지 혹은 거짓인지에 대해 아무것도 말해주지 않는다. 이는 단지 그 사람이 어떻게 해서 이슬람교도나 기독교인이 되었는가를 설명해줄 뿐이다. 이는 한 사람의 믿음이 참인지 거짓인지에 관하여 아무런 증거도 제공하지 않으며, 믿음의 타당성이 아니라 믿음의 유래에 대해서만 말해줄 뿐이다.[9]

8.10 기독교인들도 결점이 있고 완벽하지 않지만, 그들의 믿음은 올바른 행위가 아니라 나사렛 예수라는 사람에 있다.

기독교인들이라고 해서 항상 기독교 신앙의 모범이 되어왔던 것은 아니다. 놀라울 정도로 아름다운 삶을 살았던 성도들을 제시할 수도 있겠으나, 기독교인들도 다른 이들과 마찬가지로 결함이 있다. 그러나 기독교 신앙은 기독교인들이 아니라 나사렛 예수의 유일무이한 속성에 대한 믿음이다. 기독교는 예수가 그 본성상 하나님이며 인간의 형상을 입고 이 땅에 와 사람과 다를 바 없는 것처럼 보였다고 주장한다. 다른 어떤 종교적 인물도 자신이 인간의 형상을 입은 하나님이라고 주장한 적이 없었다. 아바(*Abba*)라는 용어로써 자신의 아버지라 불렀듯이 신을 친밀히 대했던 종교적 인물은 예수 외엔 아무도 없다. 예수는 심지어 구약에서 하나님께만 부속되었던 단어, 즉 헬라어로는 *ego eimi*(스스로 있는 자)라고 번역된 용어를 사용했다.

이 책의 첫머리에서 다루었던 것처럼, 예수의 신성에 대한 기독교의 주장은 세계의 종교들 가운데서도 독특하다. 붓다나 공자는 이런 주장을 결코 하지 않았을 것이며, 이는 마호메트도 마찬가지이다.[10] 워드는 성육신으로서의 예수와 기타 종교들의 화신(化神) 개념 사이에 분명한 선을 긋는다.[11]

선지자들이 항상 신과 뚜렷하게 구별되었던 유대교나 이슬람교 같은 선지자 중심의 종교들에는 신과 가장 가까운 방식으로 결합된 실제 인간의 본성[※신인(神人) 개념을 일컫는다]이라는 생각을 찾을 수 없다. 또한 이는 비슈누의 화신들은 현실에서 인간의 본성이 가지는 한계에 의해 제한받지 않는다고 주장하는 비슈누파 전통에서도 발견되지 않는다. 석가모니는 일정 부분 예수와 유사하다고 할 수 있는데, 이는 (적어도 상당수의 불교 전통에서는) 그가 인간으로서의 본성을 너무도 완벽하게 구현하여 인성(人性)을 초월하고 궁극적 실재와 하나가 되었기 때문이다. 그러나 붓다는 성육신이 아니며, 단 한 번도 그렇다고 주장된 적도 없다. 전통적인 불교는 확실히 유일한 창조신에 대한 믿음이 없다. 석가모니는 수많은 생을 거치면서 스스로 노력하여 완벽함에 다

다랐다고 전해진다. 그러나 기독교인들은 예수가 하나님의 은총으로 인해 완벽한 인간의 속성을 지닌다고 믿으며, 예수와 아버지 하나님 사이의 친밀한 관계는 붓다가 터득했다고 전해지는, 즉 모든 관계를 초월한 열반의 완벽한 평정 상태와는 사뭇 다른 것이다. 그러므로 원칙적으로는 다수의 성육신들이 존재할 수도 있겠으나, 성육신에 대한 실제적이고 역사적인 주장은 단 하나, 즉 예수에 대해서만 있을 뿐이다.[12]

많은 이들이 예수가 성육신이라는 주장이 폐기되기를 간절히 원한다. 그들이 이런 입장을 지지하는 이유들 중 하나는 이 주장을 폐기함으로써 모든 종교들이 합의를 이룰 수 있다고 생각하기 때문이다. 그들은 예수에 관한 독특한 주장을 제거함으로써 논쟁이 해소되기를 희망한다. 성육신에 대한 믿음은 다른 종교들을 믿는 사람들 간의 화합에 있어 걸림돌이 되는 것처럼 보인다. 워드는 세계의 종교들에 대해 일생을 숙고한 끝에 성육신을 부정한다고 해서 논쟁이 해소되지 않으며, 세계종교(world religion)의 기반을 이루는 공통요소라는 것은 불가능하다고 결론 내린다. 따라서 우리는 서로 간의 의견 차이를 안고 살아가는 법과 그러한 차이에도 불구하고 서로를 사랑하고 관심 갖는 법을 배워야만 한다.[13]

8.11 모든 세계관은 본래 독단적이다. 특정한 세계관이나 믿음을 가지게 되는 것은 그것이 다른 믿음보다 더 타당하다고 판단하기 때문이다. 하지만 그렇다고 해서 세계관에 대한 표현이 모두 독단적일 필

요는 없다.

예를 들어 누군가가 정통 기독교 신앙과 같이 특정한 종교적 믿음을 고수할 때, 다른 이들은 당연히 그 사람이 거만하고, 잘난 체하며, 다른 믿음들에 대해 불공평하게 비판적이라고 생각할 수도 있다. 그러나 논리적으로 볼 때 모든 세계관들 또한 하나의 믿음이기 때문에, 이러한 비난은 그 세계관들을 믿는 사람들에 대해서도 적용될 수 있다. 우리가 깨닫고 있든 그렇지 못하든, 우리는 모두 실재를 정확하게 반영하고 있다고 생각하기 때문에 고수하는 믿음 체계, 즉 세계관을 갖고 있다. 모든 종교들이 동등하게 참되다고 주장하는 사람은 하나의 종교적 믿음을 제시하고 있다. 모든 종교가 동등하게 참되다는 입장은 단순히 그 자체 또 하나의 종교인 것이다. 이는 확실성이 아니라 신앙에 기반을 둔 또 하나의 세계관이다. 결과적으로 그것이 독단적인 방식으로 표현되지는 않을 지라도 그 또한 독단적인 세계관일 수밖에 없다.

사람들은 아무리 비논리적이라 해도 모두 각각 특정한 믿음에 의지해 살고 있으므로, 모두가 이러한 점에 대해 비난받을 수 있다. 이는 피할 수 없는 일이다. 그렇다고 해서 자신이 다른 믿음을 지닌 사람들에 비해 우월하다고 생각해서도 안 된다. 우리는 모두 자신을 점검하고, 단순히 특정한 믿음을 가진다는 것이 다른 세계관을 믿는 자들보다 더 좋은 사람이 된다는 의미는 아니라는 사실을 깨달아야 한다. 워드는 이 부분에 대해서도 유용한 통찰을 제공한다.

내가 특정한 믿음을 가지고 있다는 사실이 나를 다른 사람보다 우월하게 만든다고 말해서는 결코 안 된다. 그러나 한편으로는 참된 믿음이 어떤 식으로든 거짓된 믿음보다 우월하다는 점을 받아들여야만 한다는 것 또한 마찬가지로 자명하다. 이는 참이 거짓보다 당연히 낫다는 의미에서 그러하다. 물론 그렇다고 해서 내가 결코 틀리지 않다거나 진리를 알 수 있는 특권을 가졌다는 것은 아니다. 단지 내가 서로 모순되는 믿음들을 동시에 믿을 수는 없다는 얘기다. 예수가 십자가 위에서 죽었다고 믿는 기독교인들은 대개 예수가 십자가 위에서 죽지 않았다고 믿는 이슬람교도보다 자신의 믿음이 "우월하다"고 생각할 것이다. 그러나 마찬가지로 이슬람교도는 이에 대해 자신의 믿음이 기독교인들의 믿음보다 "우월하다"고 생각할 것이다.[14]

한 사람이 자신의 믿음을 "우월하다"고 생각한다는 사실은 그 사람이 다른 관점을 지니는 사람을 바보로 생각하거나 타락했다고 생각한다는 뜻은 아니다. 우리는 모두 자신의 믿음이 우리가 선택하지 않은 믿음들보다 더 타당하다고 간주한다. 특정한 세계관을 믿는 것은 다른 세계관보다 그 세계관이 더 타당하다고 생각하기 때문이다. 그렇지 않다면 그 세계관을 믿을 리가 없다.

나는 기독교인이 다른 이들을 사랑하라는 계명을 받았다고 믿는다. 예수는 심지어 원수도 사랑하라고 말했다. 성숙한 기독교인이라면 기독교에 동의하지 않는 사람을 적으로 간주해선 결코 안 될 것이다. 우리가 가족들과 친구들 그리고 이 세상 모두에 대해 조금만 이해하고자 한다면, 우리는 많은 점에서 우리와 동의하지 않는 사람들을 사랑할 수 있다. 이는 특히 기독교인들에게 요구되는 것이다. 왜냐하면 기독교인들은 그리스도의 정신을 본받아야 하기 때문이다. 예수는 다른 신앙을 가진 사마리아 여인을 향하여 놀라운 사랑을 보여주었다. 또한 이방인 병사에게도 그렇게 했다. 무엇보다 예수는 우리 모두가 그의 능력 안에서 제한 없는 사랑과 진리를 나눌 수 있게 해주었다. 이를 위해 그는 스스로 경탄할 만한 본보기가 되어주지 않았는가.

주

1 Ward 2004, 9.

2 Ward 2004, 9.

3 Ward 2004, 142.

4 Smart 1989, 62.

5 Smart 1989, 61.

6 Polkinghorne 1994, 182.

7 Beckwith and Koukl 1998, 47.

8 Beckwith and Koukl 1998, 1~3.

9 Polkinghorne 1994, 17.

10 C. S. 루이스가 지적하듯이, "타협점이라는 것은 존재하지 않으며, 이와 유사한 것도 다른 종교들엔 존재하지 않는다. 만약 당신이 붓다에게 '당신이 브라마(Bramah)의 아들입니까?'라고 물어보았다면 붓다는 '그대는 아직 허상에 빠져 있도다.'라고 대답했을 것이다. 만약 당신이 소크라테스에게 '당신은 제우스입니까?'라고 물어보았다면 그는 당신을 비웃었을 것이다. 만약 당신이 마호메트에게 가서 '당신이 알라입니까?'라고 물어보았다면 그는 자신의 옷을 찢은 후 당신을 참수했을 것이다."

Green 2002, 43에서 발췌.

11 기독교 신앙의 주장들은 독특하며 역사, 과학 및 철학적 증거들을 통해 평가되어야 한다. "우리는 예수에 대한 기독교의 주장들을 살펴볼 때, 그 주장들이 단지 몇몇 일반적인 가르침이 진리라고 말하는 것이 아님을 발견하게 된다. 그 주장들은 예수 본인에 대한, 즉 그가 진실로 어떤 의미에선 지상에 하나님의 나라를 세운 사람이라고 말하고 있다 … 바로 그러한 점에서 정통 기독교는 예수의 인성(人性)이 모든 다른 사람들의 인성과 다르다고 말한다 … 그는 인간의 형상을 한 하나님으로서 진정한 인성을 지녔고, '말씀이 육신이 되어 우리 가운데 거하시매 우리가 그의 영광을 보[게 된 것이다]'(요한복음 1:14)."

Ward 2002, 142~143, 163.

12 Ward 2002, 164.

13 워드는 다음과 같이 서술한다.

> 그러나 우리는 이러한 의견의 차이가 언제나 있을 것이라는 사실을 직시해야만 한다. 성육신에 대한 믿음을 포기한다고 해서 종교적 교리들에 관련된 의견충돌이 감쪽같이 해소되는 일은 없다. 정통 유대인들은 예수가 모세보다 더 큰 권위자였다는 것을 믿지 않으며, 그를 믿는 자들이 율법에 대해 무신경한 태도를 보이는 것을 진리에 완전히 역행하는 것이라고 간주한다. 정통 이슬람교도들은 일반적으로 예수가 십자가 위에서 죽었다는 점을 부정하고, 산상수훈이 비현실적이며 어쩌면 해로울 수도 있다고 생각한다. 성육신을 부정한다고 해서 논쟁은 해소될 수 없다. 몇몇 사람들은 종교들 간의 논쟁에 대해 많은 불만을 품으며, 이러한 갈등들을 해소할 수 있는 믿음의 형태들을 어떤 방식으로든 고안해내려고 노력한다. 이와 관련된 모든 제의들은 … 단지 더 많은 의견충돌을 야기할 뿐이다! 이를 수행할 수 있는 유일한 방법은 종교들이 서로 충돌하는 모든 믿음들을 포기하거나 이러한 믿음들을 모든 종교가 동의할 수 있는 쪽으로 재공식화하는 것이겠으나, 이는 불가능하다. 예를 들어 인격적인 창조주를 믿는 기독교인과 이를 믿지 않는 불교 신자를 생각해보자. 누군가는 신이라는 개념을 포기하자고 제의할 수도 있겠지만, 이는 결코 기독교인을 만족시킬 수 없을 것이다. 혹은 불교 신자로 하여금 약간은 막연하지만 "순수한 정신"과 같은 신의 개념을 받아들이도록 하자고 제의할 수도 있을 것이다. 그러나 상좌부불교는 이미 오래전부터 이러한 대승불교적 개념들을 거부해왔으며, 이로 미루어 보아 이들 간에 합의에 도달할 수 있을 것이라고 생각되지는 않는다 … 목적이 무엇이고, 이를 이루는 방법은 무엇이며, 이러한 것들을 가장 잘 아는 사람은 누군가에 대해 말하려고 시도하는 순간, 곧 새로운 논쟁이 일어난다. 현대에 새롭게 나타나는 수많은 종교들이, 그 중 다수가 "모든 종교는 진리다"라고 주장하면서도 계속 새로운 종교들을 형성하면서, 때로는 구(舊)종교에 의해 박해받는 한편 각각 독자적인 믿음들을 지니고 있다는 점이 이를 경험적으로 증거한다.

   Ward 2002, 165~166.
14 Ward 2002, 167.

제9장

다양한 믿음을 지닌 사람들을 어떻게 대해야 하는가?

제9장

다양한 믿음을 지닌 사람들을 어떻게 대해야 하는가?

9.1 어떻게 하면 다른 믿음을 가진 사람들을 은혜와 진리에 일관된 자세로 대할 수 있는가?

세계는 점점 작아지고 있으며, 우리는 점차 다른 믿음들을 가진 사람들과 엮여가고 있다. 우리는 이런 환경에서 어떻게 살아가야 하는가? 어떻게 하면 우리는 우리의 믿음에 충실하면서도 우리와 다른 자들을 사랑할 수 있을까? 나는 2002년 5월 윈드서 캐슬 회담에서 바로 이 질문들을 다루었다. 회담의 명칭은 「9/11 이후의 세계: 정치적, 경제적, 군사적 그리고 영적 도전」(The World After September 11: The Political, Economic, Military, and Spiritual Challenge)이었다. 이 장에서 나는 이 회담에서 발표한 성명의 요점을 제시하겠다.

9.2 종교다원주의의 세 가지 범주는 상호 존중을 통한 솔직하고 진정성 있는 대화의 필요성을 보여준다.

나는 현대 사회에서 세계 각지의 종교 공동체들이 맞닥뜨리는 영적 도전의 일면을 다루고자 한다. 기독교인들에게 이 문제는 다음과 같이 서술될 수 있다. 어떻게 하면 다른 믿음을 가진 사람들을 은혜와 진리에 일관된 자세로 대할 수 있는가? 어떻게 하면 우리는 그들이 다른 종교를 믿을 권리를 존중하고, 그들의 인격을 존중하며, 그들을 하나님의 형상으로 만들어진 존재로 사랑하면서도 우리 신앙의 본질을 고수할 수 있는가?

이러한 질문들을 고찰하기 위해서는 "종교다원주의(religious pluralism)"라는 용어의 의미를 한층 더 깊이 이해해야 한다. 오늘날 이 용어는 널리 쓰이고 있지만, 사람들은 그 의미를 제각각 다르게 받아들여서 대개 서로 모순되는 방식으로 사용한다. 이 용어의 의미를 둘러싼 혼란은 다양한 종교적 믿음들을 제대로 고찰할 수 없게 만든다.

그러므로 나는 논의를 명확하게 하기 위해 세 종류의 종교다원주의, 즉 금지주의적(prohibitive), 상대주의적(relativistic) 그리고 진정한(authentic) 다원주의 간의 차이를 제시하겠다.

금지주의적 종교다원주의는 배타적인 진리주장(truth claim)을 하는 종교적 믿음을 모두 규범적으로 금지하는 종교다원주의다. 다시 말해 이러한 종류의 종교다원주의는 아무리 본질적인 믿음이라 할지라도 다양한 신앙을 가진 사람들이 공유할 수 없는 진리주장은 모두 금지시킨다.

상대주의적 종교다원주의는 종교 상대주의로, 모든 종교가 동일한 실재를 표현하고 있으며 동등하게 참되다는 믿음을 강요하는 종교다원주의이다.

진정한 종교다원주의는 한 사람이 배타적인 진리주장을 포함하여 그 종교 특유의 믿음들을 고수할 수 있는 권리를 존중하며, 다른 사람들에게 피해를 주지 않는 방식으로 그러한 믿음들을 표현할 자유를 허용하는 종교다원주의다. 그러나 이는 마치 한 사람이 팔과 손을 자유롭게 움직일 수 있는 권리가 다른 사람을 마음대로 때릴 수 있는 권리는 아닌 것처럼, 무제한적인 권리를 의미하지는 않는다.

9.2.1 금지주의적 종교다원주의는 곧 종교전체주의(religious totalitarianism)다.

뉴욕 타임스의 국제시사 칼럼니스트였던 프리드만(Thomas Friedman)은 2001년 11월 27일에 「진정한 전쟁」(The Real War)이라는 기사를 통해 9/11 사건을 분석하였다. 그는 이 기사에서 테러리즘에 대한 전쟁은 실질적으로 "종교전체주의"에 대한 전쟁이라고 주장했다.

> 만일 9/11이 정말로 3차 세계대전으로 향하는 발단이라면, 우리는 이 전쟁이 무엇에 관한 것인지 이해해야 한다. 우리는 "테러리즘"을 박멸하려 싸우는 것이 아니다. 테러리즘은 단지 수단일 뿐이다. 우리는 하나의 이념, 즉 종교전체주의를 무찌르려 싸운

다 … 종교전체주의의 반대는 다원주의다 - 종교적 다양성을 포용하는 이념이자 나의 믿음이 *배타적인 진리주장 없이* 자라날 수 있다는 생각 말이다(강조는 필자가).

프리드만이 종교전체주의를 비판한 점은 일리가 있다. 전체주의는 형태를 막론하고 반드시 피해야만 하는데, 이는 오직 자유로운 사회만이 진정한 평화를 이룰 수 있기 때문이다. 다양성을 포용해야 한다는 점에서도 프리드만의 주장은 타당하다. 우리는 다른 종교적 믿음을 가진 사람들의 권리를 존중해야 한다. 그러나 그는 마지막에 "배타적인 진리주장 없이"라고 부연하면서 전체주의를 반대하는 자신의 입장에 어긋나고 말았다.

배타적인 진리주장을 금지하는 것은 이러한 주장들이 대개 신앙의 진실성에 있어서 핵심적이기 때문에 문제가 된다. 만일 종교다원주의가 곧 배타적인 진리주장을 규범적으로 금지시키는 것을 뜻한다면, 이러한 규범은 한 사람이 그의 믿음을 따를 수 없도록 제재하게 될 것이다. 유대교와 기독교 및 이슬람 등의 일신주의 신앙들은 모두 배타적인 진리주장들을 종교 체계의 핵심이자 필수 요소로서 지닌다. 이러한 주장들을 제거하는 것은 곧 이 믿음들의 본질을 파괴하는 것이다. 예를 들어 코란이야말로 신이 최종적으로 전해준 계시라는 주장을 못하게 한다면, 이는 이슬람의 핵심 교리를 믿지 못하게 금지하는 것이다. 이 진리주장은 배타적이며 이슬람교도의 신앙의 내적 통일성에 있어서 핵심이기 때문이다.

프리드만이 배타적인 진리주장을 금지해야 한다고 말한 것은 종교적 다양성을 포용하고 전체주의를 피하자는 주장에 모순되는데, 이는 이러한 규범적 제재가 이미 그 자체로 종교전체주의이기 때문이다. 다시 말해 다양한 종교들이 서로 갈등되는 진리주장을 하지 못하도록 막자는 프리드만의 다원주의 이념은 실제로는 종교의 자유를 부정하는 이념(믿음)인 것이다.

이러한 다원주의는 푸코가 "감시(policing)"라고 설명했던 것에 딱 들어맞는다 – 즉, 어떤 사물이나 사람이 특정 방식으로 존재해야 한다고 미리 결정짓는 개념의 강제 집행인 것이다(그런데 슬프게도 이러한 감시는 오늘날 일정한 억압의 형태로서 대부분의 대학에 존재한다. 오늘날 미국의 대학생들은 아마도 미국 역사상 가장 정치적으로 침묵을 강요당한 세대일 것이다). 다원주의에 부합하는 믿음을 제외한 모든 진리주장을 폐지하는 것은 전체주의적이다. 여기서 중요한 것은 한 진리주장이 배타적인지가 아니다. 어떤 주장이든 핵심은 이 믿음이 참인지에 있다.

우리 문화에서 절대적 진리에 대한 주장은 응당 그래야 하듯 항상 의심의 대상이다. 그러나 그것이 곧 절대적 진리가 없다는 뜻은 아니다. 만약 누군가 절대적 진리를 알고 있다고 믿는다면, 그에게는 그것을 평화적인 방식으로 표현할 수 있는 자유가 주어져야 한다. 우리 문화에서 종교적인 진리주장은 점점 더 순전히 주관성의 표현에 불과한 것으로 받아들여지고 있다. 다시 말해 이러한 진리주장들은 "당신에게 진리일 수" 있겠지만 그것이 "나에게도 진리여야 하도록" 실제와 부합하는 의미에서의 진리가 아니게 된 것이다. 이 주관성은 다음과 같은 불편한 질문들을 야기한다. 이를테면 힌두교 장례식에서 과부들을 산채로 불태우는 문화의 미덕을 믿는 자들에 대해서는 어떻게 해야 하는가?

이러한 믿음은 논란의 여지가 없는가? 이것은 이웃을 사랑해야 한다는 믿음만큼 정당한가? 옳지 않은 일에 대해 판단할 수 있는 기준은 없는가? 옳고 그름에 대한 객관적인 기준이 없다면, 우리는 9/11에 대해서도 단지 이 사건이 일어난 것을 좋게 생각하지 않는다고 말하는 정도가 최선이다. 그렇다면 문제는 단지 취향의 차이에 머무를 뿐 진리는 중요하지 않게 된다.

많은 철학자들이 절대적인 진리는 없다는 입장을 고수하려 했지만 항상 모순과 갈등 속에 빠질 수밖에 없었다. 예를 들어 사르트르는 옳고 그름에 대한 객관은 없다는 입장을 고수했다. 그러나 그는 그 주장에 일관되게 살 수 없었고, 프랑스의 알제리 점령에 항쟁하기 위해 '알제리 성명(Algerian Manifesto)'에 서명해야 한다고 생각했다. 그리고 그는 실제로 그렇게 함으로써 프랑스가 잘못을 저질렀다고 진술했다. 그는 옳고 그름에 대한 기준이 없다는 그의 철학대로는 살 수 없었던 것이다.

우리는 신앙인들에게 부리망을 씌우기보다는 종교적인 진리 주장을 할 수 있도록 허용해야 한다. 그래야 이와 관련된 모든 사람들이 서로의 주장들을 고찰하고 분석하며 가늠하고 고려할 수 있을 것이다. 아무도 진리를 두려워해선 안 된다. 각 사람들은 의사표현을 권장하는 풍토 속에서 종교적인 진리주장들에 관한 모든 증거들을 조사할 수 있도록 허용되어야 한다.

9.2.2 상대주의적 종교다원주의 또한 종교전체주의의 한 형태이다.

상대주의적 종교다원주의를 살펴볼 때, 우리는 모든 종교가 동등하며 모두 궁극적 실재를 표현하고 있다고 주장하는 다원주의와 맞닥뜨린다. 사실 상대주의적 종교다원주의는 세계의 종교와 문화가 다양하다는 사실과 권리지향적인 사회에서 이 다양성을 어떻게 하면 가장 잘 반영할 수 있을지에 대한 정당한 고려로부터 출발한다.

모든 종교가 동등하게 진실하다는 입장은 굉장히 매력적인 생각이다. 상대주의적 종교다원주의는 종교 간의 화합을 위해 최소한의 저항이라는 노선을 보여주고 있지만, 모든 종교가 동일한 궁극적 실재에 대한 길을 묘사하고 있다는 것, 즉 모든 종교가 시종일관 모순되지 않는 진리주장들을 하고 있다는 것은 논리적으로 말이 되지 않는다.

우리는 다른 종교들은 참된 것이 하나도 없다고 생각할 필요가 없다. 모든 주요 종교들은 진리의 요소들을 부분적으로 지니고 있을 수도 있다. 그러나 근본적이면서도 상호배타적인 진리주장들이 모두 참일 수 있다는 주장은 논리적으로 불가능하다.

이 점을 설명하기 위해 기독교와 이슬람 간에 근본적이고 상호배타적이면서도, 최소화할 경우 이 두 믿음들의 핵심을 파괴하게 될 두 가지 차이점들을 예로 들겠다.

하나님이 나사렛 예수라는 사람으로 오셨다는 기독교의 주장을 이슬람교도들은 신성모독으로 간주하는데, 이는 그들의 입장에선 인간을 신과 동등한 존재로 경배하는 것은 생각할 수 없기 때문이다.

신약은 예수가 십자가 위에서 죽었다고 단호하게 말한다. 코란 또한 마찬가지로 예수가 십자가 위에서 죽지 않았다고 분명히 말한다. 이슬람은 대중이 예수를 십자가형에 처하기 위해 다가오자, 하나님이 선택받은 사자(使者)로 하여금 수치스러운 죽음을 당하도록 허용할 수 없었으므로, 예수를 하늘로 들어 올린 후 실수로 십자가형에 처해진 다른 사람에게 그의 형상을 옮겼다고 믿는다.

여기서의 핵심은 역사성이다. 신약과 코란이 둘 다 이 문제에 대해서 옳을 수는 없다. 만약 한쪽이 역사적으로 옳다면, 다른 한쪽은 틀린 것이다. 여기서 나는 어느 한 쪽이 참이라고 얘기하는 것이 아니라, 둘 다 참일 수는 없다는 단순한 사실을 지적하고 있다. 여기서 양쪽의 근본 믿음들이 있는 그대로 가감할 수 없는 차이들을 지니고 있다는 점을 우리는 인정해야만 한다.

이것은 기독교인들은 성육신에 대한 주장과 예수의 십자가형이라는 역사적인 사건에 대한 그들의 믿음을 버리고, 이슬람교도들은 모하메드가 신의 최후의 계시로서 코란을 전해줬다는 믿음을 버리기만 하면 해결되는 문제가 아니다. 이러한 진리주장들을 제거한다면 기독교와 이슬람 신앙은 모두 파괴된다. 종교란 상대주의자들이 마음대로 모양을 빚어낼 수 있는 반죽 같은 것이 아니다. 우리는 종교들의 내적 완전성을 존중해야만 한다. 도대체 어떤 권위와 관점에 의거하여 상대주의자들은 자신들이 보다 우월한 지식을 가졌다고 주장한단 말인가?

우리는 이슬람교도들과 기독교인들 사이의 분명하고 명백한 차이들을 받아들이지 않은 채 진정한 대화가 있을 수 있는지에 대해 질문해야 한다. 핵심 교리를 억압하는 인위적인 골자를 강요하는 대신, 우리는 다른 종교들을 존중할 때 진정 관용을 실천할 수 있다. 이런 식의 상대주의적 종교다원주의는 종교적 믿음들을 그들의 뜻대로 바꾸려는 지적 권위자들의 시도에 불과하며, 이는 전체주의의 한 형태에 불과하다.

9.2.3 진정한 종교다원주의는 믿음이 삶에 끼치는 영향을 주제로 상호 존중의 대화를 요구한다.

 서로 다른 믿음들을 가진 사람들끼리의 토론은 상호 존중을 토대로 이루어져야 한다. 상호 존중은 소통(dialogue)을 통해, 즉 서로에 대해 더 잘 이해하려고 시도할 때 생겨난다. 소통은 모든 믿음이 동일한 것을 말하고 있다는 전제 아래에서는 이루어질 수 없다. 소통은 존중과 지적 솔직함을 요구하지만, 합의를 전제하지는 않는다.
 진정한 종교다원주의로서 다른 믿음을 가진 사람들을 어떻게 대해야 하는가에 대해서는, 기독교인이자 변호사이며 이슬람 율법 전문가이기도 했던 안데르손 경(Sir Norman Anderson)으로부터 배울 점이 많다고 생각한다. 젊은 시절 다른 믿음들을 가진 사람들과 만났던 일을 회상하면서, 안데르손은 자주 예수나 모하메드가 상대방보다 뛰어나다는 논쟁에 빠지게 되었다고 말했다. 그는 이러한 논쟁의 문제는 양측이 쉽게 격앙되어 서로를 자극하게 되는 것임을 깨달았고, 경쟁의식이야말로 영적 이해를 방해한다는 결론에 도달했다.
 따라서 그는 다음과 같이 제안함으로써 논쟁을 피하고 대화하기로 결정했다고 한다. "서로의 입장이 우월하다고 주장하는 대신에, 코란을 통해 주어진 신에 대한 지식이 당신에게 정말로 어떤 의미를 지니는지 완전하고 솔직하게 말해주기 바랍니다. 나는 그 지식의 속성과 실용성을 이해하기 위해 당신의 입장에 서서 집중하여 듣고 이를 존중하도록 노력하겠습니다. 그리고 당신 또한 내가 기독교 신앙 안에서 신에 대해 이해하는 바를 얘기해줄 수 있도록 허락해주길 바랍니다."

안데르손은 논쟁을 소통으로 대신하고 믿음이 삶에 끼치는 영향에 중점을 둠으로써 그의 이슬람교도 친구들을 존중과 관심으로 대할 수 있게 되었다. 그의 태도는 진정한 종교다원주의의 좋은 예이다.

우리 문화는 점점 더 다양성에 의해 두드러지고 있다. 우리는 우리 신앙에 깊이 헌신하는 한편 다양성을 적절하게 관용하고 수용할 수 있게 해주는 길들을 찾아야만 한다. 이에 대한 가장 좋은 예는 인도의 빈곤층을 돌보았던 테레사 수녀다. 나는 당신이 그녀에 대해서 이미 많은 이야기를 들었다는 것을 안다. 그녀는 자신의 믿음에 대해 의구심이 있었지만 (의구심은 신앙의 한 부분이다) 가난한 자들을 도우려는 그녀의 믿음을 고수했다. 나는 힌두교도들을 대하는 그녀의 자세에 대해 한 가지만 더 언급하겠다. 예전에 한 뉴욕타임스 기자가 테레사 수녀에 대해 심층 기사를 쓰는 임무를 맡게 되었다. 그는 캘커타를 방문하는 것이 마음에 들지 않았고, 그래서 그녀가 그곳을 방문하게 된 동기를 밝히는 기사를 쓰기로 결심했다. 힌두교도들이 임종을 맞이하기까지 돌봐주는 것을 관찰하면서, 그는 그녀의 헌신과 죽어가는 자들을 위해 간호하는 애덕회(Sisters of Charity)에 감명을 받았다. 그러나 그는 문득 그녀가 죽어가는 자들에게 보여준 사랑이 진정 사랑이기보다는 힌두교도들을 기독교로 개종시키려는 노력일지도 모르며, 그녀가 그들의 개종을 하나님께 드리는 승리의 징표로 생각하고 있는지도 모른다는 의문이 들었다. 그래서 그는 테레사 수녀가 위독한 환자를 돌보는 와중에 그녀에게 물었다. "당신은 이 사람들을 위해 해준 모든 훌륭한 일들이 당신에게 이 사람들을 개종시킬 권리를 준다고 믿고 있겠죠?" "오, 천만에요,"하고 그녀는 대답했다. "내 임무는 그들을 사랑하는 것입니다."

부록 A

아래의 구절들은 찬송이나 신조의 성격을 지녔을 가능성이 있으며, 일부는 구약의 인용문이다

마태복음 28:19

그러므로 너희는 가서 모든 민족을 제자로 삼아 아버지와 아들과 성령의 이름으로 세례를 베풀고

마가복음 8:29

또 물으시되 너희는 나를 누구라 하느냐 베드로가 대답하여 이르되 주는 그리스도시니이다 하매

누가복음 1:46~55

마리아가 이르되 내 영혼이 주를 찬양하며 내 마음이 하나님 내 구주를 기뻐하였음은 그의 여종의 비천함을 돌보셨음이라 보라 이제 후로는 만세에 나를 복이 있다 일컬으리로다 능하신 이가 큰 일을 내게 행하셨으니 그 이름이 거룩하시며 긍휼하심이 두려워하는 자에게 대대로 이르는도다 그의 팔로 힘을 보이사 마음의 생각이 교만한 자들을 흩으셨고 권세 있는 자를 그 위에서 내리치셨으며 비천한 자를 높이셨고 주리는 자를 좋은 것으로 배불리셨으며 부자는 빈 손으로 보내셨도다 그 종 이스라엘을 도우사 긍휼히 여기시고 기억하시되 우리 조상에게 말씀하신 것과 같이 아브라함과 그 자손에게 영원히 하시리로다 하니라

누가복음 1:68~79

찬송하리로다 주 이스라엘의 하나님이여 그 백성을 돌보사

속량하시며 우리를 위하여 구원의 뿔을 그 종 다윗의 집에
일으키셨으니 이것은 주께서 예로부터 거룩한 선지자의 입으
로 말씀하신 바와 같이 우리 원수에게서와 우리를 미워하는
모든 자의 손에서 구원하시는 일이라 우리 조상을 긍휼히 여
기시며 그 거룩한 언약을 기억하셨으니 곧 우리 조상 아브라
함에게 하신 맹세라 우리가 원수의 손에서 건지심을 받고 종
신토록 주의 앞에서 성결과 의로 두려움이 없이 섬기게 하리
라 하셨도다 이 아이여 네가 지극히 높으신 이의 선지자라
일컬음을 받고 주 앞에 앞서 가서 그 길을 준비하여 주의 백
성에게 그 죄 사함으로 말미암는 구원을 알게 하리니 이는
우리 하나님의 긍휼로 인함이라 이로써 돋는 해가 위로부터
우리에게 임하여 어둠과 죽음의 그늘에 앉은 자에게 비치고
우리 발을 평강의 길로 인도하시리로다 하니라

누가복음 2:14

지극히 높은 곳에서는 하나님께 영광이요 땅에서는 하나님이
기뻐하신 사람들 중에 평화로다 하니라

누가복음 2:29~32

주재여 이제는 말씀하신 대로 종을 평안히 놓아 주시는도다
내 눈이 주의 구원을 보았사오니 이는 만민 앞에 예비하신
것이요 이방을 비추는 빛이요 주의 백성 이스라엘의 영광이
니이다 하니

요한복음 1:1~18

태초에 말씀이 계시니라 이 말씀이 하나님과 함께 계셨으니 이 말씀은 곧 하나님이시니라 그가 태초에 하나님과 함께 계셨고 만물이 그로 말미암아 지은 바 되었으니 지은 것이 하나도 그가 없이는 된 것이 없느니라 그 안에 생명이 있었으니 이 생명은 사람들의 빛이라 빛이 어둠에 비치되 어둠이 깨닫지 못하더라

하나님께로부터 보내심을 받은 사람이 있으니 그의 이름은 요한이라 그가 증언하러 왔으니 곧 빛에 대하여 증언하고 모든 사람이 자기로 말미암아 믿게 하려 함이라 그는 이 빛이 아니요 이 빛에 대하여 증언하러 온 자라 참 빛 곧 세상에 와서 각 사람에게 비추는 빛이 있었나니

그가 세상에 계셨으며 세상은 그로 말미암아 지은 바 되었으되 세상이 그를 알지 못하였고 자기 땅에 오매 자기 백성이 영접하지 아니하였으나 영접하는 자 곧 그 이름을 믿는 자들에게는 하나님의 자녀가 되는 권세를 주셨으니 이는 혈통으로나 육정으로나 사람의 뜻으로 나지 아니하고 오직 하나님께로부터 난 자들이니라

말씀이 육신이 되어 우리 가운데 거하시매 우리가 그의 영광을 보니 아버지의 독생자의 영광이요 은혜와 진리가 충만하더라 요한이 그에 대하여 증언하여 외쳐 이르되 내가 전에 말하기를 내 뒤에 오시는 이가 나보다 앞선 것은 나보다 먼저 계심이라 한 것이 이 사람을 가리킴이라 하니라 우리가 다 그의 충만한 데서 받으니 은혜 위에 은혜러라 율법은 모

세로 말미암아 주어진 것이요 은혜와 진리는 예수 그리스도
로 말미암아 온 것이라 본래 하나님을 본 사람이 없으되 아
버지 품 속에 있는 독생하신 하나님이 나타내셨느니라

사도행전 4:24~30(혹은 24~26)

그들이 듣고 한마음으로 하나님께 소리를 높여 이르되 대주
재여 천지와 바다와 그 가운데 만물을 지은 이시요 또 주의
종 우리 조상 다윗의 입을 통하여 성령으로 말씀하시기를 어
찌하여 열방이 분노하며 족속들이 허사를 경영하였는고 세
상의 군왕들이 나서며 관리들이 함께 모여 주와 그의 그리스
도를 대적하도다 하신 이로소이다

사도행전 5:42

그들이 날마다 성전에 있든지 집에 있든지 예수는 그리스도
라고 가르치기와 전도하기를 그치지 아니하니라

사도행전 9:20

즉시로 각 회당에서 예수가 하나님의 아들이심을 전파하니

사도행전 9:22

사울은 힘을 더 얻어 예수를 그리스도라 증언하여 다메섹에
사는 유대인들을 당혹하게 하니라

사도행전 10:36

만유의 주 되신 예수 그리스도로 말미암아 화평의 복음을 전하사 이스라엘 자손들에게 보내신 말씀

사도행전 11:20

그 중에 구브로와 구레네 몇 사람이 안디옥에 이르러 헬라인에게도 말하여 주 예수를 전파하니

사도행전 17:3

뜻을 풀어 그리스도가 해를 받고 죽은 자 가운데서 다시 살아나야 할 것을 증언하고 이르되 내가 너희에게 전하는 이 예수가 곧 그리스도라 하니

사도행전 18:5

실라와 디모데가 마게도냐로부터 내려오매 바울이 하나님의 말씀에 붙잡혀 유대인들에게 예수는 그리스도라 밝히 증언하니

사도행전 18:28

이는 성경으로써 예수는 그리스도라고 증언하여 공중 앞에서 힘있게 유대인의 말을 이김이러라

사도행전 22:6

가는 중 다메섹에 가까이 갔을 때에 오정쯤 되어 홀연히 하늘로부터 큰 빛이 나를 둘러 비치매

로마서 1:3~4

그의 아들에 관하여 말하면 육신으로는 다윗의 혈통에서 나셨고 성결의 영으로는 죽은 자들 가운데서 부활하사 능력으로 하나님의 아들로 선포되셨으니 곧 우리 주 예수 그리스도시니라

로마서 3:24~26

그리스도 예수 안에 있는 속량으로 말미암아 하나님의 은혜로 값 없이 의롭다 하심을 얻은 자 되었느니라 이 예수를 하나님이 그의 피로써 믿음으로 말미암는 화목제물로 세우셨으니 이는 하나님께서 길이 참으시는 중에 전에 지은 죄를 간과하심으로 자기의 의로우심을 나타내려 하심이니 곧 이 때에 자기의 의로우심을 나타내사 자기도 의로우시며 또한 예수 믿는 자를 의롭다 하려 하심이라

로마서 10:9~10

네가 만일 네 입으로 예수를 주로 시인하며 또 하나님께서 그를 죽은 자 가운데서 살리신 것을 네 마음에 믿으면 구원을 받으리라 사람이 마음으로 믿어 의에 이르고 입으로 시인

하여 구원에 이르느니라

로마서 11:33~36

깊도다 하나님의 지혜와 지식의 풍성함이여, 그의 판단은 헤아리지 못할 것이며 그의 길은 찾지 못할 것이로다 누가 주의 마음을 알았느냐 누가 그의 모사가 되었느냐 누가 주께 먼저 드려서 갚으심을 받겠느냐 이는 만물이 주에게서 나오고 주로 말미암고 주에게로 돌아감이라 그에게 영광이 세세에 있을지어다 아멘

고린도전서 5:4

주 예수의 이름으로 너희가 내 영과 함께 모여서 우리 주 예수의 능력으로

고린도전서 8:6

그러나 우리에게는 한 하나님 곧 아버지가 계시니 만물이 그에게서 났고 우리도 그를 위하여 있고 또한 한 주 예수 그리스도께서 계시니 만물이 그로 말미암고 우리도 그로 말미암아 있느니라

고린도전서 11:26

너희가 이 떡을 먹으며 이 잔을 마실 때마다 주의 죽으심을 그가 오실 때까지 전하는 것이니라

고린도전서 12:3

그러므로 내가 너희에게 알리노니 하나님의 영으로 말하는 자는 누구든지 예수를 저주할 자라 하지 아니하고 또 성령으로 아니하고는 누구든지 예수를 주시라 할 수 없느니라

고린도전서 13:1~4

내가 사람의 방언과 천사의 말을 할지라도 사랑이 없으면 소리 나는 구리와 울리는 꽹과리가 되고 내가 예언하는 능력이 있어 모든 비밀과 모든 지식을 알고 또 산을 옮길 만한 모든 믿음이 있을지라도 사랑이 없으면 내가 아무 것도 아니요 내가 내게 있는 모든 것으로 구제하고 또 내 몸을 불사르게 내줄지라도 사랑이 없으면 내게 아무 유익이 없느니라 사랑은 오래 참고 사랑은 온유하며 시기하지 아니하며 사랑은 자랑하지 아니하며 교만하지 아니하며

고린도전서 15:3~5

내가 받은 것을 먼저 너희에게 전하였노니 이는 성경대로 그리스도께서 우리 죄를 위하여 죽으시고 장사 지낸 바 되셨다가 성경대로 사흘 만에 다시 살아나사 게바에게 보이시고 후에 열두 제자에게와

고린도후서 1:3~4

찬송하리로다 그는 우리 주 예수 그리스도의 하나님이시요 자비의 아버지시요 모든 위로의 하나님이시며 우리의 모든 환난 중에서 우리를 위로하사 우리로 하여금 하나님께 받는 위로로써 모든 환난 중에 있는 자들을 능히 위로하게 하시는 이시로다

고린도후서 5:18~21

모든 것이 하나님께로서 났으며 그가 그리스도로 말미암아 우리를 자기와 화목하게 하시고 또 우리에게 화목하게 하는 직분을 주셨으니 곧 하나님께서 그리스도 안에 계시사 세상을 자기와 화목하게 하시며 그들의 죄를 그들에게 돌리지 아니하시고 화목하게 하는 말씀을 우리에게 부탁하셨느니라 그러므로 우리가 그리스도를 대신하여 사신이 되어 하나님이 우리를 통하여 너희를 권면하시는 것 같이 그리스도를 대신하여 간청하노니 너희는 하나님과 화목하라 하나님이 죄를 알지도 못하신 이를 우리를 대신하여 죄로 삼으신 것은 우리로 하여금 그 안에서 하나님의 의가 되게 하려 하심이라

고린도후서 11:12~15

나는 내가 해 온 그대로 앞으로도 하리니 기회를 찾는 자들이 그 자랑하는 일로 우리와 같이 인정 받으려는 그 기회를 끊으려 함이라 그런 사람들은 거짓 사도요 속이는 일꾼이니 자기를 그리스도의 사도로 가장하는 자들이니라 이것은 이

상한 일이 아니니라 사탄도 자기를 광명의 천사로 가장하나 니 그러므로 사탄의 일꾼들도 자기를 의의 일꾼으로 가장하 는 것이 또한 대단한 일이 아니니라 그들의 마지막은 그 행 위대로 되리라

고린도후서 13:13

주 예수 그리스도의 은혜와 하나님의 사랑과 성령의 교통하 심이 너희 무리와 함께 있을지어다

에베소서 1:3~14

찬송하리로다 하나님 곧 우리 주 예수 그리스도의 아버지께 서 그리스도 안에서 하늘에 속한 모든 신령한 복을 우리에게 주시되 곧 창세 전에 그리스도 안에서 우리를 택하사 우리 로 사랑 안에서 그 앞에 거룩하고 흠이 없게 하시려고 그 기 쁘신 뜻대로 우리를 예정하사 예수 그리스도로 말미암아 자 기의 아들들이 되게 하셨으니 이는 그가 사랑하시는 자 안 에서 우리에게 거저 주시는 바 그의 은혜의 영광을 찬송하게 하려는 것이라 우리는 그리스도 안에서 그의 은혜의 풍성함 을 따라 그의 피로 말미암아 속량 곧 죄 사함을 받았느니라 이는 그가 모든 지혜와 총명을 우리에게 넘치게 하사 그 뜻 의 비밀을 우리에게 알리신 것이요 그의 기뻐하심을 따라 그 리스도 안에서 때가 찬 경륜을 위하여 예정하신 것이니 하늘 에 있는 것이나 땅에 있는 것이 다 그리스도 안에서 통일되 게 하려 하심이라 모든 일을 그의 뜻의 결정대로 일하시는

이의 계획을 따라 우리가 예정을 입어 그 안에서 기업이 되었으니 이는 우리가 그리스도 안에서 전부터 바라던 그의 영광의 찬송이 되게 하려 하심이라 그 안에서 너희도 진리의 말씀 곧 너희의 구원의 복음을 듣고 그 안에서 또한 믿어 약속의 성령으로 인치심을 받았으니 이는 우리 기업의 보증이 되사 그 얻으신 것을 속량하시고 그의 영광을 찬송하게 하려 하심이라

에베소서 2:12~22

그 때에 너희는 그리스도 밖에 있었고 이스라엘 나라 밖의 사람이라 약속의 언약들에 대하여는 외인이요 세상에서 소망이 없고 하나님도 없는 자이더니 이제는 전에 멀리 있던 너희가 그리스도 예수 안에서 그리스도의 피로 가까워졌느니라 그는 우리의 화평이신지라 둘로 하나를 만드사 원수 된 것 곧 중간에 막힌 담을 자기 육체로 허시고 법조문으로 된 계명의 율법을 폐하셨으니 이는 이 둘로 자기 안에서 한 새 사람을 지어 화평하게 하시고 또 십자가로 이 둘을 한 몸으로 하나님과 화목하게 하려 하심이라 원수 된 것을 십자가로 소멸하시고 또 오셔서 먼 데 있는 너희에게 평안을 전하시고 가까운 데 있는 자들에게 평안을 전하셨으니 이는 그로 말미암아 우리 둘이 한 성령 안에서 아버지께 나아감을 얻게 하려 하심이라 그러므로 이제부터 너희는 외인도 아니요 나그네도 아니요 오직 성도들과 동일한 시민이요 하나님의 권속이라 너희는 사도들과 선지자들의 터 위에 세우심을 입은

자라 그리스도 예수께서 친히 모퉁잇돌이 되셨느니라 그의
안에서 건물마다 서로 연결하여 주 안에서 성전이 되어 가고
너희도 성령 안에서 하나님이 거하실 처소가 되기 위하여 그
리스도 예수 안에서 함께 지어져 가느니라

에베소서 4:9~10

올라가셨다 하였은즉 땅 아래 낮은 곳으로 내리셨던 것이
아니면 무엇이냐 내리셨던 그가 곧 모든 하늘 위에 오르신
자니 이는 만물을 충만하게 하려 하심이라

에베소서 5:14

그러므로 이르시기를 잠자는 자여 깨어서 죽은 자들 가운데
서 일어나라 그리스도께서 너에게 비추이시리라 하셨느니라

빌립보서 2:(5)6~11

너희 안에 이 마음을 품으라 곧 그리스도 예수의 마음이니
그는 근본 하나님의 본체시나 하나님과 동등됨을 취할 것으
로 여기지 아니하시고 오히려 자기를 비워 종의 형체를 가지
사 사람들과 같이 되셨고 사람의 모양으로 나타나사 자기를
낮추시고 죽기까지 복종하셨으니 곧 십자가에 죽으심이라
이러므로 하나님이 그를 지극히 높여 모든 이름 위에 뛰어난
이름을 주사 하늘에 있는 자들과 땅에 있는 자들과 땅 아래
에 있는 자들로 모든 무릎을 예수의 이름에 꿇게 하시고 모

든 입으로 예수 그리스도를 주라 시인하여 하나님 아버지께 영광을 돌리게 하셨느니라

골로새서 1:15~20

그는 보이지 아니하는 하나님의 형상이시요 모든 피조물보다 먼저 나신 이시니 만물이 그에게서 창조되되 하늘과 땅에서 보이는 것들과 보이지 않는 것들과 혹은 왕권들이나 주권들이나 통치자들이나 권세들이나 만물이 다 그로 말미암고 그를 위하여 창조되었고 또한 그가 만물보다 먼저 계시고 만물이 그 안에 함께 섰느니라 그는 몸인 교회의 머리시라 그가 근본이시요 죽은 자들 가운데서 먼저 나신 이시니 이는 친히 만물의 으뜸이 되려 하심이요 아버지께서는 모든 충만으로 예수 안에 거하게 하시고 그의 십자가의 피로 화평을 이루사 만물 곧 땅에 있는 것들이나 하늘에 있는 것들이 그로 말미암아 자기와 화목하게 되기를 기뻐하심이라

골로새서 2:8~15

누가 철학과 헛된 속임수로 너희를 사로잡을까 주의하라 이것은 사람의 전통과 세상의 초등학문을 따름이요 그리스도를 따름이 아니니라 그 안에는 신성의 모든 충만이 육체로 거하시고 너희도 그 안에서 충만하여졌으니 그는 모든 통치자와 권세의 머리시라 또 그 안에서 너희가 손으로 하지 아니한 할례를 받았으니 곧 육의 몸을 벗는 것이요 그리스도의 할례니라 너희가 세례로 그리스도와 함께 장사되고 또 죽은

자들 가운데서 그를 일으키신 하나님의 역사를 믿음으로 말미암아 그 안에서 함께 일으키심을 받았느니라 또 범죄와 육체의 무할례로 죽었던 너희를 하나님이 그와 함께 살리시고 우리의 모든 죄를 사하시고 우리를 거스르고 불리하게 하는 법조문으로 쓴 증서를 지우시고 제하여 버리사 십자가에 못 박으시고 통치자들과 권세들을 무력화하여 드러내어 구경거리로 삼으시고 십자가로 그들을 이기셨느니라

디모데전서 1:15

미쁘다 모든 사람이 받을 만한 이 말이여 그리스도 예수께서 죄인을 구원하시려고 세상에 임하셨다 하였도다 죄인 중에 내가 괴수니라

디모데전서 1:17

영원하신 왕 곧 썩지 아니하고 보이지 아니하고 홀로 하나이신 하나님께 존귀와 영광이 영원무궁하도록 있을지어다 아멘

디모데전서 3:16

크도다 경건의 비밀이여, 그렇지 않다 하는 이 없도다 그는 육신으로 나타난 바 되시고 영으로 의롭다 하심을 받으시고 천사들에게 보이시고 만국에서 전파되시고 세상에서 믿은 바 되시고 영광 가운데서 올려지셨느니라

디모데전서 6:12

믿음의 선한 싸움을 싸우라 영생을 취하라 이를 위하여 네가 부르심을 받았고 많은 증인 앞에서 선한 증언을 하였도다

디모데전서 6:15~16

기약이 이르면 하나님이 그의 나타나심을 보이시리니 하나님은 복되시고 유일하신 주권자이시며 만왕의 왕이시며 만주의 주시요 오직 그에게만 죽지 아니함이 있고 가까이 가지 못할 빛에 거하시고 어떤 사람도 보지 못하였고 또 볼 수 없는 이시니 그에게 존귀와 영원한 권능을 돌릴지어다 아멘

디모데후서 1:8~10

그러므로 너는 내가 우리 주를 증언함과 또는 주를 위하여 갇힌 자 된 나를 부끄러워하지 말고 오직 하나님의 능력을 따라 복음과 함께 고난을 받으라 하나님이 우리를 구원하사 거룩하신 소명으로 부르심은 우리의 행위대로 하심이 아니요 오직 자기의 뜻과 영원 전부터 그리스도 예수 안에서 우리에게 주신 은혜대로 하심이라 이제는 우리 구주 그리스도 예수의 나타나심으로 말미암아 나타났으니 그는 사망을 폐하시고 복음으로써 생명과 썩지 아니할 것을 드러내신지라

디모데후서 2:11~13

미쁘다 이 말이여 우리가 주와 함께 죽었으면 또한 함께 살

것이요 참으면 또한 함께 왕 노릇 할 것이요 우리가 주를 부인하면 주도 우리를 부인하실 것이라 우리는 미쁨이 없을지라도 주는 항상 미쁘시니 자기를 부인하실 수 없으시리라

디도서 3:4~7
우리 구주 하나님의 자비와 사람 사랑하심이 나타날 때에 우리를 구원하시되 우리가 행한 바 의로운 행위로 말미암지 아니하고 오직 그의 긍휼하심을 따라 중생의 씻음과 성령의 새롭게 하심으로 하셨나니 우리 구주 예수 그리스도로 말미암아 우리에게 그 성령을 풍성히 부어 주사 우리로 그의 은혜를 힘입어 의롭다 하심을 얻어 영생의 소망을 따라 상속자가 되게 하려 하심이라

히브리서 1:3
이는 하나님의 영광의 광채시요 그 본체의 형상이시라 그의 능력의 말씀으로 만물을 붙드시며 죄를 정결하게 하는 일을 하시고 높은 곳에 계신 지극히 크신 이의 우편에 앉으셨느니라

야고보서 2:19
네가 하나님은 한 분이신 줄을 믿느냐 잘하는도다 귀신들도 믿고 떠느니라

야고보서 4:12

입법자와 재판관은 오직 한 분이시니 능히 구원하기도 하시며 멸하기도 하시느니라 너는 누구이기에 이웃을 판단하느냐

베드로전서 1:3~9

우리 주 예수 그리스도의 아버지 하나님을 찬송하리로다 그의 많으신 긍휼대로 예수 그리스도를 죽은 자 가운데서 부활하게 하심으로 말미암아 우리를 거듭나게 하사 산 소망이 있게 하시며 썩지 않고 더럽지 않고 쇠하지 아니하는 유업을 잇게 하시나니 곧 너희를 위하여 하늘에 간직하신 것이라 너희는 말세에 나타내기로 예비하신 구원을 얻기 위하여 믿음으로 말미암아 하나님의 능력으로 보호하심을 받았느니라 그러므로 너희가 이제 여러 가지 시험으로 말미암아 잠깐 근심하게 되지 않을 수 없으나 오히려 크게 기뻐하는도다 너희 믿음의 확실함은 불로 연단하여도 없어질 금보다 더 귀하여 예수 그리스도께서 나타나실 때에 칭찬과 영광과 존귀를 얻게 할 것이니라 예수를 너희가 보지 못하였으나 사랑하는도다 이제도 보지 못하나 믿고 말할 수 없는 영광스러운 즐거움으로 기뻐하니 믿음의 결국 곧 영혼의 구원을 받음이라

베드로전서 1:18~21

너희가 알거니와 너희 조상이 물려 준 헛된 행실에서 대속함을 받은 것은 은이나 금 같이 없어질 것으로 된 것이 아니요

오직 흠 없고 점 없는 어린 양 같은 그리스도의 보배로운 피로 된 것이니라 그는 창세 전부터 미리 알린 바 되신 이나 이 말세에 너희를 위하여 나타내신 바 되었으니 너희는 그를 죽은 자 가운데서 살리시고 영광을 주신 하나님을 그리스도로 말미암아 믿는 자니 너희 믿음과 소망이 하나님께 있게 하셨느니라

베드로전서 2:4~8

사람에게는 버린 바가 되었으나 하나님께는 택하심을 입은 보배로운 산 돌이신 예수께 나아가 너희도 산 돌 같이 신령한 집으로 세워지고 예수 그리스도로 말미암아 하나님이 기쁘게 받으실 신령한 제사를 드릴 거룩한 제사장이 될지니라 성경에 기록되었으되 보라 내가 택한 보배로운 모퉁잇돌을 시온에 두노니 그를 믿는 자는 부끄러움을 당하지 아니하리라 하였으니 그러므로 믿는 너희에게는 보배이나 믿지 아니하는 자에게는 건축자들이 버린 그 돌이 모퉁이의 머릿돌이 되고 또한 부딪치는 돌과 걸려 넘어지게 하는 바위가 되었다 하였느니라 그들이 말씀을 순종하지 아니하므로 넘어지나니 이는 그들을 이렇게 정하신 것이라

베드로전서 2:21~25

이를 위하여 너희가 부르심을 받았으니 그리스도도 너희를 위하여 고난을 받으사 너희에게 본을 끼쳐 그 자취를 따라오게 하려 하셨느니라 그는 죄를 범하지 아니하시고 그 입

에 거짓도 없으시며 욕을 당하시되 맞대어 욕하지 아니하시고 고난을 당하시되 위협하지 아니하시고 오직 공의로 심판하시는 이에게 부탁하시며 친히 나무에 달려 그 몸으로 우리 죄를 담당하셨으니 이는 우리로 죄에 대하여 죽고 의에 대하여 살게 하려 하심이라 그가 채찍에 맞음으로 너희는 나음을 얻었나니 너희가 전에는 양과 같이 길을 잃었더니 이제는 너희 영혼의 목자와 감독 되신 이에게 돌아왔느니라

베드로전서 3:18~22

그리스도께서도 단번에 죄를 위하여 죽으사 의인으로서 불의한 자를 대신하셨으니 이는 우리를 하나님 앞으로 인도하려 하심이라 육체로는 죽임을 당하시고 영으로는 살리심을 받으셨으니 그가 또한 영으로 가서 옥에 있는 영들에게 선포하시니라 그들은 전에 노아의 날 방주를 준비할 동안 하나님이 오래 참고 기다리실 때에 복종하지 아니하던 자들이라 방주에서 물로 말미암아 구원을 얻은 자가 몇 명뿐이니 겨우 여덟 명이라 물은 예수 그리스도께서 부활하심으로 말미암아 이제 너희를 구원하는 표니 곧 세례라 이는 육체의 더러운 것을 제하여 버림이 아니요 하나님을 향한 선한 양심의 간구니라 그는 하늘에 오르사 하나님 우편에 계시니 천사들과 권세들과 능력들이 그에게 복종하느니라

요한1서 2:2

그는 우리 죄를 위한 화목 제물이니 우리만 위할 뿐 아니요

온 세상의 죄를 위하심이라

요한1서 2:22

거짓말하는 자가 누구냐 예수께서 그리스도이심을 부인하는 자가 아니냐 아버지와 아들을 부인하는 그가 적그리스도니

요한1서 4:2

이로써 너희가 하나님의 영을 알지니 곧 예수 그리스도께서 육체로 오신 것을 시인하는 영마다 하나님께 속한 것이요

요한1서 4:10

사랑은 여기 있으니 우리가 하나님을 사랑한 것이 아니요 하나님이 우리를 사랑하사 우리 죄를 속하기 위하여 화목제물로 그 아들을 보내셨음이라

요한1서 4:15

누구든지 예수를 하나님의 아들이라 시인하면 하나님이 그의 안에 거하시고 그도 하나님 안에 거하느니라

요한1서 5:1

예수께서 그리스도이심을 믿는 자마다 하나님께로부터 난 자니 또한 낳으신 이를 사랑하는 자마다 그에게서 난 자를

사랑하느니라

요한1서 5:5

예수께서 하나님의 아들이심을 믿는 자가 아니면 세상을 이기는 자가 누구냐

유다서 1:24~25

능히 너희를 보호하사 거침이 없게 하시고 너희로 그 영광 앞에 흠이 없이 기쁨으로 서게 하실 이 곧 우리 구주 홀로 하나이신 하나님께 우리 주 예수 그리스도로 말미암아 영광과 위엄과 권력과 권세가 영원 전부터 이제와 영원토록 있을지어다 아멘

요한계시록 1:4~8

요한은 아시아에 있는 일곱 교회에 편지하노니 이제도 계시고 전에도 계셨고 장차 오실 이와 그의 보좌 앞에 있는 일곱 영과 또 충성된 증인으로 죽은 자들 가운데에서 먼저 나시고 땅의 임금들의 머리가 되신 예수 그리스도로 말미암아 은혜와 평강이 너희에게 있기를 원하노라 우리를 사랑하사 그의 피로 우리 죄에서 우리를 해방하시고 그의 아버지 하나님을 위하여 우리를 나라와 제사장으로 삼으신 그에게 영광과 능력이 세세토록 있기를 원하노라 아멘 볼지어다 그가 구름을 타고 오시리라 각 사람의 눈이 그를 보겠고 그를 찌른

자들도 볼 것이요 땅에 있는 모든 족속이 그로 말미암아 애
곡하리니 그러하리라 아멘 주 하나님이 이르시되 나는 알파
와 오메가라 이제도 있고 전에도 있었고 장차 올 자요 전능
한 자라 하시더라

요한계시록 5:9~10

그들이 새 노래를 불러 이르되 두루마리를 가지시고 그 인
봉을 떼기에 합당하시도다 일찍이 죽임을 당하사 각 족속과
방언과 백성과 나라 가운데에서 사람들을 피로 사서 하나님
께 드리시고 그들로 우리 하나님 앞에서 나라와 제사장들을
삼으셨으니 그들이 땅에서 왕 노릇 하리로다 하더라

요한계시록 5:12

큰 음성으로 이르되 죽임을 당하신 어린 양은 능력과 부와
지혜와 힘과 존귀와 영광과 찬송을 받으시기에 합당하도다
하더라

요한계시록 5:13

내가 또 들으니 하늘 위에와 땅 위에와 땅 아래와 바다 위에
와 또 그 가운데 모든 피조물이 이르되 보좌에 앉으신 이와
어린 양에게 찬송과 존귀와 영광과 권능을 세세토록 돌릴지
어다 하니

요한계시록 7:10

큰 소리로 외쳐 이르되 구원하심이 보좌에 앉으신 우리 하나
님과 어린 양에게 있도다 하니

요한계시록 7:12

이르되 아멘 찬송과 영광과 지혜와 감사와 존귀와 권능과
힘이 우리 하나님께 세세토록 있을지어다 아멘 하더라

요한계시록 11:15

일곱째 천사가 나팔을 불매 하늘에 큰 음성들이 나서 이르
되 세상 나라가 우리 주와 그의 그리스도의 나라가 되어 그
가 세세토록 왕 노릇 하시리로다 하니

요한계시록 11:17~18

이르되 감사하옵나니 옛적에도 계셨고 지금도 계신 주 하나
님 곧 전능하신 이여 친히 큰 권능을 잡으시고 왕 노릇 하시
도다 이방들이 분노하매 주의 진노가 내려 죽은 자를 심판
하시며 종 선지자들과 성도들과 또 작은 자든지 큰 자든지
주의 이름을 경외하는 자들에게 상 주시며 또 땅을 망하게
하는 자들을 멸망시키실 때로소이다 하더라

요한계시록 12:10~12

내가 또 들으니 하늘에 큰 음성이 있어 이르되 이제 우리 하

나님의 구원과 능력과 나라와 또 그의 그리스도의 권세가 나타났으니 우리 형제들을 참소하던 자 곧 우리 하나님 앞에서 밤낮 참소하던 자가 쫓겨났고 또 우리 형제들이 어린 양의 피와 자기들이 증언하는 말씀으로써 그를 이겼으니 그들은 죽기까지 자기들의 생명을 아끼지 아니하였도다 그러므로 하늘과 그 가운데에 거하는 자들은 즐거워하라 그러나 땅과 바다는 화 있을진저 이는 마귀가 자기의 때가 얼마 남지 않은 줄을 알므로 크게 분내어 너희에게 내려갔음이라 하더라

요한계시록 14:3

그들이 보좌 앞과 네 생물과 장로들 앞에서 새 노래를 부르니 땅에서 속량함을 받은 십사만 사천 밖에는 능히 이 노래를 배울 자가 없더라

요한계시록 15:3~4

하나님의 종 모세의 노래, 어린 양의 노래를 불러 이르되 주 하나님 곧 전능하신 이시여 하시는 일이 크고 놀라우시도다 만국의 왕이시여 주의 길이 의롭고 참되시도다 주여 누가 주의 이름을 두려워하지 아니하며 영화롭게 하지 아니하오리이까 오직 주만 거룩하시니이다 주의 의로우신 일이 나타났으매 만국이 와서 주께 경배하리이다 하더라

요한계시록 16:5

내가 들으니 물을 차지한 천사가 이르되 전에도 계셨고 지금도 계신 거룩하신 이여 이렇게 심판하시니 의로우시도다

요한계시록 19:1~3

이 일 후에 내가 들으니 하늘에 허다한 무리의 큰 음성 같은 것이 있어 이르되 할렐루야 구원과 영광과 능력이 우리 하나님께 있도다 그의 심판은 참되고 의로운지라 음행으로 땅을 더럽게 한 큰 음녀를 심판하사 자기 종들의 피를 그 음녀의 손에 갚으셨도다 하고 두 번째로 할렐루야 하니 그 연기가 세세토록 올라가더라

요한계시록 19:6~8

또 내가 들으니 허다한 무리의 음성과도 같고 많은 물 소리와도 같고 큰 우렛소리와도 같은 소리로 이르되 할렐루야 주 우리 하나님 곧 전능하신 이가 통치하시도다 우리가 즐거워하고 크게 기뻐하며 그에게 영광을 돌리세 어린 양의 혼인 기약이 이르렀고 그의 아내가 자신을 준비하였으므로 그에게 빛나고 깨끗한 세마포 옷을 입도록 허락하셨으니 이 세마포 옷은 성도들의 옳은 행실이로다 하더라

요한계시록 22:17

성령과 신부가 말씀하시기를 오라 하시는도다 듣는 자도 오

라 할 것이요 목마른 자도 올 것이요 또 원하는 자는 값없이 생명수를 받으라 하시더라

부록 B

메츠거의 연구는 에르만의 최신작 『예수 왜곡의 역사』 (Jesus Interrupted)를 반박한다

이 책이 출판 과정을 막 거치기 시작했을 때 에르만의 『예수 왜곡의 역사』가 시중에 나왔다. 에르만의 신작은 예수의 신성(神性)을 비롯하여 이와 관련된 문서들의 신뢰 가능성에 대해 내가 제시한 논증과 연관이 있으므로, 나는 이 부록에서 그의 책에 대해 몇 가지를 언급하고자 한다.

에르만은 하나님이 역사에 개입할 수 있는지의 문제는 역사적 탐구의 영역에 속하지 않는다고 가정하는데, 이는 의문의 여지가 있다. 초자연적 사건들은 가능하지 않다고 전제하는 불트만의 경우와 마찬가지로, 이러한 가정들은 증거를 객관적으로 분석하지 못하게 하며, 예수의 신성과 관련된 문제를 다룰 때 기독교 신앙의 토대에 대한 가장 오래된 증거들을 무시하게 만든다.

기독교 신앙은 예수의 부활에 대한 확고한 믿음에 근거한다. 메츠거는 예수의 부활에 대한 증거가 너무도 강력하다고 주장했다. 제자들은 예수가 십자가형을 당하고 장사지내지고 난 후 죽은 자들 가운데서 살아났다는 것을 한 치의 의심도 없이 믿었으며, 가장 오래된 문서들과 문서화되기 이전의 원시교회의 예배 양식들은 이 점을 입증한다. 바로 이 믿음이 교회를 탄생시켰다. 예수의 제자들은 기죽고 겁에 질려 있었으며 뿔뿔이 흩어져 숨어있었으나, 무엇인가 그들을 예루살렘이라는 위험한(그들에게 있어) 환경에서 부활을 선포하는 공동체로 탈바꿈시켰다.

부활이야말로 가장 오래된 기독교 공동체의 구심점이었으며, 제자들에게는 예수에게 임한 하나님의 징표였다. 이는 교회의 가장 오래된 예배 양식들에 관한 증거를 통해 입증했다(2장을 참고). 선험적(즉, 분석에 앞선) 추정을 통해 증거를 묵살하는 것은 합리적이지 않으며, 부활을 하나의 가능성으로 받아들일 수 있는지는 신의 존재를 하나의 가능성으로 받아들일 수 있는지에 달려 있다.『신의 존재에 대한 논증』에서 나는 우주를 비롯하여 우리의 존재가 하나님의 지속적인 활동에 의해 유지되고 있음을 합리적으로 제시하였다. 물리적 세계가 단순히 존재하기 위해서도 신의 지속적인 유지 활동이 필요하다는 점을 고려한다면, 역사 속에 하나님이 개입한다는 개념은 전혀 이상할 것이 없다. 또한 현대 양자역학의 창의적 성격과 생물학에서 새롭게 발견되는 사실들을 고려했을 때, 이는 전혀 상상도 할 수 없을 정도로 이상한 것은 아니다(6장을 참고).

에르만은 그의 신작에서 "예수가 하나님이라는 생각은 후기 기독교의 발명으로, 우리가 말하는 복음서들 중에서는 오직 요한복음에서만 발견할 수 있는 것"[1]이라고 주장한다. 나는 그가 "후기 기독교 발명"이라고 말한 것이 무슨 의미인지는 모르겠으나, 2장에서 설명하였듯이 우리 수중의 가장 오래된 증거는 예수가 십자가에 못 박히고 곧바로 하나님으로 경배되어왔음을 보여준다. 에르만은 또한 (1) 공관복음서들에 여러 번 나타나는 "스스로 있는 자"라는 진술과 (2) 1세기 유대교인들이 갖고 있었던 신성모독의 개념(마가복음 14장을 참고)은 예수의 말이 칭신(稱神, 3장을 참고)으로 간주되었다는 사실 등을 도외시하는 것으로 보인다. 게다가 그는 마태복음과 누가복음에 예수의 초월적 본성을 지시하는 증거가 있다는 점을 인정하지 않는다(3.2 부문 참고). 존경받는 신약학자 허타도는 기독교 신앙의 가장 오래된 예배 양식들을 연구하는 데 25년을 바쳤고, 예수에 대한 경배가 마치 화산 폭발처럼 그의 십자가형과 거의 동시에 이루어졌다고 결론 내렸다. 그런데도 에르만은 허타도의 철저한 연구를 검토해

본 적이 없단 말인가?

에르만은 구전 예배의식적 문구들을 간과하고 있으며, 복음서 기록들보다 시기상 앞서는 신약 서신들에는 복음서 기록들을 입증해주는 증거들이 있다는 점을 간과하고 있다. 그는 177쪽에서 마가복음이 예수의 빈 무덤을 처음으로 언급한다고 주장하는 한편, 근거 없이 마가복음의 작성 연대를 보다 늦게 측정한다. 에르만은 또한 빈 무덤에 대한 최초의 언급이 고린도전서 15:3~8의 구전 신조임을 무시한다. 고린도전서는 예수가 십자가에 못 박힌지 20년이 지나지 않아 서술되었으며, 바울은 여기서 그가 서신을 쓰기 이전에 이미 존재했던 신조를 인용하였다.

> 내가 받은 것을 먼저 너희에게 전하였노니 [*paradidomi*] 이는 성경대로 그리스도께서 우리 죄를 위하여 죽으시고 장사 지낸 바 되셨다가 성경대로 사흘 만에 다시 살아나사 …

이 신조는 "빈 무덤"이라는 말을 사용하지는 않으나 이를 확실히 암시하고 있다. 라이트가 지적하듯이, "빈 무덤"이라는 말을 신조에 추가하는 것은 그 내용에 아무런 상관이 없으며, 마치 내가 "내 발로" 거리를 걸었다고 설명하는 것과 동일하다.

이 구절은 또한 예수의 죽음을 죄에 대한 대속이라고 언급한다. 에르만은 그의 책 187~188쪽에서 누가복음을 다룰 때 이 점을 제외하려고 하나, 누가복음보다 훨씬 오래된 (고린도전서 15장의) 이 구전 신조는 예수의 죽음이 속죄의 죽음이었다는 점을 고수했다. 에르만이 지적하는 것과는 다르게, 이 개념은 누가복음을 수정한 서기에 의해 추가된 기독교 신념이 아니다.

에르만의 저서에 대한 완벽한 분석은 또 한 권의 책을 필요로 한다. 나는 조만간 몇몇 신약학자들에 의해 그러한 책이 나올 것이라고 본다. 여기서는 다만 에르만이 마치 선교사처럼 열변을 토하면서 근본주의자에다가 위증자라고 공격하는 것과는 달리, 메츠거는 그의 저술에서 신약의 신뢰 가능성에 대해 더 균형 잡히고 사려 깊은 접근을 보여주었음을 지적하고자 한다.

메츠거는 정경복음서의 저자들이 예수의 언행에 대해 사진처럼 정확한 그림을 그린 것이 아니라 그에 대해 해석으로서의 초상을 그렸다고 주장한다. 그보다 더 극단적인 형식 비평가들과는 다르게, 메츠거는 예수의 어록이 지닌 원의미가 복음서 저자들에 의해 변형되지 않았다는 점에서 예레미아스와 의견을 같이한다. 그는 복음의 원형을 왜곡할 수 있는 언행의 조작이 다양한 상황에서 예방되었음을 지적했으며, 예수의 언행에 대해 대규모의 변형이 일어났을 경우 이를 정정하는 역할을 수행했을 증인들을 상기시켰다. 또한 그는 예수의 가르침을 전수하고 전수 받는 과정 역시 예수의 언행을 전달할 때 "높은 충실도"를 보장했다는 점에서 에르핫손의 연구에 동의를 표했다.

본문비평분야의 선구자로서 수십 년을 연구한 끝에, 메츠거는 "증거의 실제 양태에 대한 고찰은 복음서들 안으로 그와 관련 없는 자료들이 대량 유입되지 않았다는 결론으로 이끈다"고 단언했다. 그는 초기교회가 정경복음서들의 내용을 날조하지 않았다는 점에 대해 확신했다. 그가 이렇게 확신할 수 있었던 이유 중 하나는 사도행전과 신약서신서들에 비유가 전혀 나타나지 않기 때문이다. 만약 복음서 기록들이 초기교회의 날조라고 한다면, 초기교회의 서신들을 쓴 저자들은 예수의 말을 지어냈을 것이다. 그러나 메츠거는 이러한 일이 결코 일어나지 않았다고 결론 내린다. 오히려 예수의 추종자들은 초기교회의 입장에서 가면 갈수록 당혹스러워졌던 구절들이나 어록을 유지하였다. 예수의 초기 추종자들은 이러한 어록들을 무시하거나 바꿀 수도 있었지만, 그들은 복음 전승에서 이들을 수정하거나 제외시켜야 한다는 압박에도 불구하고 이를 신실하게 유지하였다.

에르만이 복음서들 간의 미묘한 차이들에 대해 융통성 없는 해석을 내리는 것과는 달리, 메츠거는 복음서들이 구성적이고, 일반적이며, 통합된 예수의 초상에 대해 각각 특수한 기여를 하고 있다는 점을 인식하고 있었다. 메츠거가 서술하듯이,

> 공관복음서들 사이에는 수많은 유사성이 있지만, 각각의 저자들이 복음 일반에 대해 독특한 설명을 하고 있다는 점은 명백하다. 그들의 차이에 대한 가장 분명한 근거는 각각의 저자들이 예수의 사역과 언명에 대해 서로 다른 구전 전승의 부분들에 접촉했다는 것이다. 게다가 각각의 저자는 특정한 독자층을 염두에 두고 있었기 때문에, 저자들은 자연히 그들의 관점에서 독자층에 전달하기 가장 적합한 요소들을 강조하여 복음의 내용을 전하려고 했을 것이다. 이로부터 자연스럽게 도출되는 결과는 각각의 저자가 문필가로서 예수 그리스도에 대한 독자적인 초상을 그려냈다는 것이다. 각 복음서들의 구성적 부분들에는 통일된 관점이 스며들어 있으며, 이 관점은 각 저자가 서사의 다양한 부분들을 엮은 연결점들에서도 뚜렷하게 나타나 있다.
>
> …네 복음서 기록들은 본질적으로 서로 일치하는데, 이는 이 기록들이 상상적 구성물이 아니라 그를 따랐던 사람들에게 깊은 인상을 심어준 한 역사적 인물로 거슬러 올라가기 때문이다 … 복

음서 저자들이 우리에게 남겨준 것은 예수의 모든 언행에 대해 사진처럼 정확한 그림이 아니라, 네 가지 해석이 깃든 초상에 더 가깝다. 각각의 초상은 예수라는 인물과 사역에 대해 독자적인 강조점을 보여주고 있으며, 네 복음서는 통합적으로 예수의 언행에 대해 다양하면서도 균형 잡힌 기록을 제공하고 있다.[2]

예수의 신성에 대한 논증은 에르만의 신작에 전혀 영향을 받지 않는다. 나는 그가 서술한 모든 점에 대해 동의하지 않는 것은 아니다. 내가 그에게 동의하지 않는 부분은(그리고 생전의 메츠거도 동의하지 않았을 것은) 에르만이 모든 신약학자들이 알고 있는 핵심적인 요소들을 이곳저곳에서 따온 다음, 그 요소들의 함의를 과장하여 거짓된 이분법을 펼친다는 것이다. 즉, 에르만의 논리를 따른다면 신약은 어떤 오류도 지니고 있지 않아야 하거나, 그렇지 않을 경우 신약의 어떤 부분도 믿을 만하지 못하다. 대다수의 학자들은 이 융통성 없고 근본주의적인 이분법이 복음 전승과 정경복음서 기록들의 신뢰 가능성에 대한 균형 잡힌 관점에서 멀어져버린 위증이라고 생각한다. 내가 3장에서 6장까지 다루었듯이, 대부분의 학자들은 신약의 본질적인 충실성과 복음서 기록들 안에 관련 없는 자료들이 큰 규모로 유입되지 않았다는 점에 대한 메츠거의 확신에 뜻을 같이한다.

에르만이 제시한 근본주의적 이분법의 불합리함은, 영감(靈感)에 대한 완고하고 제한된 관점으로부터 파생되는 것이다. 신약학자 건드리(Robert Gundry)가 잘 지적했듯이, 만약 이 거짓된 이분법의 논리를 따른다고 한다면 신약 번역본 또한 오류가 없어야 하며, 이는 모든 언어에 있어서 영감을 받은 번역본이 있어야 함을 의미한다. 언어란 언제나 새로운 사물들을 뜻하는 새로운 단어들과 의미가 바뀌는 옛 단어들로 변화를 이루는 것이어서, 에르만의 논리를 따른다면 새로이 모든 인간의 언어로 된 신약 번역본은 언제나 새롭게, 순간순간마다, 영원히 이어져야만 한다. 더욱이 영감에 대한 그의 융통성 없는 관점을 만족시키려면, 이 모든 문서들에 대한 번역은 오류 하나 없이 영감 받고, 복사되고, 번역되며, 갱신되어야만 한다.[3] 이러한 관점은 거짓된 이분법 위에 세워진, 율법주의라는 작은 상자 안으로 신이라는 존재의 행위를 제한시키는 것에 다름 아니다.

1   Ehrman 2009, 249.
2   Metzger 2003, 106, 116, 117.
3   Gundry 2006.

옮긴이 후기

"예수는 사람인가 천사인가 아니면 하나님인가?" 언젠가 내가 어느 목사에게 질문하자 그는 벌컥 화를 내며 말했다. "**사람인 예수**는 하나님의 성령을 받아 보혜사가 되었고, 십자가 사역 후 영은 다시 하늘로 올라갔으며, 이제는 그 영이 '새 요한'과 함께 있다." 그리고 그는 이렇게 반문했다. "성경에는 예수가 하나님께 기도드리는 장면이 나오는데, 그렇다면 하나님이 스스로에게 기도하는 것인가? **그게 말이 되는가?**" 나는 지금도 이 질문에 완벽한 답을 제시할 자신이 없지만, 당시에는 그야말로 꿀 먹은 벙어리처럼 아무 말도 할 수 없었다. 나는 다시 그가 삼위일체를 부정하고 있는 건지 물었지만, 목사는 답답하다는 듯 삼위일체(三位一體)의 한자 뜻을 풀이하여 **정통과는 다른** 설명을 해주었다. 그의 설명을 들으면서, 나는 그제야 큰일났구나, 무엇인가 잘못되어도 한참 잘못되었구나 싶었다.

이미 눈치 챈 사람도 있겠지만, 그 목사는 이단이었다. 당시 나는 교회에서 듣는 설교만으론 부족하다고 느꼈고, 성경에 대해 무수히 많은 궁금증들을 갖고 있었다. 머릿속에 질문들이 끊이질 않아 책방과 도서관을 헤맸으며, "기이한 만남"을 통해 일명 '공부방'이라 불리는 곳에 들어가게 되었다. 처음에는 그곳이 이단인지를 몰랐지만 사실 알았다고 해도 상관없었을 것이다. 나의 의문들에 답해줄 수만 있다면 어디든 상관없었다. 실제로 그곳이 이단임을 알고 나서도 그쪽 교리의 모순을 찾아내기 전까지는 계속 배워보자고 생각했다. 무엇보다 나는 **감성과 신앙적 열정**만으로는 채워지지 않는 갈증을 느끼고 있었다. 게다가 그곳은 성경의 비유들과 구절들을 놀라울 만큼 **논리적**으로 해석해줬기 때문에, 그전까지는 경험해보지 못한 지적 즐거움을 느끼기도 했다. 다행히 몇 달 후 그곳을 나왔지만, 단짝처럼 지냈던 친구는 이후에도 계속 거기에 남게 되었다.

누군가는 어떻게 그런 곳에 빠질 수 있느냐고 경악을 금치 못할지도 모르겠다. 그리고 오만하게 믿음보다 이성을 더 중시했기 때문에 그렇게 된 것이라고 질책할 지도 모르겠다. 아마 옳은 지적일 테지만, 사실 거기 모였던 사람들은 무엇보다도 자신이 믿는 것에 대해 **정확히 알고 싶은 마음**이 컸던 사람들이다.

그곳의 교리가 잘못됐다는 것을 보여주기 위해, 신약에서 예수님이 곧 하나님이라는 구절들을 찾아 같이 공부하던 친구에게 보여주었지만, **논리적으로 설득당한 사람**에게 구절들만 제시해서는 안 된다는 것을 그때 깨달았다. 결국 나는 도망치듯 호주로 갔고, 여전히 남아있는 의문점들을 해결하기 위해 도서관에서 장서를 훑어보다가 이 책을 만나게 되었다. 그리고 이 책을 읽고 나서 확신하게 되었다. 내게 주어진 첫 번째 사명이 무엇인지를.

사실 기독교의 교리들을 논증하는 연구서들은 이미 시중에 무수히 많이 나왔다. 그러나 이 책은 그 동안 성경연구 분야에서 **확실히 밝혀진 결론들**을 망라하여 간결하게 제시한다는 점에서 매우 남다르다. 저자가 변호사의 관점에서 증거들을 다루기 때문에, 구성과 내용 면에서 논증적인 성격이 강하다는 점 또한 이 책의 매력이다. 저자가 직접 1장에서 책의 개요를 서술하기는 하지만, 독자들이 한눈에 책의 내용을 파악할 수 있도록 옮긴이 나름대로 이해한 주제들을 제시해보겠다(책의 순서를 그대로 따르지는 않았다는 점은 양해하기 바란다).

　이 책은 크게 세 부분으로 나뉜다. 그 중 첫 번째 부분(3장, 6장, 7장)과 두 번째 부분(2장, 4장, 5장)은 서로 대비를 이루고 있으며, 예수의 신성에 대한 **증거들의 두 측면들**을 다루고 있다. 마지막 부분(8장과 9장)은 기독교인들이 살아가는 자세에 대해 저자의 통찰을 제시한다.

　첫 번째 부분은 **예수 본인의 측면**이다. 기독교는 예나 지금이나 예수에 대한 믿음이기 때문에, 예수 본인이 **스스로에 대해 무엇이라 주장했는지** 그리고 **무엇을 통해 자신의 주장이 사실임을 보여주었는지**가 중요하다. 저자가 명확히 서술하듯이, 예수는 자신이 **하나님의 아들이자 성육신(즉, 육신을 입은 하나님)임을 주장했다**는 점에서 다른 종교의 창시자들과 구별되며, 또한 **부활**이라는 증거를 통해 자신의 주장이 사실임을 보여줬다는 점에서 그 어떤 종교인들과도 구별된다. 이에 따라 3장은 예수가 스스로 하나님이라고 말했다는 점을 논증하고 있으며, 6장은 예수가 보여준 증거, 즉 부활이 실제 일어난 사건임을 논증하고 있다. 반면 7장은 이러한 증거들에도 불구하고 2세기에 발생한 이단들을 다루고 있다. 영지주의자들로 대표되는 이단들은 예수가 했던 말을 **왜곡**하는 한편 그가 **하지 않은 말들**을 지어냄으로써 정통과 전혀 다른 길을 걸었던 자들이다. 특히 7장에서는 영지주의자들이 예수의 부활은 **몸의 부활**이 아니며 예수는 육신을 입은 적도 없다고 주장했던 것을 볼 수 있으며, 오늘날 대부분의 이단

사상의 모태가 되는 교리들이 이미 당시에 발생했음을 알 수 있다.

두 번째 부분은 **증인들**(성경과 제자들과 증인들)**의 측면**이다. 기독교는 예수에 대한 믿음이지만 이 믿음을 전파한 사람들은 다름 아닌 **증인들**이다. 따라서 **이 증인들이 믿을 만한지, 그들이 남긴 기록은 신뢰할 수 있는지** 논증하는 작업의 중요성은 아무리 강조해도 지나치지 않다. 신약은 십자가형으로부터 수십 년 후에 기록되었는데, 그 사이에 사실들이 왜곡되고 믿음이 변형되지 않았다는 것을 어떻게 확신할 수 있을까?

2장은 이를 설명하기 위해 신약이 기록되기 이전에 이미 존재했던 예배의식적 문구들을 다룬다. 바울의 서신서들은 신약문서들 중 가장 오래된 **역사적 기록들**이지만, 신약시대의 **가장 오래된** 역사적 증거는 아니다. 이 예배의식적 문구들(가장 오래된 증거들)은 예수가 하나님임을 증언하고 있기 때문에 그 중요성은 더할 나위 없다. 바울이 이런 문구를 인용한다는 사실은 그 자체로 예수가 승천하고 나서 서신서들이 기록되기까지 부활신앙이 그대로 전해져왔다는 점을 시사한다.

한편 복음서들에는 서술이 일치하지 않는 부분들이 있다는 것은 익히 알려진 사실이다. 또한 복음서들은 바울 서신보다 후기에 쓰였기 때문에 실제 일어났던 사건들과도 시기상 거리가 있다. 그렇다면 이 복음서들은 어떻게 신뢰할 수 있는가? 복음서의 저자들 중 누군가 사실을 왜곡하지 않았다는 것은 어떻게 알 수 있는가?

4장은 복음서들의 집필 시기에도 예수의 삶과 죽음과 부활을 **직**

접 눈으로 보았던 증인들이 살아있었음을 다룬다. 이 증인들은 기록된 내용이 실제로 보고 들었던 사건들과 일치한다는 점을 보증해주는 사람들이었으며, 동시에 왜곡된 내용이 있었을 경우 이를 즉각 제재할 수 있었던 감수자들이기도 했다. 그러므로 우리는 복음서 기록들이 역사적으로 타당한 사료들이라는 점을 알 수 있다.

  5장은 **전승의 전수과정**이 매우 엄격한 작업이었으며, 따라서 예수 전승이나 기독교 전승들이 모두 손상되지 않고 우리에게 전해졌다는 점을 논증하고 있다. 우리가 무심코 지나쳐 읽는 고린도전서 11:2 등의 문구들은 사실 매우 중요한 구절들인데, 이는 신약에 담긴 전승들이 부정확할 수도 있는 기억에 의존하는 것이 아니라, **엄격하게 규제되었던 전승의 전수 과정**을 통해 머릿속에 각인되었던 내용들임을 보여주기 때문이다. 1세기가 암기로써 정보를 습득하고 전달하는 환경이었다는 점을 고려하면, **정보 전달의 과정**은 곧 **정보 전달의 정확성**과 직결되는 문제였으며, 따라서 전수과정의 엄밀성은 곧 전수된 전승을 보장한다는 점을 이해할 수 있다. 더욱이 예수가 자신의 말을 쉽게 기억할 수 있도록 형식과 내용 면에서 각별히 주의를 기울였다는 점을 미루어 볼 때, 전달자와 수신자 모두 **정보의 보존**을 염두에 두고 있었다는 것을 파악할 수 있다.

  마지막 부분은 종교다원주의의 핵심문제와 이러한 다원주의 시대에 기독교인들이 어떻게 살아가야 하는지 간략하게 저자의 통찰을 제시한다. 기독교인은 다른 종교를 믿는 사람들을 어떻게 대해야 하는가? 오늘날 기독교인이 복음을 전파할 때 고려해할 점들은 무엇인가? 복음을 받아들이지 않는 사람들과 큰소리로 싸우는 것은 예수님을 따르는 자의 모습인가? 저자는 이처럼 우리의 실생활과 직결되는 문제에 마지막 부분을 할애하여 논증을 마무리한다.

어느 것 하나 소홀히 할 수 없는 내용들을 담은 이 책이 읽는 이들의 신앙에 도움이 될 수 있기를 바란다. 특히 신앙의 본질에 대해 옮긴이처럼 의구심을 갖는 사람들이 이 책을 읽고 흔들리지 않는 믿음을 갖게 되었으면 한다. 이러한 증거들 없이도 믿음을 지킬 수 있다고 생각하는 이들도 한 번쯤은 이 책을 읽어보길 권한다. 당신의 주위에는 생각보다 많은 신앙인들이 이런 문제들을 두고 씨름하고 있을 수도 있다. 개인적으론 믿음은 결코 단순한 맹신일 수 없으며 단순한 맹신일 필요도 없다고 생각한다. 신약은 그야말로 증언록에 다름 아니기 때문에, 우리는 증언을 어떻게 살펴야 하는지 배우기만 하면 된다. 책의 전반부는 다소 전문적이라 지루할 수 있겠지만, 그 내용을 한 번이라도 읽고 나면 **성경을 왜 의심하지 않아도 되는지** 논리적으로도 굳건히 설 수 있을 것이다. 책의 후반부는 고등학생도 충분히 이해할 수 있을 만큼 쉽고 간결하게 서술되어 있다. 전문적인 내용이 다소 부담될 수도 있는 일반 독자들은 6장부터 읽어나가도 큰 문제는 없을 것이다.

끝으로 이 책을 출간하면서 신학과 번역의 문제에 있어서 항상 가르침을 주신 아버지께 감사드리며, 항상 새벽부터 일어나 나를 위해 기도해주시는 어머니께 사랑한다고 전하고 싶다. 신앙인이라고 상상할 수 없는 모습들을 보여주었음에도 내 믿음을 이해해주고 격려해준 성우와 한나와 동진이와 희상이에게 이 자리를 빌어 고마움을 전한다. 또한 아무 경력도 없는 학생을 믿어주시고 이 책이 출간되기까지 힘써주신 임용호 박사님께 감사드린다.

  그러나 무엇보다도 변함없이 붙들어주시는 나의 주 나의 하나님 예수 그리스도께 이 모든 영광을 드리고 싶다.

2017년 7월
곽인철

스터디 가이드

- 편집부 제공

스터디 가이드는 『예수는 신인神人인가』의 주요 논제들을 좀 더 심도 있게 이해하기 위한 소통의 장이다. 각 장의 논점들을 명료하게 이해할 수 있도록 장별로 문제제기를 해보았다. 독자들은 스터디 가이드를 통해 책의 내용을 다시 한 번 복습하는 한편, 이해가 부족한 부분에 대해 동료들과 충분히 토론해 볼 수 있을 것이다. 이를 통해 기독교의 복음을 합리적으로 제시할 수 있고 한층 더 성숙된 신앙인이 되기를 바란다.

1장

1. 전통 기독교는 예수가 인간의 형상으로 나타난 신(성육신 혹은 신인)이라고 믿는다. 또한 예수가 인류의 죄를 위해 죽었으며 다시 되살아났다고 믿는다. 이것은 다른 종교들의 믿음과 어떻게 다른가? (23~26p)

2. 신약 문서들에는 이 문서들 자체보다 오래된 문구들이 있다. 예를 들면 바울은 자신보다 먼저 예수를 믿었던 자들로부터 전수받은 문구들(신조, 찬송, 고백 등)을 서신들에 인용한다. 이 문구들은 예수를 어떤 존재로 고백하고 있는가? 이 문구들은 초기 기독교 예배에서 어떤 역할을 했는가? (26~38p)

2장

1. "*marana tha*"라는 문구는 "주여 오시옵소서"라는 뜻이며 현재까지 알려진 가장 오래된 기독교 문구다. 이 문구는 "우리의 주가 오셨다"라는 뜻으로 해석될 수도 있지만, 죽은 자들에 대해서는 "오신다"고 하지 않는다. 따라서 성경에서 이 문구들이 사용된 문맥을 볼 때, 최초의 기독교인들은 예수를 어떤 존재로 생각했다는 것을 알 수 있는가? (54~56p, 64~69p)

2. 유대인들은 하나님의 이름을 소리 내어 말하는 것을 피했다. 히브리어에서 하나님의 이름은 야훼(Yahweh 혹은 YHWH)이며, 이 히브리어에 대응하는 헬라어 단어는 *kyrios*이다. 또한 초기 기독교인들은 예수를 주(主)로 고백할 때 "*kyrios Iesous*"라는 고백문을 사용했다. 이로 미루어볼 때, 초기 기독교인들은 예수를 어떤 존재로 생각했는가? (57~63p)

3. 고린도전서 15:3~8에서 바울은 예수 숭배가 자신에게서 시작된 것이 아님을 보여주고 있다. 또한 로마서 4:25, 고린도전서 8:5~6, 골로새서 1:15~20, 디모데전서 3:16, 빌립보서 2:6~11 등 무수히 많은 곳에서 자신이 개종하기 이전에 존재했던 예배의식적 문구들을 인용한다. 이 문구들은 모두 예수를 신성한 존재로 찬양하고 있다. 바울이 인용하는 문구들은 초기 기독교의 기독론에 대해서 무엇을 말해주는가? (107~109p)

3장

1. 예수는 자신을 언급할 때 "*ego eimi*"라는 말을 사용하였다. 유대인들은 이에 대해 격분했다. 그들은 왜 예수의 말("*ego eimi*")을 듣고 화를 냈는가? (122~125p)

2. 요한복음에서 드러나는 선재성 개념은 바울 서신에 인용된 예배의식적 문구들과 일치한다. 이에 대해 어떻게 생각하는가? (131~132p)

3. 기독교인들은 기도를 마칠 때 "예수님의 이름으로 기도했습니다. 아멘"라고 말한다. 그들이 예수의 이름으로 기도를 드리는 근거는 무엇인가? (132~133p)

4. 초기 기독교인들은 예수를 메시아이자 주(主)로서 받아들였다. 유대교에서 메시아는 경외의 대상이었지만, 하나님과 동등한 대상은 아니었다. 반면에 유대인들은 '주'라는 용어를 하나님 이외에는 적용할 수 없다고 생각했다. 유대교에서 이 두 개념은 서로 별개인 것이다. 따라서 이 두 개념의 결합은 예수를 어떤 존재로 바라보게 만드는가? (134~138p)

4장

1. 신약 전체의 사본은 늦어도 서기 350년까지 연대를 추정할 수 있다. 또한 신약의 단편(斷片)들은 서기 100~125년까지 연대를 추정할 수 있으며, 종합적으로 5,500편의 헬라어 사본들을 보유하고 있다. 반면에 카이사르의 『갈리아 전기』나 투키디데스의 『펠로폰네소스 전쟁사』는 서기 900년대로 연대가 추정되는 약 10부의 사본들만 존재한다. 이 점을 생각할 때, 정경복음서 기록들의 신빙성이 있다고 볼 수 있는가? (151~153p)

2. 에르만과 같은 학자들은 성경이 오류를 담고 있다는 것을 지적한다. 예를 들어 성경에는 아비아달의 아버지 아히멜렉을 언급해야 하는 곳에서 아비아달을 언급하는 실수 등이 있기 때문에, 성경은 신뢰할 수 없다고 생각한다. 그러나 에반스와 같은 학자들은 기독교 메시지의 진실성이 성경의 모든 단어의 정확성에 있지 않으며 예수의 부활이라는 역사적 사건에 달려 있다고 주장한다. 이에 대해 어떻게 생각하는가? (154~164p)

3. 누가는 사도행전에서 바울이 체포당하고 연행되어 재판을 받고 항소하는 등 일련의 과정을 서술하는 데에 후반부 8장을 할애한다. 그러나 누가는 바울의 재판 결과에 대해서는 기록하지 않는다. 누가는 또한 교회사에서 매우 중요했던 사건들(야고보의 죽음, 예루살렘의 황폐화 등)에 대해서 모두 기록하지 않는다. 이 점은 무엇을 시사하는가? 이 점은 또한 정경복음서 기록들의 연대에 대해서 무엇을 알려주는가? (172~191p)

4. 사복음서에 기록된 예언들은 가능하다고 생각하는가? 즉, 예수가 사후가 아니라 사전에 미리 예언을 하는 것은 가능한가? 마태복음 24:15~22의 예언에 대해 어떻게 생각하는가? (180~186p)

5장

1. 선생(didaskalos)으로서 예수가 보여줬던 모습은 매우 독특하다. 그는 다

른 선생들과는 달리 다른 사람을 인용하지 않고 스스로를 권위로 내세웠다. 그는 또한 제자들에게 선생으로 칭함을 받지 말라고 말한다. 예수가 선생이었다는 점은 예수의 어록의 전수과정에 대해 무엇을 시사하는가? (209~221p)

2. 신약 문서들은 율법의 전통을 암시하고 있다. 예를 들어 바울은 "우리 조상들의 율법"이나 "우리 조상의 관습"을 언급할 때, 율법 전통을 지시하는 전문적인 용어들을 사용한다. 또한 바울은 예수와 관련된 전승들에 대해서도 이 용어들을 사용한다. 이처럼 바울이 전문적인 용어들을 사용한다는 점이 시사하는 바는 무엇인가? (221~225p)

3. 예수는 그 시대 언어인 아람어로 소통했다. 또한 헬라어로 된 예수의 어록을 아람어로 재번역해보면 매우 독특한 리듬들(2박자 리듬, 3박자 리듬, 키나 리듬 등)과 시적 양식(두운, 모음운, 운율 등)이 드러난다. 예수는 또한 매우 기억하기 쉬운 경구나 격언 등을 자주 사용했으며, 이는 예수가 자신의 어록을 매우 신중하게 구성했음을 보여준다. 이 점이 예수의 어록의 신빙성에 대해 시사하는 바는 무엇인가? 또한 사복음서들 사이에서 예수의 어록을 비교해볼 때 무엇을 알 수 있는가? (229~245p)

4. 12사도는 초대교회에서 매우 중요한 인물들이었다. 그럼에도 불구하고 이들이 예수의 어록을 마음대로 꾸며내거나 기독교의 입장에서 불리한 말들을 편집하여 걸러냈다는 증거는 없다. 바울의 서신들은 예수의 말로 쉽게 꾸며질 수 있는 함축적인 문장들과 신령한 말들로 가득 차 있었지만, 그러한 일은 단 한 번도 이루어지지 않았다. 그 이유는 무엇인가(3가지)? (245~265p)

6장

1. 이 책을 읽기 전에 당신은 부활이 어떤 의미라고 생각했는가? 그리고 이 책을 읽고 난 후 부활에 대해 어떤 점을 알게 되었는가? (283~298p)

2. '사후세계'에 대해 당신은 어떤 생각을 가지고 있었는가? 당신이 갖고 있던 생각이 유대인들이 믿었던 '사후세계'와 어떻게 다른지 비교해보라. 마지막으로 기독교에서 말하는 '사후세계'와 비교해보라. (289~295p)

3. 예수가 십자가에 못 박히고 제자들은 두려움에 떨며 도망쳤다. 그러나 얼마 지나지 않아 제자들은 부활신앙을 선포하기 위해 죽음을 마다하지 않는 모습을 보여주었다. 그들은 어떻게 이토록 극적으로 변했는가? (305~318p)

4. 예수의 무덤은 비어있었다는 것이 기독교의 주장이다. 기독교는 또한 예수가 다시 살아나 여러 사람들에게 나타났다고 주장한다. 당신의 생각은 어떠한가? 다시 말해 당신은 이러한 기독교의 주장들이 설득력 있다고 생각하는가? (306~312p)

7장

1. 영지주의는 대부분 어떤 특징을 보이는가? 예를 들어 영지주의는 유대교를 어떻게 바라보는가? 영지주의에서는 특히 한 사람이 신성할 수 있고 신처럼 될 수 있다는 생각을 강조한다. 기독교의 입장에서 볼 때, 이러한 생각은 어떤 의미에서 위험한가? (334~344p)

2. 도마복음과 유다복음은 모두 2세기의 문서들인 반면, 정경복음서들은 모두 1세기의 문서들이다. 또한 도마복음과 유다복음은 예수가 너무 신성해서 인간의 육체를 취하지 않았다고 보는 반면 정경복음서들은 모두 예수가 인간의 육신을 취하고 십자가 위에 매달려 죽었으며 장사한지 사흘 만에 다시 살아났다고 본다. 이러한 점들을 미루어 보았을 때, 도마복음과 유다복음은 어떻게 받아들여야 하는가? (358~379p)

8~9장

1. 당신은 "종교"란 무엇이라고 생각하는가? 불교, 이슬람교, 힌두교 등 다양

한 종교들이 서로 추구하는 점들을 비교해 볼 때, 기독교는 이들과 어떻게 다른가? (402~404p)

2. 다른 종교를 믿는 사람에 대해서 어떻게 생각하는가? 평소에 다른 종교를 믿는 사람과 대화를 나눌 때 어떤 모습인가? 예를 들어서 불교는 인간이 개체적인 본질을 지니고 있지 않다고 말하며, 이슬람교는 신이 인간을 창조했지만 인간은 신을 닮지 않았다고 믿는다. 또한 힌두교는 윤회를 거쳐 점차적으로 존재가 소멸하게 되는 것을 믿는 반면 기독교는 스스로를 속죄물로 드린 그리스도의 희생을 통한 구원을 믿는다. 당신은 이러한 차이들에 대해 어떻게 생각하는가? (404~409p)

3. 배타적인 진리주장은 종교의 본질에 있어서 핵심적이다. 예를 들어 기독교는 예수 그리스도에 대한 믿음을 통해야만 구원을 얻을 수 있다고 말한다. 그러나 이러한 진리주장은 때로 다른 종교들에 대한 침해처럼 보이기도 한다. 그러므로 오늘날의 시대에, 신앙의 본질을 고수하는 한편 다른 종교를 믿는 사람들을 존중해주기 위해서는 어떻게 해야 하는가? (433~435p)

예수는 신인神人인가
A Case for the Divinity of Jesus

초판 인쇄 2017년 8월 1일 | 초판 1쇄 출간 2017년 8월 15일 | 저자 딘 오버맨 | 옮긴이 곽인철 | 펴낸이 임용호 | 펴낸곳 도서출판 종문화사 | 편집·기획 곽인철 | 디자인·편집 디자인오감 | 인쇄 (주)두경 | 제본 우성제본 | 출판등록 1997년 4월 1일 제22-392 | 주소 서울시 은평구 연서로34길2 3층 | 전화 (02)735-6891 팩스 (02)735-6892 | E-mail jongmhs@hanmail.net | 값 19,500원 | ⓒ 2017, Jong Munhwasa printed in Korea | ISBN 979-11-87141-27-3 93230 | 잘못된 책은 바꾸어 드립니다.